タロットの宇宙

アレハンドロ・ホドロフスキー
マリアンヌ・コスタ
著

伊泉龍一
監修

黒岩 卓
訳

国書刊行会

LA VOIE DU TAROT
par Alejandro Jodorowsky et Marianne Costa
Copyright © Alejandro Jodorowsky & Marianne Costa, 2004
Japanese translation published by arrangement with
Alejandro Jodorowsky and Marianne Costa c/o Casanovas & Lynch Literary Agency
through The English Agency (Japan) Ltd.

日本語版刊行に際して

タロットはグラフィックによる言語であり、
ことばを用いずに形、色、象徴、
数字によって考えることを教えてくれる。
愛をもってタロットを学べばそれを読み始めることができる。
だが……タロットは夢と同じように果てしなく、
その発見が尽きることはない。

私がタロットを実践して半世紀になる。
新たにリーディングを行うたびに私は何かを学んでいる。
1000年以上の歴史を持つ無名の作品であるタロットは、
神聖な芸術(アール)の傑作の一つである。
それは我々の知性の檻を開き、直観を発揮させてくれるのだ。

2016年8月

アレハンドロ・ホドロフスキー

著者アレハンドロ・ホドロフスキー
（パリにて、妻パスカル・モンタンドン・ホドロフスキー撮影）
©Pascale Montandon-Jodorowsky

タロットの宇宙　　目次

001　日本語版刊行に際して

007　はじめに
009　序

第1章 タロットの枠組みと数秘学　027
Structure et numérologie du Tarot

029　序：タロットは一つの完成された存在である
037　始めるにあたって
039　構成および向きに関する規則
069　タロットの数秘学
099　マンダラの構築のための10の手順
109　タロットにおける11の色

第2章 大アルカナ　119
Les Arcanes majeurs

121　序：魂の建築
135　始めるにあたって

139	愚者	209	力 XI
145	大道芸人 I	215	吊られた男 XII
151	女教皇 II	221	名無しのアルカナ XIII
157	女帝 III	231	節制 XIIII
163	皇帝 IIII	237	悪魔 XV
169	教皇 V	245	神の家 XVI
177	恋人 VI	251	星 XVII
185	戦車 VII	259	月 XVIII
191	正義 VIII	267	太陽 XVIIII
197	隠者 VIIII	273	審判 XX
203	運命の輪 X	279	世界 XXI

小アルカナ
Les Arcanes mineurs 285

- 287 序：秘密の慎ましき守り手たち
- 297 始めるにあたって
- 299 1 数秘学の諸段階
  - エース 301　　7 331
  - 2 311　　　　8 335
  - 3 315　　　　9 339
  - 4 319　　　　10 343
  - 5 323　　　　スートごとの数の段階 347
  - 6 327
- 361 2 コート・カード
  - 小姓 365　　騎士 377
  - 王妃 369　　スートごとの意味の要約 381
  - 王 373

2枚ずつ見たタロット
Le Tarot deux par deux 389

- 391 序：共同作業としての「意識」
- 397 始めるにあたって
- 399 二つの十段階の列から作られる組み合わせ
  - I「大道芸人」・XI「力」 401
  - II「女教皇」・XII「吊られた男」 401
  - III「女帝」・XIII 名無しのアルカナ 402
  - IIII「皇帝」・XIIII「節制」 403
  - V「教皇」・XV「悪魔」 403
  - VI「恋人」・XVI「神の家」 404
  - VII「戦車」・XVII「星」 405
  - VIII「正義」・XVIII「月」 405
  - VIIII「隠者」・XVIIII「太陽」 406
  - X「運命の輪」・XX「審判」 407

409 タロットにおけるカップル
　「愚者」―「世界」のカップル　412
　「大道芸人」―「力」のカップル　414
　「女教皇」―「教皇」のカップル　427
　「女帝」―「皇帝」のカップル　439
　「戦車」―「星」のカップル　448
　「正義」―「隠者」のカップル　454
　「月」―「太陽」のカップル　459
462 合計して21となるペア
475 数字の連続と移行

タロットのリーディング　487
La lecture du Tarot

489 序：いかにして鏡となるか
507 始めるにあたって
511 リーディングへの最初の一歩
　1枚のアルカナを用いた練習　513
　2枚のアルカナを用いた練習　520
　1枚のアルカナ、2枚のアルカナ、
　さらに複数枚のアルカナを用いた練習　526
　パートナーと組んで行う練習　532
537 3枚のカードのリーディング
585 4枚以上のカードのリーディング
599 10枚以上のカードのリーディング

625 おわりに　タロット的思考

639 監修者あとがき
647 【解説】アレハンドロ・ホドロフスキー、タロットの旅　滝本　誠
658 参考文献

本書は *La voie du Tarot*［Albin Michel, 2004］の全訳である。訳出にあたっては適時、英語版［Inner Traditions, 2009］、スペイン語版［Siruela, 2004］に基づくドイツ語版［Windpferd Verlagsgesellschaft, 2008］を参照した。

はじめに

　どうやってタロットについての本を書くのか？　それはまるで1本のフォークで海をかき出そうとするようなものだ。

　40年以上前から、アレハンドロ・ホドロフスキーはタロットのダイナミックで多様な側面を読解し、講義を行い、また新たな発見をし、講演を行うなどといった形で自分の仕事に取り入れてきた。もしこの素材全てを書き下し、決まりきった枠組みに収められることを拒むこの技芸(アール)の様々な側面を順々に扱おうとしていたら、熱狂的ではあるが雑然とした数万のページになってしまっていただろう。

　当然これは不可能なことだった。求められるのは本、それもただ1冊の本だった。だからアレハンドロと私は、読書としての楽しみを失わせることなしに、初心者には手引書、そして経験あるタロット・リーダーには思索の道具となるように、多彩な角度からタロットを紹介することを選んだ。

　この著作の各々の章にはアレハンドロが一人称で書いた序が付されている。そこで彼はタロットという厳格な教師・心強い盟友に付き添われた自らの比類ない歩み、一つの人生の歩みの回顧となるものを書いている。

　技術的側面に対して我々は、タロットの驚くべき柔軟さに忠実であるよう心がけた。タロットは明快かつ深遠、一元的かつ多元的、遊戯的かつ複雑である。自らが開く無数の可能性のいずれかに縮減されてしまうことをタロットは拒む。それゆえ我々は、部分ごとでも連続したものとしても読むことができ、また各主題の簡潔な要約があると同時にそれが非常に深く論じられる

Présentation

ような本を書くことにした。さらにタロットとは何よりもまず見ること（voir）の訓練であるという真理に基づき、図像がつねに本文と呼応するようにした。

　本書は5章から構成される。第1章の目的は、読者がタロットの全体的な構造や数秘学的かつ象徴的な意味の基礎へ親しんでもらうことにある。第2章では、「大アルカナ」を1枚ごと分析していく。同じように第3章では「小アルカナ」を分析していく。第4章では、我々が求めているタロットのダイナミックな読解の第一歩、すなわちペア、男女のカップル、2枚あるいはそれ以上のカードの様々な組み合わせを考察していく。その目的はタロットの要素すべてを相互に結び付けていくことにある。最後に第5章は、実際のカードの読解そのものに充てられる。

　この機会を借りて、とりわけバルバラ・クレールには感謝の意を述べておきたい。彼女は何年も前からアレハンドロ・ホドロフスキーの無料の講義や読解を書きとめ保存している。彼女はこの記録を全て我々に提供してくれた。彼女がいなければ、それらは口承のレベルにとどまってしまっていただろう。

マリアンヌ・コスタ

［附記］
この研究はアレハンドロ・ホドロフスキーとフィリップ・カモワンによってなされたマルセイユ版タロットの復元に基づいている（アレハンドロ・ホドロフスキーが序で述べていることを参照されたい）。このデッキはカモワン社から入手可能である（sales@camoin.com）。

序*¹

　小さなチリの港町、氷のように冷たい太平洋と、世界でもっとも乾燥し数世紀も前から一滴の雨もふらないタラパカ砂漠の高原の間に縮こまっているトコピージャで、7歳の時私は初めてそのカードと接点を持った。酷暑ゆえに商人たちは正午から午後5時ごろまで店を閉めていた。私の父ハイメは「ウクライナの家」——女性の下着と家事用品を扱っていた——のシャッターを下ろし、謎の理由でそこに流れ着いたリトアニアのユダヤ人、男やもめの「狂ったアブラハム」のところにビリヤードをしに行くのが常だった。彼の納屋には女たちは立ち入らず、互いに商売敵である商人たちが緑の台のまわりで平和を宣言し、キャロム・ショットを繰り出して男らしさを強調していた。ハイメの哲学によれば、7歳になった子供はすでに頭も出来上がっており大人のように扱われなければならなかった。私の7歳の誕生日に彼はビリヤードについてくることを許してくれた。ぶつかり合う玉の重い響きも、黄緑色の絨毯を横切る紅白の軌跡も私の気を引かなかった。私が心惹かれ魅了されたのはカードの城だった。「狂ったアブラハム」は何パックものカードで大きな城を作ることを偏愛していた。彼は毎回さまざまに聳えるそれら巨大な塊を、風の通りから遠いバーのカウンターに積み上げていたが、結局は酔っぱらって自分でそれを打ち壊しまた別の塊を作り出すのだった。皮肉なハイメは私をからかいながら、なぜそんなことをするのかと「きちがい」に尋ねてみろと言った。悲しげな微笑で彼は大人には黙っていることを子供に答えた。「坊や、俺は神をまねているんだ。俺たちを創造する者が俺たち

---

*1　この序、本書の五つの章の序、「おわりに」は、ネリー・レルミリエによって（チリの）スペイン語から訳された。

を破壊して、その残骸でまた再び創造するんだよ。」

　土曜の夜と日曜の昼食の後、父は田舎の退屈さに抗すべく友人たちを家に招き、一緒に何時間もカード・ゲームに興じていた。私の母であり唯一の女性であるサラ・フェリシダーは影のごとくビールとカナッペを供していた。他の週日にはカードは施錠された戸棚に閉じ込められて眠っていた。私はこれらのボール紙に魅了されていたがそれに触れることは許されていなかった。両親によればそれはただ大人にのみ許されているものだったのである。ここから私は、カードとは賢者（この場合はハイメ）しか御すことのできない猛獣のようなもので、魔力を有しているのだと考えた。月曜日になると私の母は皆がチップ代わりにしていたインゲン豆を煮てスープを作っていたが、それはゲームから排除されていることで彼女が感じていたいらだちを解消するためだったのかもしれない。このスープをむさぼるとカードの魔力の一部に与っているような気がしたものだ。

　ロシア人移民の子であった私の外見はチリ土着の人々のそれとはかなり異なっており、私には友人ができなかった。両親は彼らの店である「ウクライナの家」に毎日10時間は閉じこもっており私に構っていられなかった。沈黙と孤独に苦しんだあげく、ある日私は両親の寝室の家具を探って何か手がかりを見つけ、無関心な仮面の後ろに彼らがどんな顔を隠しているのか知ろうとした。衣装部屋の隅、香水が匂うサラ・フェリシダーの服と服との間に私は長方形の小さな金属箱を見つけた。私の心臓の鼓動は早まった。何かが私にある重要な啓示を授けようとしているのだと告げた。私は箱を開いた。中には1枚のタロットのカード、「戦車」があった。カードでは1人の王子が炎に包まれた乗り物を操っていた。黒インクの線で付け加えられた炎の舌は黄と赤の水彩で彩色されていた。この火災は私の好奇心をひどく刺激した。誰がわざわざこうした炎の彩色を付け加えて元の絵を変えてしまったのだろう？　考えに没頭していた私は母がやって来たことに気づかなかった。その場を押さえられ、私は罪を認めカードを差し出した。彼女はそれを恭しく手に取って胸に押し抱くと、激しく咽び泣き始めた。落ち着くと彼女は私に語ってくれた。彼女の亡き父がシャツの胸ポケット、心臓の近くにいつもこのカードを携帯していたのだと。彼はロシア人のバレエ・ダンサーで、身長が2

メートルもあり獅子のようなブロンドの髪をしていた。彼はユダヤ人である私の祖母を愛し自発的に彼女の亡命に付き添ったのだった。アルゼンチンにおいて、日常生活のあれこれにごく不器用だった彼は、ランプの炎を調節するためにアルコールの樽によじ登った。樽の蓋が緩み、カンケ灯を手にしたまま彼はアルコールの中に落ちた。液体に火がついて彼は焼け死んでしまった。サラ・フェリシダーはこの無残な死の1か月後に生まれたのである。ある日彼女は母ハシェから、そのカードが最愛の人の遺骸から無傷で見つけられたのだと打ち明けられた。埋葬が終わったある夜、「戦車」の炎が誰に描かれることもなく現れたのだという。母はこの物語が真実であると疑っていなかったし、私も子供の純真さでそれを信じた。

　私が10歳になった時、店を売った両親は首都サンティアゴに出発すると告げた。こうも突然に自分のテリトリーを失ったことで、私は有害な心のもやに投げ込まれた。私は死ぬほどの苦しみを太ることで表現した。小さなカバになった私はセメントの丸天井のように感じられる空の下、地面を凝視しながら自らを学校に引きずって行った。これに加えて級友たちは私を拒絶した。彼らは体育後のシャワー室で私の性器に包皮がないことを見つけたのだ。「さまよえるユダヤ人！」私に唾を吐きながら彼らは叫んだ。フランスから来たばかりのある外交官の息子は、1枚のカードの裏に唾を吐き私の額に張り付けた。大笑いで彼らは私を鏡の前に追いやった。それはマルセイユ版タロットのアルカナ「隠者」だった。そこに見ることが出来たのは己の屈辱的な肖像だった。すなわち土地もなく、孤独で、寒さに震え、足に怪我を負いながら、太古から歩んでいる存在。だが何を求めて？　何であれ自分のアイデンティティー、世界における居場所、生きる意味を与えてくれる何かを。「老人はランプを持ち上げている。ずっと昔から存在している僕の魂は何を持ち上げているだろう？　（級友たちの残酷さを前にして、私は自分の重量を何百年も前から担われている苦しみのように感じていた）このランプは僕の意識ではないのか？　そしてもし僕が、中身のない肉体や苦しみだけからなる塊なのではなくて、時間を超える不思議な光だとしたら？　そしてたくさんの体を借りつつ、祖父母が神と呼ぶ、考えることのできないものを探しているのだったら？　そしてその考えることのできないものが美だったら？」心地

よい爆発のような何かが現れ私の精神を閉じ込めていた鉄柵を破壊した。その結果、悲しみは塵のように吹き払われた。難破船の生き残りのように苦悶しながら私は港を探し始めた。若い詩人たちが集まるその港は「カフェ・イリス」といった。イリス、すなわち神々の伝令役の女、天と地を結び付けるものでありヘルメスHermèsの補完となる女性！　しかも、かつて私の額には「隠者」（H）ermiteのカードが張り付けられていたのだ！　このカフェであり聖堂でもある場所で私は友人たちに出会った。すなわち役者、詩人、人形使い、音楽家、ダンサーたち。私もまた死に物狂いで美を追い求めながら彼らの間で成長した。40年代にはまだドラッグは流行していなかった。創造の熱で激しさを増した我々の会話は、空になるや否や置き換えられるワイン瓶の周辺で永遠に続いたものだった。夜明けになると、空腹のまま酔っぱらった我々はアルコールを燃焼するために植物園まで走った。その正面の小さな地下室にマリー・ルフェーヴルが住んでいた。彼女は60歳になるフランス人で18歳の若者ネネと同棲していた。この婦人は貧しかったが台所にはいつもスープで満ちた大きな寸胴鍋があった。このスープは混沌のマグマとでもいうべきもので、近所のレストランで客にカードを読んでやることと引き換えにもらった残り物がそこに入っていた。愛人が裸でいびきをかいている間、マリーは中国のガウンに身を包み、皿になみなみと入ったスープを我々にふるまってくれた。その美味しいブイヨンの中には、魚、肉団子、野菜、穀類、バーミセリ、チーズ、鳥レバー、牛のミノ、その他さまざまな珍味を探し当てることができた。そのあとで、杖で叩かれても起きない愛人の腹の上で彼女は自分で描いたタロットを我々に読んでくれた。カードとの、この奇妙な接触は決定的だった。私の心の中でタロットが常に寛大さと無限の愛に結ばれているのは彼女のおかげである。あれから60年が過ぎたが、私は彼女のようにタロットをいつも無料で読んできた。自分が幽閉されている国は文化的な孤島だと私は感じていたが、マリー・ルフェーヴルは予言した。「あんたは人生の終わりまで留まることもなく世界中を旅するよ。しかしよく覚えておきなさい。「世界」といって私が指しているのは宇宙全体、「人生の終わり」といって指しているのは現世のことだよ。実際は、あんたは宇宙が存在し続ける限り別のかたちで生き続けるのよ。」

後になって私はフランスでマルセル・マルソーと仕事をした。彼は自分の一座には決して授けたことのない最高の栄誉を私に与えた。すなわち不動のままの暗示的な姿勢で、彼のパントマイムのタイトルを記したプラカードを見せることである。こうして私は生ける彫像として5年のあいだ無数の国を旅した。マルソーは一つ一つの上演に全身全霊を捧げていた。上演の後、疲労困憊した彼はホテルの部屋に何時間も閉じこもっていた。そして翌日には町を観光することもなく、劇場に戻って新しい出し物を練習するか照明を再調整していた。私といえば1人で、大抵の場合は言葉が通じなかったこれら国々の美術館や、絵画のような街路、芸術家たちのカフェを訪れたものである。次第に秘教主義関連の書店を探し出してタロットを買うのが私の習慣になった。それによって千以上の様々なデッキが私のコレクションとなった。それらのデッキは錬金術的であったり、薔薇十字団のものであったり、カバラ的であったり、ジプシーのものであったり、エジプト的であったり、占星術的であったり、神話的であったり、フリーメーソン的であったり、性的なものだったりした。これらはみな同じ数すなわち78枚のカードから構成されており、かつ56枚の小アルカナと22枚の大アルカナに分けられていた。しかしそれぞれのデッキの絵柄は異なっていた。人物が動物、猫、一角獣、怪物、ノームに姿を変えていることもよくあることだった。付されている小冊子の各々で、著者たちは皆自分こそが深遠な真実の保持者であると主張していた。意味も使い方も理解していなかったが、私はこれらの極めて神秘的なカードに強い愛着を覚え、新しいデッキを見つける度に大喜びしたものである。無邪気にも私は自分が苦悶しつつ探し求めていたこと、すなわち永遠の生の秘密を伝えてくれるタロットを見つけられるのではないかと考えていたのだ。

　マルソーの助手として行ったメキシコ旅行の間に、私はレオノーラ・キャリントンと知り合った。彼女はシュルレアリストの詩人・画家で、スペイン内戦の間にマックス・エルンストと恋愛関係にあった。マックス・エルンストが逮捕されるとレオノーラは狂気に陥り、それに伴うあらゆるおぞましいことが彼女に起こった。しかしそれは同時に、理性的精神の牢獄の内にある病のあらゆる扉を開放することでもあった。砂糖で出来た骸骨（額には私の

名が刻まれていた）を食べるよう勧めながら彼女は私に言った。「愛は死を甘いものに変える。アルカナの13番の骸骨の骨は砂糖でできているのよ。」レオノーラが自作品でタロットのシンボルを使っていることに気がついたので、私は彼女に手ほどきをしてくれるよう懇願した。彼女は私に答えた。「この22枚のカードを手に取りなさい。一つ一つをよく見て、あなたが目にしているものがあなたにとって何を意味しているのかを言いなさい。」私は内気を抑えながら彼女に従った。「世界」を説明してこの作業を終えると私は汗だくになっていた。唇に神秘的な微笑をたたえながら画家は私につぶやいた。「あなたが私に口伝えしたのは「秘密」よ。アルカナの一つ一つはそれ自体が何かの真理なのではないわ。それはむしろ鏡であなたがそこに見ているものになる。タロットはカメレオンなのよ。」すぐ後に彼女はオカルティストのアーサー・エドワード・ウェイトが作ったデッキを贈ってくれた。1900年代風の絵柄が描かれており、のちにヒッピーの間で大流行することになるものだった。私は女司祭のごときレオノーラが私のおぼろげな内面の奥にある輝かしい宝庫の鍵を渡してくれたのだと信じた。私はまだ、これらのアルカナが単に知性の刺激剤として作用するに過ぎないことが分かっていなかったのである。

　パリに戻るとレ・アール広場にあるカフェ「ヴィーナスの散歩」に通うようになった。そこでは週一度アンドレ・ブルトンが自分のシュルレアリストのグループに会っていた。自惚れを隠しつつ、そして賞賛を期待しながら私はこのウェイト版タロットを彼に贈ってみた。詩人は注意深くアルカナを検討したが、その微笑は少しずつ嫌悪の渋面に変わった。「愚劣なデッキだね。シンボルが無残なほど見え透いていて、全く深遠さがない。マルセイユ版だけが価値のあるタロットだよ。マルセイユ版のカードは好奇心を刺激して心を動かしてくれるけれど、その内在的秘密は決して明かしてはくれない。このカードの1枚から着想を得て私は『秘法17番』を書いたのだよ。」この偉大なシュルレアリストの熱烈な崇拝者であった私は自分のカード・コレクションをゴミ箱に捨て、マルセイユ版タロット、すなわちポール・マルトーが1930年に出版した版のみを残しておいた。

　ブルトンと同様に、私はウェイト版の魅惑的な図像に比べて（とりわけ小

アルカナにいえることだが）冷淡に見えたこれらカードの意味をほとんど理解していなかった。しかし私はカードを記憶に刻みこんで、知性では無理でも無意識がそれを解読してくれることを期待した。私はシンボル、身振り、線、色の一つ一つを暗記し始めた。執拗な忍耐に支えられて、少しずつ、完全にではないが78枚のアルカナを目を閉じても心に浮かべることができるようになった。この実験をしていた2年間、私は毎朝パリの国立図書館に行き、ポール・マルトーが寄贈したタロットのコレクションとこのテーマを扱っている本を研究した。18世紀までではタロットは賭け事と同義であり、その深い意味は知られていなかった。図像は改悪や改変を被り、貴族の肖像で飾られ宮廷の豪奢に奉仕するものとされた。論説のそれぞれは独自の見解を述べ、他の論説と矛盾することも多かった。実際、これらの著者たちはタロットを客観的に語るよりも、さまざまな迷信をとりまぜながら自画像を描いているに過ぎなかった。フリーメーソン、道教、仏教、キリスト教、占星術、錬金術、タントラ、スーフィーなどに由来する諸々の信条が見受けられた。

　まるでタロットはいつも自らの外にある教義に仕えていたかのようである。しかし私が確認して最も驚いたのは、プロテスタントの牧師でフリーメーソンだったクール・ド・ジェブラン（1728－1784）が、自らの百科全書的著作である『原始世界』の第8巻を1781年に出版してタロットに遊戯的のみならず秘教的な性格を与えて以来、彼自身もその弟子たちも誰一人としてきちんとアルカナを検討しなかったことである。これらのカードが視覚的な言語でありその細部があらゆる次元で眺められるべきことを理解せずに、ジェブランは己の空想を現実と見なしタロットがエジプトからやって来たと宣言している（「太古の神殿の廃墟から救い出された『トートの書』に属しているヒエログリフ」）。またマルセイユ版タロットの粗悪な複製を公表し、非常に多くの細部を削除し、「愚者」Le Matには数字のゼロを充てて Le Fou とし、次のような否定的な意味を与えている^{訳註1}。「彼は他の者に与える価値以外の価値を持たない。それはゼロと同じである。したがって狂気には何も存在しないことを示す。」ジェブランは「大道芸人」のテーブルの足を1本つけ加え、「皇帝」と「女帝」を「王」と「王妃」に、「教皇」と「女教皇」を「大司祭」と「大女司祭」に変え、また名前のないアルカナXIIIを「死」と名

訳註1　フランス語史上、matという語が「気の違った」fouという形容詞あるいはその名詞化と同義で用いられた事例は16世紀頃に存在した。また古ヴォー語、古オック語、さらに19世紀末から20世紀初頭における仏伊国境諸地域の言葉でも同種の事例が確認されている（以上、特にWalter von Wartburg, *Französisches etymologisches Wörterbuch*, Tübingen, J. C. Mohr / Basel, Zbinden, 1922-2002, 25 vols., t. 6/1, 524a ; Edmond Huguet, *Dictionnaire de la langue française du seizième siècle*, Paris, E. Champion / Didier, 1925-1967, 7 vols., t. 5, 173bを参照）。だが今日の標準的なフランス語にはこの用法は見られず、matは名詞として「チェックメイト」、あるいは形容詞として「くすんだ」等の意味を持つ。本訳書では慣例および原書の内容も考慮してLe Matを「愚者」で統一する。

付けるが、一方で「節制」の数を間違えてそこにXIIIを印刷している。彼はまたアルカナVIIで戦車を操縦しているのが凱旋するオシリスであると決めつけている。また「恋人」を「結婚」、「星」を「シリウス」、「悪魔」を「テュポン」、「世界」を「時間」Le Tems、「吊られた男」を（逆さに直立させ）「賢明」としている。また彼は、本来の色彩と二重の正方形からなる秘儀伝授の長方形枠を削除してしまっている。こうしておきながら、彼はオリジナルの「誤り」を修正したと強弁しているのだ。

『原始世界』においてタロットに関するこの最初の秘教主義的な解釈が公にされてからというもの、オカルティストたちはのぼせあがり、マルセイユ版タロットの絵柄を深く理解することを怠ってクール・ド・ジェブランによる複製と彼のエジプト絡みの解説が秘教的真理そのものであると考えた。1783年には売れっ子占い師であった髪結いのアリエット、変名エテイヤ（1750−1810）が、占星術とカバラに結び付けられた空想的なタロットを作った。その後アルフォンス＝ルイ・コンスタン、別名エリファス・レヴィ（1816−1875）は、その無限の洞察力にも関わらずマルセイユ版タロットを「公教的」であるとして軽蔑し、『高等魔術の教理と祭儀』[*2]で「戦車」、「運命の輪」そして「悪魔」についてその「秘教的」バージョンを描いている。彼は22枚の大アルカナをヘブライ語のアルファベットの図解であるとして、56枚の小アルカナを遠ざけている。この考えはジェラール・エンコース、別名パピュス（1865−1917）によって受け継がれている。彼はエジプト風の人物を用いてカバラ的構造を示すタロットを作ってさえいる。タロットにありとあらゆる秘教的体系を接ぎ木しようとするこうした試みの後、ありもしない「伝統」なるものに依拠して何千もの本が書かれ、そこではタロットがエジプト人、カルデア人、ヘブライ人、アラブ人、ヒンドゥー教徒、ギリシア人、中国人、マヤ人、宇宙人によって作られたとの証明が試みられている。揚句の果てにはアトランティス大陸やアダム（ここでは天使の口述で最初のカードの絵柄を描いたとされる）までが挙げられている。（宗教的伝統に従えば、神聖な作品はみなその起源を天上にもつ。シンボル体系の構築は芸術家の個人的霊感には委ねられず神自身によって授けられる。）「タロット」という言葉はエジプト語（tar：道、ro、rog：現実の）、インド・タタール語（tan-tara：

[*2] Éliphas Lévi, *Dogme et rituel de la haute magie*, Bussière, Paris, 1992.

黄道十二宮）、ヘブライ語（tora：法）、ラテン語（rota：車輪；orat：彼は話す）、サンスクリット語（tat：全て；tar-o：動かない星）、中国語（tao：定義できない原理）などとされてきた。様々な民族グループ、宗教、秘密結社がその生みの親であると主張してきた。すなわちジプシー、ユダヤ人、イスラム教徒、フリーメーソン、薔薇十字団、錬金術師、芸術家（ダリ）、ヒンドゥーの導師（Osho）、等々。旧約聖書、福音書、黙示録の影響が見出されることもあるし（「世界」、「吊られた男」、「節制」、「悪魔」、「教皇」、「審判」において）、タントラの教え、『易経』、アステカの絵文書、ギリシア・ローマ神話などの影響が見出されることもある。新しいカード・デッキの一つ一つが作り手たちの主観、彼らの世界観、道徳的偏見、意識のレベルの限界を内包している。シンデレラのお話では2人の義姉が毛皮のスリッパを履くためにつま先を切ろうとさえするが、彼女らのようにオカルティストの一人一人が元からあった構造を改変してしまうのである。

　タロットを生命の樹（カバラ的伝統の10のセフィロトを集めている）の22の道と一致させるため、A・E・ウェイトは「正義」の数字8を「力」の11と入れ替え、また「恋人」を「恋人たち」としたりしている。こうして彼は全てのアルカナの意味をゆがめてしまった。「東方聖堂騎士団」（OTO）に属していたオカルティストであるアレイスター・クロウリーは、数字、絵柄（従ってその意味も）さらにはカードの順番まで変えている。「正義」を「調整」、「節制」を「技芸」、「審判」を「アイオーン」と変更し、「小姓」と「騎士」を排除してそれを「王子」と「王女」に変えてしまっている。スイスのオカルティスト、フリーメーソンであり神智学協会のメンバーだったオズワルド・ワースは自分でタロットを描き、アルカナに中世風の衣装、エジプトのスフィンクス、ローマ数字の代わりとなるアラビア数字やヘブライ文字、道教のシンボル、エリファス・レヴィ考案の悪魔を導入し、さらにクール・ド・ジェブランによる不出来なバージョンからも着想を得ている（ワースによる「神の家」、「節制」、「正義」、「教皇」、「恋人」を見よ）。まるでマルセイユ版タロットは、ジェブランのタロットの大衆版あるいは俗化版だと言っているかのようでもある。アメリカのある薔薇十字派の何千もの信者たちは、R・ファルコニエ（コメディー・フランセーズ団員であり、自ら描いたタロット

を1896年に出版してアレクサンドル・デュマ・フィスに献呈した）のエジプト風タロットが、神聖なオリジナルのデッキであると断言している。夢想とまやかしの3世紀である！

　ある神聖な作品とは本質的に完璧なものである。弟子はそれをそのまま受け入れ、何であろうと加えたり除いたりしようとしてはならない。誰が、どこで、どのようにタロットを作ったのかは誰にもわからない。「タロット」という語が示すことも、またそれがどの言語なのかもわからない。タロットが初めから同じ姿だったのか、あるいは「ナイブ」（カードを意味する）なるアラビアのゲームが考案されて以来ゆっくりと発展し、年月のどこかで大アルカナと「名誉(オナー)」ないしは「コート（=宮廷）・カード」と呼ばれる人物像が、気まぐれに付け加えられた結果なのかどうかは定かではない。マルセイユ版タロットはすべての神聖なモニュメントと同じく無署名である。絵柄や数字を変えれば偉大な作品を実現しうると考え、タロットの新たなバージョンを作ろうとするのは、全くの自惚れ(うぬぼれ)というほかない。

　この放浪するカテドラルを作った者の意図は何だったのだろう？　たった1人の人間がこれほどまでに壮大なシンボルの百科事典を具現化しえただろうか？　だれが一度きりの人生でこれほどの知識を集めることができただろう？　タロットの極めて高度な正確さ、これほどまでに完璧な内的関係や幾何学的統一を鑑みれば、秘伝を伝授されたたった1人の人物によってこれが具現化されたと考えるのは不可能である。構造を編み出し、衣装や身振りを備えた人物たちを考案し、小アルカナの抽象的シンボル体系をうち立てるだけでも膨大で高密度の年月が必要になる。短い人生の時間ではそれには足りない。『高等魔術の教理と祭儀』[*3]の行間を読めば、エリファス・レヴィがこれを直観しているのが分かる。「これは記念碑的かつ特異な作品である。ピラミッド建築の如くにシンプルかつ強靱で、従ってまたピラミッドの如く永続的である。この書物は全ての学問を要約し、その組み合わせの無限さはあらゆる問題を解決可能にする。この書物は考えさせつつ語りかける。考えうるあらゆる観念を発想させまた制御する。すなわち、おそらくは人間精神の傑作であり、確実に古代が遺してくれた最高のものの一つである。普遍的

[*3] 前掲書参照。

な鍵、精神の迷いを防ぐ真の哲学的装置でありつつ、精神には主導権と自由を残している。これは絶対的なものに応用された数学であり、現実的なものと理想的なものの結合、数学的に厳密な正しさをもった思考のめぐり合わせ、つまるところおそらくは人間の才が創造しえた最も単純かつ偉大なものである。」

もしタロットの起源を推測しようとしたら（すでに1337年にマルセイユのサン＝ヴィクトール修道院の規則は聖職者がカードで遊ぶことを禁じている）、少なくとも紀元1000年にさかのぼらなければならないだろう。この時代には南仏およびスペインでは、すこやかな平和のうちに教会とシナゴーグそしてモスクが近隣同士に建てられているのが見られた。これら3宗教はお互いに敬意を払い、それぞれの賢者たちは別の宗教のメンバーと接触して議論を行い自らを豊かにすることをいとわなかった。アルカナ II、V、XIII、XV、XX、XXIには明らかにキリスト教の影響がみられる。名無しのアルカナの骸骨の頭部にはヘブライ語の神聖四字（ヨッド、ヘー、ヴァヴ、ヘー）を、また「吊られた男」の胸にはカバラの「生命の樹」における10のセフィロトを読み取ることができる。小アルカナにはイスラム教の象徴が見出される。たとえば「杯」のエースの上部にある9点による円は明らかに秘儀を伝える九角形を表している。三つの信仰の賢者からなる1グループが、彼らの宗教が退廃し、権力欲から宗派間で憎しみが起こることが避けられず、その神聖な伝統が忘れられることを予見して、この知識を慎ましいカード・デッキの中に保存しようと話し合ったのかもしれない。結果として、この知識は保存されつつもまた隠されることになったが、それは歴史の暗闇を生き延びて遠い未来に到達し、より高次の意識をもつ存在たちによってその素晴らしいメッセージが解読されるためだった。

ルネ・ゲノンは『神聖な学の基礎的な諸象徴』[*4]のなかで以下のように書いている。「フォークロアのなかで、民衆はそうと理解することなしに古い伝統の諸断片を保存する。これらの伝統はしばしば確定しがたいほどの昔に遡る。［…］その意味でフォークロアは多かれ少なかれ「無意識的」な集団的記憶の一種として機能している。その記憶の内容は秘教的次元をもったデータの大集積であり、明らかに外部より来たものである。」

*4　René Guénon, *Symboles de la science sacrée*, Gallimard, Paris, 1962.

『タロット、象徴、アルカナ、占い』*5を著したJ・マクスウェルは初めて起源に立ち戻った。彼はマルセイユ版タロット（ニコラ・コンヴェルによるもの）が視覚的言語であり、それを理解するためにはよく観察しなければならないことを認めている。その後ポール・マルトーは『マルセイユ版タロット』*6においてマクスウェルを模倣し、カードを再現した上で1枚1枚を細部から細部へと分析した。番号と色のそれぞれ、人物の身振りそれぞれの意味も考慮している。しかし彼はマクスウェルによって開始されたタロット研究の真の道を辿ってはいるものの、二つの誤りを犯している。彼のデッキがオリジナルの近似にすぎないことがその一つである。その絵柄は19世紀末にグリモーが刊行したブザンソン版タロットの忠実な複製であるが、グリモー刊行版それ自体が別のブザンソン版タロット、すなわちルカールが刊行した「アルヌー1748」という署名がある版を複製したものだった。マルトーはまた、恐らくは自分の財産として商品化し著作権料を得るために、いくつかの細部を変更してしまっている。加えて彼は印刷機の限界であるにすぎない4色による基調をそのままにし、手で描かれた諸デッキが持っていたより多彩な古い色調を尊重しなかった。

　にもかかわらず、ポール・マルトーによるものよりも真正に近いタロットを見つけることが全くできなかったので、恭しい敬意をもって私はそれに身を委ねた。もし誰かがそれを解読することを教えうるとすれば、それは生身の師匠ではなくタロットそのものなのだと理解した。知りたいことは全てすぐそこ、私の手の中、私の目の前、カードの中にあったのである。「伝統」に基づく解説の数々、諸々の用語索引、様々な神話、超心理学的解説一般に耳を傾けることをやめ、アルカナ自身に語らしめることが不可欠だった。タロットを私の人生に組み入れるべく、私はそれを記憶するだけでなく理性的な精神がおそらくは子供っぽいと考えるだろう幾つかの行為をタロットと実行した。例えば毎晩私は異なったカードを枕の下において眠った。またカード1枚を自分のポケットに入れて1日中を過ごした。自分の体をカードでこすったりもした。また私はカードたちの声のリズムやトーンを想像しながらそれらの名において語った。それぞれの人物の裸を視覚化し、その人物が持つ諸シンボルが天をおおうさまを想像し、枠の向こうに消えているらしい絵

*5　J. Maxwell, *Le Tarot, le symbole, les arcanes la divination*, Librairie Félix Alcan, Paris, 1933.
*6　Paul Marteau, *Le Tarot de Marseille*, Arts et métiers graphiques, Paris, 1949.

柄を補完してみた。私は「愚者」に付き添う動物や「教皇」の侍者に完全な体を与え、「大道芸人」のテーブルを引き延ばして見えていない第4の足を発見したりした。あるいは「女教皇」のヴェールがどこから下がっているかを想像した。また「星」の女を潤している川がどの大洋に向かって流れているか、どこまで「月」の池が続いているかを目にした。「愚者」がポケットに持っているもの、「大道芸人」が袋に入れているもの、「女帝」の下着、「女帝」の外陰部、「皇帝」の男性器、「吊られた男」が両手に隠しているもの、アルカナXIIIの切られた頭の持ち主などを想像した。私はそれぞれの人物の思想、感情、性生活、行動を想像した。彼らに祈らせ、罵倒させ、セックスをさせ、詩を朗誦させ、癒されるようにした。

　大小いずれについても「アルカナ」という言葉がデッキのどこにも印刷されていない以上、それらのカードを「秘密、隠されたもの、神秘学的で理解しがたいもの」などとみなすべきではなかった。それらに名前を与えるのは私の役目だった。「版画」、「カード」、「人物像」（コート・カード）、「アルカナ」、「勝利」Victoires、選択は自由だった。「剣」Épée、「杯」Coupe、「棒」Bâton、「金貨」Deniersという語があったので、私は（大と小の）「アルカナ」Arcanesを選び、その後アルファベット配列に従わせた。Aは「アルカナ」Arcanes、Bは「棒」Bâton、Cは「杯」Coupe、Dは「金貨」Deniers、Eは「剣」Épée、Fは「人物像」（コート・カード）Figures、というように。

　私は30年にわたってポール・マルトーのタロットについての知識を広め、アトリエを開き、講義を行い、何百人もの生徒に教えた。1993年に私は1枚の郵便はがきを受け取った。そのはがきには1760年以来ニコラ・コンヴェル版タロットを印刷していたマルセイユの一族の直系子孫、フィリップ・カモワンが、父ドゥニ・カモワンに死をもたらした自動車事故のことを記していた。この悲劇的な死は彼をとても苦しませた。自治体がこの劇的事件を利用して印刷所の土地を収用し、印刷所を破壊して代わりに歯科学校を建てたこともその苦しみを大きくしていた。これをあきらめきれないまま社会に同化しようと空しく努力した後、フィリップは隠者になった。彼は10年間

をフォルカルキエという小さな町にある父の家に閉じこもったままで過ごし、テレビで100以上の様々なチャンネルを受信できる衛星アンテナ以外に世界との交流を持たなかった。このようにして彼は12の言語の初歩を学んだのである。ブラウン管の画面が彼の話し相手になった。彼は画面に現れる人物のにおいを感じることができると信じた。問題や疑問があるときにはリモコンのボタンをあてずっぽうに押すと、まるで魔法のように何らかの画像、番組が彼に答えを与えていた。ある眠れない夜、壁掛け時計が3時を鳴らした時に彼は以下の質問をした。「父の死で中断された一族の伝統を続けるために、自分は何をするべきだろう？」彼はボタンを押した。するとあるジャーナリストに答えている私が画面に現れた。フィリップは私に個人的に話しかけられていると感じた。数日後また同じ質問をすると再び私が画面に現れた。同じ現象が三度目にも起こった。こうして彼は世界に戻る決心をし、私に会うために筆をとったのである。

　彼がやって来るのを見たとき私は彼が何歳なのか判断できなかった。50歳にも20歳にも見えた。賢者のようでもあり子供のようでもあった。会話をする上で問題があり、一つ一つの語の間には長い沈黙が支配した。個人的なことを一切言わず、全てがはるか遠い次元から口述されているかのような印象を与えていた。菜食主義者であることが肌の透明さから分かった。両親指の付け根にはタトゥーをしていた。左には月、右には太陽の。彼は私のタロット講義に参加したいと望んだ。他の生徒たちはフィリップが唖なのでないかと疑った。人間と何らかの関係を構築することは彼にとって恐ろしく困難なことだったのである。別世界の存在と交信するほうが容易だった。彼の心を動かしているのはシヴァ神であった。シヴァは愛と豊穣を広める神的存在だが、悪霊もみな彼に従っていたからである。

　私はサイコマジック[訳註2]を用いて治癒をしてみようと決めた。もし父の死が息子と世界を結ぶ諸関係を破壊したのなら、それらを再び築きあげるためにはフィリップをもう一度家族の伝統に結び付ける必要があった。そのために私は彼にマルセイユ版タロットを一緒に復元することを提案した。ポール・マルトーが加えた細部をとり除き、必要あらば、時間とともに複製を繰り返したために混乱した形で伝承された幾つかの絵柄を整えさえすれば事足

訳註2　「サイコマジック」と訳されるla psychomagieは、ホドロフスキーによって編み出された精神療法の一種である。詳細については特にホドロフスキー『リアリティのダンス』（青木健史訳、文遊社、2012）を参照。

りると当時の私は考えていた。フィリップは私の提案を大喜びで受け入れた。私に会いに来たのはこのためだったことを彼は理解したのである。私は彼の母親に話して助力を求めた。彼女は夫の死に際してタロットの重要なコレクションを様々な博物館に寄贈していたので、我々に沢山の推薦状を書いてくれた。我々は常に好意的に迎えられ、研究に役立つ全てのカードのスライドを手に入れることができた。カモワン夫人はまた18世紀の印刷用版画原板の大コレクションを保有していた。1年間の研究の後には我々を待っている仕事の巨大さが理解された。幾つかの細部を変更したり何本かの線を明確にすればよいのではなかった。手仕事による元々の色彩、そして何世代もの複製者たちが消してしまった絵柄を元に戻しつつ、タロット全体をそっくり復元することが必要だったのである。幸いなことに、幾つかの現存例に断片しか残っていない箇所は、別の現存例によってその失われたところを補填できた。我々は複数の高性能なコンピューターで仕事をしなければならなかったが、おかげで図像の上に図像を重ねつつ無数の版を比較できた。その中にはニコラ・コンヴェル、ドダル、フランソワ・トゥルカティ、フォトリエ、ジャン＝ピエール・パイヤン、シュザンヌ・ベルナルダン、ルカールなどによるものが含まれている。

　復元のために我々は2年間仕事をした。フィリップは世界との接触を取り戻し、驚くほど器用なところを見せた。彼はコンピューターを専門家のように扱ったのである。作業の複雑さゆえによりよい機械が求められたが、母親は出費を気にせず我々の必要に応じて技術的要素を提供してくれた。この復元作業の難しさは、マルセイユ版タロットが互いに緊密に結ばれたシンボルによって成り立っていることにある。1本の線でも変更してしまえば作品全体が変質してしまう。17世紀にはマルセイユ版タロットの印刷所がとてもたくさん存在していた。18世紀に作成された現存例は、それ以前のタロットの複製である。したがって我々は18世紀のタロットをオリジナルと見なすことはできなかった。1760年のニコラ・コンヴェル版も誤りや省略を含んでいた可能性が高かった。元々絵柄は手作業で彩色されていたが、19世紀の印刷所に産業的機械が登場した時から色の数は限定されることになった。線や色彩がどれほどの忠実さで再現されたかは印刷所次第だったのである。

秘儀に通じていない人々は諸シンボルを極端に単純化し、それを複製した人々は誤りに誤りを付け加えた。他方で多くのデッキを研究したのち、我々は幾つかのタロットが重ね合わせ可能な同じ絵柄を持ち、かつそれぞれが別のタロットには現れないシンボルを有していることを確認した。そこから我々は、これらのタロットが同一のより古く今日では失われてしまったタロットから複製されたのだと推測した。これこそが我々が復元したいと望んでいたオリジナルのタロットであった。

　我々は一見して乗り越え難い壁にぶつかった。どの博物館も、完全に揃っていて古くかつ手作業で彩色されたマルセイユ版タロットを所有していなかったのである。我々の仕事はひと時の間中断されたが、この時間は永遠にも思われた。突如として私はメキシコシティのリオ・デ・ジャネイロ広場、私が住んでいた家から50メートルの場所に、骨董商でアステカとマヤの古物の専門家であるラウル・カンプファーが住んでいたことを思い出した。1960年に彼は手で彩色された古い「フランスの」タロットを私に売ろうとして1万ドルを要求していたのだ。当時ウェイト版によって精神を曇らされていた私はこれに興味をそそられず、またいずれにせよそれは高すぎた。私はこれを忘れていたのだ。奇蹟だ、家の近くにかくも必要とされていた貴重な現存例が存在していたのかもしれないのだから！

　フィリップと私はメキシコに出発し、動揺を覚えながら骨董商の扉を叩いた。若者が扉を開けた。彼はすでに亡くなっていたラウル・カンプファーの息子だった。若者は宗教的敬虔さで父の遺品を一室に保存していた。彼はこの遺品の中にタロットがあることを知らず、私たちにそれを探すのを手伝うように頼んだ。かなりのそして胸の締めつけられるような時間ののち、我々はこのタロットを大型トランクの底にあったボール紙の箱の中に見つけた。手ごろな価格でこれを売ってもらうと我々はこの戦利品とともにパリに凱旋した。このタロットこそ、我々がコンピューターで古い色調を復元する上での必要不可欠な導き手となったのである。

　我々の仕事が進むにつれて私は霊的ショートを経験した。あまりに長い間ポール・マルトー版タロットを私の魂に結び付け、その一つ一つの細部に出来うる限り最も深い意味を与えていたので——アルカナに無限の愛を注ぐこ

とでそれが可能だったのだが——いくつかの変更は私に対して短剣による一撃のごとき効果を持った。

　実際には、この復元の仕事は私の一部が変化の名の下に死ぬのを受け入れるよう求めていたのだ。ポール・マルトー版タロットの「大道芸人」の二つのサイコロは——片方は1でもう一つは5だが（合わせて15すなわち悪魔の数字である）その反対の面には2と6を隠している（合わせて26、すなわち神聖四字の総和［ヨッドの10＋ヘーの5＋ヴァヴの6＋ヘーの5］である）。そのことから私は悪魔は神の仮面に過ぎないとすることができた——復元版では三つになりしかも各々合計で7になる三面をあらわにし（7×3は21になり「世界」の数字になる）、それによってシンボルを完全に異なる別のものに変えてしまっていた。私は大きな疲労を伴う精神的努力をしつつ、慣れ親しんだシンボルをこの別のものに換えねばならなかった。

　同じことが「皇帝」の白い靴についても起こった。私はこの権勢ある君主が、非の打ちどころのない純粋さと彼の髭と同じくらいに知恵に満ちた歩みをもって進んでいるとずっと考えていた。しかし実際には靴は赤くまた髭は空色だった。すなわちその歩みは征服活動のそれであり、世界に己の印を認めさせる笏の上の十字架も同類である。また髭は持ち主が敏感で霊的かつ受容的で、知性より直観が勝ることを示す。「恋人」については中央にいる人物（マルトーは裸足で描いていた）と、燃える藪で至高者の声を聴くべく履物を脱いだモーセとの間の類似を忘れなければならず、私を大いに悲しませた。この人物は「皇帝」や「愚者」と同じように行動的な赤い靴を履いており、したがって彼の愛の神性を減じて世俗性を増大させることを認めざるを得なかったが、これも非常に苦しいことだった。マルトー版タロットの「吊られた男」は脚で繋がれていないが我々の版ではそうなっている。自発的に行動しないことを決めた人物から、自らの縛めを抵抗不可能な宇宙の法として受け取っている別の人物に移行する必要があった。彼にとって自由とは「法」に服従することなのである。マルトー版のアルカナXIIIでは骸骨が自らの足の一方を切り取っている。すなわち自己破壊である。我々の版では骸骨は自らに青い片足と片腕さらに同色の背骨を付与しているが、これは建設的な行為を示す。鎌についても同じことで、かつてあった赤に精神の種子を示す

空色が混ざっていた。マルトー版における「悪魔」は愚かにも手傷を負いながら刃を取って剣を振り上げているが、我々のカードでは松明を持ち暗闇に光を与えている。「神の家」では秘儀を伝える三つの階段とドアが見え、そのことは2人の人物が落下しているのではなく陽気にかつ自発的にそこから出てきていることを暗示していた。その他の極めて多くの細部が私のものの見方を変化させた。もちろんマルトー版を捨て去るには時間が必要だった。私は二つのデッキを混ぜ合わせることから始め、私に助言を求める人には両方を一緒に見せていた。次第に古いデッキは秋の葉のように枯れていくようになり、その一方で新しいデッキは日々ますます強いエネルギーを帯びていった。ある水曜日の朝、母親を埋葬する息子の苦しみとともに、私はヴァンセンスの自分の一軒家で、葉の茂った菩提樹の根本に愛惜したポール・マルトー版タロットを埋め、その上に1本の薔薇の木を植えたのだった。当時私はカフェ「サン＝フィアクル」で毎週タロットを無料で解釈していたが、その夜初めて（そしてそれ以後ずっと）この復元されたタロットを用いた。この初めての回はまた、私のテーブルの前にマリアンヌ・コスタがやって来た時でもある。私にとって彼女との出会いはフィリップ・カモワンとのそれと同じくらい重要だった。私はマリアンヌなしでは決してこの本を書くことはできなかっただろう。自然においては何事も偶然ではありえないということ、世界で起こることは予め定められたある法によって生起しているということ、ある種の出来事は未来に書き込まれているということ、そして結果が原因に先立つということは、理性的精神にとっては受け入れがたいことである。それにしても、彼女という協力者が現れたことは、私には人間の理解を超えたある存在によって定められた運命の仕業であるように思われるのだ。

　当初マリアンヌは私の生徒であり後に助手となったが、最終的には一緒にタロットを解釈することになった。これはアルカナが示していることの実現である。すなわち「皇帝」と「女帝」、「女教皇」と「教皇」、「月」と「太陽」である。秘儀に通じたものはそれを補完する女性的存在を必要とするし、その逆もまたしかりである。それによって2人は宇宙の「意識」に導かれる解釈に辿りつくことができるのだ。

アレハンドロ・ホドロフスキー

タロットの枠組みと数秘学

Structure et numérologie du Tarot

序

タロットは一つの完成された存在である

　タロットを扱う本の著者たちの大半はカードを1枚ずつ描き分析することで事足れりとし、一連のカードを一つの全体として捉えようなどとは思ってもみない。しかしタロット全体の一貫した秩序は、各アルカナの意味を真に研究する上では最初に検討されるべきものである。一つ一つの細部はどんなに微小なものであれ78枚のカードを結びつける相互関連に由来する。これら多様なシンボルを理解するためには、全体が最終的に構成するシンボルであるマンダラを見ておかなければならない。カール・グスタフ・ユングによれば、マンダラは未知の本質をもつプシュケーの表れの一つである。一般に円は自然の完全さを象徴し四角形はこの完全性の意識化を表す。ヒンドゥー教の伝統に従えば、マンダラは神聖な中心空間すなわち祭壇と寺院の象徴、世界の像、神的な力の表象でもある。マンダラの像はそれを熟視する者を天啓に導く力を持つ。この考えに従って私は聖堂を建築するようにタロットを秩序立てようと考えた。あらゆる伝統において聖堂は世界の創造を要約したもの、また神的統一が断片化されたものとされる。オシリスは嫉妬深い敵たちと弟セトによって櫃に閉じ込められ、手足を切断され切り裂かれた状態でナイルの流れに投げ込まれたが、イシスの息によって蘇った。象徴的に言えばタロットのアルカナは精神的な宝が埋蔵された櫃である。この櫃が開かれることは天啓に等しい。秘儀の作業とは断片を集めて統一性を再び見出すことである。一組のカードをとりアルカナを混ぜて水平に並べよ。言うなればそれは神を断片化するようなものだ。それらは解釈され寄せ集められて文章

となる。秘儀を知る読者（イシスや魂）は聖なる探求を通して断片を結合していく。神が蘇るのはもはや非物質的次元においてではなく物質的世界においてである。タロットで一つの像、一つのマンダラが構築され、すべてが一瞥で把握されるようになる。

　カードが1枚ごとに（つまり各々独立したシンボルとして）ではなく、ある全体の部分として考案されたなどと、私は突然に思いついたのではない。漠然とした直感に始まる長い道のりがそこにはあった。しかし歳月につれて為された幾つかの発見は、このタロットという「存在」が結合への意志を持つことを確実に証していたのである。

　私は左側に偶数、右側に奇数を配しながらカードを秩序立てた。東洋の諸伝統に従えば偶数は受動的そして奇数は能動的、また右側は能動的そして左側は受動的と見なされるからである。私は西洋と東洋の寺院の装飾を比較した。ゴシック様式の大聖堂、例えばパリのノートル・ダム大聖堂の正面には、両性的なイエス・キリストが地上と天上の竜の間に立ち、正面扉の上で我々に祝福を与えている。その右（我々から見て左）に位置する扉には聖母マリア（女性性、受容性）が立ち、左では1人の司祭が自分の杖（男性性、能動性）で1匹の竜を御している。逆にタントラ仏教の寺院では男性的神々が我々から見て左側にそして女性的神々が右側に位置している。このことは、ブッダというものが神ではなく、大いなる霊的な業を達成すれば誰でも到達できる一段階であることに由来する。信者は見る者であることをやめ、男性性と女性性の原理の間に身を置き、寺院そのものへと変容して外側を向く。それとは反対にキリストは神であり信者のうちの誰もキリストにはなることはできない。せいぜい模倣することができるだけである。東洋の聖人たちはブッダである。西洋の聖人たちは神を模倣する――それ故に大聖堂は鏡のように作用し、建築の右側が我々にとっての左側、左側が我々にとっての右側を表すのである。マルセイユ版タロットはユダヤ―キリスト教的伝統の産物であり、それが鏡のように用いられるべきことは「世界」（XXI）が示している。そこでは女性が左手に能動的である棒を持ち、右手に受容的であるレトルトを持っている（52ページを参照）。

私の歩みを導いたのはこうした細部だが、他にもある。しかし一つ一つを挙げていくのは冗長に過ぎよう。カードは少しずつ区分され、ある日一つのマンダラに結ばれることになった。こうして得られたのがスワスチカ（鉤十字）だった。それは創造的な渦のシンボルであり、周りには放射状の階層が作り出される。スワスチカは中心を巡る回転運動、顕現しつつある神的原理の運動を明らかに示し、長い間キリストの印とされていた。インドではこれが「法の車輪」（ダルマチャクラ）を示すゆえにブッダの印、また知識の神であるガネーシャの印ともなった。中国ではスワスチカは一万という数を象徴するが、一万は存在と顕現の総数を意味する。これは漢字の「万」の原形でもあり、正方形的空間すなわち大地の四方向が中心から発して水平的に拡がるさまを表している。またフリーメーソンの象徴体系ではスワスチカの中心に北極星があり、これを形成する4本の腕（直角定規形をしたギリシア文字の「ガンマ」）は北極星を巡る北斗七星の四つの基本位置を表している（北斗七星は導きの中心または照らしの中心を象徴する）。

　しかしアルカナを秩序立てる方法はこれだけでなく、無数にあることを私は認めなければならない。本来タロットは投影的な道具であり、決定的、唯一、完全といった形を持たない。チベット僧たちが色とりどりの砂で描くマンダラは、みな似てはいるがしかし決して同一ではないのと同様である。

　我々の研究はこのマンダラの理解から始まる。なぜなら全体を知らずに部分を分析することは不可能だからである。一たび全体が認識されれば、各部分は全体に関連する意味を持ち、他のカードとの関係を示すようになる。オーケストラで一つの楽器を演奏するのは他の楽器全てを響かせるのと同じことである。タロットは諸アルカナの結合である。何年も経って初めてタロットを首尾一貫したマンダラに集合させることができたとき、私はタロットに尋ねてみた。「この研究が私にとって何の役にたつのだろう？　お前は私にどんな力を与えてくれるのだろう？」私はタロットの答えを想像した。「お前が得るのは助ける力だけだ。癒しの役にたたない技芸（アール）はその名に値しない。」

　しかし癒すとはどういうことだろう？　あらゆる病気、あらゆる問題は肉

体的、性的、感情的、知的どれであろうと澱みから生まれる。癒しとはエネルギーの円滑な流れを回復することにある。この見解を老子の書である『道徳経』に、またごく正確な形で『易経』にも見出すことができる。タロットは何らかの形でこれらの哲学に呼応していたのだろうか？ タロットの視覚的言語は言葉による説明だけには限定されえないことを知った私は、「真実とは有用なもののことである」というブッダの言葉を自分のものとすることを決め、四つのスートにある意味を与えることとした。その意味が唯一かつ決定的だと断言するつもりは全くないが、私がアルカナに与えようと望んだ治療的用途には最適とはいえる。風変わりな見者に不確かな未来を見せる道具、つまり水晶玉のようにタロットを用いるのではなく、新しい形の精神分析すなわちタロロジーのためにこそタロットを役立たせるべきだろうと私は考えたのだ。

　全てのカードをマンダラとして秩序立てる上で、当初私には左右対称的な形を求める傾向があった。幾つかの試みが無駄に終わった後でこの作業が無理だということがはっきりした。最初の日本旅行の折に御所[訳註1]を案内したガイドが説明してくれたことを私はよく覚えている。その場所では壁は決して直線的には作られておらず、扉や窓が対称的な正方形に分けられることもない。日本文化においては直線や左右対称は悪魔的なものとみなされていたのだ。宗教芸術を学ぶと確かにそれらが決して左右対称でないことがわかる。パリのノートル・ダム大聖堂をとってみると、我々から見てその左側の扉は右側の扉よりも幅が広い。左右対称の芸術はみな世俗的である。人体もまた左右対称ではなく例えば右肺には三つの肺葉があるが左肺にはそれが二つしかない。タロットが神聖な芸術であることは、どのカードでも上部と下部そして左側と右側が決して同じでないことによって示されている。常に小さな細部が相似を乱しているが、それを見分けるのが非常に難しいこともよくある。例えば「金貨」の10は一見したところ完全に左右対称だが、我々から見て右下の隅には他とは異なる金貨がある。この金貨には花びらが11枚しかないのに対して残る三隅の金貨にはそれが12枚あるのだ（342ページ参照）。中央軸の下の端にある花には、内側が明るい黄色、外側が濃い黄色をしてい

訳註1　京都御所を指すか。

る短い葉が2枚あるが、上の端にある花の2枚の葉はより長い。このデッキの創造者たちは些細な事柄の数々をあえて描くことで、我々に見ることを学ばせようとしたのだと私は考えている。目が我々に伝えるヴィジョンは我々の意識のレベルによって変化する。神聖な秘密は隠されぬまま我々の前にあり、それを見ることができるか否かは、細部を観察しそれらを関連づけるために我々が用いる注意力にかかっている。

　一見左右対称のように思われるタロットが常に反復を拒んでいることが意識されると、小アルカナがある法則に従って組織立てられていることにも気がつき始めた。この法則は以下のように述べることができた。すなわち「四つのうち三つはほとんど等しく一つだけが異なる。また等しい三つのなかで二つはより似かよっている。」言い換えれば（[1＋2]＋3）＋4ということである。その数多い例の中から幾つかを挙げてみよう。

　——四つのスート（「剣」、「杯」、「金貨」、「棒」）のうち三つは製造された物の名前（「剣」、「杯」、「金貨」）だが、一つは自然物の名前である（「棒」）。また最初の3スートのうち二つはより類似している（「杯」と「金貨」は平らな面の上に置かれる）が三つ目は異なる（「剣」は宙で手に握られる）。

　——「剣」、「棒」そして「杯」は数字を有しているが「金貨」は異なる。また「剣」と「棒」では「V」の先端が中央を向いているが「杯」では外側を向いている。

　——「剣」、「棒」、「金貨」の「小姓」は帽子をかぶっているが「杯」の「小姓」は無帽である。「剣」と「金貨」の「小姓」はほぼ同じ帽子をかぶっているが「棒」の「小姓」はそれとはかなり異なったベレー帽をかぶっている。

　——「棒」、「杯」、「金貨」の「王妃」は対応するシンボルに加えもう一方の手で何らかの物体を持ち上げているが、「剣」の「王妃」はそうしていない。

　——3人の「王」は王宮にいるが4番目は自然の中にいる。3人は王冠を戴いているが4人目は帽子をかぶっている。

　——「騎士」のうち3人の馬は青いが4人目の馬は白い。

その他諸々である。

我々がこの法則を諸々の宗教、神話、現実に探せば以下のような例が見出せるだろう。

——キリスト教における3（父、子、聖霊）プラス1（聖母マリア）。三つのうち二つは非物質的（父と聖霊）であり3番目（イエス・キリスト）は受肉している。つまり（［父＋聖霊］＋イエス・キリスト）＋聖母マリアである。

四つの福音書のうち三つは類似しており（マルコ、マタイ、ルカ）、うち二つ（マルコ、ルカ）はほぼ同じで三つ目が若干異なっている（マタイ）。つまり（［マルコ＋ルカ］＋マタイ）＋ヨハネである。

——カバラは四つの世界を区分する。三つの非物質的世界は、「マクロプロソプス」であるアツィルト（原型的）およびブリアー（創造的）の二つと、「ミクロプロソプス」であるイェツィラー（形成的）の一つに分けられる。この三つは婚約者たるアッシャー（物質的）を養う。つまり（［アツィルト＋ブリアー］＋イェツィラー）＋アッシャーとなる。

——ゴータマ・ブッダによって見出された「四つの高貴な真理」、すなわち苦しみ、欲望、強欲、中道。つまり（［欲望＋強欲］＋苦しみ）＋中道である。

——古代インドの四つのカースト。物質的世界での能動すなわちシュードラ（労働者）、ヴァイシャ（商人）、クシャトリヤ（戦士）。霊的世界での能動すなわちバラモン（宗教者）。つまり（［シュードラ＋ヴァイシャ］＋クシャトリヤ）＋バラモンである。

——四大元素における類似する三つ（空気、火、水）と異なる一つ（土）。類似する三つのうち二つはより近く（空気、火）一つは異なる（水）。つまり（［空気＋火］＋水）＋土である。

——人間の頭には耳、目、鼻腔は二つずつあるが口は一つだけである。耳と目は離れているが鼻腔は一つの鼻に統一される。つまり（［耳＋目］＋鼻腔）＋口である。

このやり方で有機体の四気質（神経質、リンパ質、多血質、胆汁質[訳註2]）、黄道十二宮の四つのトリオ（牡羊―獅子―射手、双子―天秤―水瓶、蟹―蠍―魚、

訳註2　一般的な四気質は、黄胆汁質、粘液質、多血質、黒胆汁質を言うが原文にしたがった。

牡牛—乙女—山羊）、錬金術の四段階、すなわち黄化の過程（キトリニタス）、赤化の過程（ルベド）、白化の過程（アルベド）、黒化の過程（ニグレド）、そして、物質の四形態（気体、液体、固体、プラズマ）などを秩序立てることができる。

　最後に私は『哲学者達のロザリオ』に収録された幾つかの錬金術に関わる版画を研究することで、タロットのマンダラの確実さを証するものを見つけた。

数秘学

　私は「愚者」に無限の始まりの役割、そして「世界」に無限の終わりの役割を配していた。また「小姓」、「王妃」、「王」そして「騎士」が数字を持たず4スートのどれにおいてもそれらは11、12、13、14とは見なされえないことを理解していた。かくして10枚からなる6セットが出来上がる。すなわち「剣」の1から10、「杯」の1から10、「金貨」の1から10、「棒」の1から10、大アルカナの「大道芸人」から「運命の輪」、大アルカナの「力」から「審判」までである。私はタロットの本質を理解しようと望んでいたので、10の数それぞれの六側面を目に見えるようにしなければならなかった。たとえば1は四つのエースおよび「大道芸人」と「力」を抱合している。

「大道芸人」は男性そして「力」は女性によって表されている。「剣」と「棒」は能動的シンボルであり「杯」と「金貨」は受容的シンボルである。ここから私に明らかになったのは、10の数それぞれは男性的でも女性的でもなく常に両性具有として定義されなければならないということだった。しかし私が伝統的な数秘学で知ったところによれば、1の数は最初の奇数、能動的、男性的、「父」、単一性を示すものであり、また2の数は最初の偶数、受動的、女性的、「母」、多様性を示すものであった。数の2、4、6、8、10は「女性的」とされ闇、寒さ、否定性と同義とされる。また奇数の1、3、5、7、9は男性的、光、熱、積極性として称揚される。私はこうした反女性主義的な秘教主義に与することはできなかった。これを避けるために、私は10の数それぞれを定義する上で、あらゆる女性性ないしは男性性といった概念を排除した。そして偶数を受容性に、奇数を能動性に結び付けることとした。女性も能動的、男性も受容的でありうるのだ。

　私はまた多くの本で2という数が1＋1という二重性として定義されているのを目にした。私にはこれをタロットに応用するのは非常に不手際なことだと思われた。この理論を採用するなら連続する数字それぞれを、ただの単位の足し算として考えればよいからである。3は1＋1＋1であり、4は1＋1＋1＋1、これが10まで続くということになる。別の秘教的なやり方では、数字内部で行われた足し算の結果で意味が与えられていた。これによれば10が最も複雑なものということになる。なぜなら9＋1、8＋2、7＋3、6＋4それぞれで異なったものとされるからである（5＋5のような数字の反復による結果は排除されている）。しかしこのシステムに従えば足し算の要素を二つに限る理由もないので、結果として10＝1＋2＋3＋4あるいは10＝3＋5＋2といった逸脱も導くことになる。

　シンボルとは肉体がそうであるように一つの全体である。人体が二つの足＋二つの腕＋一つの胴体＋一つの頭、さらに推し進めて、＋一つの肝臓＋両目などなどの合計だとするのは馬鹿げたことだろう。同様にタロットにおいて10の数それぞれを他の数字の合計として定義するのも馬鹿げている。タロットのメッセージを理解するためには、これら10の数一つ一つを、それ自身でごく固有の特徴をもつ一つの存在としてみなすべきである。

始めるにあたって

　タロットのデッキは一つの全体として立ち現れるが、複雑でまた初心者を戸惑わせるものである。幾つかのカードは多少なりともよく知られたシンボルを担っているゆえに他のカードより解釈が易しいように見える。あるカードは人物を表し別のカードは幾何学的図形あるいは物体を表している。あるカードは名称を、そして別のカードは数字を持ち、また別のカードは名称も数字も持たない。デッキの研究を始める上では占星術や種々の数秘学といった既知の枠組みに依拠したくもなるだろう。しかし全ての首尾一貫した体系と同じく、あるいは全ての宗教芸術の作品と同じく、タロットはそれ自身に固有の枠組みを有している。この枠組みを見出せるか否かは我々にかかっているのだ。

　多くの秘儀伝授の伝統では、真実にはせいぜい近づくことしかできずまたそれは決して言葉では把握できないとされる。だが逆に「真なるもの」の反映である「美」は知りうるとされる。だとするとタロットの研究は美の一研究ともなる。見ることに信を置けば、タロットそれ自体が持つ意味は眼差しを通じて徐々に明らかになるだろう。

　第1章ではタロットが己の枠組みと数秘学を我々に理解させるためにどのような手がかりを提供しているかを検討していく。これらを基礎とした上で、我々は俯瞰可能な像としてデッキ全体を組織化し、マンダラを構築していく。このマンダラのなかで78枚のカード・デッキは均衡のとれた像、首尾一貫した全体を形作ることになる。

このマンダラを構築するには、大アルカナ及び小アルカナの4スート、カード全ての役割と価値そして数の象徴体系に慣れ親しむことがまず必要である。それらがタロットの枠組み全ての基礎となり、各要素を全体と関連づけるものとなるのだ。
　その後、タロットのアルカナに見られる11の色を組織化していく上での幾つかの可能な方法を見ていくこととする。

［附記］
羅列や描写を行う上でのスートの並び順は、基本的に「剣」、「杯」、「棒」、「金貨」とする。これは63ページで示される「解剖的」順序に従っている。また下から上に「金貨」、「棒」、「杯」、「剣」とすることもある。

構成および向きに関する規則

✺

　マルセイユ版タロットは78枚のカードあるいはアルカナから構成されている。「アルカナ」arcaneという語は「秘密」を表すラテン語の「アルカーヌム」arcanumに由来する。この語はある隠された意味、合理性を拒否する神秘を指す。娯楽としてではなく、露わではなく次第に明かされていくべき意味を持つものとして我々がタロットを用いる以上、この語は適当なものだと思われる。

　タロットの78枚のアルカナは二つの大きなグループに分かれる。22枚のいわゆる「大」アルカナと56枚のいわゆる「小」アルカナである。この伝統的呼称は一般的なタロットや様々なゲーム・カードのデッキが「スート」と「切り札」に2分割されていること、すなわち一方のカードのカテゴリーがより強く、他のすべてのカードを凌駕しうることを反映している。

　小アルカナは物質的、心理的、知的生活におけるごく日常的で私的な諸側面についての分析を可能にする。小アルカナが我々の要求、欲望、感情、思考の様々な段階に対応しているのに対して、大アルカナは人間の普遍的な一連の行為を表し、人生の霊的な局面すべてを包含していることを我々は検討していく。二つの道は共に秘儀を伝え相互補完的でもあるが、小アルカナの方はその四つのスートゆえにテーブルや祭壇の4本足もしくは神殿の四方の壁のようなものだといえる。

アルカナを識別すること

　全てのアルカナは正方形を倍にした黒い長方形に収まっている。

　小アルカナは40枚の数字を持つカードに下位区分され、それぞれのスートすなわち「剣」、「杯」、「棒」、「金貨」は1から10までの数列からなる。これらのカードに飾り枠はなく、「剣」、「杯」、「棒」のスートでは両側に数字が書かれている。「金貨」のスートには数字が記されていない。小アルカナの16枚の人物像は（おそらく貴族を表しているので）「コート・カード」「名誉(オナー)」とも呼ばれ各スートに4枚ずつ存在する。すなわち「小姓」、「王妃」、「王」、「騎士」である（この順序はより後の64ページ以下で解説される）。コート・カードは全てそのカード下部に名称を示した飾り枠を持つが、唯一「金貨」の「小姓」ではカードの片側、我々から見て右側に横向きで名称が記されている。

　大アルカナとコート・カードを区別する上での確実な手がかりがある。大アルカナでは常に上部に飾り枠がありそこに数字が組み込まれているということである。「愚者」ではこの飾り枠は空白だが存在はしている。これに対してコート・カードは下部にしか飾り枠を持たずそこにはそれぞれの名称が記されている（「金貨」の「小姓」の場合は例外だがこのケースはまた後で取り扱う）。従って大アルカナには二つの飾り枠があり、一つはカードの上部にあり数字が記され、もう一つは下部にありその名称が記されている。アルカナXIIIは例外で、そもそもこれは「名無しのアルカナ」として知られている。

大アルカナ

最初の接触

　上部の飾り枠によって区別される大アルカナを識別し理解することから始めるのがタロットに親しむ最も簡単な方法である。これら22枚のカードはローマ数字のIからXXIまでの番号が割り振られたカード、そしてそこに加えられる番号のない「愚者」のカードからなる（これは一般的なカード・ゲームのデッキで用いられている「ジョーカー」を生み出す基となった）。

　これらを次に述べるようにテーブルに広げてみていただきたい。まず大アルカナの中から最初と最後のカードすなわち「愚者」と「世界」（XXI）を取り除く。その後大アルカナのIからXおよびXIからXXを番号順に2列に並べ、「愚者」（この2列を迎えに来ているかのように）と「世界」（踊りながらこの2列を見ているかのように）でそれらを挟む。このように配置すると大アルカナが2列で構成されることになる（後述の図解を参照せよ）。

　このように配置されたアルカナを眺めることで自ずと現れてくる諸々の細部に注目しながら、それらが向いている方向に注意してみてほしい。右を向いている人物がいれば左を向いている人物もいるし、あるいは真っ直ぐ前を見て正面から我々を見つめている人物もいる（アルカナVIII「正義」、アルカナXVIII「太陽」の顔、あるいはアルカナXX「審判」の天使）。絵の中にはあなたに共感ないしは嫌悪感、喜びないしは恐れを掻き立てるものもあるかもしれない。こうした反応は我々の教育や過去の個人的な経験に由来するものだ。

それは、タロットは投影を映し出す強力な道具であるからで、我々はそこに既知のモデルを見てしまうのである。そのため初期の段階では、習慣化した行動パターンに従った反応が引き起こされることになるのである。
　その一例は骸骨を表すアルカナXIIIである。実に多くの人がこれを恐れる。我々の文明ではこのイメージは死に結びつけられている。しかしより詳細に眺めるとこの人物が青、赤、肌色をしていることが分かる。すなわちこの骸骨は生きていると同時に能動的であり、変化を起こす力を有している。アルカナXIIIのこのような解釈を受け入れるにはカードを見て我々に生じる最初の心の動きを見定めることから始めなければならない。同じことをすべて

大アルカナの第1の列(IからX)は
特定可能な状況にある人間あるいは動物を表している。
ほとんどの場合、これらのカードの上端は中心人物(たち)の頭部の位置と一致している。
例外はアルカナVI「恋人」で、天の部分は
太陽と幼児のような小天使によって占められている。
この列は歴史的ないしは社会的な意味を暗に含む絵を描いており、
「光」と呼ぶこともできる。

第1章　タロットの枠組みと数秘学

の大アルカナで行うことができる。その際、ある人物は魅力的に映り、ある人物は嫌悪や反感を抱かせるものとなるだろう。また、あるものは優しい祖父を、あるものは威圧的な経営者を、あるものは魅力的な愛人を、あるものは厳格なおばを思い起こさせるだろう。自分が抱いた印象を受け入れることを恐れてはならない。大アルカナとの最初の接触で自分がどのような体感をしたのかをよく記録しておくこと。あなたの目に無数の細部が映し出されることもあるだろう。その中にはそのカード固有のものもあれば、複数枚のカードに共通するものもあるだろう。自分の目を信頼することだ。目こそがタロットの探求を通じてあなたを導く最良のツールなのだから。

大アルカナの2番目の列(XIからXX)では
人物と状況がより寓意的になり現実に即した特徴は少なくなっている。
この列は「闇」と呼ぶこともできるだろう。なぜなら夢に近い精神的または
霊的な世界の内部で繰り広げられるようにも思われるからである。
天使や悪魔といった神話的な人物も登場する。
さらにアルカナXVI「神の家」以降では空を満たしているのは
エネルギーの顕現、天体、神の使者たちである。

Structure et numérologie du Tarot

次に上下つまり10で区切った場合に同じレベルにあるカードの共通する点に注目していただきたい。

一例を挙げよう。ⅠとⅪでは帽子の形がほぼ同じである。また同じような状況がⅡとⅫを結び付けている。一方は卵を孵化(ふか)し、もう一方は誕生を待つ胎児か雛鳥のように吊られているからである。目線の方向も共通することがあり、アルカナⅢとⅩⅢあるいはⅢⅠとⅩⅢⅠⅠがそれに該当する。アルカナⅤとⅣの場合のように中心人物の数とそれぞれの置かれている場所が共通点となっていることもある。ここでは中心のより大きな人物が脇のより小さな2人の従者の上にいる。アルカナⅥとアルカナⅩⅥでは、それぞれの列における最初の天上的要素の介入が確認される。すなわちアルカナⅥにおける小天使とアルカナⅩⅥにおける多色の羽根飾り状の物である。「戦車」（Ⅶ）と「星」（ⅩⅦ）で共通するのは星がちりばめられた天空で、「戦車」（Ⅶ）では上にある天蓋として、また「星」（ⅩⅦ）ではより直接的に宇宙の要素として表現されている。

多くの文明で「月」（ⅩⅧ）と「太陽」（ⅩⅧⅠ）の組み合わせが普遍的な両親を表すように、「正義」（Ⅷ）と「隠者」（ⅧⅠ）は人間の姿をしたカップルを形作っている。最後に「運命の輪」（Ⅹ）と「審判」（ⅩⅩ）についていえば、それらは一つの周期が閉じられ新しい生が幕を開ける決定的瞬間をそれぞれのやり方で明確に表している。

ⅠからⅩまでの一連のアルカナはその働きを上方へと向ける。

――「大道芸人」（Ⅰ）と「女帝」（Ⅲ）は棒を、「皇帝」（ⅢⅠ）、「教皇」（Ⅴ）、「戦車」（Ⅶ）の王子は笏(しゃく)を持ち上げている。

――「女教皇」（Ⅱ）は本から顔を上げ、「恋人」（Ⅵ）の3人は上を飛翔する小天使によって結ばれ、「隠者」（ⅧⅠ）はランタンを持ち上げ、「正義」（Ⅷ）は剣で天を指し示している。「運命の輪」（Ⅹ）のスフィンクスも同様である。

ⅪからⅩⅩのアルカナはその働きを下方へと向ける。

――「力」（Ⅺ）の女性は股間に頭を押しつける動物の口を抑えつけている。

―― 「吊られた男」（XII）は下方に頭を向けたままで吊るされている。
―― アルカナXIIIの骸骨は黒く広がった土壌に向けて鎌を振るっている。
―― 「節制」（XIIII）の天使は液体あるいは流体を上の壺から下の壺へと注いでいる。
―― 「悪魔」（XV）は黒い地面に足一根が埋没した小悪魔たちを支配している。
―― 「神の家」（XVI）の2人の人物は両手で歩き大地を見つめている。
―― 「星」（XVII）は足元を流れる川へ二つのアンフォラの中身を流している。
―― 「月」（XVIII）の影響は水底から月を眺めている甲殻類にまで及んでいる。
―― 「太陽」（XVIIII）は2人の双子を祝福している。
―― 「審判」（XX）の天使はその音楽的な呼びかけを男、女、子供に送っている。彼らは墓から蘇って起き上がる。

　これらの解釈はあくまで例として挙げたもので、それに同意するか否かは自由である。しかし後にこれらが大アルカナの詳細な研究のなかにどのように組みこまれるかを見ていくことになるだろう（第2章）。これらの詳細、さらにあなたの目を引き付けるかもしれない他の細部のすべてが、タロットの数秘学を次第に明確なものとしていく手がかりとなるのだ。

タロットは前進的である

　アルカナの数字がどのように書かれているか注意してみると、最初は奇妙と思われることに気が付くだろう。すなわちIIII（「皇帝」）、VIIII（「隠者」）、XIIII（「節制」）、XVIIII（「太陽」）のケースである。

　これらのローマ数字は伝統的には次のように記される。

$$4 = IV = 5 - 1$$
$$9 = IX = 10 - 1$$

$$14 = XIV = 15 - 1$$
$$19 = XIX = 20 - 1$$

タロットのアルカナでは以下のようになる。

$$4 = IIII = 1 + 1 + 1 + 1$$
$$9 = VIIII = 5 + 1 + 1 + 1 + 1$$
$$14 = XIIII = 10 + 1 + 1 + 1 + 1$$
$$19 = XVIIII = 10 + 5 + 1 + 1 + 1 + 1$$

つまり数字の表記はもっぱら前進的に編成されているのだ。タロットは4を［5－1］、14を［15－1］、9を［10－1］、19を［20－1］とみなすことを拒否する。この細部はタロットを理解するための一つの鍵となる。タロットが引き算よりも足し算をする傾向を持つことを示してくれるからである。

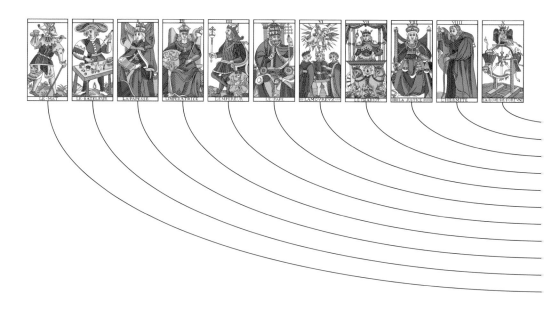

つまりタロットは段階的に前進し成長するプロセスを記述するものなのである。

この発見はタロットの構造を研究する際、引き算ではなく足し算を用いるべきであることを示唆している。

単にこれらを確認するだけでも、それ自身の構造に基づくタロットの一貫した組織上のパターンを作り上げていくことが可能となる。すなわち次のような三つの事実がある。

――タロットは前進的であるということ
――大アルカナで最も価値があるのは21（XXI）であること
――タロットは足し算で進んでいくものであること

このことから、数の順序に従ってカードを並べていくことで、2枚ずつのペアのカードの数の合計が21となる11の組み合わせを作ることも可能となる。こうして次のような対応図が生み出されることになる。

こうしたパターンは大アルカナの間にある新たな類似と対照を示唆してい

22枚の大アルカナをひと目で把握する際に、このパターンは有益である。
ここではそれぞれのカードを加算すると実現の数である21となる
11のペアとしてカードは関連づけられている（462ページ以下を参照せよ）。

Structure et numérologie du Tarot

る。つまり 21（XXI）が実現を意味し、最高次の価値があるものだとすれば、それぞれの足し算はそこに向かうための可能性と道を示唆していることになるだろう。

例を挙げてみよう。

・**「愚者」**と XXI。根源的エネルギーが完全な実現のうちに具現化する。
・I と XX。秘儀伝授の途上にある若い男性ないしは若い精神が新たな意識からの抗いがたい呼びかけを受ける。
・II と XVIIII。1人の女性、修道女が神聖なるテクストを理解するために世界の父の光を頼りとする。
・III と XVIII。創造的で官能的かつ肉体を与えられた女性が、女性性の直観的神秘のなかに没入する。
などである。

ここでの論点はこうした2枚のカードの出会い全てを克明に描き出すことではない。それらは後に検討する（第4章を見よ）。

しかしこの大アルカナの最初の組織図は、タロットが有機的かつ調和のとれた全体として構成されていることを単純な形で理解させてくれる。このタロット自体の構造の諸要素に依拠すれば、タロットをよりよく理解させてくれる別のパターンを作り上げていくことも可能である。明確な構造を持ち、それ自身の力学を兼ね備えた精神―肉体としてタロットを表現することが許されるなら、タロットは共にダンスを踊るようにと我々を絶えず誘い続けているとも言えるだろう。

「愚者」と「世界」：タロットの空間的構造

「愚者」と「世界」は一連の大アルカナの最初と最後であり、そのアルファとオメガ、梯子の最初と最後の段、その間にあらゆる可能性が展開される二極と考えられる。「愚者」は絶えず繰り返される始まり、「世界」は終わりのない終点といえるだろう。

この順序で一方をもう一方の傍らにおけば、明らかに「愚者」が「世界」

　あるいは　

の楕円に向かって決然と進んでいるように見える。裸の女性の側でも「愚者」に呼びかけ、自らの方へと引き付けているかのようである。「愚者」はここでは無定形で限界のない根源的エネルギーと見なされる。これは聖書や多くの宇宙創成論で語られる神的な創造エネルギーのことである。時間も空間もない無から現れ、それに先立つものもなく制限されることもない活力である。しかし「愚者」は単独の状態のままでは自分の棒の周囲を際限なく回り続けることになりかねない。創造的エネルギーは物として実現されなければ、あるいは世界や創造物の中で物質化されなければ、無目的なままそれ自身を消耗させてしまうことになる。この観点からすると、四つの元素に囲まれた「世界」は東西南北の基本方位を示すとともに、その中心には「愚者」のエネルギーによって受精された女性＝魂＝物質がいるとみなされる。

　ただし極めて重要なのはカードの順序である。

　実際、カードを「世界」―「愚者」の順序で置くと状況は全く変わってしまう。「世界」はもはや何の実現も意味しない。それは絶望的に過去の空虚を見つめる閉じこもりの状態、そこから抜け出す唯一の出口も単なる釈放以上の意味を持たず、何かが始まるということが困難な状態となる。「愚者」の方はと言えば、この制約から離れていこうとして逃げ出しているようにも見える（この場合彼を押しやる青い動物は「世界」の青い楕円が行為として表されたものと考えられる）。逃げようとしても、「愚者」には行き先の当てがあるわけではない。「世界」の女性が眺めている空間が空虚であったように、「愚者」の道も無に通じている。

Structure et numérologie du Tarot

こうしたことからすると、タロットはその前進的な構造に加えて**空間における独特の方向性**を持っていることがわかる。このことはマンダラの構築においても今後の解釈においても決定的な要因となっていくだろう。またタロットの創造者たちがフランス語つまりラテン文字で書かれた飾り枠を加えていることも、さらなる別の手がかりとなっているに違いない。それは**タロットが書く方向**、すなわち左から右へと解釈されるべきだということである。ここから考えられるのはその「タイムライン」も同様の図式を辿ること、つまり左端はすでに生きられたもしくはなされたこと、中心には目下経験しているあるいはなされていること、右端にはなしうるかなしえないだろうこと、経験することになるか経験しえないことを意味するだろうということだ。つまりはタロットを元々の、すなわち中世の南ヨーロッパの文化的文脈にもう一度置いてみれば、こうしたことがよくわかるようになるのだ。

アルカナXXI、タロットの鏡であり同時に方向づけの鍵であるもの

　それでは「世界」をより詳細に検討してみよう。大アルカナで最上の価値を持つものとして、「世界」がタロットによって示される頂点、最も偉大なる実現を象徴していることはすでに検討した。

さらにここでは「世界」がタロット全体の構造を要約し映し出す鏡であり、それ自身がタロットの空間的かつ象徴的な構成を理解するための鍵となっていることを見ていくことになる。
　このカードには青葉による楕円があり、エゼキエルの幻視を想い出させる四つの像が各隅からそれを囲んでいる。すなわち天使、牛（あるいは馬）と思われる肌色の動物、獅子、鷲である。中心に見られるのは、その丸い胸、髪の長さ、腰のカーブから明らかなように、キリストの姿（髭のある男性）ではなく裸の女性であるが、これはキリスト教の象徴体系が極めて自由に解釈されたものだ。タロットは宗教的な象徴体系によって隅々まで満たされているが、ここではそれが宗教的教義に囚われることなくイメージを創り出すものであることがはっきりと示されている。
　楕円の中心で踊る女性像は世界の魂の寓意かもしれない。それに向かって「愚者」は自らの創造的エネルギーを吹き込むのである。その場合彼女を囲む四つの像は実際の世界を構成する四元素、東西南北、現実世界の四隅と解釈することができる。
　多くの文化では既知の世界は四辺を持つもの、すなわち正方形あるいは十字とみなされ、そこに四方向を結びつけると同時にそれらを超越する第5の中心要素の軸または交点が加えられる。親指とそれに対置される4本の指からなる人間の手の象徴的意味はこの構造とよく似ている。「世界」には同じ構成上のバランスが見られる。中心にいるのは、我々一人一人の中にある本質的存在であり、受動的な性質を持ち創造的息吹によって活気づけられる踊る魂である。
　四隅には四つのエネルギーがあるが、注目すべきはその配置である。カードの下部にいる二つの地上的動物の片方は草食（肌色の動物）、もう片方は肉食（獅子）である。上部に位置する二つは翼をもつ存在である。一方は無条件の愛の贈与を象徴し神の伝言を担う天使、そしてもう一方は鷲、これは肉食の獣であるが、その象徴解釈においては威厳、上昇、そして自らを高みへと引き上げることのできる人間の能力を示す。つまり明らかに「世界」には「天」と「地」という構造があるのだ。タロットカードの形状と比率に注目するならば、その長方形の高さは幅のちょうど2倍、したがって二つの正方

Structure et numérologie du Tarot

形からなっていることが分かる。つまり「地」の正方形が「天」の正方形の下に位置しているのである。こうしたことからカードを研究する上で心に留めておくべきは、地上と天上という二重の次元の中央において人間の肉体的・霊的プロセスがタロットの幾何学に従って展開していくということである。

　次に左右がどのように分割されるかを検討しよう。我々からカードを見て右側に二種の能動的捕食者がいて、また裸の女性の手中に能動的力のシンボルである棒がある。鷲と獅子はどちらも肉食性動物である。一方は雄（2本の脚の間に黒い男性器をもつ）の猛禽であり、もう一方もまた雄（雌の獅子はたてがみを持たない）の肉食獣である。両者とも能動的である。獅子は地にまた鷲は天に存在する。

　我々から見て左側には肌色が基調となる二者が存在している。既に見たように一方は伝統的に奉仕と犠牲に供せられる草食性動物、もう一方は神の愛の使者としての天使である。女性の左手は財布あるいはガラス瓶、すなわち受容のためのレトルトを持っている。伝統的にも心理学的にも左側は受容力や安定させる力と同一視され、能動的である右側と対置される。こうした「世界」に関する考察を基にするなら、タロットは上方の天と下方の地という概念を示すと同時に、右と左については鏡のように反射し合っているといえる。「世界」の研究はタロットが鏡のように作用することを明らかにして

いる。つまりタロットは天上的上方と地上的下方という概念を保持しつつ鏡のように左右を映しだす。前頁に要約図を示そう。

　この五つの要素、ないしはむしろ四つの要素と中心からなる枠組みは、タロット自体の枠組みを思い起こさせる。すなわち、

　――22枚の大アルカナによって表されているのが我々の本質的なあり方を教えてくれる諸原型だとすれば、それは中心の楕円の中に位置すると考えられる。

　――小アルカナの四つの組を能動と受容および「地」と「天」という二元的な構造によって整理することができるなら、「世界の全体像」の四隅へとそれらを配置することができるに違いない。

小アルカナ

四つのスートを組織化する

　小アルカナは「剣」、「杯」、「棒」、「金貨」という四つのスートに分けられる。それらが示す多くの細部は「世界」の四つの象徴との対応を可能にする。

　これを理解するためにまず四つのスートのカードを「剣」、「杯」、「棒」、「金貨」という四つの個別の束にすることから始めてみよう。そうすると14枚からなる四つの束ができるが、それぞれはⅠからⅩまで増加していく数価

「剣」を「棒」から区別する際、以下の目印が初心者の助けになるだろう

剣は弧を描いており楕円形を形作る。その基調色は黒で青い部分と赤い部分を二つずつ持つ。奇数のカードでは1本の剣が楕円の中心に描かれる。偶数のカードの中心には花模様がある。

棒はまっすぐで×型に交差するように置かれている。
その基調色は赤だが中心は青、両端は黒くなっている。

「剣」の2と「棒」の2　　　　「剣」の7と「棒」の7

Structure et numérologie du Tarot

を持つ10枚のカード、及び「地位」と「種別」が明記された4人の人物像からなる。

さらに各々の束をより小さな二つの束に分けてみよう。まず1から10までの数の割り当てられたカードを分け、次に地位が割り当てられている人物のカードを「小姓」、「王妃」、「王」、「騎士」の順で分ける。こうして八つの束が作られることになる。

向きに関する図式の順に
合わせて並べられた
4人の「小姓」。
(62ページ参照)

「小姓」は各自が属しているシンボルに関する徴を持ち、「世界」とタロットの空間的構造が対応していることに関する確かな証拠を与えてくれる。

実際に左側に置かれた「小姓」たちは、鏡の中での左手に対応する手、すなわち受容的な手の側にそれぞれの象徴を持っている。それに対して右側の2人の「小姓」たちは、剣と棒を我々から見て右手に持っている。同じように彼らの足の方向は彼らの能動性と受容性に関する度合いを示している。

両足が別々の方向を向いている「剣」の「小姓」はその傾向として能動的だが受容的なトーンも持つ。彼の象徴である剣は天に指し向けられている。能動的かつ天上的である彼は「世界」の鷲と共通点を持つ。

　左側へとはっきり向かっている「杯」の「小姓」は両足を左側の方に向けることで完全な受容性を示している。さらにまた彼の象徴（杯）は天に向け開かれている。天に対して受容的である杯はそれゆえ「世界」の天使の象徴と重ね合わせてみることができるだろう。

　両足がそれぞれ別方向にある「金貨」の「小姓」は「受容的／能動的」と形容されよう。シンボルは大地と手の中にあるが、これは鉱山で発見される黄金が取引されるようなものである。ただ両方ともカードの左側に置かれている。地へと向かい受容的であることで「世界」における肌色の動物と共通点を持つ。

　右側にはっきりと向かう「棒」の「小姓」は能動的でありそのシンボルである棒は地上に置かれている。彼の能動性が地に向けられていることにより「世界」の獅子と同一視される。

　我々はこれらの見解を裏付けるための根拠となるものを、10枚のカードからなる四つの束の中に見つけることもできる。「剣」、「杯」、「棒」の束には側面にローマ数字で番号が打たれている。しかし「金貨」を見てみよう。

「金貨」の
4、5、6、8

「金貨」の
スートの
どのカードにも
番号は
記されていない。

「剣」と「棒」の数字は同じ向きとなっている。例えばどちらの5もVの先端（「棒」においては若干大きいことにも注目すべきである）がカードの中心を向いている。これに対し「杯」ではVの先端はカードの外側を向いている。

　では「剣」のエースを見てみよう。ここでそれを握っているのは、飛び火

「剣」の5、「棒」の5　　　　　　　　　　　　　　　　　　　　　「杯」の5

とみなされるものに取り巻かれ、雲と思われるものから現れ出る手（手の甲をみせながら）である。「棒」のエースもまた飛び火に取り巻かれ、雲の内側から現れ出る手（手の平の側をみせながら）によって握られている。つまり二つのエースは重要な共通点を持つ。

「剣」のエース　　　　　　「棒」のエース

「杯」は神殿のように直立不動として描かれている。

「杯」のエース

最後に「金貨」のエースでは伸びた枝がすべての方向に見られ、金貨は平

面の上に置かれているかのようである。これは他の三つの象徴と異なっている（エースについては301ページも参照せよ）。

「金貨」のエース

「金貨」の違いは名称にも確認できる。「剣」「杯」「棒」ではコート・カードすべての表記が単数形となっているのに対して「金貨」だけは複数形で書かれている。

では、ここまで見てきたこととの一致点を確認するために、「世界」のカードを見直してみよう。天使、鷲、獅子にはそれぞれ後光がある。肌色の動物にはない。他の三つと異なることからして、この動物は「金貨」と対応すると考えられる。

我々から見て右側にあるカードが能動性に対応し、獅子が地上のそれ、天空の鷲が天上のそれと対応することはすでに見たとおりである。両者の類似（それらが捕食動物であるとうこと）は「剣」と「棒」の類似に対応している。剣は人の手で鍛造されるのに対して棒は地から成長する。従って「剣」は鷲、「棒」は獅子と対応させられる。さらに聖杯の象徴である「杯」は天使と関連させられることになる。

スート、元素、人間のエネルギーの対応

タロットの四つのスートは錬金術や他の体系における四元素（剣／空気、杯／水、棒／火、金貨／土）の対応とは異なる。アーサー王伝説に影響されたエリファス・レヴィに倣って「剣」を土に、「金貨」を空気になぞらえるのも論外である。これに対して、強引な関連づけをやめれば、小アルカナの諸

シンボルと矛盾することのない「対応」の体系を創始することもできる。そうすることで、無理な一致を求めることなく、人間を理解するための道具としてタロットを用いることが可能となるだろう。この解釈上の選択はブッダの言葉に従うものとなる。曰く、「有益なものが真実である」。

　では、有益な解釈方法を案出する上で我々の目に映りうる事柄を検討してみよう。タロットは４＋１の構造で分割される。すなわち四つのスートあるいはシンボル、及び一連の大アルカナである。また、「世界」のカードでは４匹の動物ないしは生き物が明るい青の楕円を取り囲み、その中で女性が踊っているのが見られる。このことからするとこれら四つの要素は、それぞれ独立していながらどれも不可欠なものであり、ひとつの意識によって結び付けられる人間のエネルギーの四つのあり方を象徴しているとも考えられるだろう。

「剣」は言葉（ロゴス）の伝統的なシンボルであり、鍛造され、焼き入れされ研ぎ澄まされる武器であり、知性を磨くことに関連している（言語の習得一つをとってもそれがいえる）。剣は知的エネルギーを象徴し、アルカナXXIの鷲に対応する。鷲は高みに昇りより高い視点を獲得できる。すなわち「剣」の元素は空気ということになるだろう。

「杯」は聖杯というキリスト教の象徴、カリスであり、入念に作られた道具であり、完全に受容的なものである。それは古くからある愛のシンボルである。従って「杯」は感情的エネルギーを表す。「杯」のエースは大聖堂を思わせる。また神聖な愛を作り上げることは金銀細工師の仕事と同じであることを想起させる。「杯」はアルカナXXIの天使、神の使者に対応している。その関連する元素は水だと考えられる。

「棒」は自然に成長するものであり製造されるものではない。しかし我々は棒を選び、枝打ちすることができる。「棒」は成長していく自然の力であり、創造的あるいは性的な力を表す。自分が別のなにものかに引きつけられていく感覚は無理やり作り出すことができるものではない。すなわち欲望とは引きつけられるということで、誰かが自分の気に入るか否かといった問題である。セクシュアリティは自分が作り出すエネルギーではないが、それを方向づけ、時には昇華させることは可能である。同じように芸術家がある表現形

式に魅力を感じることも、また才能というものも、神秘の内に与えられるものではあるが研鑽を通じて開発されるものでもある。霊感は受け取られたのちに活用される。「棒」が「世界」のカードの獅子に対応していることはすでに見た通りである。自然界に存在する可燃性物質である「棒」の元素は火であると考えられる。

「**金貨**」は（地中にある鉱石のように）受け取られるものであり、他面ではまた鍛造されるものである（すなわち金貨は鋳造される）。同じように我々の体は我々の活動を通じて形成されるが、同時に一度限りのものとして受け取られるものでもある。また地球という惑星はその住人の活動によって開発され姿を変えさせられているが、人類の生命圏であり単一で完全なものである。従って「金貨」には物質的エネルギー、肉体的要求、領土、財や身体に関する問題の表現を付与することができる。これが肌色の動物に対応していることはすでに述べた。その関連する元素は土であると考えられる。

イギリスのプレイング・カードでは二つの受容的なスートである「杯」と「金貨」が基になって「ハート」と「ダイヤ」という赤色のシンボルが生み出された。能動的な二つのスートである「剣」と「棒」は「スペード」と「クラブ」という黒色のシンボルになった。

この段階で我々はタロットの内的構造を理解するために、方向を定位する鍵となる「世界」のカードを次のように解釈してみることができる（以後を見よ）。

アルカナXXI、タロットの方向を定位する鍵

大アルカナは「意識」へと至る道のりにある諸原型を示し、
エーテルという元素と関連しているとみなすことができる。
大アルカナは裸で踊る女性に対応し、彼女の赤と青のヴェールが能動と受容を結び付け、
四つのエネルギーを調和させているのである。

「杯」
情動の中枢
感情

「剣」
知性の中枢
思考

大アルカナ
魂の建築
意識

「金貨」
肉体の中枢
欲求

「棒」
性の中枢
創造性、欲望

タロットにおける対応

「剣」と「杯」のエネルギーは「天」の正方形に置かれている。
それらはある意識を前提とし、とりわけ人間的なものである。
「棒」と「金貨」のエネルギーは「地」の領域に置かれている。
それらは人間も動物も含め生殖能力を持つすべての生物種の基礎を形作る。

杯
愛すること
◆
感情と愛情のエネルギー、心情

愛、肯定的・否定的感情、友情・与えること、許し、寛大さ、崇拝・心の解放性、喜び、信仰、神秘主義。
元素：水
肉体：胸郭、心臓

剣
存在すること
◆
知性のエネルギー

言語、言葉、思考、概念、着想、知的活動・文化によって伝えられる思想、社会、神話、宗教・頭脳労働、瞑想、武器あるいは祈りとしての言語。
元素：空気
肉体：頭

金貨
生きること
◆
物質的エネルギー

肉体、健康、容姿・生活する場所、領土、衣服、食物、家・職業、経済的生活、繁栄、金・世の中における地位、社会的諸関係・我々を構成する細胞、原子、分子、地球という惑星。
元素：土
肉体：足のレベル（「金貨」のエースのように大地に接する）

棒
作ること
◆
性的および創造的エネルギー

生殖本能、生殖能力、欲望・創造的エネルギー、想像力、意識的および無意識的な生産、創造と発明の可能性・生の跳躍、権力、癒しの力、本能・生命力、成長、地球や宇宙を満たすという使命、創造性によって障害を克服する。
元素：火
肉体：生殖がある骨盤、また東洋の伝統で言及されているハラ（丹田）

Structure et numérologie du Tarot

小アルカナの詳細な研究によって裏付けられるこの対応の体系はタロットの解釈には極めて有用である。最も具体的な事柄から最も霊的な事柄まで、人間に関わることをなんら排除せず、人生のあらゆる局面に触れることができる。この解釈の枠組みを採用すれば、タロットおよび自分自身と向き合いながら、その探求をどこまでも深めていけることとなるだろう。

小アルカナの人物像との最初の接触

コート・カードの人物像も、タロットについてのよりしっかりとした理解を可能とする一つの構造の中へと当てはめられる。他方でまた、各スートの人物たちはその姿勢を通じて己の要素に対する立ち位置あるいは心理的な道のりを象徴する。

興味深いことにも、人物ごとにスートを示す象徴が発展していくのが分かる。「金貨」の「小姓」は手中にある小さな金貨を見つめていて宝のように地中に埋められているもう一つの金貨には気がついていない。「王妃」は「小姓」よりも大きな金貨を目前に持ち上げている。「王」はすでに二つの金貨を支配している。一つは彼が手に持っており、もう一つはまだ小さく空中に浮かんでいる。この霊的な金貨は次の「騎士」のカードにおいてより大きくなり、一個の天体の大きさにまでなっている。同様に「棒」においては、当初「小姓」では粗野だった棒が「王妃」では彫刻が施されたものになる。「王」においてはさらに入念になり、最終的には非物質的なものの如くに「騎士」の手を貫いている。「剣」の「小姓」で剣はまず受容的（青）だが、その後「王妃」から能動的（赤）になり、人物に比して大きくなって最後には「騎士」の手中でほとんど槍のようになる。最後に「杯」では肌色の単純な壺が閉じられたカリスになり、また開かれ、最後には奇蹟を起こす真の聖杯のように「騎士」の掌の上に漂っている。

各人物像がどのように編成されているかを理解するためには、あたかもロール・プレイングのように、彼らのスートを象徴する宮殿の周りを舞台に見立てて彼らを位置付けてみてもよい。そうすれば四つの宮殿は四つのエネルギーを表すものとなる。各エースはそのスートの人物像の城となり、対応す

るエネルギーの中枢を象徴することになる。すなわち「金貨」は物質の中枢（欲求）、「棒」は性の中枢（欲望）、「杯」は感情の中枢（感情）、「剣」は知性の中枢（思考）である。

・**「小姓」**。各々の「小姓」は自分のスートに対する二重性と躊躇を表す。「剣」の「小姓」は「存在するべきか否か？」と尋ねるがごとくに剣をまた鞘に納めようとしている。「杯」の「小姓」は「愛するべきか否か？」と思い巡らしながら杯をまた閉じようとしている。「棒」の「小姓」の質問は「為すべきか否か？」で自分の棍棒を持ち上げるか否かをためらっている。「金貨」の「小姓」は手に持っている金貨と地中に埋もれているより秘められた金貨との間で迷っているように見える。すなわち「持っているべきか使うべきか？　節約か投資か？」と。**こうしたことから我々は「小姓」たちを宮殿の門に入るべき否かと外側で躊躇しているものとみなす。宮殿に入るや否や彼らは「王妃」になる。**

・**「王妃」**。彼女らは自分たちのスート、宮殿によって表される中枢と完全に同一化しており、外界を軽蔑し内側に住んでいる。彼女たちは地主として暮らし、その眼差しはシンボルにじっと注がれている（「剣」、「杯」、「金貨」の「王妃」の場合）。また「棒」の「王妃」は両手を性的・創造的中枢を表す腹部に置いているが、さらにそこには第三の手が人工的につけ加えられている。**こうしたことから「王妃」らは宮殿の内部にいて、スートに心を奪われているとみなされるだろう。**

・**「王」**。ここでは「王」たちが解脱の必要を伴って現れる。彼らは己の王国と城を知悉しているが、外部にはまったくの別の世界、言うなれば各々のスートが表すものとは別の複数のエネルギーが存在していることを知っている。「王」はみな己のシンボルを堂々と保持しているが（「棒」の「王」の棒は他のものと比べても最も大きい）、シンボルの方ではなく遠くを眺めている。**従って我々は「王」たちを宮殿の頂点としてみなす。彼らは各々の王国の国境を眺め、その向こうにあるものを意識しているのだ。**

・**「騎士」**。己の限界を受け入れること、また「他者」の存在や王によって体現される自分とは異なる存在への気づきから「騎士」は生まれる。彼は「小姓」、「王妃」そして「王」によって創造されたエネルギーを外部に向け

て運ぶ。「騎士」たちは連絡、供給の象徴であり、もちろん征服のシンボルでもあり、そして伝達、統一のシンボルである。ある意味では預言者に相当する。**それゆえすでに己のシンボルを超越しつつある者として、「騎士」たちは人物像のリストの最後に挙げられるのである。**

　こうしたことを説明するための図式は次のようになる。

「世界」によって示唆されたタロットの中でのそれぞれの位置(62ページを見よ)に従った4スートの編成、及び宮殿における人物たちの配置。

Structure et numérologie du Tarot

要約

- 大アルカナは各10枚からなる二つの系列を形成する（IからXおよびXIからXX）。これらは「愚者」と「世界」（アルカナXXI）の間で構成される。
- タロットは何よりもまず解釈の技術であり投影について作用する。
- タロットは引き算ではなく足し算で機能する。その本質において前進的である。
- タロットはラテン文字の方向すなわち左から右で読まれる。その同じ方向において過去から未来へのタイムラインを視覚化することも可能である。
- タロットは二重の正方形の枠内において鏡の要領で方向づけられる。我々から見て左側は受容的、右側は能動的である。上の正方形は天を、下の正方形は地を表す。中央の場所は人間の領域を表す。
- アルカナXXI「世界」はタロットにおける方向づけの縮約となる。そこでは空間が四つの部分（右と左、上と下）に分割され、宇宙創成論の四つの角を形作っている。
- この方向づけは小アルカナにも見出せる。
    天に向かっている能動的な「剣」
    天に向かっている受容的な「杯」
    地に向かっている能動的な「棒」
    地に向かっている受容的な「金貨」
- こうしたことから自己認識の道具としてのタロットの解釈において、有益で一貫性のある対応の体系が演繹される。この体系において、4スートは人間の四つの不可欠なエネルギーと関連する。

    知性としての「剣」
    感情の中枢としての「杯」
    性的・創造的な中枢としての「棒」
    具体的な物質的中枢としての「金貨」

タロットの数秘学

　未知のものを理解する際、人間の精神が既存の体系を借用するのはごく普通のことである。だからこそ、これまでタロットはあらゆる種類の体系に組み込まれてきたのである。大アルカナが22枚であることが、ヘブライ語のアルファベットとの対応を促してきた。だが他方では、占星術、様々な種類の数秘学や幾何学、また様々な文化によって作り出されてきた世界を説明する諸体系から借用された枠組みも援用されてきた。だが結局のところ、こうした比較は部分的な形でしか役に立たない。確かにある体系を別の体系の諸概念で解明するのは興味深いことである。しかし是が非でも一致を貫徹させようとすれば無益な改竄(かいざん)に至ってしまう。

　言い換えれば、我々が最初に課題とすべきは、タロットを組織化する固有の数秘学を見つけ出し、それを組み入れていくことだ。これがタロット理解の基礎であり第1段階である。これだけでタロットを解釈することはできないとはいえ、その原理のすべてを集めることはできるようになるだろう。この数秘学はマルセイユ版タロットの枠組みに基づいて作られているすべてのデッキの解釈を可能にする単位系ともなるだろう。タロットの数秘学的構成をわがものにすることは一つの鍵を手にすることに相当する。それはソルフェージュや文法のようにアルカナの投影的解釈に意味を与えてくれる。

　この数秘学的構成は大アルカナの10枚からなる二つの系列と小アルカナの10枚からなる四つの系列の綿密な観察に基づいている。この構成の裏付けとなるカードの細部の数々は、個々のアルカナを説明していく本書の第2

章と第3章でより詳しく見ていくことになる。

　本章でのタロットの数秘学は、カードすべての詳細には立ち入ることなく、理解を助けるために最も重要な例となるものを示すにとどめ、あくまで概論という形で提示する。

なぜ10を基準とする数秘学なのか？

　タロットの中にあるどんな手がかりが、我々に10を基準とする数秘学を設定させるのか？

　大アルカナは10枚のアルカナの二系列を示している。それらは「愚者」（原初のエネルギーの原型と見なされうる）と「世界」（実現の原型と見なされうる（42−43ページ参照））に挟まれている。この最後のアルカナの数字は21なので、我々は7を基準とする数秘学へと導かれる可能性もある。アルカナⅠ「大道芸人」のテーブルの上には三つのサイコロがあり、その三つの面が示す目の合計は7となってはいないか？　また小アルカナの各スートは合計14枚ではないか？

　この考え方はとても魅力的ではある。だが、これはコート・カードに対して11、12、13、14という数に相当する数価を与えることにもなってしまう。ところがそれを正当化する要素は小アルカナの中にはまったく存在しない。もしタロットがこのやり方を指示しているなら、小アルカナには14までの数が明らかにつけられているはずだ。

　3や5を基準とする数秘学的体系もまたタロットのアルカナの研究には適当ではない。

　実際のところフランス語による飾り枠がある以上、常識的に言ってタロットは10を基準とする文化の内部に位置づけられるべきである。ここでの10は、現実の絶えざる変化の中で順を追って発展していく十段階へと分割される全体としてみなされる。この永遠に続く非恒久性は、四季の循環にも似た状態から状態への絶え間ない変転である。数の連続は植物を成長させる種子にも喩えることができる。種子は芽を生み出し、次に花を作り出し、さらに花は木にとっての完成物である果実へと姿を変えていく。成熟を過ぎると果

実は落ちて種子を解放し、種子は大地の中へと入り、以上のプロセスがまた始まるだろう。

数秘学の長方形的図式

方向づけのモデルとして「世界」（アルカナXXI）のカードを用いたのと同様に、今度はタロットの数秘学がその内部で展開していくことになるモデルを設定してみよう。続くページではこのモデルの正当性をタロット自体の細部によって証明するつもりだ。だが、それを段階を追って検証する前に、明瞭さを優先することを目的とし、このモデル自体を説明しておく方が好ましいと思われる。

◆ 初めに幅のちょうど倍の長さがある長方形の紙を準備しよう。タロットカードの形そのものでもあるこの形は統一性、全体性を象徴するだろう。1を男性そして2を女性と見なすある種の数秘学体系とは異なり、ここでのこの二つの数は、両性具有的な実体である全体性が包含している二極とみなされる。

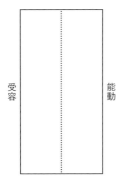

◆ 最初に中心の縦軸にそって折ってみよう。紙を広げると左と右の区分、すなわちタロットの象徴体系に従えば受容と能動との区分が現れる。こうして統一性（長方形）の中に、我々から見て左側の部分と右側の部分が両性具有である中心軸を巡って形成される。この区分がタロットにとってどう適切なものであるかはすでに見てきた（50－53ページを参照）。男女という性の枠組みを参照し受容性を「女

Structure et numérologie du Tarot

性的」能動性を「男性的」と分類することもできるが、それでは完全に正確な定義にはならない。

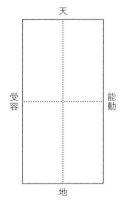

◆ 最初に折った結果である長方形を水平軸にそって折ってみよう。これを再び開くと新たな区分が現れる。この「天」と「地」の間の水平線は二つの積み重ねられた正方形を形成する。この二つの領域は多くの伝統において様々な形状をとりながら機能している。イスラム教は全体性を二つの正方形で表す。その底辺が水平に置かれることで安定し、もう一方は一つの角で立つ不安定な姿となっている。同じように『易経』では算木の6本の線の下方の三つの線が地を表し、上方の三つの線が天を表す。かくしてアルカナXXIの研究で示された長方形の四区分がここでも確認できる。

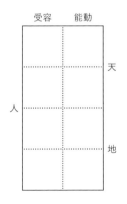

◆ 2度折られて出来た新しい長方形を折ってまたそれを開いてみよう。二つの正方形の内に下位区分が作られ長方形が八つの小正方形に分けられた状態になる。加えてこの下位区分によって、「天」と「地」の正方形が交わることで形成される第3の主要な正方形が現れる。もし我々の文化において「天」の頂点が父の役割を果たし、「地」の土台が母の役割（古代の様々な家母長制では母が「天」で父は「地」だったが）を果たすことを受け入れるなら、これらは全体性の中心で「人」の正方形

を生み出しているともいえる（82-83ページ参照）。

それではどのように数字をこの図式の中に配置できるのかを検討してみよう。

こうして2回折ったあとの
小さな長方形をまた折れば、
最終的に
長方形が折られた状態としての
小さな正方形が出来上がる。

1
潜在的な状態にある
全体性

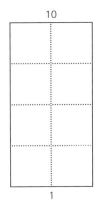

10

1

◆「全体性」が長方形で表されることはすでに検討した。長方形には二つの状態がある。すなわち折られている状態、広げられている状態である。

　折られている状態には1が充てられる。ビッグ・バン以前の宇宙、蕾の状態にある花、細胞分裂のまさに始まりにある胎児のように、この状態において全体性は潜在的であり展開していくのを待っている。この極端な潜在性で特徴的なのは未熟とはいえ大きな強度である。

　広げられている状態には10が充てられる。その形はここで潜在的な力を完全に展開しきった状態にある。拡張しきった宇宙、開花した花、全ての可能性が完全に実現された状態である。ここでは多くの経験があるが強度はわずかしかない。

　潜在性にある始まりとサイクルの完成は全体性、統一性の二つの局面である。すなわち、これが1と10である。

　我々はこの図の底辺に1を、頂上に10を置くべきであろう。

◆残るは1から10までの数字をこの枠組みの

Structure et numérologie du Tarot

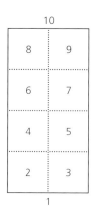

中で配置することだが、ここで知っておくべきことは以下の事柄である。

——偶数は左側に配置される（受容的で安定していて2で割り切れる）。

——奇数は右側に配置される（能動的で不安定であり2で割り切れない）。

——長方形の下に1そして上に10がある以上、底辺から頂上に向かって数字が配置されるのが理に適っている。

この配置は生命体にとって自然である垂直方向への有機体の成長、すなわち植物や人間は成長するにつれて天の方向に伸びていくということに従っている。

以上のことから最終的に上記のような図解が導かれる。

こうして数秘学は1から10までの発展として展開される。だがこの展開は四季の循環のような永続的変化として考えられるべきである。

- **段階1**では全体性は潜在的である。すべては将来に展開されていくべきものとして、いまだ種子、始まり、潜在性のままとどまり続けている。妊娠の最初の月と比べられよう。
- **段階2**で「地」の正方形に入る。未だ受容的な妊娠の状態である。2は行動を起こす準備として、力、欲望、着想、感情の蓄積を生じさせる。
- **段階3**は「地」の正方形の最初の能動であり、いまだ未経験のままで明確な目的もない突発、創造的爆発である。青年期の初恋にも喩えられる。
- **段階4**でこの能動は安定する。この数は「地」の正方形の完成、物質的生活の支配、思想の明確化、安定した感情などを示す——4本足のテーブルのように安定している。
- **段階5**は移行の数、「地」の正方形の最後の数である。5は4を超えていくために、理想を導き入れることで4の安定性を揺るがしていく。5は架け橋である。5は月を指さす賢者の身振りである。
- **段階6**は「天」の正方形における最初の段階である。6において初めて、

あらゆる点での満足が行われることになる。物質的必要とは関係なく、自分が好むことを行う。
- **段階7**では、6の喜びが世界での強い能動に変化する。この能動は3の能動よりも成熟した激しいものとなる。それは先立つ段階全ての経験に基づいており、またそれ自身の目的が与えられているためである。
- **段階8**は「天」の正方形の完成を示す。8は均衡と完全な受容性であり、これ以上改善することのできない状態である。完全な物質的豊かさ、完全なエネルギーの集中、心が満ち足りていること、空(くう)の境地である。
- **段階9**は完成に対して唯一可能な発展をもたらす。すなわち、サイクルの終わりが意味する未知のものへの移行を促すための危機へと入っていく。誕生にむけ準備をする9か月目の胎児のように、9は完成を放棄して行き先を知らないまま動き出すことを引き受けていくのである^{訳註3}。
- **10**は全体性の成就である。サイクルの終わりを象徴し、新しいサイクルの始まりが現れることを可能にする。

十段階の力学

もしこの数秘学のパターンを段階ごとに検討すれば、連続する長方形の四つの段ごとに四つの数の「カップル」が見出される。おおよそ次のことが言える。
- **2と3**は重くエネルギーを帯びた若者である。
- **4と5**はまだ物質の中にあるが大人である。
- **6と7**は洗練され能動的である。行き先が分かっている。
- **8と9**は連携して発展を可能にする。

数秘学上の各段階は次の段階へと発展することをその本分とする。従って上に挙げられたカップルは発展(より少ないものからより多いものへ)、対立(受容性と能動性)、停滞(より多いものからより少ないものへ)のいずれかを示しうる。

この十段階の力学を解明し、さらに具体的なものとするために、大アルカナの最初の列(IからX)を使って分析してみよう。

訳註3 起算日の違いから、欧米においては妊娠期間を10か月ではなく9か月とみなすことが多い。

段階1

　段階1は「大道芸人」（I）によって表される。このアルカナは若者、初心者、可能性（テーブル上の諸要素で象徴される）に満ちてはいるが、いまだ何を選ぶべきかためらっている者を表す。この存在が段階1に留まり続ければ、常に始まりにあり、決定的選択ができず、確固として実現されたものよりもいまだ現れていない潜在的なものを好むことを意味する。段階1は何かに身を投じて、現実での第一歩を踏み出す必要がある。『道徳経』に書かれている言葉を引用するならば、「千里の道も一歩から」ということなのである。「地」の正方形への第一歩は数秘学の段階2に相当する。

　段階2は「女教皇」（II）によって表される。修道院で座っている彼女は両手に本、傍らに妊娠の象徴である卵を持つ。2は受動的かつ受容的な数であり、貯水池、約束、処女性を意味しうる。この段階では物質はまだ不活性である。2の受容性に3の活動性が対応する。一方は蓄積していくが、他方は過激で熱烈な創造的跳躍の中で行き先も知らずに行動するが、すぐに失望するという危険もそこにはある。

　段階3は「女帝」（III）によって表される。これは破裂、能動、発芽を想起させる。全き能動と運動である。また「女帝」が右側すなわち能動と未来の方を向いているのに対し「女教皇」は左側すなわち受容と過去の方を向いている。

段階2　　段階3

2が3を生み出すならば、それは種子が発芽し、卵が孵化し、計画の第1歩が踏み出されることとなるだろう。女優は自分の役を覚え（「女教皇」）、その後、舞台上でその役を演じる（「女帝」）。

　2が3と対立すれば、2は為すか否かの躊躇、行動への恐れを表す。これは選択の余地なく強いられた幽閉である。「女帝」は厳しい母の頑なさゆえに行動を阻害されている思春期の娘となるかもしれない。

　3が2に後退するなら、無分別な突発は不活性の中へと戻っていく。企てられた能動は失敗する。傷つき幻滅し閉じこもるという結果になる。

　己を実現するには3は次の段階である4に移らねばならない。目的も経験も欠く能動は安全性の中で自らを確立する。「女帝」の創造性は次の「皇帝」のエネルギーの中で物質的安定性を獲得するのである。

　4が3に後退するなら、青年期の失敗、永遠の思春期を崇めることを意味する。

　段階4は「**皇帝**」（IIII）によって表される。「皇帝」は安定し物質に根づいており、確固たる基盤の上で穏やかに統治する。経済的に恵まれた状況、家、信頼できる人物かもしれない。「地」の四角形はこの段階で、その完全な安定性と不動性を獲得する。

　これに対し5は「天」の正方形に属してはいないが、そこを目指す。ここでは**段階5は**「**教皇**」（V）の姿で現れ、二つの世界の間の

段階4　　段階5

```
       10
 ┌───┬───┐
 │ 8 │ 9 │
 ├───┼───┤
 │ 6 │ 7 │
 ├───┼───┤
 │ 4 │ 5 │
 ├───┼───┤
 │ 2 │ 3 │
 └───┴───┘
       1
```

架け橋、通路、移行を確立する。彼の行為は「地」と「天」の正方形の間の仲介者としての役目を果たすことにある。

　4が5を生み出せば、安定性は新しいものの見方、展望を拡張せしめるような自発的行為に開かれることになる。ある実業家（「皇帝」）が周辺環境を保護する新たな技術に耳を傾けるようになる。こうして彼の態度は「教皇」のようになり、自己の利益のみならず環境のバランスにも関心を広げていくようになる。

　4と5の間に対立がある場合、それは物質主義と霊性、現実と理想との拮抗となる。それは視野の狭い国家元首（「皇帝」）が助言者のうち最も賢い者（「教皇」）の言葉に耳を閉ざすようなものだ。

　5が4に後退すると、新たな世界に対する信頼を失って古い世界の安全にまた重々しく落ちこむことを意味する。

　5は自らの限界を超えていくことはできない。自らを実現するには、5は自分の理想を現実のものとして「天」の正方形に第一歩を踏み出さなければならない。これは6に対応する。何年間も外国語を教えたのち（「教皇」）長きに渡って学んできた文化に触れるため旅に赴く（次の段階の「恋人」）。

　6の5への後退は幻滅となる。「天」の糧を味わったのちに「地」に戻るのは耐えがたいものだ。

　段階6は喜び、美であり、また受容的であ

段階6　　　段階7

りながら物質的な事柄を超えるあらゆるものを象徴する。**段階6の「恋人」（VI）**は人間同士の感情的つながりを呼び起こし、5が眺めていた場所に易々と落ち着く。だが6には自己愛に溺れる恐れがある。見世物的芸術、自己満足的思考、創造性や批評的精神の喪失である。7への移行はこの自己愛から抜け出すことを可能にする。一連の数の中では最大の素数であり割り切れない7は、人類に利する究極の活動を象徴する。

段階7の「戦車」（VII）は、この世界の中で行われる人道的、芸術的な、ものごとを克服していくあらゆる種類の行為を象徴する。いかなるものであれ、それは精神と物質の間の調和が基になる。

6が7を生み出せば、この世界の中での行為は楽しみや喜びに基づくものとなる。

6が7と対立するなら、利己的な快楽がある一方で、暴力へと向かう危険性を孕む侘しい行為となる。このとき「戦車」は労働組合との衝突状態にあり対話を拒む非妥協的な政治家のようにもなるだろう。

7が6に後退すると、この世界での行為はそのはけ口を自己愛の中に見出し、利他的であることをやめることになる。このとき「戦車」は喩えるなら自己中心的なテレビ司会者のようになり、「恋人」の人物たちは彼の座を盗みとることのみを考えている彼のチームのメンバーのようなものだといえるだろう。

7が自己を実現するため、純粋な行為は次

Structure et numérologie du Tarot

の段階、つまり受容的な完全性を象徴する8へと移行していかなければならない。もし8が7に後退するなら、完全性が幻想に過ぎず、停止状態として経験され、そのため行為の必要性が再び生じてくることになる。

8は2と4で割り切れ、完全な受容性を表す。「天」の正方形の完成を象徴し、太陽を反射する月、ないしは胎内に一つの新たな意識を孕んでいる妊婦のようなものといえる。剣と天秤を持っている**段階8「正義」**（VIII）の姿において、取り除いたり付け加えたりすべきものは何もないだろう。

9は一連の数の中では能動的（奇数）かつ受容的（3で割り切れる）である唯一の数である。したがって亀裂と同時に卓越した知恵の両方を象徴する。そのため**段階9「隠者」**（VIIII）の姿はものごとを問い直すこと、また何かを放棄することができる力を喚起させる。過去に対して能動的であり未来に対して受容的である隠者は後ずさりしながら進む。

8が9を生み出すなら、完成はただ完成自体を超えていくことでのみ達せられる。すなわち、それは新しい世界を創造するための危機への入口である。これは9か月目の分娩の時（75ページ訳註3を参照）あるいは夜の天体たちの光を消し去る新たな日の曙である。

8と9の間に対立があるなら、完成は息苦しいものとして経験され、また手放すことは弱さの証としてみなされることになる。これは両親が反目していることも意味し、母が去

段階8

段階9

勢コンプレックスを引き起こす一方で父は不在である。

　9が8に後退するならそれは死の恐怖が感じられるということになる。ここにおいて人は自説に固執し、厳格な完璧主義を求め、ものごとを問い直すということを許さない。恐れは9を麻痺させ、その結果9は力尽きていく。この段階は生と死の間の危機を呼び起こす——これは解決されるか、さもなければ死に至る。9はサイクル的運動——永遠の変化の状態——へと引き込む10に向かって進んでいく。

　後ずさりしながら進むことで、「隠者」は**段階10「運命の輪」（X）** と出会い、一つの人生のサイクルの終わりを受け入れ、そうすることで新たなサイクルを後に始めることができるのである。大アルカナの第2の列にある「太陽」（XVIIII）の新たな建設は「審判」（XX）における圧倒的な意識からの呼びかけで頂点に達する。

段階10

　10は次のサイクルの起点に戻る。それは別次元での発展の始まりを引き起こすためである。クランクのついた「運命の輪」はそのために手助けが必要であることを表している。車輪を回すものが次のサイクルの最初の段階となる（つまり、アルカナXIの「力」が第2の十段階からなる一組を開始することになる）。

　9に後退するなら、それは発展のない危機の状態を示すことになる。車輪の頂上で剣をもつ動物は感情と関連する謎を表している。

もしこれが解決されなければ「運命の輪」は常に「隠者」の危機の状態に戻ってしまうことになるだろう。そのとき人は過去を生きることとなり、昔のものごとを何度も持ち出し、ありえたかもしれないことへの郷愁に浸り続ける。

10のなかで停滞することは出口のない行き詰まりにいることを意味する。そこでは活力に満ちた運動へと戻してくれるどんな助力でも拒まれる。クランクを回す新たな力がやって来ることもない。

正方形における数秘学的な発展

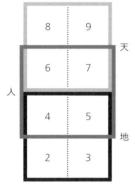

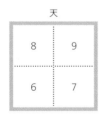

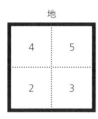

タロットに枠組みを与えている長方形が「地」と「天」二つの正方形に下位区分され、両者の交わるところに人の正方形が位置することはすでに検討した。この図式を基にすると、それぞれ四つの数を含んだ三つの正方形を視覚化できる。

1と10が対応関係にあることはすでに分かっている。それらは全体性の二つの局面、すなわち潜在性と実現化を表している。

同様に「天」の正方形と「地」の正方形の四段階の間の対応関係が、下から上へ、及び左から右へと進んでいく方向で見つけられる。

◆ **段階2と6**。これらは「地」での最初のステップと「天」での最初のステップを表す。2は蓄積し、生長し、栄養を摂る。ここは小アルカナの中でシンボルが最も大きい段階である（「金貨」の2の巨大な金貨、「剣」の2の巨大な花など）。「天」の正方形にある段階6では質が量に代わる。あらゆる霊的活動の源泉である喜びと愛が中心的要素になる。

- **段階3と7**。3が春や思春期のように物質の盲目的な激発を表すとすれば、7はこの世界と自分自身を完全に理解した上での意識的な行為において、物質を精神と結び付ける。
- **段階4と8**。4の単純な正方形は地上的均衡を表す。これに対して倍である8は霊的完成を加える。
- **段階5と9**。これらの段階は移行を表す。5は「地」の正方形を離れる準備を整え、より高い（あるいはより深い）次元をすでに思い描くことができる。その一方で9は無限の知恵と孤独に包まれ未知の方向への出発を引き受けている。このことは大アルカナのVIIIIの「隠者」が行き先を見ることなく、後ずさりしながら進んでいることによって示されている。同じように「太陽」（XVIIII）の双子は壁によって過去から隔てられ新しい世界に向かって進んでいる。

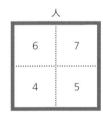

「人」の正方形における最初のステップは段階4となる。そこは安定を手に入れ自立した成人を意味する。最初の能動は霊的であり、5の誘いによって新しい世界への道が開かれる。人間界の完成は6によって表される「愛」の原理を見出すことにある。完成（これはある意味、人間的なものを超えたところにあるが）に向かって進んでいく「戦車」の能動によって別の次元、すなわち永続性と世界で行動することの次元が予告される。

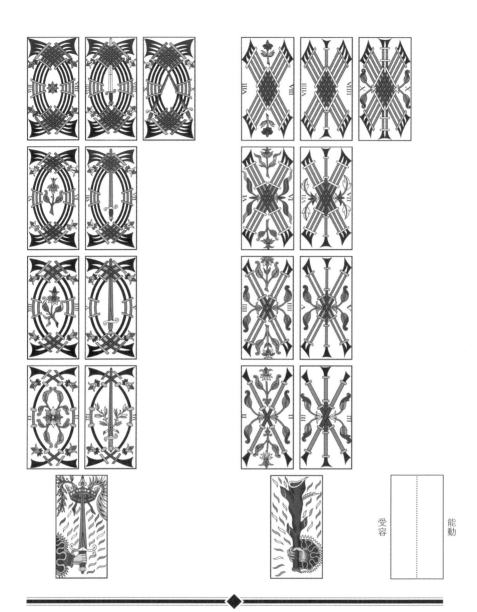

上：「剣」と「棒」の10枚からなる列

四つのスートの10枚からなる列において、
我々から見て左の列に「女性的」シンボルが、右の列に「男性的」シンボルが存在する。
このことは数秘学で表現される受容／能動の軸を裏付けるものである(69ページ以下)。

第 1 章　タロットの枠組みと数秘学

小アルカナの10枚からなる系列

　では、この数秘学的図式が小アルカナの1から10に至る列の中でどのように表されているかを見てみよう。

　各スートの1から10のカードを抜き出して、「剣」、「杯」、「棒」、「金貨」の順に並べてみよう（346ページの図版を参照せよ）。

　タロットの数秘学を裏付けることのできる最も明らかな手がかりは「剣」の列に見られる。「剣」の2から、カードは2枚ずつのペアとなり、それらは同心円を形成する（一重、二重、三重、そして四重となり、そこでは二つの組み合わさった円ができる）。

　ここで前のページのように「剣」と「棒」の列を下から上へと配置してみよう。注目すべきは数秘学の最後の三つの段階での同心円である。そこで8・9・10は互いに組み合わさり、長方形の頂上である種の「腕」を形作っている。この3枚のカードの結合が小アルカナを理解することにおいて、いかに適切なものであるかは後に検討する。

　「剣」と「棒」の系列を見ると、同じ状態になっていることが分かる。我々から見て左側にある偶数（2、4、6、8）が現れている縦列には、受容的な「女性的」シンボルである花が記されている。それに対して奇数（3、5、7、9）が現れている右側の縦列では、楕円の中に剣か棒があって中央軸を形成している。この二つのシンボルは能動的な「男性的」シンボルである。こうしたことは左側の受容的な偶数と右側の能動的な奇数という分割の適切さを裏付けるものとなっている。

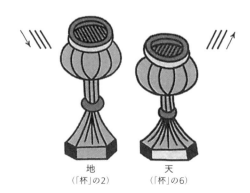

地
（「杯」の2）　　　天
（「杯」の6）

Structure et numérologie du Tarot

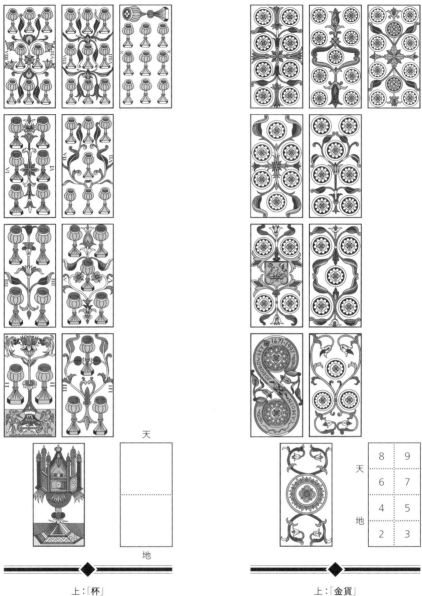

上:「杯」

数秘学の観点から見つけられた
「天」と「地」を分ける軸は、四つのスートの
10枚からなる列の中でも再現されている。

上:「金貨」

この列のカードには数字が記されていない。
5まで金貨は枝に囲まれ、
カード上下の縁から隔てられている。
「天」の正方形からこの状態は変わる。
そこで物質は霊的なものとなっていくのである。

同じ図式に従って「杯」のカードを並べてみよう。ここでは「世界」のカードで見られた（52ページ）「天」と「地」という下位区分が再び見出される。
　2、3、4、5の杯の内部をのぞき込むと、内側に赤地に黒い線による縞があり、それらは我々から見て左から右に降りている。反対に6、7、8、9の杯では黒い線が我々から見て左から右に向け上昇している。このように「地」の正方形は「天」の正方形とは異なっている。
　中国の格言で述べられているように、人は「天」に対して受容的であり、「地」に対して能動的であるのが理想の状態である。従って「地」の正方形を構成する各段階は宇宙の諸々の影響を受け入れる。一方「天」の正方形を構成するカードは地上のエネルギーを利用し、霊的な愛へと高めていく。
　この違いの裏付けは「剣」の列に見られる。3と5の剣は同じ色（赤）であり、そのためその二つは似た者同士である。逆に7と9はそれぞれ明るい青と黄色であるため似ていない。「剣」の4にある花は「剣」の6の花とは異なっている。というのも、一方は我々から見て右側から左側へと切断され、もう一方は左側から右側へと切断されているからである。
　「棒」の列についていえば、2、3、4、5では中央から両側面へと生えている花や枝葉はとてもよく似ている。反対に6と7では豊かに成長しているが、8と9では花も葉も見られない。これは目を引く大きな違いである。
　カードの細部がどのようにして数秘学的な意味の指針となるかは、小アルカナの研究の中でより深く検討されるだろう。だが、ここでそれぞれの段階ごとに、いくつかのアルカナの最も分かりやすい特徴を簡潔に解説しておくことは可能である。

- ◆ 各スートの**エース**には、そのシンボルだけがただ一つ描かれている。それは今にも実行に移されようとしている巨大な潜在力のようにカード全体を占めている。
- ◆ **2**。「剣」、「杯」、「棒」では大きな花が多量の蓄積を示している。「金貨」の2では二つの大きな金貨が契約のため結びつきを求めている。
- ◆ **3**。「剣」、「杯」、「金貨」では生命の爆発がとりわけ枝葉の豊かな成長によって示されている。
- ◆ **4**。「杯」と「金貨」では、均衡ある世界を定める四方位のようにカード

の隅に配置された四つのシンボルで、安定性が示されている。

◆5。新たな観点、新たなものごとの見方の出現が「杯」と「金貨」の中心にある要素、そして「棒」の5の棒が交差することで形作られている「隙間」によって表されている。「剣」の5においては同じような青い曲線同士の隙間、そしてそれを貫き楕円の頂上に位置する剣の刃が確認できる。このものごとの新たな見方は5の理想を象徴する。

◆6。「杯」における軸の出現によって「天」の正方形に入ったことが示されている。この軸は鏡のように二つの杯の縦列を結びつけている。これは魂の伴侶との出会いである。「棒」では外側の葉の形が変化している。それらはあたかも喜びの波で震えているかのようである。

◆7。「剣」の中心にある剣は青い。この剣は霊化され、その能動の力を究極の受容性から引き出している。「金貨」では金貨3枚で形成された三角形が他の4枚に囲まれているのをはっきりと見分けることができる。これは物質の内部で作用する精神のシンボルである。

◆8。ここでは完成における四つの状態が喚起される。「剣」では瞑想における空（くう）の境地、「杯」では充満、「棒」では極度の集中、「金貨」では均衡のとれた豊かさとなる。

◆9。ここでは移行の危機が「棒」の9の完全に花が消えた状態、修道院を思わせるような装飾の欠如、ないしは「杯」の9の萎れた枝葉によって表されている。「金貨」では我々は誕生に立ち会う（中央の金貨は母胎から出てくる赤ん坊の頭のようだ）。「剣」の9では黄色の刃に亀裂が入っている。

◆10。10では各々がそれぞれのやり方で新たなサイクルへの変容を表している。「杯」の10の上部にある閉じられた杯の中には「金貨」のエースとなるであろう金貨が描かれているのがわかる。「金貨」では2枚のオレンジ色の金貨を結ぶ白い軸が現れているが、これは「棒」を思わせる。

人物たちの位置づけ

4人の異なる人物がいるが、その中の「騎士」は一般的なカード・ゲームからは消え、タロット・ゲームの中でのみ存続している。そこでの「騎士」

は「王妃」よりも低い価値が与えられてしまっている。階級的に見れば「騎士」は王夫妻に臣従するものだというのが理由である。

　だが復元されたマルセイユ版タロットを研究すると、この人物たちの序列は異なる配置にならざるをえない。人物たちはそれが属するスートを理解し克服するという力学を象徴しているが、そこで見出される手がかりを基準にするなら、彼らの序列は下から「小姓」、「王妃」、「王」、「騎士」と定められる。

◆ **小姓**。「小姓」たちの姿勢が能動と非能動の間での疑い、確信の欠如を表していることはすでに検討した（65ページ）。その意味で「小姓」は数秘学の長方形における第1段の力学、「地」の正方形の2と3の間、懐妊と最初の能動の間に位置づけられるといえる。このことから「金貨」の「小姓」は生活すること、「棒」の「小姓」は創造すること、「杯」の「小姓」は愛すること、「剣」の「小姓」は存在することへの欲望を象徴することになるだろう。

◆ **王妃**。そのスートと完全に一体となっている「王妃」も同じく「地」の正方形に属する。彼女たちの場所は4と5の間、すなわち安定性と新たな理想による誘引の間にある。「金貨」の「王妃」は倹約と投資の動態、「棒」の「王妃」は安全と性的・創造的革新の動態を象徴するだろう。「杯」の「王妃」は安定した情愛とより高次の愛の誘惑の間、「剣」の「王妃」は合理主義と形而上的な思想を受け入れていくこととの間に位置している。

◆ **王**。自らの要素の完全な制御へと到達した「王」たちは、世界の中でより大きな行動を為(な)すことができる。

彼らは6の喜びと7の抗いがたい能動との間にいる。「金貨」の「王」は裕福な商人であり多国籍企業の創設を企てるかもしれない。力強い創造者である「棒」の「王」は自らの仕事を世界中に広め、「杯」の「王」は神聖なものに心引かれているかもしれず、「剣」の「王」は世界を変えうる政令を発布するかもしれない。

- **騎士**。騎士たちは8と9の間に位置する。それぞれのスートの完成に到達し（＝8）、新たな次元へと入っていくための旅に出発する（＝9）。彼らの能動は一つのサイクルの10が別のサイクルへと変容していく前触れとなる。それぞれのスートの預言者ないしは使者である彼らは新たなサイクルを再開するため、次のスートに向かっていくのである。

「騎士」とサイクルの終わり
どのようにしてあるスートの10が次のスートのエースになるか

数秘学が教えるところによれば、タロットの力学とは絶えず続く創出の力学である。あるサイクルの終わりは次のサイクルの始まりに対応する。だからこそ、「運命の輪」は大アルカナの最初のサイクルの終わりを告げ、続く「力」は次のサイクルの第1段階を表すことになるのである。

同様に各スートの10（コート・カードでは「騎士」）は別のスートのエースの芽をすでに持っている。ここではどのように諸スートが、この循環的プロセスを通じてお互いを生み出していくのかを調べてみるとしよう。

「剣」の9、「剣」の10そして「杯」のエース。

「剣」から「杯」まで。段階10において「他者」が2本目の剣の形をとって現れる。潜在的な状態としての愛のシンボルである「杯」のエースでは剣の先端が確認される。

「剣」の10と「杯」のエースには対応が一つ確認できる。「剣」の列の10で初めて2本目の剣が現れる。これは「他者」の出現、そしてその結果としての情動的関係の始まりといえるかもしれない。これに応じて「杯」のエースの中心にある頂の先端には、「剣」の9を想起させずにはおかない黄色い先端がある。

　この10の状態に関して最も明白な手がかりを与えてくれるカードは「杯」の10である。そこには順番に並べられた9個の杯の上に横たわった杯が見られるが、その口輪の内部にある花のデザインは「金貨」のスートのカードに現れる金貨を思い起こさせるものとなっている。

「杯」の10と
「金貨」のエース

「杯」から「金貨」へ。
10番目の杯を閉じている
この円盤には
花が刻印されているが、
このことは「杯」の10が
「金貨」のエースに
変化することを予告している。

　他の二つのスートでの手がかりは「騎士」によって表されている。騎士は8から9の段階に対応し、サイクルの完了となる10の能動を予告していることはすでに検討した。「金貨」の「騎士」は棒を持っているが、これは次のスートである「棒」のエースになるだろう。

「金貨」の「騎士」と
「棒」のエース

「金貨」から「棒」へ。
ここで「騎士」は
非常に明瞭な手がかりを
与えてくれている。
天体のように浮いている
霊化された金貨に
彼の目は注がれ、
また彼は棒を持っている。

Structure et numérologie du Tarot

最後に「棒」から「剣」への移行は、「棒」の10において中心の棒が二つに分かれ、昇華を意味する白い軸を出現させていることによって示唆されている。同様に「棒」の「騎士」は白馬に跨り、膝の力でその向きを変えさせている。この膝を飾っている花は「剣」のエースの剣が貫通している王冠の中心にある装飾を暗示している。

「棒」の10、「棒」の「騎士」そして「剣」のエース

「棒」から「剣」へ。「棒」の10における白い軸と「騎士」の白い乗り物は「棒」の最終的昇華と「剣」への変化を示している。

　すなわち、ここで我々が目にしているのは、タロットのスートがお互いを生じさせていく、ある種のサイクルである。完遂された「剣」のサイクルは「杯」の第1段階へと変容する。「杯」がその最後の段階に至ると「金貨」を生じさせ、次に「金貨」は「棒」を生じさせ、そして「棒」は「剣」を導き、以下これが続いていく。

　各スートに与えられた意味を考慮に入れるならば、以下のようにも言えるだろう：

- 知性としての「剣」は、発展の最終段階に到達すると、「他者」の存在を発見し、「杯」の感情的エネルギーを求めるようになるだろう。
- 「杯」は感情的エネルギーだが、発展の最終段階に到達すると、新たな生命を生み出していくか、あるいは現実の世界で行動を取るようになり、「金貨」に関連する生命体のエネルギーを求めるようになる。
- 生命体としての「金貨」が発展の最高段階に到達すると、変化へと向かい、自らを再生させる必要に迫られる。それゆえ、「棒」の創造的エネルギーが求められることになるだろう。
- 性的で創造的なエネルギーである「棒」は、発展の最終段階に到達すると、

2本になり、自らを昇華し、そして思考の核心に存在する両性具有性を見つけ出す。それゆえ、「剣」の知的エネルギーを求めるようになる。

方向づけの根拠としてアルカナXXIの「世界」をもう一度引用すれば、この循環をおおよそ以下のように図式化できるだろう。

反時計回りでに進むこの循環の最初の要素はどの中枢であっても構わない。この論理に従えばそれらは終わりなく互いを生み出し続けるからである。

要約：大小アルカナにおける十段階の力学

▶「**愚者**」。原初のエネルギーを大規模に与えること。

段階1……**全体性、経験を欠いた多くのエネルギー。**
- I「**大道芸人**」。すべては潜在性のうちにある。選択することを学ばなければならない。
- XI「**力**」。動物的エネルギーの目覚め。
- 「**剣**」**のエース**。考えられることは全て実際に起こりうる。我々が考えていることは現実になる。
- 「**杯**」**のエース**。我々の感情的生活全ては愛憎の無限の可能性と共にそこに含まれる。
- 「**金貨**」**のエース**。物質的潜在性：健康、金、家、仕事など。
- 「**棒**」**のエース**。潜在性の状態にある性的・創造的エネルギー。
  1の危険：潜在性に留まること、現実において第一歩を踏み出せないでいること。

段階2……**蓄積。妊娠。非能動。エネルギーの抑圧。**
- II「**女教皇**」。修道院に閉じこもり、卵を抱き、学ぶ。行動する準備はあるが、（まだ）それを実現していない。
- XII「**吊られた男**」。背中に両手を回し、選択をしない。瞑想、自己の中に回帰する、ないしは罰。己を捧げることも表す：「私を摘みに来なさい」。
- 「**剣**」の2。思考の積み重ね。行動や知的構造を伴わない夢想。
- 「**杯**」の2。愛の夢想：「私は愛が何であるかを知らないが、それに向けた準備を整えている」。
- 「**金貨**」の2。準備中でまだ署名されていない契約。諸々の約束。
- 「**棒**」の2。思春期。性的エネルギーの蓄積。
  2の危険：腐敗すること、行動に移ることができないこと。

段階3……**蓄積された全エネルギーの爆発。青年期。目的なき行動。**
- III「**女帝**」。春の荒々しい創造力、自然の周期的復活。強力で創造的な女性性。
- XIII 名無しの**アルカナ**。破壊、革命、変化、古いものを終わらせる暴力的行為。革新をもたらす行為、変質、変化。

- 「剣」の3。発芽、強度の精神的活動。熱中、知的幻想。
- 「杯」の3。最初の理想的でロマンチックな愛……恋人たちが一緒になる前の！
- 「金貨」の3。新しい仕事、最初の顧客たち、手術や家の改修後の最初の日、毛が初めて生えることあるいは初潮。
- 「棒」の3。最初の快楽、最初の創造。最初の性的経験。早漏を意味することも。

3の危険：幻滅。爆発して無茶苦茶をする。

段階4……安定化と権力
- IIII「皇帝」。法の力、父性の像、理性の像、権威。
- XIIII「節制」。霊的保護、調和のとれた内的循環。
- 「剣」の4。合理的な考え。この世界の理解を可能にする体系的な思想、「きちんとした」知性。
- 「杯」の4。情緒的安定性……家族、貞節、確固たる友情。
- 「金貨」の4。健康、十分な給料、安定した企業。
- 「棒」の4。決まりきった（定期的な？）性行為。常に同じ奇蹟を行う聖人、同じ仕事を繰り返す芸術家。

4の危険：発展することなしに停滞すること。

段階5……新しい理想の出現、新しい次元への橋。
- V「教皇」。教員、師匠、ガイド。交流と結合。二つの世界の繋がりとなるが地上の世界から離れていくことはない。
- XV「悪魔」。誘惑。深層の無意識：富、情熱、創造性。
- 「剣」の5。新しい知識、新たな研究。
- 「杯」の5。理想の愛、感情的幻想。愛の誘惑。
- 「金貨」の5。ある新しい意識が物質に導入される：企業の新部門、ヨガの教室など。
- 「棒」の5。新たな欲望の出現。

5の危険：嘘、裏切り、詐欺的契約。有言不実行。

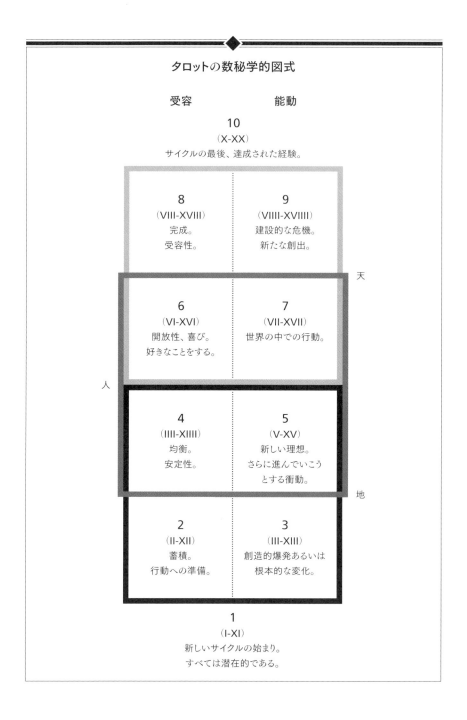

段階6……快楽、美、和合。他者の発見。好きなことをすること。
- Ⅵ「恋人」。同じレベルにある3人の人物：和合か不和か？ 感情面の計り知れない機微。普遍的愛の輝きの下、好きなことを行う。
- ⅩⅥ「神の家」。閉じこめられていたものが外に出てくる。地上への回帰、啓示、喜び、転居……神殿のまわりでの踊り。
- 「剣」の6。考えることの喜び。
- 「杯」の6。魂の伴侶との出会い、鏡のような愛。
- 「金貨」の6。繁栄の喜び。
- 「棒」の6。創造的で性的な全き快楽。

6の危険：好きなことを繰り返す、制度を確立し、自己愛的になり、進歩がなくなる、世界から身を引く。

段階7……世界における能動。
- Ⅶ「戦車」。征服、勝利、旅行、決然たる行動。精神と物質の調和。
- ⅩⅦ「星」。自分の場所を見つけること、そしてそこから世界を改善すること、ある作品をもたらすこと、経験を完全に味わうこと。
- 「剣」の7。思考が受容的になることで、その最高度の行動に行き着く。
- 「杯」の7。世界へと働きかける愛。例えば人道的活動など。
- 「金貨」の7。霊の物質化と物質の霊化。錬金術的作業。
- 「棒」の7。他者へと向かう全き性的そして創造的な行為。

7の危険：不適切に用いられるとその莫大なエネルギーは破壊的になる。

段階8……受容的完成。
- Ⅷ「正義」。「正義」は必要なものを吟味し、余分なものを切り払う。彼女は役に立つ価値観（真実とは有用なものである）を認め、また自分自身を正当に評価することになる。
- ⅩⅧ「月」。宇宙の全ての光を反射する能力のある「月」は、直観、技芸の完成を表す。宇宙の母、女性性、神秘。
- 「剣」の8。瞑想における空の境地の実現。
- 「杯」の8。満たされた心。

- ▶「金貨」の8。健全な繁栄、健康。
- ▶「棒」の8。魔術、欲望、創造の現れを可能にするエネルギーの集中。

 8の危険：完成においては、さらなる変化をもたらすことが不可能となり、もはや何も変更できないゆえに硬直または狂気に陥るという危険がある。

段階9……**新たな創出のための適切な危機。「生と死の間」。**
- ▶ VIIII「隠者」。知恵、必要不可欠な孤独、未知への信頼。
- ▶ XVIIII「太陽」。新たな創出、友愛、成功、暖かさ。真実の愛。
- ▶「剣」の9。啓示と建設的な危機。新たな精神的光。
- ▶「杯」の9。別の世界の基礎を作っていくために感情にかかわる世界を離れる。
- ▶「金貨」の9。一つの世界の終わりでもある誕生。
- ▶「棒」の9。創造に関わる根本的選択。別のことを行うため一つのことから離れる。

 9の危険：いつまでも続く危機から抜け出せなくなる、孤独と悲しみの中で生きる。

段階10……**一つのサイクルの終わりと新しいサイクルの始まり。**
- ▶ X「運命の輪」。全ては固定されているものの、取手がある。完成したサイクル。大きな経験とエネルギーの不足。助けの必要性。
- ▶ XX「審判」。霊的援助を受け入れることによる新たな意識の誕生。その実現に向けて高まっていく抵抗し難い欲望の表れ。
- ▶「剣」の10。愛に満ちた知性が耳を傾けることを学ぶ。
- ▶「杯」の10。愛の生活が実現されると同時に、行動へと移っていく時。
- ▶「金貨」の10。繁栄が創造性を生み出す。
- ▶「棒」の10。創造性が精神に触れる。

 10の危険：行き詰まり、新しい事柄へと移行して再びそこで未経験者となることの拒否。

- ▶ XXI「世界」。偉大なる完全な実現。

マンダラの構築のための 10の手順

✺

　タロットでマンダラを構築するという課題は、デッキ全体に慣れ親しみ、その全体の構造を理解していくためのおそらくは最良の方法である。そのためにはまず1.80×2メートルくらいの平らで障害物のない広い平面が必要となる。

　注意：我々がタロットを解釈するのと同じ方法で、マンダラは鏡のように組み立てられる。東洋の寺院に似たマンダラの構築を望むならば、右左の両極を逆にするべきだろう（序を参照）。

　1.「愚者」と「世界」を取り上げてみよう。平面の中心で「愚者」が天を向くよう水平にして置く。「愚者」は原初のエネルギー、内なる神、顕現した世界を支える偉大なる建築家を表す。仮に彼の眼差しが下方に向いていたなら、それは暗い深淵と濃密な物質に関心を向けているということになるだろう。彼が上を見ていることで、エネルギーは霊性に向かって推し進められているのである。

2.「愚者」の上に、すでに検討したようにタロットの全構造を要約するアルカナXXI「世界」を置いてみよう。こうすると結果として「愚者」の全体は見えなくなる。しかしマンダラの形の中心に位置する「世界」を支えているのが「愚者」であることは理解されるだろう。想像も及ばない不可視の宇宙のエネルギーが我々の目に見える世界を支えているのと同様である。二つのカードの交差は我々が「人」の正方形を配置した長方形の場所、十段階の数秘学の4、5、6、7を含む部分に対応している。つまり、「愚者」が「世界」と出会うのは、人の領域の高さであるとも言える。この配置において「世界」の女性と「愚者」は、お互いに見つめ合っているかのように見える。

天
人
地

3. 寺院の建立のためには四方位との関連付けが必要とされる。また錬金術は四つの基本となる元素の設定として火、空気、水、土を必要とする。同じようにマンダラでも四つの角を定めておく必要がある。すでに見てきたように「世界」のカードの中心にいる人物は小アルカナの4スートに対応する4シンボル、すなわち肌色の動物（「金貨」）、獅子（「棒」）、鷲（「剣」）、天使（「杯」）の間に位置している。それゆえ各スートのエースは「世界」のカードの対応するシンボルの上に置かれる（当面はより見やすくするため、マンダラの中心を「取り出した」状態で示す。最終的な正しい形は108ページを見よ）。

4. 次に各エースの上に対応するスートの2から10を、数秘学による長方形で見てきた配置に従って並べていく。カード10はカード8と9の上にではなく、あたかもそれらの連続であるかのように、前節で示唆されたやり方（84ページ以下を参照）に従い隣に置く。ここまでで四つのエネルギーに対応する四つの組それぞれの10枚のカードが配置されたことになる。こうして生み出された形は宇宙の運動のシンボルであるスワスチカである。

この十字が回転させられるとすれば、それは反時計回り、つまり能動から受容、左から右に向けてとなるだろう。この運動は人体の血液の運動と同じでもあり、すでに検討したように我々から見て右から左を眺めているアルカ

ナXXIの中心の人物の動作にも対応している。この運動はまたすでに確認した一つのスートから別のスートへと相互に変容する力学にも対応している（「剣」、「杯」、「金貨」、「棒」、以下続く）。このことを能動的数が受動的数へと向かっていると言うことも可能である。

5. 今度はコート・カードを人の領域に対応するマンダラの水平軸に配置する。「小姓」、「王妃」、「王」、「騎士」の順番で内から外に向かうよう水平に置かれる。「杯」の人物たちは我々から見て左側、つまりスワスチカの「杯」のアームの下に置かれ、これに「金貨」の人物たちが共に並べられる。

Structure et numérologie du Tarot

「剣」の人物たちはスワスチカの「剣」のアームの下に置かれ、「棒」の人物たちが共に並べられる。同様に各スートの「小姓」のカードの角は対応するスートの2と3の組と接することになる。「王妃」は4と5の組のライン上に、王は6と7の組のライン上に、「騎士」は8、9、10の組のライン上に位置するだろう。

6. 最後に20枚の残りの大アルカナは、数秘学の図式における10枚ごとの2列の形で配置する。

第1の列におけるアルカナが、原則としてどのように上方への動きを実現しているかはすでに見てきた (42−45ページ参照)。主に人間が現れる「大道芸人」によって開始される列は、神、光、天上的なもの、空気と水、至高の意識などの探求に対応している。従ってこの列は「世界」の上に垂直に置かれ、アルカナが我々に高みへと向かう努力を掻き立てるものであることを示している。

他方でアルカナXIからXXは基本的に下方へと向かう動きを形作っている。「力」に始まる列の大部分は、夢から出てきたような超人的で神話的な存在から構成され、地獄のようなもの、暗さ、地下、土と火、深層の無意識の探求と対応している。従ってこの列は「世界」の下に置かれ、下方へと向かう。アルカナXI「力」は中心に最も近く、アルカナXX「審判」はその逆の端にある。それゆえこの列は、その象徴的意味が示唆している深みへと向かっていく努力を表している。

7. 10に対応する段階（アルカナXとXX）は、小アルカナで行われた編成とは異なりVIIIとVIIIIの組の隣にではなく長方形の頂上に置かれる。この編成方法の手がかりもまたタロットそれ自体によって与えられている。小アルカ

ナでは最終段階が別のスートへの変化を示すのに対し、大アルカナで確認されるのは循環的回帰である。「運命の輪」がマンダラの一番上で上昇の道のり（黄色い動物）の後の深淵への回帰（肌色の動物）を促している。マンダラの一番下にはアルカナXXがあり、そこでは天使のトランペット（宇宙意識のシンボル）の抗い難い呼びかけによって、大地の奥深くから明るい青色の霊的な両性具有者が姿を表している。かくして完成したマンダラは次ページのようになる。

8. このマンダラの中心は八角の幾何学的な形（八角形）になっていることが分かる。この形は道教の基礎をなす幾何学形を思い起こさせる。道教では『易経』の卦が定型の八角形で書き表され、その中心に創造の二元的原理（陰と陽）がシンボル化されている。マンダラの中心の形の各辺は基本方位、すなわち北、北東、東、南東、南、南西、西、北西と対応している。ついでに言えば、洗礼盤の土台もしばしば八角形であるが、それはキリスト教の象徴体系の中でこの形は永遠の生命と復活に対応しているためである。この八角形の中心の内部に6枚のカードが収まっていることが確認できる。また同様に八角形の内部には六角形が収まるが、これは個としての自我が、本質的

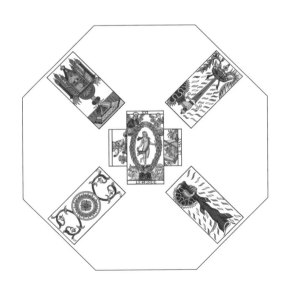

存在の恩寵による再生の前に、自身の墓に埋葬されている状態を象徴している。

9.「愚者」と「世界」の交差を中心に同心円を描いてみれば、同じレベルのカードが全て同一の円の上に位置することが分かる。ただし小アルカナの10に関してはその循環的生成の力学に従い、また大アルカナのレベル10

もその頂点と底辺の力学に従う。

10. 仮にこのマンダラを三次元で視覚化するならば、六つの腕からなる十字架として見なければならない。

そうすると大アルカナは垂直軸となり、小アルカナは回りこむ形で前後左右の四平面上に位置づけることができる。

Structure et numérologie du Tarot

タロットのマンダラ

大アルカナはマンダラの垂直軸、霊的軸を形成する。
最終形態では各スートのエースが「世界」のカードにおける対応するシンボルの上に置かれ、
タロットのマンダラはその最大の力を獲得することになる。

タロットにおける11の色

✺

　すべての文化、宗教、伝統は独自の色の象徴体系を備えている。ただし、それらにはすべて共通する背景がある。それは光と闇の争い（あるいはダンス）から色が生み出され、その階調は光と闇のどちらが優勢であるかによるということだ。

　色の分類を行うときに我々が忘れてならないことがある。それはタロットが色に関しては、なんら明確な規則性を示唆することなく、多様なものを用いているということだ——このことはカード全体の構造が、これまで見てきたようにタロットの数秘学と方向づけに関して多くの手がかりを提供してくれているのとは対照的である。

　従ってタロットに関するどのような色の分類も絶対的ではなく、我々は様々な枠組みを解釈の助けとして任意に採用することが許されている。色というものは常に両義的である。色の意味が完全に肯定的ないしは否定的なものとなることはない。色の象徴的意味という点でも、それは文化によって異なるものとなり、ここでもまた一つの厳密な対応の体系に還元することなどは不可能である。それゆえ以下に提示される手がかりは他の解釈を許容しうるものであって、色の研究として完全であると主張されるものではない。

色の象徴体系

　以下にタロットを解釈しようとする際に知っておくべき有益ないくつかの

手がかりを挙げる。

◆ 黒。この色は対立し、かつ補足しあう二つの概念を指し示す。ひとつには空虚という観念、つまり光の不在、色の完全な不在である。禅の僧侶たちは黒衣をまとっている。また、同様に十字架の聖ヨハネの『暗夜』でもおよそ以下のように述べられている。すなわち、神の下へと向かうには人が存在しない場所へと赴かなくてならない、と。人は空虚にまで減じられ、滅し、思考をやめ無へと回帰するのである。

　他方で黒はあらゆる生命の発生源、原材料を含む創造的マグマでもある。錬金術における「ニグレド」、純粋さを生み出す腐植土たる不定形の腐食物であり、秩序がそこから生まれてくるカオスである。あらゆる生命はまず暗闇の中で発生する。

◆ 白。黒とは反対に白は全色の輝かしい結合であり、全てが完全な統一、純化に至ることを実現する。これは肌色と黒の正反対である。否定的に見れば、死に至らしめるほどの雪や恐怖の冷たさを示す。白は神の色か、さもなければ死の色なのである。

　白と黒はその間で他の色が生じてくる両極を定める。その中心に置かれるのが肌色である。

◆ 肌色。これはタロットが盛んになった西洋文化圏では人肌特有の色である。ここで表現されている肌色は生身の色で今そこにある生を想起させる——黒が過去で白が未来とされうるように。肌色はそれ自体では肯定的とも否定的ともいえない。善と同時に悪でもあり、人間のあらゆる心理状態を取りうる。それは両義性の顕著な例となる。我々の内部には天国と地獄、暴力と平和がある。全ての対立物は肌色の中に会することになる。

　物質的生命の領域では赤と緑が見られる。

◆ 緑。緑は横溢する生命の色であり、支配を行う「自然」、絶えることのない生命の誕生、永続的変化を想起させる。預言者ムハンマドはこれを不死の色とみなした。緑は今そこにいる場所における生命の爆発である。植物の生命はその根をはった場所でのみ力を発揮する。それゆえに緑はまた吸収や貪(むさぼ)ることも意味しうる。無意識の領域では緑は母への愛着を象徴する。母なる「自然」は我々に生命を与える一方、我々を束縛し、我々から自由を奪い、我々を埋もれさせてしまいかねない。

◆ 赤。この色は大地の能動的部分、すなわち中心にある火、血、熱を表しうる。特に活動を表す色である。否定的な面として赤は流血、脅威、禁忌を想起させる。外部にある血は死を意味するが、体内を巡る血は生を表す。

天の色の中には青と黄が見られる。

◆ 青。空と海の色である青は受容の色のうちの代表的なものだ。また青は父への愛着も想起させる。その否定的な面においては停止と窒息の色ともなる。酸素によって清められることがなくなってしまった血は青くなる。

◆ 黄色。知性と意識の光である黄色は、霊的豊かさのシンボルである黄金にも喩えられてきた。錬金術における哲学者の石は全ての金属を黄金へと変容させる。その否定的な面では乾燥を意味することになる。

◆ 紫。最も能動的である赤と最も受容的である青を混ぜたものがこの色である。この二極の結合は至高の知恵を表す。キリストが弟子たちに対して語り始めたとき、彼は赤を身にまとっていた。だが、十字架にかけられたときの彼は完全な叡智(えいち)を象徴する紫を身にまとっていた。しかしながら紫は犠牲の色でもあり、また葬儀とも結び付けられている。とはいえ実際のところ、これは自我の死と関連している。タロットにおいて紫がわずかしか見られないのは、それが個を超えた生命に至るまで自我を統御していくという最も偉大な秘儀を表しているからである。

これらの基礎によって下記の表を作ることができる。

様々な色の「マンダラ」

復元されたタロットには11の色が見られる。すなわち黒、濃い緑、明るい緑、赤、肌色、オレンジ色、明るい黄色、濃い青、明るい青、白そして幾つかの稀な紫の点である。問題は、それらをどのようにして秩序立てるかである。

いずれの人間の文化においても、知性の始まりには一つの宇宙観が存在する。それは人間が大地と天の間を生きているというものだ。今我々がその中で生きている伝統においては、大地が母で天が父であるとされている。しかし、エジプトやアフリカのより古い文化には逆の考え方もあった。かくして人類は、自らが由来する天地という二つの権威の間にあって、それらを区別したり関連づけたりしている。

タロットの色

色	肯定的意味	否定的意味
紫	非人格的なもの、叡智	犠牲、死
白	純粋さ、恍惚、不死	死をもたらす冷たさ、エゴイズム
明るい青	天の諸力に対する受容性	父への依存、動かなくなること
濃い青	地の諸力に対する受容性	専制、圧政
明るい黄色	洞察力、意識、能動的知性	乾燥、残酷さ、感情のない乾いた心
濃い黄色	意識、受容的知性	狂気、破壊
肌色	人間性、生命、肉体的快楽	物質主義、肉体の抑圧
赤	動物の領域、活動性	犯罪的暴力
明るい緑	天の諸力と結びついた自然、植物の領域	母への依存、嫉妬
濃い緑	地の諸力と結びついた能産的自然	貪ること、吸収
黒	創造のマグマ、深部における働き	混沌、退行、死の衝動

マルセイユ版タロットの属する伝統、それは我々の属する伝統でもあるが、そこでは天は霊性のシンボルであり、地が物質的な生のシンボルである。人間はこの二つの間に位置する。

◆ もしオレンジ色を濃い黄色とみなすなら、青、緑、黄色の3色は淡い色調と濃い色調に分けられる。

黒・白・紫は濃淡の区別がない色である。一方、赤と肌色については、その親近性は興味深いものである。ある意味、肌色は赤のより明るくなった色とみなすことができる。動物性を示す赤は純粋に地上的で能動的であり、人間を象徴する肌色において霊化される。とはいえこれら2色を全く個別のものとみなすことも可能である。

こうして明暗の色調を持たない5色の「際立った」色からなるグループが区別されることになる。すなわち黒、白、赤（錬金術の作業において最もよく見かける3色）、肌色（人間）、紫（非個人的なもの、両性具有者）である。

このやり方で整理すると、肌色はタロットの人間の領域にまさにふさわしい中心に位置する（次ページ参照）。天の最も高い所には、すべての色を包含し、純粋さ、生の陶酔、永遠、ほぼ非人間的な完成の段階を象徴する白が置かれる。神聖な白からは天上の青色である明るい青が生まれ、次に太陽からの波動を連想させる黄色が生まれる。

肌色は大地と空の間の分離ないしは結合の線としての地平線を形作る。この色は人間の領域、喜び、さらにはその抑圧を象徴する。

地の遥か下方、最低層の基礎部分に黒が置かれる。黒はどの色も含まない波動であり、無意識の深層にある創造力を備えたマグマである。その上に緑色の植物界が生まれる。明るい緑における自然は天の諸力と関係する一方、濃い緑は能産的自然、地の諸力を表す。緑の後には、生または死をもたらしうるような、生命力ある荒々しい創造的力としての赤が続く。

紫は次ページに示す長方形の枠として考えられる。それはタロットのマンダラの中で、全体の構造を支えるかのように、「世界」の下に隠された「愚者」と似ている。

こうして色は以下の図式のように組織される。

◆ 肌色は白が混ざったオレンジ色としても解釈されうる。

肌色は人間であり、意識に支配された生命力を表すが、それに対してオレンジ色は、神的意識を欠いた能動的な生命が伸長していく色である。

このことからすると、黄は天上の光の色となり、赤は地上のマグマ――純粋な活動性――の色になる。

この前提に従えば、「際立った」色は黒、赤、黄、白（錬金術の作業のための4色）、および能動と受容の神秘的結合である紫となる。

白	純粋さ
明るい青	霊的受容性
濃い青	直観的・地上的受容性
黄	知性
肌色	人間的領域、意識を持った生命
紫	地平線、能動／受容、天／地の間の境界、結合線
オレンジ色	純粋物質の生の領域
赤	活動性
明るい緑	天上的自然
濃い緑	地上的自然
黒	埋められたもの、隠されたもの、無意識的なもの

その場合前ページに示したような秩序だった色の配置が作り出されることになる。

　タロットの数秘学に対応する別の二つの図式に従って色を体系づけることも可能である。一つは二つに重ねた正方形に基づく。もう一つは円へと当てはめられ、アルカナXXIの「世界」における象徴の図式から生み出される。

◆**円形の図式**。全体を長方形ではなく円からなるものとして描くこの形は、ただ一つの中心から生まれ、絶えず拡張していく宇宙という世界観に対応している。さらにこの円は、水平軸によって横断する線が引かれる。これによって創世記におけるように天と地が分かたれる〔図1〕。

　それから左／右の垂直の分割が、能動的な「男性性」と受容的な「女性性」へと分離する。これは眠っているアダムの脇から取り出した肋骨から生まれたイヴである。これによって円は四つの領域に分けられるが、そのそれぞれにはアルカナXXIによって示されている図式（62ページ参照）に従って、小アルカナの4スートに対応する四要素を割り当てることができる。つまり、「金貨」すなわち肉体的中枢、「棒」すなわち性的・創造的中枢、「杯」すなわち感情的中枢、「剣」すなわち知的中枢である。それぞれの色の適切な位置は、それぞれが割り当てられるために選ばれたシンボルから明らかとなるだろう〔図2〕。

　「金貨」には黄金の黄色、「棒」には自然の活動の緑、「杯」には神の愛の赤、「剣」には天空の青が関連づけられる。黒は地の基底そして白は天頂のままだが、両性具有（アルカナXXIの中心の人物）の色である紫は円の中心に位置

〔図1〕　　　　　〔図2〕　　　　　〔図3〕

Structure et numérologie du Tarot

する。こうして色はより明るい色調が天のより近くにあり、より濃いものが地のより近くにあることが明瞭になる。この図式の中で肌色は明るい赤に結びつけられる［図3］。

かくして円形の図式は以下のような対応になる。

地／能動的：明るい緑と濃い緑

地／受容的：明るい黄と濃い黄

天／能動的：明るい青と濃い青

天／受容的：赤と肌色

中心：紫

天頂：白

天底：黒。

◆我々にとってはすでに見慣れたものとなった**長方形の図式**には、受容的な左側と能動的な右側がある。いわゆる寒色が受容的で暖色が能動的だと前提すれば、タロットの方向づけの諸法則から、二つの正方形内にそれらの色を配置できる。

こうしたことが明らかにしているのは、色を系統立てるための唯一の絶対的な方法など存在しないということだ。リーディングに応じて、これらの様々な枠組みはシンボルの解釈の助けとなりうるだろう。一方、色の意味を限定してしまうただ一つの図式の中へ色を配置できるというような主張は誤っていると言わざるをえない。

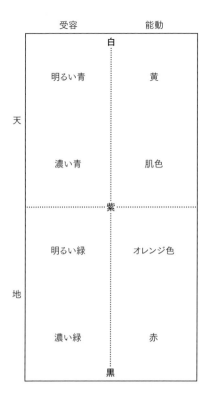

序
魂の建築

　私は「秘儀に通じた者」たちや彼らの「秘教的」な諸バージョンを捨て去って、タロットそのものこそが真の師だと決めた。これは私に対して多大な忍耐を要する遠大な方法論的作業を行わせることになった。私は投影機を使ってアルカナたちを大きなボール紙に映し、ごく小さな細部までを模写した。私はそれぞれの人物と自らを一つのものにし、アルカナの名において、またその細部に描かれているものの名において語った。つまり私は「愚者」の赤い棒、「女帝」が撫でている未成熟な鷲、「神の家」の上で開閉している王冠、アルカナXIIIの黒い地面に横たわる骨の笛が告げようとしていることを想像した。「星」の裸の女性の左脚を精査することにより、私は子供の尻を発見した。「神の家」の炎（または羽根ないしは何らかの存在者の尻尾）と塔の王冠の間に幽霊の頭を見つけ出した。図像はしばしば長方形の枠外にまで拡張されて描かれているようにも見えたため、私には多くの疑問が生じてきた。「大道芸人」のテーブルの4番目の脚はカードの外にあるのだろうか？「吊られた男」が両手に隠し持っているものは？「愚者」が袋に入れているものは？「女教皇」のヴェールの背後にあるものは？「戦車」の王子は台座に載った小人か？「隠者」が持つランプの赤は血なのか？　その他諸々である。何千もの問いに対して私は厳密な答えを与えようとはしなかった――無限の想像力にとって答えは一つではなかった。だが、たとえ後になって別の回答が現れざるをえないとしても、束の間でも私を満足させ、私にとって役に立つような答えを見つけ出すことを、私は試みることにした。

私は何時間も座り瞑想し、自らの想像力の中で一つ一つのカードに目を向けた。各カードが護符のように作用していることに私は少しずつ気付いた。これらは単なる図像ではなく、ある意味、それぞれが独自の人格を持ち、言葉で定義することが不可能な個別の存在だった。それらの絵を記憶に刻みこんでから、私の外側の世界と心の内側に同時に存在しているカードを両手に持つと、これらカードの果てしない複雑さに気付かずにはいられなかった。二つあるいはそれ以上のアルカナの結合によって伝わってくるフレーズを解釈しようとするとき、私はそれらを言葉にしようとしている自分に気が付いたが、そうすることはそれらを制限する結果になってしまった。ある色に名前を与えないとしたら、それが何色であるかを正確に述べることができるだろうか？　それを試みようとするあらゆる詩人は、色の本質になんとかして近づこうとするが、常にそれは主観的で曖昧なものにしかならない。

　だが、これに加えて、別の乗り越えがたい困難が現れてきた。私はカードが隣同士にあるときだけでなく、重なり合ったときにも「語っている」ことに気が付いたのである。私は心の中でカードを混ぜ合わせながら、あたかもそれらが透明であるかのように思い描くことができた。絵柄を重ね合わせると、複雑な尺度に従って、それらは対応し合っていることを示唆してきた。私はエジプト学者ルネ・アドルフ・シュワレル・ド・ルビックの『人間の神殿』[*1]の中で述べられている透明性に基づき、タロットが作られていることを確認した。この著作で彼はルクソール神殿について同じことを言っている。「この「透明性の状態」では、仮に壁がガラスでできていたなら、例えば背面に描かれた印や絵が、前面にある空白のスペースを埋めることになるのが分かるだろう。」幾つか例を挙げてみよう。「皇帝」の笏はアルカナXVIIIの太陽の軸でありうるかもしれない。「女帝」の笏は「教皇」の棒と同じ長さである。「金貨」のエースは「杯」のエースの中心にある半円を補足している。このような組み合わせは無限にある。こうしたメッセージをどのようにして言葉にすればよいのだろう？　アルカナの意味について言われてきたこと、言われていること、そして言われるであろうことは、主観的な説明でしかなく、決して正確な定義にはなりえないだろう。「これこそがアルカナの伝統的な意味だ」などと断言してきたのは、未熟な魔法使いか、い

[*1] René Adolphe Schwaller de Lubicz, *Le temple de l'homme*, Dervy, Paris, 1977.

かさま師のどちらかだった。

　長い間、私はそうするのが苦しいことであるとは分かっていたけれども、自分のタロットを箱の中にしまっておいた。客観的にそれを上手く使うことなど不可能であると思っていたからだ。だが、ある夜、私は辿るべき道を示してくれる夢を見た。

　私は裸で白い砂の砂漠を歩いていた。両耳を切られた1羽の青いノウサギが砂丘の頂上から転げおちて私の両足にぶつかった。私に触れると頭の形が変化して私の頭になった。我々の体は混じりあってついには一つになった。私は目撃者たる人間でありつつ案内役たる動物でもあった。私、というより我々は紫の地平線に辿りついた。この地平線上に巨大な「愚者」が軽業をしながら現れた。彼は共犯の眼差しを私に投げかけ、袋を天に向かって開いた。星たちは剝がれ落ちて蛍となり降りてきて袋に入った。「愚者」が袋を大地に向けると輝く虫たちは落ちて種に姿を変えた。彼の鈴が天使のように繊細な音を発していたが、彼は自分の上着を開いて緑色の胸を見せ、中に入ってくるよう私を誘った。古くからある湖に飛び込むカエルのように私は巨人の中に飛び込んだ。エネルギーの雲になって爆発してしまうような気がした。何千ものイメージが渦巻の中で私を包み込み、私は一度に無数の存在となったが、すべては物質でない口から発せられた破壊的な笑い声の中に収斂された。「愚者」と呼ばれるこの混沌となり、想像できないほどの速さで宇宙を通過しながら天空に向かって身を投げたことを私はよく覚えている。突如として私は星のない空に自らを見出したが、その天の中心に二つのピラミッドが輝いており、一つは黒、もう一つは白で、二つで六つの先端がある塊になるように形成されていた。私にはこの物体が限界のない意識を備えているよう思われ、磁石に対する金属片のようにその物体に引き付けられた。私は自分が吸収されるままにまかせた。私は爆発し光に姿を変えた。幸福を知ったという感覚と共にエネルギーに満ちて私は目を覚ました。

　この夢幻的な体験——これはメビウスとともにバンド・デシネの『アンカル』を制作する着想を私に与えた——が、私にいかにタロットを学ぶべきかを啓示した。私はそれぞれのアルカナが他のどれとも異なる特徴を持ち、元

型のように無意識へと作用するものであることを理解したのである。カール・グスタフ・ユングは元型について次のように述べている。「元型とは一つの力である。それは人を不意に襲いうる。［…］生物学的及び心理学的な諸機能が一つのモデルに従うのと同じく、これは我々の精神的な機能を生物学的に組織するものである。［…］人間は一つのモデル、つまり人間をはっきりと人間たらしめる一つの形を有しており、それなくして生まれる者はいない。我々はこれらのことについては深く無意識的であるが、それは我々が感覚に頼り我々自身の外側で生きているからである。もし人間が自らの内部を眺めることができればそれを見出すことになるだろう。［…］人間の人格のこの側面は抑圧されていることがほとんどだが、それはこの側面と個人が自らについて抱くイメージが相容れないからである。だがこの側面は必ずしも否定的特質だけから成り立っているわけではなく、無意識の全体も表している。つまりほぼ一般的な規則として、それは無意識が意識へと自らを出会わせる最初の表れとなる。［…］我々は元型が何か（つまり何から作られているのかという意味で）を知らない。なぜなら魂(プシケ)の本性とは我々が近寄ることのできないものだからだ。しかし我々は複数の元型が存在し、それらが影響を及ぼしていることを知っている。［…］元型というものをよく理解すればするほど、その生命の中で我々が演じる役割は大きくなり、その永遠で時間を超えた性質をしっかりと把握することになる[*2]。」アルカナをよく知ることができるためには、言葉を脱ぎ捨ててアルカナの内側へと入っていかなければならなかった。さらにいっそう望ましいのは、アルカナによって自分自身を捉えられるにまかせてしまうことだった。

その頃、幸運にも私はあるブードゥー教信者のグループと接触を持っていた。彼らとともにある神々は私に大アルカナを想起させた。神々はそれぞれある音楽的リズム、衣装、固有の持ち物、動き、振る舞い方を持っていた。そのうちのレグバというびっこの老人は松葉杖に寄りかかりながら歩き、ぼろをまといよわよわしい外見であったが、しかし実際には恐ろしい力を持っていた。アグエは海軍士官の格好をしており、白い手袋をして、全力で息を吹きつけて海の嵐の咆哮(ほうこう)をまねていた。藁(わら)の帽子と青い仕事着という格好の

[*2] Carl Gustav Jung, *La Vie symbolique*, trad. Claude et Christine Pflieger-Maillard, Albin Michel, Paris, 1989.

田舎者のザカは、疑い深く不安にさいなまれ、町の人々に騙されることを恐れていた。オグンは怒りっぽい戦士で、フランス風のケピ帽と赤いドルマンをまとい、サーベルあるいはマチェーテを振りかざしていた。魅惑的なエルズリーは、数多くの宝石に加えピンクと明るい青のドレスを着て、しきりに化粧していた。バロン・サムディ（土曜日男爵）は死の密使であり、シルクハットといくつものサングラスを有し、燕尾服のポケットは穴だらけだった。彼がポケットにいれるものは、何でも地面に落ちてしまうのである。その他にも多くの神々がいた。儀礼を通じて信徒たちはトランス状態に陥り、「乗り物」と化して神々に「またがられて」いた。私は考えた。「ブードゥー信徒たちと同じようなやり方でタロットを学ばなければならない。1枚1枚のカードに吸収されるがままになって、感じ、各々のカードの表現に奉仕しなければならない。」そして私はそのようにしたのだ。私が「大道芸人」に「なった」ときは、帽子を囲む黄色の紐のエネルギーが私を遥か彼方にある宇宙に結びつけ、私に宇宙的意識をもたらし、その意識が私の髪に巣食う八つの力に満ちた太陽の中で破裂するのを感じた。片手には神的エネルギーを捕え物質に注ぎ入れて奇蹟を起こすことができる魔法使いの棒を手に取った。もう一方の手にはあらゆる人類の災いを癒しうる黄金の宝珠を持った。この人物の敏捷(びんしょう)な動き、知性、機転、注意力、素早さを感じた。その驚くべき器用さによって私は形而上の泥棒となり、神々から不死の秘密を盗みとることが出来た。

　毎日辛抱強く同じ練習を実行し、他の77のアルカナそれぞれに自分を支配させた。それらが私の無意識に入り込み、ずっと前から私の夢の一部であったかのようにそこに刻みこまれた後、私はそれらに語らせようと試みた。「神の家」、アルカナXIII、「杯」の「小姓」、「棒」の9などが一体何を語りえたというのだろうか？　また私は別の困難に突き当たった。私がトランス状態にあり、全てのアルカナが（時に詩の形で）話すとしても、彼らの言葉が客観的なものであり私の外側から来たものだということはどうやっても証明できなかったのである。ほとんど確実にそれらの話は私の主観性の現れ、単なる自画像に過ぎなかった。どのように自分を22の大アルカナに投影しているかを知るために、私はもう一度それらを視覚化した。当然のようにア

ルカナXVIIII「太陽」は生まれ故郷であるトコピージャ、何世紀も雨が降らない地球で最も乾燥した地域であるタラパカ砂漠の縁に建てられたその町を思い起こさせた。私にとっての「太陽」は死をもたらす乾燥の脅威を持つものだった。他方でこの炎の円盤を「皇帝」の笏に結びつけると、私はハイメ、すなわち私の父、かくも厳しく、愛情を出し惜しみする、感情的に「枯渇した」ハイメを思わずにはいられなかった。私は三つのカードが私を恐怖させることに気付いた。それは「審判」、「吊られた男」、アルカナXIIIであった。当初、この人物たちから私は法で定められた罰を感じていた。容赦ない裁判官が違法行為を犯した何者かを拷問にかけるのである。「死」は彼だけでなく人類全体、地球、星々、宇宙全体を消し去っていた。私はこの恐怖を子供っぽいと思った。しかし、それが骨の髄まで浸透していることを感じた結果、「正義」は妊婦の母、「吊られた男」は胎児の私、そしてアルカナXIIIは、妊婦である彼女が胎児の私の身体に注ぎ込んだ「私を抹殺したい」という欲望なのだと理解した。私が望まれることなく受胎された時、私の両親は憎み合っていた。私の到来は彼らの関係を窒息しそうなものとした。私にとって9か月の妊娠期間は生きのびるための戦いとなった。こうして私は本能的な恐怖に満ちた状態で生まれたのである。私は常に命令されていると感じていた。「お前には生きることは禁じられている。お前は我々の世界を侵略した犯罪者だ。お前はお前の首を絞める臍帯に抗うべきではなかった。我々にとってお前は毒だ。」何年も経って比較的に幸福ではありつつも時おり、9か月に一度ほど死にたいと感じたのはこのためなのだと私は理解した。母はその冷たさで私を圧倒し「正義」の如く想像上の剣を振りかざして宣告していた。「お前には産まれる権利がない。私の命令に従え。そう、消え去ってしまえ。」一体私に何ができただろう？

　タロットの研究は私にとって治療となった。私は自分の投影について作業を開始した。夢には無数の解釈が与えられうる。迷信的解釈、精神分析的解釈、神話的解釈などである。私は考えた。「もし無意識から現れたイメージが無数の意味を持ち、その意味が私のものだとしたら、私は不安から生まれた意味を捨てて私を神的な意識に近づけてくれるような意味を選ばなければ

ならない。」私はあらゆる聖典を嘲笑していた無神論者の父に育てられたが、「神」を語ることを自分に許した。それはアルカナXVI（「神の家」）に「神」という語が見られたからであり、また大アルカナの少なくとも半分は宗教思想と関係を持っていたからである。天を眺めつつ前進する「愚者」が天啓を受けた修道僧だということは十分にありうる。アルカナXIIIの頭蓋には神聖四字——ヨッド、へー、ヴァヴ、へー——が刻み込まれているが、それはヘブライ人の神の名を形作るものだ（223ページ参照）。「女教皇」と「教皇」は聖なるテクストを学び広めている。「恋人」、「節制」、「審判」、「世界」には天使たちが、アルカナXVには墜天使たる「悪魔」が現れている。「吊られた男」が自らを犠牲にするイエス・キリストを表している可能性も十分ありうるだろう。彼は2本の木の間に吊られているが、木の上には赤い12の水滴が見られ、それらは使徒たちを表している可能性もある。この解釈が当てにならないと思われるとしても、この人物が胸の上にカバラの「生命の樹」における10のセフィロトをつけていることは否定できないだろう。タロットがもたらす神秘的な呼びかけを反駁（はんばく）することができず、それでいて父から受けた無神論的教育に忠実であった私は、「神」というテーマを解明しようと試みた。「愚者」を生命エネルギー、「女教皇」と「教皇」をユング的な「アニマ」と「アニムス」、「恋人」の天使をリビドーの力、「吊られた男」を「本質」に己を委ねる自我、名無しのアルカナ（XIII）は不必要なものを排除し変容していくための意志、「節制」を内的コミュニケーション、「悪魔」を集合的無意識の衝動、「審判」の天使を意識の高い次元、「世界」を普遍的魂として解釈したのである。だが無駄だった。私はアルカナXVIから「神」という語を消し去ることができなかったのだ。深く根付いた無神論的教育にもかかわらず、「お前にとって神とはなにか？」というタロットの厳しい質問に直面せざるを得なくなった。

　私にとって神という「人物」、すべての聖なる業（わざ）の首謀者は名前も、人の形も、性も、年齢も持ちえなかった。神はいかなる宗教の専有物であることもできなかった。神に付与される名や性質はそれが何であろうと近似的でしかなく迷信に由来する。概念やイメージでは明確にできないもの、それを追い求めても到達ができないものだ。神はすべてであるため、神に何かを付与

しようと試みるのは愚かなことだ。唯一のなしうることは神を受け入れることである。しかしもし神が人間の理解を超えるものであり、手で触れることもできないのだとしたら、どうやって神を受け入れればよいのだろう？　それはただ精神の明晰さ、恋の無上の喜び、創造力、健康や繁栄の形をとって我々の生に与えられる変化や変転を通してのみ受け取られる。神を「永遠」で「無限」、かつ「全能」と考えるとしても、それはただ我々が自身を思う時に浮かんでくる「有限さ」や「儚さ」、そして変容に対して無力であることを示す我々が「死」と呼ぶもの、これらと比較しているに過ぎない。もし全てが神であり、神が不死だとしたら、何者も死ぬことはない。もし全てが存在し、神が無限であるなら、何者も限界を持つことはない。もし全てが神で、神が永遠であるなら、何かが始まることも終わることもない。もし全てが神で、神が全能であるなら、不可能なことは存在しないのだ。神を名指しせずまた神──「それ」──を信じることもできないまま、私は神を私の最深部で、直観によって感じることができた。私は宇宙とその諸々の法則を作った意志、神の意思を受け入れることができた。また何があろうとも神を同盟者と考えることができた。「私はお前に付き添っている……。私はお前を信頼している……。」これが全てでそれ以上を語る必要はない。言葉は直接的な道ではない。言葉は道を示しても、それを実際に辿りはしない。私はこの計り知れない神秘、すなわちあると同時にないもの、非存在とも言いうるもの、一切の次元や時間を欠いている存在の一部であることを受け入れる。神の意図に身を委ね、私の存在が気まぐれ、冗談、幻想あるいは戯れではなく、説明できない神の「業(わざ)」による必然であることを期待することを受け入れる。そしてこの永遠なる無常が、私の精神が思う宇宙的計画なるものの一部であると知ることを受け入れる。巨大な機械の微小な歯車であることによって、私は神の永遠に参与していることを信じ、私の肉体が「死」と呼ぶところの変化は、私の心が全き愛と感じるもの、私の性の中枢が終わりのないオーガスムと見なすもの、私の知性が「照らされた空虚」と名付けるものに埋没するために私が通過しなければならない扉だと信じることを受け入れるのだ。

タロットはどうやって我々に神を示しているのだろう？　タロットは神を「神の家」、すなわちその中に宇宙が宿る神秘的な場所として示している。そして我々は宇宙と一つであるがゆえに、宇宙は我々の体である。我々はある「主人」の借家人であり、彼が我々を養い支え「彼」の意思が定める間だけ生き続ける。この安全な避難所である家を、我々は庭ともゴミ捨て場とも、つまり我々の創造性が花開く場所とも悪趣味と腐臭が支配する薄暗い一角ともすることができる。この無表情な壁の間で我々は子を産むことも自殺することもできる。この家はそれ自身の行動をもたず、ただそこにあり、その性質は我々がいかにそれを用いるかにかかっている。我々はこの家を神殿とも牢獄ともすることができるのである。タロットが我々に示す「神の家」は不死の宝をもたらしはするが、それは贈り物としてではない。人類は相応の代償を払って自らを勝ち取らなければならない。与えられたものをうまく用いることができないゆえにそれができない場合、人類は消え去ることになる。

　アルカナXVIには、人間を出産している「神の家」が見出される（245ページ参照）。何とも言いようのない形をしたもの——稲妻、羽根、彗星、エネルギー——が、王冠すなわち理性的な人間の意志からいくらか力を奪い去っている。それは啓示を受けた人が、星々の喜ばしい踊りの下、神は彼岸にではなく物質そのものの中にあることに気付くためである。男性と女性と思われる2人の軽業師は植物を愛撫している。2人のうちの1人はその胸から青く伸びているもので山々に結び付いているが、それらの山々も同じように明るい青に浸されている。王冠、星々、塔、植物、山々と同様に何とも言いようのない形をしたものも、これら2人の意識の一部をなしている。

　被造物の源泉たる神的統一のこのような理解は、我々に理性的言語の不能性を突き付けることになる。すなわち、現実は全てのものが完全に統合され単一の総体を形作っているのに対して、理性的言語は常に差異と境界を求める概念の体系によって現実を理解し、定義し、説明しようとする。仮にそれぞれの概念は現実を形成するものではなく現実を限定的に描写するものにすぎないことを我々が受け入れられるならば、言葉を世界の定義としてではなく、それを描写するシンボルとして用いることを学んでいくことができるだ

ろう。

　シンボルはそれを見る人の数だけ、無限で多様な意味を持ちうる。かくして十字架は非常に多様な解釈のレベルを持ち、拷問道具から宇宙を構成する四元素を生みだす神的な中心点にも、あるいは空間と時間の交差点から四福音書によって形成されるキリストにもなる。タロットのアルカナのそれぞれは定義しがたい「愚者」という存在をその基礎としており、何世紀も前から確立された唯一の定義などを示すことはない。それぞれが無限の解釈に開かれた「神の家」なのである。もちろんこれはアリストテレス的論理によってのみ働く知性を持った人にとっては承認しがたいことである。そうした人々は各アルカナに一定の意味、「確定されたシンボル」が与えられることを要求するだろう。「あるアルカナはこうであり、こうでしかない！　一度に光かつ闇であることなどはできない！　解釈は無数にはあり得ず、タロロジストの主観は排除されるべきだ！」タロットに耳を傾けるならば、確定的シンボルには「流動的シンボル」が対置される。夢は曖昧なイメージから成り立っている。無意識に属するものは無限の側面を有している。呪術師や精神分析医は、師匠たちの迷信ないしは理論に無理やり一致させることで、その意味を決める。フロイト派のセラピストの患者たちが見る夢は、ユング派あるいはラカン派のセラピストの患者たちの夢とは同一ではない。それぞれ男根と膣、宇宙的記号、言葉遊びを見出すだろう。だとすると、どうすれば流動的シンボルで思考することができるのだろうか？

　単純に眺めればタロットの各アルカナは一つのシンプルなメッセージを含んでいる。「愚者」は哀れな放浪者、「大道芸人」は客を探している物売り、「女教皇」と「教皇」は宗教的権力の代表者たち、「女帝」と「皇帝」は国家権力の代表者たちである。「恋人」には感情的な人間関係が、「戦車」には軍事力が、「正義」には法の力が描かれている。「隠者」は弟子を探す孤独な賢者であり、「運命の輪」は宿命の変転を示し、「力」は支配的な女、「吊られた男」は罰せられた犯罪者、名無しのアルカナは死、「節制」は我々の守護天使、「悪魔」は悪に誘う霊、「神の家」は傲慢に対する罰、「星」は我々の幸運である。「月」は狂気を指し示し、「太陽」は大いなる成功、「審判」は

死者たちの復活、「世界」は実現による恍惚である。

　タロットを作った者（たち）はそれを遊戯として用いる平凡な人々に理解しやすい内容をタロットに与えようとしたのかもしれない。しかし今日こうした素朴な読解は我々にとって何の利益ももたらさない。もしタロットをセラピー的な手段として用いようと望むのなら、タロットに我々の深い主観性を付与しなければならない。そのためにはタロットを携帯電話と同じように用いる。携帯電話にバッテリーが残っていなければ役に立たず、それを機能させるためには充電をしなければならない。タロットカードも同じである。これらのシンボルは決まった何かを語るわけではない。我々があらゆる意味によって豊かにし、それらの容器にあふれんばかりの中身を与えなければならない。1人の女の胎（はら）が全人類を生み出すように、一粒の種子には一つの森が含まれている。個人的無意識は集合的無意識の内部にあり、人間という種族、地球、宇宙の過去を内包している。秘儀伝授の観点から言えば、原子の一つ一つに神が含まれているという意味で、常に容器はその中身よりも小さい。もしタロットカードを数えきれないほどの様々な中身で満たさないのなら、どんな答えも生み出されることはない。タロットが持つ価値とは我々がタロットに与えるものである。我々が凡庸であればタロットに表面的な意味を付与して、ただ恋愛沙汰、経済的問題、気象状況、健康、事故、死、社会的失敗あるいは成功のみを話題にすることになり、解釈は薄っぺらになってしまうだろう。アルカナをしっかりと「充電」するためには、それらを全体として眺めるのと同時に、ごく細部にまで目を向けていくことを学ばなければならない。それぞれのシンボルは一つの固定した解説に収まるわけではない。シンボルの「秘密の定義」を探し当てることではなく、可能な限り最も崇高な定義を付与していくことが重要なのである。

　例を挙げよう。ほとんど全ての著者は「隠者」に見られる人物がランタンを持ち上げていると断言している。彼をクロノスだとみなしている他の著者たちは、彼が砂時計を示していると考えている。彼をサトゥルヌスと見なす著者たちは、ランプの赤い部分を彼が貪（むさぼ）った子供たちの血だと断言する。あるアルコール中毒患者は、この人物の手にワインで満たされたピッチャーがあると私に主張した。ある詩人はそこに巨大なツチボタルを見た。あるカト

リックの司祭は、このランタンが聖人の心臓を象徴し、そこで人類を照らすイエス・キリストの血が燃えていると主張した。一杯になった貯金箱を隠す強欲な父を見て取った人もいる。シンボルの形、番号、色、名前を考慮している限り、どのバージョンも軽んじられるべきではない。（仮にタロットがフランス起源だという説に立てば、諸カードの名前に隠されたメッセージを見出すこともできる。「大道芸人」Le Bateleur は「下にあるものがお前を欺く」« Le bas te leurre »、「女教皇」La Papesse は「誘惑は重い」« L'appât pèse »、「皇帝」L'Empereur は「間違ったランプ」« Lampe erreur »、「吊られた男」Le Pendu は「与えられるべきパン」« Le pain dû »、「節制」Tempérance は「放浪の時期」« Temps-errance »、「審判」Le Jugement は「裁判官は嘘をつく」« Le jugement »、「神の家」La Maison Dieu は「魂とその神」« L'âme et son Dieu »）この流動的シンボルを用いることが、我々に人生に対して新たな態度をとることを可能にする。あらゆる生物、物体、出来事もまた流動的で確定されざるアルカナだとみなされうる。例外なく絶対的に全てのものが絶えず変化し、どんな人も存在せず生成のうちにある。

　我々が保持している現実との関係の多くは、我々が現実に付与する中身に依拠している。我々は自分を取り巻く人々の行動を、自分がその人々に負わせている中身によって判断する。それらの行動は絶えず我々を驚かすか失望させる。自らの行動の観客として我々自身も自らに限定された中身を負わせている。そして他の人々は我々が自分自身を見るように我々を見ている。我々が家族や社会による否定的な見方に従って自らの価値を軽視してしまう際、我々の内なる宝を明らかにしてくれる、つまり我々に崇高な価値を付与してくれるのは霊的な導師のみである。ある人々は現代世界が暴力に満ちており自分たちが脅かされつつ生きていると述べる。だが、他の人々の考えでは、この世界は暴力に満ちた楽園であり、その暴力は偶発的なものでしかなく、本質的な特性ではない。

　このようにタロットは、邪悪な解釈者の手にかかると有害なものにもなりうるし、逆に崇高な師ともなりうる。タロットは我々の主観的真実の鏡であり絶対的真実ではない。宇宙のように常に拡張していく無限で永遠の非人格的な「意識」によって、我々は神性に結ばれている。この内なる目、純粋な

目撃者を通じて我々は自分たちが生きているのを見る。しかし肉体を持つことにより、この「意識」は形態＝容器という姿を身につけさせられることになり、またそれは様々なトラウマのために固定されたままになる。それは子供時代に大人の経験をしてしまったり、あるいは欠かすことのできない経験ができなかったりすること、また有害な両親によって知的、感情的、性的、肉体的な悪弊にさらされたりすることに由来する。自分自身を眺める視点は、自分が否定的な経験を被った時のものの見方に由来する。我々が世界を眺めるとき、我々は固定された思考、感情、欲望を出発点としてそれを行う──行為が制限されていることから、得られる回答も制限されたものとなる。ある魔術の法則によれば、「世界とは我々がそうであると信じるところのものである。」秘儀伝授の作業は事物を眺めるやり方を変化させ、そして無限で永遠である宇宙的な視点から内的及び外的出来事を観察することを可能にする。

　相談者に会う時、私はまず以下のように自問する。「彼は何歳か？　どんな視点から彼は自分を眺めているのか？　そしてタロロジストとして私は何歳なのか、どんな視点から自分を眺めているのか？」よこしまな子供の精神をもつ大人によるタロットの解釈は相談者の人生に対して害を与える恐れがある。解釈者は作業の開始前、あたかもシャーマンやブードゥー教の信者にように、アルカナ同様、自分自身を充電しなければならない。ヒーラーやセラピストは自らの名において作業に取り組むことは決してない。両者はともに様々な神々の助力を懇願する。もし「大道芸人」に取り憑かれたなら、私はある一定の解釈をすることになり、もし「星」に取り憑かれたなら別の解釈をすることになるだろう。

　何年も経った後、これを発展させて私は一つのアルカナだけではなく、マンダラ全体によって取り憑かれるようにして聖性を模倣しようと試みた。それ以前の私は芸術家として解釈を行うことで、非常に心地よい自己愛的な満足を感じていた。セラピストになることを決意した時、相談者への奉仕のため、完全にそして無私に自らを明け渡した読解をすることだけを考えるようになった。そして限りない思いやりを育み、相手の言いたいことをすっかり聞きとることを学んだ。「心の美とは善意のことだ。善きことは美しい。知

性を備えた善人であるためには、正しくあらねばならぬ。正しくあるためには、理性をもって行動せねばならぬ。理性をもって行動するには、現実を深く知らねばならぬ。現実を深く知るには、真理を意識せねばならぬ。真理を意識するには、存在の正確な概念を持たねばならぬ[*3]。」

　タロットを用いて秘儀伝授を行うことは、我々の視点を変化させ、無限で永遠で宇宙的な観点で自分自身を眺め始められるよう年齢の牢獄から解放する。人生から与えられた打撃に応じて、我々は四つの中枢それぞれに異なった年齢を持つ。ある人物は精神的に40歳の大人でありつつ感情的には8歳、性的には15歳、肉体的に60歳でありうる。しかし目撃している眼――内なる神、第五元素、本質的「存在」――は宇宙と同じだけの年齢を持つ。我々はこの四つの視点を絶えず拡張することができる。病気、苦しみ、憂鬱とは狭い視野であり意識の欠如である。意識が硬直した概念、感情、欲望、必要と協調すればするほど、その害悪は大きくなる。しかし、もし我々が自らを宇宙的視点から眺めることができるなら、問題はすべて終わっていく。

[*3]　エリファス・レヴィ『大いなる神秘の鍵』より（邦訳は鈴木啓司訳、人文書院、2011から引用）。

始めるにあたって

　以下に続く大アルカナの説明が目指すところは、カードないしはシンボルそれぞれの意味やエネルギーを網羅し尽くすことではなく、可能な解釈の果てしない広がりにおいて解釈者の目を導くことである。その目的のために、我々は各カードに対して四つの異なるアプローチを提示していく。まず個別のアルカナに対して伝統的に割り当てられてきた意味のいくつかを、キーワードによってひと目で把握できるようにする。さらなる説明となる文章で、カードの中のいくつかの細部に関する象徴的意味を解説していく。さらにタロットを簡潔に参照する場合のために、伝統的な解釈の要約がある。最後に我々は個々のアルカナ自身に自らを語らせてみることにした。ただし、我々が提示している文章は、長期間のタロットの研究が無意識の中に浮かび上がらせることを可能にする無数の声の中の一つに過ぎないということを改めて確認しておきたい。

　この複数の形をとる説明は、我々の最も重要な関心事の一つと対応している。実際のところ、タロットに関する大多数の著作のなかでは、大アルカナが確定された意味を持った一連の絵画のように検討される。解釈者は何枚かのカードを選ぶ。その後、選ばれたカードを説明するために、そのアルカナに関連する文章を参照する。それによって提示された意味を既定の解釈の戦略に従って積み重ねる。このようにタロットを機械的に理解しようとすることは、カードが示す意味や相互関係の渦を整理するため、学習上の一時期においては有益かもしれない。しかしこれは単純化された理解に過ぎずタロッ

トの深遠な本性にそぐうものではない。

　大アルカナの理解のために我々は様々なアプローチを並べて示す——そのいくつかは相互補完的だが、いくつかは一見したところ矛盾する。こうすることで我々が望んでいるのは、アルカナの簡潔な参照のために本書を用いながらも、既定の意味があるという思い違いを捨て去り、タロットの観想的で投影的で動的で無限に続いていく研究に取り掛かることができるようにすることである。

　大アルカナの名前を綴る上で我々が選んだ方法についてもう一言述べておきたい。というのもこれらアルカナの綴りは、様々な解釈が可能なように意図的に曖昧にされているようにも思われるからだ。
　時に語と語は点で分けられている。
　　—— LE・MAT 「愚者」
　　—— LE・BATELEUR（I）「大道芸人」
　　—— LA・PAPESSE（II）「女教皇」
　　—— LE・PAPE（V）「教皇」
　　—— L'A・ROVE・DE・FORTVNE（X）「運命の輪」
　　—— LA・FORCE（XI）「力」
　　—— LE・PENDU（XII）「吊られた男」
　　—— LE・DIABLE（XV）「悪魔」
　　—— LA・MAISON・DIEV（XVI）「神の家」
　　—— LA・LUNE（XVIII）「月」
　　—— LE・IUGEMENT（XX）「審判」
　　—— LE・MONDE（XXI）「世界」

ただの空白によって語と語が分けられていることもある。
　　—— LE CHARIOT・（VII）「戦車」これには最後に点もある。
　　—— LA JUSTICE（VIII）「審判」
　　—— LE TOILLE（XVII）「星」
　　—— LE SOLEIL（XVIIII）「太陽」

同じことがアポストロフ⁽訳註1⁾の使用についてもいえる。
「皇帝」L'EMPEREUR（IIII）と「隠者」L'HERMITE（VIIII）にはアポストロフが一つあるが「女帝」LIMPERATRICE（III）と「恋人」LAMOVREVX（VI）には欠けているようだ。さらに「運命の輪」L'A・ROVE・DE・FORTVNE のアポストロフに関しては、次のように自問せざるをえない。これは冠詞なのか？　それとも動詞avoirの3人称単数の活用形なのだろうか？　またもし「l'a」と読まねばならないのだとしたらこの動詞の主語は誰なのだろうか？
　同じように幾つかのカードにおいては、二文字間が融合していること、あるいはそこに垂直線が1本付け加えられていることが複数の解釈を可能にしている。すなわちLE TOILLEとLE TOULEのいずれと読むべきか？　LE SOLEILなのかLE SOLEUなのか？
　なぜ「正義」LA JUSTICEが「J」とともに綴られているのに「審判」LE IUGEMENTでは「I」なのか？　なぜUはときにVに換えられているのか（アルカナVI、X、XVI）⁽訳註2⁾？　なぜ「隠者」L'HER MITEはこのように綴られているのか？
　ここではこれらの疑問に答えることはしない。しかしこうした疑問はカードを読解する上で解釈上の複数の可能性を開いてくれる。
　だが話をより分かりやすくするためにこの著作全体を通じて我々は以下の慣習に従うこととした。すなわち、アルカナを次のように呼ぶ。「愚者」Le Mat、「大道芸人」Le Bateleur、「女教皇」La Papesse、「女帝」L'Impératrice、「皇帝」L'Empereur、「教皇」Le Pape、「恋人」L'Amoureux、「戦車」Le Chariot、「正義」La Justice、「隠者」L'Hermite、「運命の輪」La Roue de Fortune、「力」La Force、「吊られた男」Le Pendu、名無しのアルカナ l'Arcane sans nom あるいはアルカナXIII、「節制」Tempérance、「悪魔」Le Diable、「神の家」La Maison Dieu、「星」L'Étoile、「月」La Lune、「太陽」Le Soleil、「審判」Le Jugement、「世界」Le Mondeである。

訳註1　アポストロフとはフランス語で用いられる省略符号の一つ。後続語の冒頭の母音の前で脱落した語末母音に代わる。
訳註2　もともとIとJ、UとVは綴り字としては明確に区別されていなかった。現代のようなIとUが母音、JとVが子音を表すという慣習は16世紀の印刷本において導入されたものである。だが筆写本では17世紀においてもなおこの混合が見られる（Maurice Grevisse et André Goose, *Le Bon Usage*, Bruxelles, De Boeck / Duculot, 2008 (14e édition), §85による）。

LE MAT
愚　者

✱✲✱✲✱✲✱✲✱✲✱✲✱✲✱✲ ✵ ✱✲✱✲✱✲✱✲✱✲✱✲✱✲✱✲

自由、巨大なエネルギーの供給

「愚者」には名前はあるが数字はない。「愚者」は数で定義されない唯一の大アルカナである。「愚者」が表しているのは原初の無限のエネルギー、完全な自由、狂気、無秩序、混沌、また創造への根源的な衝動である。伝統的なカード・ゲームにおいて、「愚者」はジョーカーやワイルド・カードの人物を生み出す基になった。ゲームの中でそれは他のカードとはまったく異なり、同時にいつでも他のカードの代わりになる。「あらゆる道は私の道」が愚者のモットーといってよい。

　このカードが与える印象はエネルギーである。赤い靴を履いた人物が、赤い棒を地面に突き刺しながら決然と歩いている。彼はどこに行くのだろう？　まっすぐ前に？　そうかもしれない。だが、棒をめぐって果てしなく円を描いているとも考えられる。「愚者」は所属も国籍も持たず世界を放浪する永遠の旅行者を表している。彼は聖地へ赴く巡礼者でもある。あるいは、多くの解説者によって採用されている単純化された見方によれば、身の破滅に向かってあてもなく歩んでいる狂人ともいえる。最も高尚な解釈に従えば、彼はあらゆる欲求、コンプレックス、価値判断に縛られることのない存在であり、あらゆる要求を捨て去ったがためにどんなタブーによっても拘束される

◀━━━━ キーワード ━━━━▶

自由・エネルギー・旅行・探求・起源・歩み・本質・
解放の力・非理性的な者・混沌・逃走・狂気、など。

Les Arcanes majeurs

ことのない存在である。彼は啓示を受けた者であり、1人の神であり、無限の解放の力をエネルギーの流れから汲みとっている巨人である。

「愚者」の頭陀袋(ずだぶくろ)は肌色で内側から黄色の光で照らされている。この袋を担ぐための棒は明るい青で先端がスプーンのようになっている。それは「意識」の光、核心、経験の有益な基層を運ぶ受容の軸である。棒をつかむ手のなかには永遠の徴(しるし)である小さな緑の葉が隠されている。

「愚者」はまた音楽に関わりのある人物である。そのため、その服は鈴で飾られている。彼は天球の音楽――宇宙のハーモニーを奏でていると考えられる。彼の服には創造の三位一体のシンボルとなるいくつかの要素がみられる。棒には三つの点からなる小さな三角形が描かれているし、鈴の一つは三つの線で区切られた白い円となっている。これをキリスト教の三位一体やカバラの生命の樹における三つの最初のセフィロト、あるいは創造、保存、解体という存在の根本にかかわる三段階として見ることは容易である。従って「愚者」の動きは神的な原理ないしは創造的原理によって導かれているのである。「愚者」が進むにつれて道は空色になる。すなわち、彼は純粋で受容的な大地の上を進んでいくが、彼の歩みにつれてそこは聖別されていくのだ。

「愚者」の腰につけられている四つの小さな黄色い鈴は、タロットの小アルカナのスートによって象徴される人間の四つの中枢に対応しているとも考えられる(63ページ参照)。すなわち「剣」(知性の中枢)、「杯」(感情の中枢)、「棒」(性および創造性の中枢)そして「金貨」(肉体の中枢)である。「愚者」によってまばゆいばかりのエネルギーで満たされているこれらの中枢は、カバラにおける四つの世界で象徴される。すなわち神的な世界としてのアツィルト、創造の世界としてのブリアー、形成の世界としてのイェツィラー、そして物質および行動の世界としてのアッシャーである。

あとに続く動物は犬か猿(人間を模倣する二種の動物)だろう。この動物は両脚を脊柱の下部の会陰部に寄りかからせている。ヒンドゥー教の伝統に従えば大地の影響を集める神経中枢(ムーラーダーラ・チャクラ)が位置する所である。「愚者」が盲目だったならば、彼が動物に導かれるはずである。しかし、ここでは自ら自我を導く幻視者のように、彼自身が前を歩く。幼児的な自我は制御され、その攻撃性を抑制するためになだめすかす必要はない。

つまり本質的存在に気まぐれを押しつけるのではなくそれに従わなければならないことを完全に理解するほど、十分な成熟の段階にまで自我は達しているのである。それゆえ今や受容的となった動物は明るい青で表現されているのである。友となったこの動物は「愚者」に協力し彼を前方へと促す。その体の半分がカードの枠外にあり、「愚者」の後ろをついて行っていることから、この動物は過去を表現していると考えることもできる。この過去が未来へ向かうエネルギーの前進を妨げることはない。

「愚者」の服は赤と緑である。本来彼は内部に動物的生と植物的生を抱えている。しかし明るい青の袖は、腕に象徴される彼の能動性が霊化していることを示している。また黄色の帽子は知性の光を帯びている。この帽子の上には二つの半月がある。片方は淡い黄色でオレンジ色の輪にはめ込まれ、空に向けられている。もう片方は帽子の後方先端にある赤い玉の上にあり、下方を向いている。赤い月は行動のための完全な能力を、黄色の月は「意識」の全面的な受容状態を表している。

❊解釈において

「愚者」は巨大なエネルギーの突発を想起させる。彼が行くところはどこでも、この生命の衝動が彼によってもたらされる。もし彼があるカードのほうに向かっている場合、そのカードを自らの創造的エネルギーで満たすだろう。もし彼が自らに先行するカードから離れていれば、新たな計画、場所、人間関係へと自分の力を投じるために、一つの状況から離れていくことを意味する。それゆえ彼は解放、そして脱出（物質的、感情的、知的、性的）を表している。言い方を変えれば、このカードは相談者のエネルギーがどのような状態にあるのか、また相談者が自らの力をどんな

手のひらにある緑の葉。

棒の三つの点。

3本の線によって四部に分けられた白い鈴。

天に向かって受容的である三日月。

帽子の先端にあり、地に向かって能動的な半月。

目的に向けて用いているのかを知ることが重要であることを提示している。

「愚者」がある特定の人物としてみなされる場合、ときとして狂気あるいは一貫性のなさを表していることもある――また言うまでもなく、巡礼、旅行、前進する力を表すこともある。重要なのはどこに行くのかを見ておくことである。「愚者」は私的な好みを持っているわけではない。

エネルギーの注入者であるこのカードは、周囲のカードを増強し、栄養分を与えるか、あるいは逆に力を奪うことにもなるだろう。「愚者」は名無しのアルカナの反射鏡である。そのアルカナに見られるのは、もしかすると彼の骸骨かもしれない。このことが示しているのは、行為のための能力が狂気や死を通過していく秘儀伝授によっても獲得されるということである。

❂もし「愚者」が語ったなら

「お前は知っているか、いつどんなときでも意識の変容が可能なのだということを。自分について持っている認識を突如として変えることができるということを。ときとして人は行動することが他者を征服することだと考える。なんという思い違いであろう！　もしこの世界のなかで行動したいと望むのであれば、変化することを拒もうとする、子供時代から押し付けられ深く刻まれてしまっている自我についての認識をぶち壊さなければならない。自分自身の境界を休むことなく無限に拡張せよ。

トランス状態に入るのだ。自分自身の精神よりも強力な精神、非個人的なエネルギーに支配されるがままにせよ。重要なことは意識を失うことではなく、すでにお前の内にある原初の神聖なる狂気に語らしめることだ。

伝統的諸解釈から

遠い道のり・長期にわたる行進・狂気・放浪・不安定性・あふれんばかりの想像力・生きる喜び・解放・巡礼・定住地をもたないこと・聖なる乞食・道化師・曲芸師・放浪の民・移民・精神錯乱・行動への欲求・生命力・自由・理想主義・預言者・発展への動き・幻視者・神的エネルギー・エネルギーの注入（もし「愚者」があるカードに向かっているなら）・解放あるいは逃走（もし彼があるカードから離れていくのであれば）、など。

自分自身の目撃者であることをやめよ。自分自身を観察することをやめよ。純粋な状態にある役者、行為する存在そのものとなれ。お前の記憶は起こった出来事、為された行動、発せられた言葉を記録するのをやめるだろう。お前は時間の概念を失うだろう。今までお前は理性という小島の上で生き、他の生命力や他の諸エネルギーを無視してきた。展望は広がっていくだろう。無意識の大海と一体になれ。

　果たせなかった行動も偶然の出来事も存在しない高次の意識の状態を知ることになるだろう。空間はもはや概念ではなくなるだろう。お前が空間そのものとなるのだ。時間はもはや概念ではなくなるだろう。お前が生起する現象そのものとなるのだ。この極限の今ここにあるという状態において、いかなる身振り、いかなる行為もすべて完全なものとなる。お前は間違うことはない。計画も意図も存在しない。存在するのは永遠の現在における純粋な行為だけだ。

　いかにそれが粗野であろうと本能を解放することを恐れてはならない。理性を超えていくことは精神の力を否定することを意味しない。直観の詩、テレパシーの閃光、自分のものではない様々な声、別の次元からやってくる言葉を受け入れよ。それらが感情の無限の広がりへと、そして性的エネルギーが与えてくれる尽きることのない創造的な力へと結合するのを見よ。もはや自分の肉体をこれまでの考え方によってではなく、現在の振動する主観的現実として経験するのだ。そうすれば肉体が理性的諸観念の命令に従うのをやめ、別次元に属する諸力によって、すなわち現実の全体性によって動かされるのを目にするだろう。理性による認識は檻の中の動物のようなものだ。森の中の動物の自由な動きはトランス状態に比べられる。檻の中の動物は決められた時間に餌を与えられなければならない。理性は行動するために言葉が与えられなければならない。野生の動物は餌を自ら採取するが、食物について誤ることがない。トランス状態における人の行為は学んできたことによってではなく、今ここの在り方によって動かされるのだ。」

I
LE BATELEUR
大道芸人

✳✳✳✳✳✳✳✳✳✳✳✳✳✳ ❂ ✳✳✳✳✳✳✳✳✳✳✳✳✳✳

始めることと選ぶこと

　「大道芸人」の番号は1である。この数字は潜在性のうちにある全体性であり、そこから一つの宇宙が出現する原点のようなものである（73ページ参照）。「大道芸人」にとってはあらゆることが可能である。彼の前の机の上には思いのままに用いることのできる一連の諸要素と、豊穣の角のごとく尽きることがないように思われる袋が乗っている。この人物は机から宇宙そして霊的生命へと向かって働きかける。

　男性の姿で表されているものの「大道芸人」は両性具有者であり、光とも影とも協調し、無意識から高次の意識に至るまでを操る。左手には能動的な棒を、右手には受容的な金貨を持っている。この黄色の貨幣は太陽のミニチュアであり、完全性と真実を象徴する。だが、それは「大道芸人」が日常生活で必要とされる諸々を忘れていないことを教えてもいる。片手に持っている青い棒は宇宙の力を引きつけようとしている。この手には肌色のこぶが一つ見られる。それはまるで6番目の指のようでもあるが、これと同じものとして10を基準とする2番目の列の「力」に見出される第6の足指がある（210ページ参照）。もしかすると、この6番目の指は彼の器用さ、また彼の知性に合わせて現実を組織化していく巧みさを示しているのかもしれないが、依然

──────◆ キーワード ◆──────

巧みさ・着手・始まり・助力の必要・器用さ・若さ・潜在的可能性・具体化すること・弟子・悪巧み・才気・才能・（聖なる）トリックスター、など。

として謎は残っている。「大道芸人」は机の下に何かを隠している手品師かもしれないし、あるいは逆に秘儀を伝授された者なのかもしれない。

　彼のテーブルには3本の足がある。4番目の足はカードの外にあると考えられる。つまり、可能性の段階を越えて行動と選択という現実へ移ることによって初めて、「大道芸人」は自らの状況を具体化するのである。だが、精神の数である3と霊的な受容性の色である明るい青も見て取れる（色については109ページ以下を参照）。同様に「大道芸人」の黄色の靴は彼が地上——人間性を意味する赤い血が浸み込んだ大地——と知的に関係しながらも、神的な力の呼びかけを受け取っていることを示している。これは人間世界の内部に身を置き、物質的に生きていく上での問題への解決策を見つけようとしている精神である。それゆえこのカードは雇用、労働、職業と関連するあらゆる問題を想起させる。

「大道芸人」の足の間にある黄色の小さな木は、彼に命を与えた「母なる自然」の性器なのかもしれない。彼は自らの世界、公衆、活動領域、技芸、思想、愛、欲望を捜し求めて、別の次元から降りてくる。彼は自身の要求を満たそうとし、いかさまを行い、秘儀を伝授され、生き始めるだろう。

　机の上には三つのサイコロがある。それぞれ1、2、4という三つの面を示している。従って各サイコロの値は7であり、三つを足せば21になる。これは大アルカナの中の最も大きな数値である（XXI「世界」）。そのため、「大道芸人」は「世界」の完全な実現に至るまでのタロット全体を意のままにするともいえるだろう。同様に彼は小アルカナの四つのスート（「金貨」、「棒」、「剣」を象徴する小刀、「杯」）を両手とテーブル上にある手品道具の間に紛れさせている。このことは幻想を通り抜けていくことで、人は真実に到達することを示している。彼の性器の高さの位置には蛇を思わせるオレンジ色の形状がサイコロの間にある。彼は自分の前に性的な力（あるいはクンダリーニ）を位置づけ、今やその力を制御可能なものとしているのである。

「大道芸人」の帽子はらせんの始まりを描いている。最初の点を表す「大道芸人」は不可視の領域からやって来る。彼はこの世界での最初の一歩を踏み出すために虚空から姿を表す。彼の帽子にある霊的（黄色）な臍帯は、精神の領域である髪から生じている。そして、それは宇宙とつながり天と再び融

合するために広げられている。この結合を達成しようとする強い欲望は、帽子の丸く盛り上がった赤い部分によって象徴されている。おそらく彼の目的は、個の意識をなんとかして不滅のものとすることにある。彼の啓蒙された知性を象徴する黄色の巻き髪の中には八つの小さなオレンジ色の球体がある。それは彼が完成を意識し、それを目的として定めていることを示している。心理的な面からすると、まだ母親のことで頭が一杯な若者とみることもできる（8は母親の姿である「正義」を表す）。

「大道芸人」のベルトは二重になっている。もしそれを意志のシンボルとみなせば、彼が自分の意志を知性（つまり上部）にだけでなく、動物性すなわち肉体にまで及ぼしうると推測できる。別の観点からすると、この二重性は彼がまだ自らの存在を完全に実現することに達していないことを示しているともみなされる。自分との対話に終始してしまっている限り、そこに啓示や真実が訪れることはないだろう。

✿解釈において

「大道芸人」は始まりを示す。論理は迅速である。才能や抜かりのなさも十分ある。後は行動するだけだ。また、このカードは選択することや決意することの必要性を示すが、それは若さの印である「なんでも可能」だということを諦めることにもなる。

　家族や心理的な領域においては少年である。それは40歳を過ぎてもいまだ少年である人、女性だが少年に生まれるべきだった人であるかもしれない。成長しても少年のまま自らの翼で飛び立っていくことに困難を感じる人、または出会いそして一から作っていくべきカップルの関係を共に築いていくことになる人かもしれない。

訳註3　原文ではjaunes「黄色」だが、実際の彩色に基づき改めた。

「第6の指」。

植物のような形、小さな木あるいは女性器か？

三つのサイコロと「蛇のしっぽ」。

髪の中にある八つのオレンジ色の[訳註3]球体のうちの四つ。

二重のベルト。

Les Arcanes majeurs

「大道芸人」は何かが可能であること、新たに始めることができること、新たな行動を始めるのに障害となるものが何もないことを示している。彼の棒は助力かひらめきが求められていること、そしてより成熟した力で、あるいはもしかすると成熟していくこと自体で充填されるのが待たれている状態を表しているのかもしれない。

「大道芸人」は大アルカナの最初であり、秘儀を授けられているとはいえ、その前方にはいまだ歩んでいく道のりがある。これはある統一体が一つの行動の方法を選択しなければならないカードなのである。

❋ もし「大道芸人」が語ったなら

「私は現在の中にいる。着手しようとする行為が何であれ、それにとりかかる時がやって来たのだ。私の将来全てが、この瞬間に作られる決定において種撒かれる。私がするようにやりなさい。あなたがあなた自身ではないすべての瞬間に気づくのだ。その場合のあなたは永遠の瞬間と無限の場所である今ここの中を生きていない。何を待っているのか？ 過去の遺物や将来への恐れである無用な重荷を下ろすのだ。私は「意識」と呼ばれるエネルギーを具現化する。ある特定の空間と時間の内部で、他の体ではなくこの体の中に、私は今ここで絶対的に現存している。

私は自分を取り囲むものから隔てられていない。私は存在する万物の驚くべき多様性を意識している。このすべてのものを私と共に経験してみないか。

―― 伝 統 的 諸 解 釈 か ら ――

始まり・手品師・詐欺師・ギャンブラー（男女）・
何かが机の下に隠されている・新たな計画・新たな研究・職業を一新する・
関係性の始まり・若者あるいは男性的な若い女性・初心者（男女）・巧妙さ・
器用さ・説得の技術・多才・行動するために必要なものをすべて持っている・
助力や助言の必要性・「望むこと、あえてすること、できること、従うこと」・
なすべき選択・ためらい・潜在的な力の多様性・
男性あるいは女性の相談者のアニムス・叡智のための探求の始まり・
秘儀伝授を受けた者・魔術師（男女）・物質の霊化、など。

全ての空間、全ての物質、すなわち木々、星々、銀河、原子、細胞へと意識を向けるのだ。私が意識的であれば、私はある形の内に限定された精神であるだけではなく、神の業(わざ)全体にもなる。

　いかにして意識的になるのか？　簡単なことだ。ある瞬間、宇宙的瞬間以外は、どんな過去もどんな未来も、あなたの中にあってはならない。これをもって自我の逸脱や古傷を断ち切らなければならない。あらゆる意図、苦しみ、プログラミングから離れなければならない。そうしてこそ「意識」の光に到達できるのだ。もしあなたが今を生きられるならば、死は存在しない。あなたは過去に喪失を経験し、おそらくは将来にも経験するだろう。しかし今ここにおいては何も失われてはいない。あなたは自己を完成し人生をよりよいものとしたいと望んでいるだろう。しかし、この瞬間にはいかなる望みも存在しない。あなたは自分のすべての潜在力とともにそこにいる。

　私「大道芸人」は、我々が現在と呼んでいる永遠と無限の交差路に場所を占める。私は自分がそうであるところの全て、私の体、知性、心、創造的な力に忠実である。私の肌色のテーブルには地面に根差す3本の足がある。私は多様な選択肢のいずこかに自分自身をつなぎとめ、そこから行動を起こす。無限の可能性から私は一つを選ぶ。それが金の硬貨であり、私を全体性へと導いていく牽引力の核心なのである。」

II
LA PAPESSE
女教皇

妊娠、蓄積

　女教皇の番号である2は一般的な数秘学では二重性に結びつけられる。しかしタロットにおける2は［1＋1］ではない。2は蓄積を意味し、それ自身において純粋な価値がある（74ページ以下参照）。女教皇は卵を温めている。大アルカナの最初の女性である彼女は、自分の楕円形の顔と同じように白い卵の傍らに座った修道院の女性のように見える。彼女は自分自身とこの卵の両方において二重に身ごもっている。

　完全な純粋さのシンボルである「女教皇」は、いまだ傷つけられることもなく、触れられてもいない我々の内部にある無傷の場所を明かす。それはときとして気づかれないまま我々が保持している汚れない目撃者であり、我々一人一人にとっての浄化と信頼の泉、未踏査の原生林、大きな潜在力の源である。

　「女教皇」が寺院、修道院、禁域に閉じこもっているということは天から垂れ下がり下で丸まっているカーテンによって象徴されている。「女教皇」はしばしば教導者ないしは魔女と見なされてきた。彼女は頻繁に2人の偉大な神話的人物と同一視されてきた。すなわち、その胎内に神を身ごもるよう定められた、無原罪で懐胎した聖母マリア、そしてあらゆる生殖力と変容に関

キーワード

信仰・知識・忍耐・聖域・忠誠・純粋さ・孤独・沈黙・厳しさ・母権性・厳格さ・懐胎・処女性・冷たさ・諦観、など。

する魔術的源泉である女神イシスである。

　彼女のかぶり物の上では四つの先端が東西南北を示している。四基本方位の中心に位置することで彼女の知識は物質と結び付けられ、自覚は肉体を通して達せられる。彼女の三重冠はわずかに枠の上方にはみ出し、そこのオレンジの先端で終わっている。「女教皇」は我々の方にやって来て、物質的生活と純粋な精神のどちらの面についても語る。

　否定的に見れば、彼女の白さを不感症、規範を作りだす厳格さ、去勢にまで至る処女性への強迫、生きることへの忌避と解釈できる。女性でありながらも彼女は決して卵を孵化させようとせず、冷淡な威厳をもってそれを抱くような不吉な母であるかもしれない。

　手にしている書物によって、彼女は学ぶことや知識へと向かっていくことが定められている。それが肌色であることは、彼女が人間の受肉に関する法則を学んでいることを示している。彼女がそれを読んでいないことから次のようにも考えられる。この開かれた書物は彼女自身に他ならず、それを解読し彼女を目覚めさせるためにやってくる人を待ち続けているのだと。また、この書物は聖書を暗示してもいる。「女教皇」は父なる神の言葉、生ける言葉を集める。そこに17行あることが彼女と「星」との関連性を示唆している。すなわち「女教皇」の蓄積の向かう先は、アルカナXVIIの行為なのである。肯定的な意味または秘儀伝授という意味において、「女教皇」は孵化への準備を整えている。彼女は神が到来し授精するのを待っているのだ。

　胸を飾る三つの小さな十字架は、彼女が物質の中に囲われているにもかかわらず、霊的な世界に帰属していることを示す。彼女は我々一人一人の中に住まう純粋な精神を表す。そして、その不滅の神的力と交わるよう我々に求めているのだ。どんな行為からも離れ、完全な受動性の中で蓄積する彼女は、神的エネルギーの振動を妨げる一切のものを徹底的に排除していくのである。

✽解釈において

「女教皇」は純潔という理想か、あるいは規則ずくめの冷たさをたたえた女性、母、祖母を示すこともしばしばあるだろう。また、彼女は冷淡な母や性欲のない女性の典型となることもあるだろう。そうした女性は宗教上の理想

ないしは道徳に言い訳を見出し、優しさを示すことができない。だが、彼女の純粋さの要求は、年齢とは関係なく、高度な霊的段階にある女性、女司祭、セラピスト、女性の教導者の道へと向かわせる。愛情面における「女教皇」は、魂の結びつきによる恋人関係へと進んで行くことをいとわない。

三重冠の頂上の
オレンジの点は
カードの縁に触れている。

また、彼女が手にしている書物は、学ぶことや書くことと関連して相談者が持つ興味に我々を導くかもしれない。そのため「女教皇」は作家、本ないしは他の種類の作品の構想、行動するために必要不可欠な計画、さらには役作りをしなければならない女優、会計士、注意深い読者を意味する。あるいは聖母マリアそのものを意味するかもしれない。

肌色の本の17行の線。

修道院に住む「女教皇」は孤立、待機、孤独――彼女自身が選んだか、あるいは強いられたのかどちらにしても――を想起させる。彼女の白さは、熱烈な恋、あるいは霊的で創造的な情熱によって再燃させられたいという欲求を示唆している。性的な面に関して言えば、最良の場合には昇華を意味し、最悪の場合には欲求不満を意味する。

胸にある十字架。

「女教皇」の持つ神秘への答えは、もしかすると彼女の傍らにある卵に対する彼女の態度にある。彼女が高次の要求によって導かれつつ気高い孤独の中で卵を孵化すれば、そこから生ける神が誕生するかもしれない。カトリックでは駝鳥の卵はキリスト生誕のシンボルの一つとみなされてはいないだろうか？

楕円形で白色の
妊娠のシンボル、
抱卵中の卵。

✿もし「女教皇」が語ったなら

「私は自らが神と呼ぶこの神秘と同盟を結んだ。その時以来、私がこの物質的世界に見るのは「神」の顕現だけである。私が己の肉体、木、石を眺めるとき、それらの内部に

Les Arcanes majeurs

創造主のエネルギーと現存を見る。微妙な差異のすべて、織り交ぜられたすべての物、現実の各々の変異は、無限の多様性として顕現する神の姿である。私は神的エネルギーからなる世界の中を生きている。私はすべての物質とともに振動する。私の足下にある地球全体が振動する。それもまた神のより巨大な顕現なのだ。私は宇宙と同調し、火、海、嵐、星々とともに振動する。全ての創造のエネルギーは私のもとにやってくる。

にもかかわらず私は依然として処女なる存在である。言葉に絶する神を除いて、私の中に入ってきたものは何もない。私は汚れを知らない。

あなたという存在の中の純潔の本質、すなわち聖なる触れられざる次元においてのみ、私はあなたと近づくことができる。仮にあなたが私のところによってきて情熱、性衝動、感情について語っても、私はあなたの言っていることを理解できない。私は、そのすべてを超え、あらゆる苦悩を超え、死すらも超えたところにいる。もし神が物質の中にいるなら、物質は不死である。だから、もはや私はいかなる恐れも欲望も持つことがない。

それゆえ、私はあなたの内側の聖なるものによって、私と交わるよう誘っているのだ。私のようになれば、あなたは私の中に入ることができるだろう。あなたの苦しみも、あなたの過去も汚れている。汚されたものとともに私のところにやって来てはならない。その状態から出なさい。なぜなら汚れは、罪と同様に幻影であるからだ。あなたの存在の汚れない栄光を受け入れよ！あなたがたすべての人間の内部には、神のみにしか開け渡すことができず、神のみによってしか支配されず、そして常に神とつながっている領域がある。生きとし生けるものに同様の真理である。すべての植物の中には触れられることのない核心がある。どんな言語においても、語りかけるのは言葉の中に

伝統的諸解釈から

蓄積・準備・研究・処女性・本を書くこと・会計・期待・一貫性・隠遁・冷淡な女性・許し・台詞を覚える女優・尼僧・厳しい母親・頑固・宗教の影響力・孤立・不感症・高い道徳的品性を持つ人物・厳格な教育・妊娠・暖かさの必要性・純潔という理想・孤独・沈黙・瞑想・女性の叡智・カリスマ的女性像・聖母マリア・聖なるテクストを読むこと、など。

ある言い表すことの不可能なものなのだ。

　あなたは何も持っていないこと、その肉体、その欲望、その感情、その思考もあなたが所有しているわけではないことに気づきなさい。そのすべてが神のものであり、あなたの中に住まう永遠で無限の知りえない存在に属しているのだ。自分自身を神に委ね、神を受け入れるのだ。

　私は容赦しない。あなたがこの課題を遂行することを要求する。そして、あなたが私と一つになるために、神が自らを収容することができる聖杯となりえないもの一切を捨て去ることを要求する。私は悪魔祓いが行われ、入るには靴を脱がなければならず、香(こう)で空気が浄化され、信者たちが聖水で洗い清められる寺院のようなものである。

　万物に私が感じとる力と結ばれた時、私の弱さと疑いは消え去っていく。私は聖所たる自分の肉体に住まう。私はいつでも自分に相応(ふさわ)しい場所を自分に与えることができる。私は自分のなすべき務めに没頭し、何者も私をそこから逸(そ)らすことはできない。何者も私を捉えることはできず、感情、欲望、心の投影によって縛り付けることもできない。私の心を乱すことはできない。何者も私が望むところから私を逸らすことはできない。私欲として私が望むものは何もない。私は神の意思のまま動くのだ。

　私は寛大ではない。私は自分を曲げることはない。私は何らかの秘密の守り手ではない。なぜなら私は空(くう)であるからだ。私は唯一の神秘である神へと自らを委ねる。」

III
L'IMPÉRATRICE
女　帝

創造的破裂、表現

　段階3にある全てのカードのように、「女帝」は経験することのないまま破裂することを意味する（とくに74、76、83、94－95ページを参照）。

　段階2において蓄積されたすべてのものが、行き先もわからないまま雷の如くに炸裂する。これは処女性から創造性への移行である。すなわち生を受け入れ、雛を出現させる卵である。こうした意味で「女帝」は、その強烈な生命力と魅力を持ちながらも経験を欠いた青年期のエネルギーを思い出させる。これは最高度に成長する人生の時期、肉体が並外れた再生能力を有しうる人生の時期でもある。また、欲望や性的な力を発見する思春期でもある。「女帝」が持っている力の要因である笏は性器の領域で支えられている。手の下には1枚の小さな緑の葉が生えているのが見える。この葉は自然の養い育てる力と永遠の春を表しているのかもしれない。笏の下端にある黄色い部分は、彼女の創造的な力が大きな知性を伴ったうえで用いられていることを示す。両足は開かれ彼女はすっかり寛いでいる。彼女が分娩の姿勢を取っていると見ることもできるだろう。あたかも妊娠期間の後、自らを出産したかのようでもある。カードの右側の彼女の傍らには洗礼盤が見える。彼女は洗礼を施すか、ないしは洗礼を受ける準備を整え、それが途絶えることなく繰

◆　キーワード　◆

生殖能力・創造性・誘惑・欲望・権力・愛情・熱意・自然・優雅さ・豊かさ・収穫・美・孵化・青年期、など。

り返される新たな再生のように人生の中で絶えず祝福している。彼女の赤いドレスに描かれている三日月は「女教皇」の受容性と関連している。このことは性的な力や創造的な力の源は我々にではなく、むしろ我々を通過していく神的エネルギーないしは宇宙的エネルギーにあることを気づかせる。この力に対する彼女の受容性は、神々しい一対の翼のように彼女の肩の上に伸び拡がる明るい青の玉座によって象徴されている。この受容性から、「女帝」は自らの強さ、魅力、美を汲み取っているのだ。

彼女の緑色の目は、天上の力とのかかわりを持つ永遠の自然の目である。彼女は紋章を持っているが、そこにはいまだ完全に形成されていない鷲（その翼の片方はいまだ不完全である）が見られる。アルカナIIII「皇帝」を検討していくとき、「女帝」の鷲は雄で、一方の「皇帝」の鷲は雌であることが分かるだろう（163ページを参照）。彼女は自らの内に男性性の要素を抱えているのだ。同じように、彼女の首にはまさしく男性的な喉仏があるのが見られる。このことは最も大きな女性性の中心に男性的な核があることを示している。これは道教の陰の中の陽の点であり、それと同様に女性性の核心は最も強力な男性性の中心に見つけられるのだ。

彼女の胸には、扉のようなものを備えた黄色のピラミッドが輝いている。彼女は我々に入口を提供している。「女帝」の胸の知性の光に入っていければ、我々は創造的な力を発揮できるようになるだろう。彼女の王冠は精神的創造性の美を象徴する正真正銘の宝石箱であり、そこに黄色の髪の方へと向かって流れる偉大な知的活動（赤い帯）を見ることができる。

「女帝」の足元には白蛇が見える。この蛇が象徴するのは、統御され導かれ、実現へと向かって起き上がろうとしている性的エネルギーである。タイルが張られた床は宮殿を想起させるが、その上では豊かな植物が育っている。そこは固定化された不変の環境ではない。新たな力の注入によって絶えず豊かさを増し、また自然がそこの最上の場所を占めている。

「女帝」が身に着けている衣装は、中心の方が活動性を意味する赤だが、その端は青い。これは「女教皇」とまさに正反対となっている。「女教皇」の衣服は中心部が冷たく青く、端が赤くなっている。「女教皇」は我々に呼びかけるが、我々が彼女の中に入ったときに彼女の扱い方を知らなければ、

我々は凍らされ砕かれてしまうだろう。これに対して「女帝」の方は、内側では燃えていても、外側には冷たさが装われている。彼女の中に入りこむには彼女を誘惑しなければならないが、それはたやすいことではない。だが、ひとたび彼女の防御を通り抜ければ、あなたは彼女の創造性に満ちた炎の中で歓待されるだろう。

笏の基部から生じる
小さな緑の葉

喉仏

胸の「ピラミッド」

いまだ不完全の
鷲の羽根

✿解釈において

「女帝」は創造性、個人の中にある女性性、さらには沸騰する熱意に動かされる情熱とエネルギーに満ちた女性を思わせる。彼女は何歳であろうと、限界を超えて「突発的な行動を取る」態勢にある。彼女は青年期の魂であり、喜びに満ちた熱意を持つが、その行動の結果を考えることができず、その信条は行動すること自体を目的とする。熟年の相談者のリーディングにおいて、このカードはすでに失われてしまったと思われていたエネルギーの再生を意味することもある。「女帝」は青春の夢、おそらく忘れ去ってしまっていた絶対への渇望を思い起こさせる。

男性にとって「女帝」は、これらと同様の連想を呼び起こすか、あるいは単に自分の人生に現れた魅惑的な女性を思い出させるだろう。

また、輝かしい面における「女帝」は、権力を持つ思いやりのある女性であるが、一方で支配欲を持つこともできる。彼女は身ごもること、そして統治することを求めるのだ。

より有害な面に目を向けるなら、「女帝」は行動するための機会が失われてしまっていること、あるいは逆に考えなしの行動を示すこともある。彼女はまた不妊、女性の否定的イメージ、青年期に阻害された女性性の（性的・創造的・知的・感情的）エネルギーを示すこともある。盾に添

Les Arcanes majeurs

えられた手は両義的な意味にも取れる。すなわち、それはこの女性を我が物にしている外的要素、また彼女を閉じ込めるか、ないしは征服しようとしている外的要素を示すものとして見ることもできる。欲求を妨げられたり、弄ばれたり、自己の表現を制限されるとき、「女帝」はとげとげしく悪意を抱き金で左右されるようにもなりうる。

だが、彼女の養育する力が最高潮に達したとき、我々は生きているすべてのものが彼女の美をまとっていることを思い知らされるのだ。

✲ もし「女帝」が語ったなら

「私は決定的な目的のない創造性である。私は形態の無限の多様性へと向かっていく。冬のあとに地球全体を緑で彩るのは私である。大空を鳥たちで、大洋を魚たちで覆うのは私である。私が「創造する」というとき、それは変容を意味する。種子をはじけさせ、発芽を促すのは私である。もし私が子供たちを生み出そうとするならば、人類全体を生み出すことができるだろう。もし私が果実を実らせるなら、私は自然のあらゆる果実を生みだすことになるだろう。私の精神は決して休むことはない。言葉一つ、叫び一つで私は世界を生じさせる。私は創造する精神である。私の言うことを聞き、私の力をあなたの中で発揮させなさい。なぜなら私はあなたを癒すだろうから。あらゆる問題、あらゆる苦しみは、創造する能力を欠くことで硬直してしまった自我に由来するのだ。

私は活力、誘惑、快楽である。私の中に美しくないものはなにもない。価値が低められるものもない。私は私であり、常に満ち足り生き生きとしている。私がある肉体に化身するや否や、その肉体は崇高になる。何物も誰であろうと私には抵抗できない。私は肉体的にも霊的にも、すべてにおいて誘惑

━━━◆ 伝 統 的 諸 解 釈 か ら ◆━━━

美女・肥沃・女主人・思いやりのある母・誘惑する女・創造性・青春・生殖能力・魅力・嬌態・女性実業家・売春婦・愛人・芸術家・生産・美・豊富・青春への愛着・どこに行き着くかわからない非合理的な創造的活動・熱意・肥沃な自然・興奮・成長の原動力となる生命の衝動、など。

なのだ。私の中には不快で滑稽で醜いものは何もない。

　あなたの中で私を歓喜させなさい。偏見や道徳とは関係なく、私はあなたがあなたであることの喜びである。男たちよ、あなたたちは美しい！　女たちよ、あなたたちは美しい！　醜さは幻想である。病的な眼差(まなざ)しによって押し付けられた制限にすぎない。生けるすべてのものは愛おしい。あなたの考えのすべてが美しいものであると私はあなたに伝えておく。あなたの最も極悪で罪深い卑しい考えですら、その輝かしさの中にあると見ることもできるだろう。思考の横溢は許される。あなたの精神の蒼穹(そうきゅう)にある束の間の星々のごとくにそれらを輝かせなさい。それらを実行するようあなたを強いるものは何もない。それらを無数の奇怪な影として過ぎ去るに任せなさい。

　あなたの感情もまた実に素晴らしい。そこに一切の例外はない。なんと美しい嫉妬！　なんと強力な怒り！　なんと驚くべき悲しみ！　あなたの要塞の中に閉じこもっていてはならない！　それを全ての扉と窓が開け放たれた神殿へと変えるのだ。繊細な虹のごときあなたの感情は、すべてあなたの思いのままとなるであろう。

　あなたの欲望は全て尊重すべきものだ。欲望があなたを貫くがままにさせなさい。あなたの肉体の中の全ては調和がとれている。最小の細胞もまた一つの世界である。生とは絶えざる奇蹟である。

　もしあなたが私の考えを受け入れたなら、あなたは光り輝く存在となるだろう。もしあなたが私の感情を信じるのであれば、あなたは優美さを手に入れることになるだろう。あなたが自分について抱く感覚の一つ一つは美へと至る通路なのだ。自分の魅力を信じなさい。聖母が彼女の創造主を誘惑したとき、私はそこにいた。もし彼女が私を知っていなければ、創造主を引きつけることはできなかっただろう。誘惑とは神秘的な体験であり、被創造物とその創造主の間における愛の対話なのだ。」

L'EMPEREUR
皇　帝

✣✣✣✣✣✣✣✣✣✣✣✣✣❁✣✣✣✣✣✣✣✣✣✣✣✣✣

安定性と物質的世界の支配

「皇帝」の数字は4である。この数字はまさしく物質的安全のシンボルである正方形の構造で示される安定性と関連している。テーブルの4本足や教会の祭壇は4という数との関連を持っている。4は大規模な革命でも起こらない限り、崩壊することはない。4はまたテトラグラマトン、すなわちヘブライ人にとっての神聖なる神の名を形成するヨッド、ヘー、ヴァヴ、ヘーからなる四文字である。「皇帝」の胸には四つに分岐する十字架が見出される。彼によって宇宙の法則はしっかりと制定されている。

タロットを復元する過程で、「皇帝」の鷲が卵を抱いているのを再び見出すことが可能となった。何世紀ものあいだ消されたままだったこの細部は、アルカナIIIIを理解するためには欠くことのできない重要なものだ。女性である「女帝」が男性性の核を有しているように（158ページを参照）、「皇帝」は受容的な鷲によって伴われている。その鷲は「女教皇」のように抱卵の真最中にある。彼は「女教皇」の力を吸収しているのか、それとも彼女に頼っているのか？　その解釈は見る者によって多様なものになるだろう。

この人物は座って落ち着いているとも見えるし、逆にすでに立ち上がり王座に寄りかかっていて、彼がそう望むならすぐにでも行動を起こすことがで

═══════════◆ キ　ー　ワ　ー　ド ◆═══════════

安定性・支配・権力・責任・合理主義・支え・統治・
物質・堅実・リーダー・均衡・秩序・力・父、など。

Les Arcanes majeurs

きる準備が整っているとも見える。彼は休息状態にある力である。彼は自分の強化された権威がしっかりと確立され、慌てる必要は何もないと感じているのだ。もはやいかなる努力も必要ではない。彼の交差した足は白い正方形を形成し、彼が物質に根付いた状態にあることを示している。

　彼の左手は右手よりも小さい。受動的で受容的である左手が「大道芸人」が身に着けているのと同種の二重のベルトへ添えられている。しかし、「皇帝」は計画的な行動によって対立するものの統一をすでに達成しつつある。彼は現実を従わせる。すなわち彼は自らの領域、肉体、知性、情熱の主人なのだ。彼の大きい能動的な右手は笏をしっかりと握っている。その形は「女帝」が持っていた笏を思い起こさせる。しかし「女帝」がオレンジ色の柄の笏を持ち、目立たぬよう任務を果たすのに対し、「皇帝」はあふれんばかりの光のなかで活動する。彼は自分の欲求から権力を行使するのではなく、彼が敬意を払うよう強制する宇宙の法則に基づいている。彼は笏に何の支えも必要としない。笏はその力を宇宙の軸から引き出している。小アルカナのコート・カード（人物像）の「王妃」たちのように（65ページ、369ページ参照）、自らの権力を表すものをしっかりと見据えている。

　赤い靴を履いた彼の足は「愚者」の足を思い起こさせる。彼の足は目下のところ停止しているが、それもまた霊的な道（明るい青の地面）のみを歩む。美しく細工が施された王座が彼の精神の洗練を示している。左肩の上には黄金のシンボル、すなわち知識のシンボルが認められる。彼の頭は知性（兜の黄色、その上に見えるオレンジのコンパス）によって冠せられ、またその赤い先端を通じて太陽のように放射している。明るい青の髭と毛髪は、彼の霊的体験を表している。つまり彼が行使するのは単なる物質的な力ではない。さらに言うなら、腕と帽子の配置に精神のシンボルである三角形を見ることができる。その三角形は両足で形作られている物質を表す正方形の上に位置している。

　彼の首のしわは「E」の文字を描いているが、これは垂直になった「M」と読むこともできる。首と髭の間に潜んでいる白い円は「O」かもしれない。この解釈に基づいて、仮にそれをさらに推し進めていくなら、「皇帝」の喉一杯にサンスクリット語の「OM」という神聖な音節が記されていることに

第 2 章　大アルカナ

なるだろう。

「皇帝」は首周りに麦穂形の黄色い首飾りをつけているが、これは彼の意図が純化されていることの徴(しるし)である。そこには緑の十字が施された大型のメダルが下がっている。その十字は水平の空間と垂直の時間との結合を作り出している。彼は完全に今ここへと集中している。彼の活動性はこのような形で現れる。

✺解釈において

大抵の場合、「皇帝」は人格の中心的な構成要素としての父親像を象徴するだろう。彼が向いている方向は、父親の関心の中心となっているものを教えてくれる。それは家族の方を向いているのか、あるいは外部の方を向いているのか？ 娘の方か、妻の方か、息子の方か？ 彼自身の両親の方か？ 好ましい位置にいる「皇帝」は、安定し保護してくれる仲間、安定した家庭を想起させる。若い男性にとっての「皇帝」は男であることと関連する問題を示していることもある。たとえばいかにして男性性が父から伝えられるのか、いかにして現実の中で男性として自己を実現することができるのか。

また財産や経済的な面での安定に関する問題も、このカードと関係している。このカードは自分の物質面の生活における主人（ないしは女主人）となる可能性、それによって自らの安全が確保できる資産を手にする可能性を指し示す。

霊的な問題に対して出てきたとき、「皇帝」は父として想像される神の家父長的な姿を示すばかりか、「しっかりとした」合理的な知性が自らを超越する次元との関係を結んでいることを示す場合もある。

地上の権力の象徴である「皇帝」は横顔を向けている。

雌鷲が卵を抱いている。

脚は正方形を形作っている。

錬金術的な黄金が王座を装飾し……

……そして兜にはコンパスが見出される。

首には「E」の文字あるいは「OM」という音節がある。

Les Arcanes majeurs

彼の眼差(まなざ)しはあまりに激しすぎて我々を崩壊させてしまうのかもしれない。

❈ もし「皇帝」が語ったなら

「私は保護する。私は力の化身である。私があなたの内部で語るとき、あなたは弱さが存在しないことを理解する。あなたが私に気がつかなければ、あなたは不安のみを覚え続けるだろう。あなたは何かを行う力を持つこともなく、自分自身を表現する力も抵抗する力も持つことはない。あなたは犠牲者である。しかし私といれば、あなたの恐れは止む。疑いや自分自身の価値を貶(おとし)めることもなくなるだろう。何者もあなたが望まぬことを強制することはできない。

　私の法は行動する宇宙の法則である。それらの法則は抵抗を受けない限り、果てしなく穏やかである。だが、我々がその法則に背くとき、それは恐ろしいものになる。私はあなたにあらゆる疾患、心臓発作、腫瘍、硬変を引き起こすことができる。もし私が定める法に従わないなら、私はあなたを打ち砕くことができる。私は命を奪う権利を有しているのだ。だが、もしあなたが病気であっても、私があなたの中に住まうときは、苦しみや困難を通り抜けさせ、すべての障害を解消させるだろう。私は苦しむ肉体の内側に隠されている健康なのだ。

　私は無敵である。私は対立が生じてもためらうことはない。私は戦争を遂行する。私が敗北を認めることは決してない。私は確信である。何者も私を王座から引き下ろすことはできない。

　私は軸である。私は自らの法を中心とし全てを組織化する。私は統治のた

=== 伝統的諸解釈から ===

権力者・平和、支配、保護のための能力・安定性・経済的均衡・財・
統治・事業の成功・経済上の協力者・権威・法の執行・平和・夫・
率直な人・安全・公明正大・合理的精神・権力・安定した家庭・家・
力強い父あるいは支配的な父・保護者・性的能力に関する問題・男性性・
家父長制・専制・独裁者・権力の濫用・物質に根付いていること・
宇宙の法則の順守・諸エネルギーの均衡・父なる神、など。

めに、最も穏やかなやり方から最も情け容赦のないやり方まで、ありとあらゆる方法を用いることができる。私があなたに住まい、そしてあなたが別の「皇帝」に出会うとしたら、我々は我々の力を一体化する。王同士の間では一切の競争も争いもない。私はあなたたち一人一人に住まう単一の元型なのだ。

　私があなたの身体に顕現するとき、あなたは完全なる均衡を享受し、つまずくことなどありえない。私とともにあるとき、身体は宇宙の中心となる。身体は巨大な力で支えられ、どんなことにも立ち向かうことができる。私は恐るべき静寂である。私があなたの口や筋肉に身を置くとき、あなたの語は正確になり、あなたは震えることがない。有機的な生、思考、欲望、心、記憶、時間、そして空間といったすべてのものが、あなたの中で静けさに満たされる。

　未来における高らかな飛翔のために、涸れることのない泉のごとく、あなたの中心に私を据えるのだ。自分らしく生きることや自己実現をしようとすることから、不安があなたを妨げることはもはやなくなるだろう。もはや不能や怠惰があなたの活力を封じ込めてしまうこともない。貧困の恐怖があなたの仕事を妨げることはない。あなたは自らの繁栄を築くことができるだろう。荒れ狂う情動が仕事からあなたの気を逸らせることはない。苦痛や病気があなたに自分の力を感じることを阻むことはない。何物もあなたの集中力を中断させることはない。

　あなたの知的な疑念も臆病さも、自分を犠牲者になぞらえることも、過去の苦しみも貧弱な自己イメージも、あなたが「私」というあなた自身の「皇帝」を見出すのを妨げることはない。もし有害な教育ないしは価値観が、あなたの中に誤った法を刷り込んでいるのならば、それら一切を洗い流してしまうのだ！　私があなたに明かす法を素材とし、あなた自身の規則、あなた自身の仕事の方式、あなた自身の行動を確立するのだ。私はそこにいる。私はそこに現れる。そして、私の後ろには全軍——太陽、星々、数々の銀河——がいる。私はあなたを保護しあなたを力へと促す。

　私はあなたの内側にいる戦士である。あなたの弱さを理解しているがゆえに屈することのない戦士である。」

V
LE PAPE
教　皇

仲介者、橋、理想

「教皇」の数字は5である。この数は現実の中で基盤を完成すること（数字の4）から、その現実の状況を超えたところにある目的を持つことへと向かっていく。「教皇」は「皇帝」よりさらに一歩先に進む。「教皇」はこの理想に向かうことを可能にするための橋を設置する。教師または高位聖職者として振る舞う際、彼は「天」という上の領域には受動的に、「地」という下の領域には能動的になる。彼は高所から受け取るものを、彼の下にいる弟子たちへと伝えていく。同様に彼は教え子たちの祈りを神へと伝える。こうして「天」と「地」を結び付けるのである。彼は対立物が触れ合う場所、高所と低所また右と左が交差する中心点を象徴する。従って彼はこれら異なる極が共に交わる場所であり、それらは彼を通じてつながりあうことになる。

　肯定的な面を見るならば、「教皇」は人生の目的を我々に指し示す師匠、教導者、指導者である。座の背もたれには梯子のような横木がある。すなわち、彼は段階を踏んで肉体と精神を結び付けていくといえる。3段からなる牧杖は、彼が合一を生み出すために、物質の世界、性の世界、感情の世界そして自らの知性を制御したことを示している。同様に彼の四段階からなる三重冠は、人間の中の四つの審級（肉体、性、心、知力）を表している。これ

― キーワード ―

知恵・理想・意思の疎通・教育・垂直・計画・仲介者・信仰・指導者・模範・結婚させること・霊的な力・聖性、など。

Les Arcanes majeurs

らはカードの枠に触れているオレンジ色の小さな円による頂点、すなわち内的合一へと達している。

「女教皇」と同様に「教皇」の使命は、聖なる合一を実現させること、可能な限りそれを指導することにある。喉のところにあるケープの緑の留め金は円の中心に点があるが、これは個人の生命の核心に本質的存在が包み込まれていることを象徴している。この非人称の原理から「教皇」は教えを受け伝えていくのである。それはまた彼自身になるために成し遂げられねばならなかった、計り知れない集中の作業を象徴するものとみなすこともできよう。

彼の各々の手には十字の印がついているが、それは彼の振る舞いが神聖な私欲なき行為であることの証である。大きな牧杖を握っている左手は「隠者」の左手と同じく明るい青になっている。これは極度の霊的受容性を持って行為していることの証として見ることもできる。またこの色を手袋の色と解釈するなら、そこにキリスト教の伝統との関連を見ることができる。キリスト教の伝統においては、手袋をした枢機卿の手はもはや本人のものではなく、神の意思の純粋な道具であった。彼の右手が肌色であることは、対立物の仲介者としての「教皇」によって果たされるべき合一の役割を想起させる。人差し指と中指（知性と心）を一つにすることで、彼は肉体を持って生まれるこの世界に祝福を与えているのである。

彼の白髪は純粋さで染められているが、二つの赤い髪留めはそれが能動的な純粋さであることを示している。彼の髭の一部も白いが、口のまわりの部分は明るい青色を帯びている。それはあたかも彼の言葉が受け取られたものであることを示すかのようである（青は受容的な色である。109ページ以下を参照）。我々はそこに何としても語られないものの徴(しるし)を見ることもできる。導師あるいは教師、司祭あるいは預言者として「教皇」は全てを伝えることはできない。彼は自らの教えの一部を秘密と語りえぬもののままにしておくのである。

2人の弟子あるいは侍祭が彼に付き添っている。「教皇」が10を基準とする一連のカードの中で、複数の人物が見つかる最初のカードであることに注目すべきである。これまでのカードは人物が1人だけか、ないしは本能的力や霊的力のシンボルである動物が人物に伴っていた。しかし、彼の教えを信頼する弟子たちなくして「教皇」は存在しないだろう。2人の侍祭は二つの

異なる態度を表している。剃髪の巻き方がお互いに逆になっているのが分かるだろう。まるで何かを尋ねようとするかのように片手を上げ、もう片方の手を下ろしている左側の弟子の剃髪は、時計回りに巻かれている。教皇は彼の方を見ていない。おそらくそれはこの弟子が誤謬(ごびゅう)の内にあるからだ。そのため彼の剃髪の動きは、退化、後ろにもどることを示し、右の弟子の発展とは対照的になっている。また、それは彼が錬金術の伝統において「乾いた道」と呼ばれる学習と努力の道を象徴しているためかもしれない。これに対して右側の弟子は、彼の頭のてっぺんに触れている牧杖を通して、「教皇」の教えを直接的に受け取っている。彼は「湿った道」、すなわち直接的受容、天啓、啓示の道を表している。彼の剃髪は反時計回りに巻かれている。また、彼は奇妙な物体を手にしている。短刀あるいは剣玉なのか、その解釈には限りなく様々な可能性がありうる。彼はおどけた態度をとっているのだろうか？　あるいは師を暗殺しようとしているのだろうか？　父親を去勢しようとするエディプス・コンプレックスに突き動かされる息子なのか（正面にある肌色の部分から彼が裸であることが示唆されている）？

　これらの解釈から我々は「教皇」の否定的な面を学ばざるをえない。タルチュフのごとき詐欺師[訳註4]から金に貪欲なグル、権力を乱用する父、不正な教師、偽善者、変質者など。あらゆるアルカナと同じように「教皇」もまた影の側面を持っている。彼のベルトの下に見られる曖昧で不可思議な形を、性への誘惑や権力欲ではないかと推測することもできなくはない。

　しかし、彼は自らが受け取った教えを人類に伝えているともいえる。「女教皇」とは逆に「教皇」は世界の中で行動している。彼は扉が閉められた教会を足場としつつ、そ

三重冠はカードの縁に触れている。

ケープの象徴的な留め金。

祝福の身振り。

髪のなかの赤い髪留め。

二色の玉、こどものおもちゃか高位聖職者の秘密か？

訳註4　名詞tartuffの元となったタルチュフTartuffはフランスの喜劇作家モリエール（1622-1673）の同名の喜劇の登場人物。偽善者の典型として名高い。

こから公衆の前に出て、自らの神についての体験を人々に伝えていると言えるだろう。

❀ 解釈において

「教皇」は導師、指導者、教師、また理想化された父親像（侍祭は子供たちを表す）、結婚した男、聖人を表している可能性がある。また、彼はコミュニケーション、合一、結婚、意思疎通を行うためのあらゆる方法を象徴する。橋渡し役または高位聖職者として「教皇」は、その行き先が明らかな指針を持ったコミュニケーションを想起させる。

出産の準備を整える「女教皇」の蓄積、「女帝」の目的なき突如の噴出、「皇帝」の安定性に続いて、「教皇」は理想をもたらす。物質的世界から離れることなく、「教皇」は確信をもって理想的次元に向かう道を指し示す。

❀ もし「教皇」が語ったなら

「私はなによりもまず私自身の仲介者だ。私の崇高な霊的性質と最も本能的な人間性との間にあって、私は関係が生まれる場所であることを選んだ。私はこの低所と高所の交流に奉仕している。私の使命は見かけ上対立しているものを結び合わせることである。橋は安住の地ではなく、通過の場所に過ぎない。そこでは我々が人生と呼んでいるこの壮大な幻影に過ぎない現象における創造的なエネルギーの流れが可能となる。隔絶することによってではなく、あらゆる手段を講ずることで、私は福音を伝えていくことができる。

私は祝福を体現する。私を前にして、あなたは神秘に立ち会うことになる。」

◆伝統的諸解釈から◆

導師・教師・結婚した男・宗教家・結婚、合一・司祭・霊的指導者（誠実なあるいは虚偽の）・タルチュフ・宗教的教義・「天」と「地」の結合・道を示すこと・繋がり・自制・視野の広さ・新しい理想の出現・あらゆるコミュニケーションの手段・仲介者・意思疎通を求める・新しいコミュニケーション・秘密が明かされること・子供たちに対する父・祝福・信仰や教義への問題提起、など。

神に住まわれることで、私の極めて些細な身振りが聖なるものの威厳を帯びる。神の意思が通過する場所になるために、私はコミュニケーションの小道からあらゆる障害物、私自身の存在の跡ですら取り除くことを学んだ。私は自分を無へと導き、至高の「存在」が私の内なるすべての場所を占めることができるようにする。私は沈黙を選び、「彼」が語ることができるように、そして「彼」だけが語ることができるようにする。私は私に属するすべての言葉を自らの口から追い払う。私はただ「彼」の愛のために道を開けるため、自らの心を平和と欲望の不在の中へと沈みこませる。そして、私は自分の意志からすべてを取り除く――私の意志を取り除こうとする意志すらも取り除く。

　私の内部には宇宙と同じ秩序が存在する。私は風が望む場所ならどこであれ光を運んでいく、空虚で形のない船である。私は「天」と「地」の間に身を置く。私はもはや制限の存在しない場所へと上昇していく希望を持つよう、そこの住人たちに呼びかける。私は物質ないしは精神に根を張るすべてのものに対して、無生物に命を与える高次の力を伝達する。私を通じて肉体は精神に向かって上昇し、崇高な火花となって散る。優しい熱の波として物質に溶解していく多量の霊妙なエネルギーが、物質の冷たさに向かって降下するのも私を通じてのことなのだ。

　私はあらゆる呪いをはねつける。私は耳にするもの、目にするもの、感じるものを祝福する。私は想像もできないような大きさの鳥のようなものとして愛を呼び寄せ、その愛が心の小ささの上に安らうようにする。あなたの家庭のもめごと、あなたの苦悩、あなたの傷に対して私は何ができるのか？私はそれらをひざまずかせ祈らせる。私をあなたの中に迎え入れなさい。私はあなたの世界すべてをその問題も含めて祝福しよう。

　私の使命をあなたの行動に与えなさい。聖なるものの力に目覚めなさい。そのとき、あなたの身振りの内で最小のもの、あなたの行為の内で最小のものも同様に聖なるものとなるだろう。あなたは自らの名において語らぬ者の法悦を経験することになるだろう。

　私の手にある牧杖は命令を下すための道具ではない。これは私の喜ばしき忘我のシンボルである。私は自らの欲望を鎮め、飢えた狼の群れを、夜明け

を祝って歌う燕たちの群れへと変容させてきた。私の心をかき乱す荒々しい大洋を、聖母の胸から流れ出たかのように穏やかで甘美な乳の湖へと変えてきた。喉の渇いた者は誰でも私の精神から飲むことができる。私は誰も拒まない。私はすべての鍵で開かれうる扉である。

　私の魂に入り込む者は誰でも宇宙の究極の限界、時の終わりにまで進むことができる。私は言葉と思考を絶するものの狭間にある、最後の境界線(フロンティア)である。」

恋 人

結合、愛情面

　このカードの名称は、しばしばそう言われているような「恋人たち」ではなく、単数形の「恋人」である。ただし、そこには複数の人物すなわち4人の姿（3人の人物と天使）が見られる。さらにそこに大地と太陽という二つの存在を加えてもいい。彼らのうちの誰が「恋人」なのだろうか？　しばしば若い男性と解釈されている中心の人物か？　解説者の中には異性の服装を身に着けることを好む人物とみなしている者もいる、左側の人物か？　あるいは天から矢を向けているこの小さなクピド、天使か？　こうした疑問が起こってくるのは、アルカナVIがおそらくは「神の家」と同じくタロットの中で最も曖昧で、また最も誤解されてきたカードの一つだからである。VIはタロットの数秘学においては「天」の正方形への第一歩を表す（74-75ページ、78-79ページ参照）。それは望むことを始めるために、快楽を求めることを終わりにする時である。

　このカードの基調は喜びや愛情面に関係している。それゆえに、このカードはかくも複雑で矛盾した意味に満ちているのである。このことが無数の投影への展望を開き、そこに無数の意味が与えられる。それらの一つ一つは時に応じて正しいものともなる。この3人組の間で何が起こっているのか？

キーワード

エロス・心・結合・選択・感情の領域・葛藤・曖昧さ・3つ組・
社会的生活・共同体・兄弟姉妹・好きなことをすること、など。

Les Arcanes majeurs

口論だろうか、交渉事だろうか、選択だろうか、団結だろうか？　左側の2人が見つめ合う一方で、右側の人物は宙を見ている。人間性のすべてがこのカードを通じて理解される。その中心人物たちの関係は極めて両義的である。

　人物たちの手の位置を観察するのはとりわけ興味深い。様々な位置にある五つの手が、問題となっている関係の複雑さを象徴している。カードの左側にいる第1の人物は、その左手を2人目の肩に置いているが、この身振りは保護あるいは支配の身振りであり、2人目を押しやるかあるいは引き留めようとしている。第1の人物の右手はその若者の衣装の縁を触っている。その伸ばされた人差し指の動きを、性器の方へ忍び寄ろうとする欲望あるいは逆にそうすることの禁止としても解釈できる。若者は右手をベルトに押し付けている。ついでに言うなら、この黄色で三つの帯からなるベルトが左側の女性のものと同じだということに注目すべきである。ベルトを意志のシンボルと認めればこの細部によって2人は結びつけられる。しかし若い女性の腹部に触れている手は誰のものなのだろうか？　青年と若い女性自身は同じ濃い青の袖のある服を着ており、結果として腕の動きを不明瞭なものにしてしまっている。そうすることで彼らは「共通の腕」を作り出しているのだ。若者は彼女の性器近くの腹部に触れてはいるが、彼の視線は彼女とは逆の右へ向かっている。もしこの腕を彼女の腹部を守っているか示している彼女自身の腕だとみなし、一方で若者は自分の手を背後に置いているのだとみなすならば、このカードの意味は全く違うものになるだろう。

　右側にいる女性は、5枚の花弁をもつ4つの花からなる頭飾りをつけている。それは卓越した意識、詩的ではありながらもしっかりとした意識を表しているのかもしれない。紫色をした花の中心には愛の知恵、さらには自己犠牲の能力が集約されている。左側の女性は緑の葉の冠を被っている。これは能動性（赤い帯）を示す。また、仮にこれを月桂冠であると認めるなら、彼女は勝利者あるいは支配者としての精神性を有しているといえる。

　この3人の人物の関係については、ありとあらゆる臆測が可能である。母親に婚約者を紹介する青年。愛人と共にいる夫を見つけた女性。2人の女性の間での選択、あるいは伝統的解釈に従えば、悪徳と美徳の間で選択を行わなければならない男。通りすがりの男に売春婦を紹介する斡旋者。自分で選

んだ若者と結婚する許可を母親に求める若い女性。自分の娘の恋人に恋をする母。2人の子供のうち男の子を別の子より好む母親、など。

　解釈は尽きることがない。だが、そのすべては「恋人」が関係性のカードであり、社会生活の始まりを描いているとの結論へと導いていく。これは複数の人物が同じレベルで表された最初のアルカナである（「教皇」の弟子たちは、彼よりも小さく背を向けている）。これは結合と分裂、社会的および感情的選択のカードである。カードに見られる複数の手がかりは、我々を結合という概念へと向かわせる。一方、ヘブライ語のアルファベットにおける6という数はヴァヴという文字と関連するが、それは結合を象徴する「釘」を意味する。他方で、人物たちの脚の間には色の部分（明るい青と赤）を見出すことができる。これらもまた彼らの間にある連続性や結合を表している。象徴的な観点からは、3人は人間の審級のうちの三つを表すといえるだろう。すなわち知性の中枢、感情の中枢、性の中枢であり、これらは互いに結合して一つになる。

　彼らの足下の大地は耕されている。このことが意味するのは、あらかじめ心理的、文化的、霊的作業を経ていることが、VIに到達するためには必要だということだ。我々が求めることや望むことを実現したいならば、そのようにしなければならない。中央の人物の赤い靴は「愚者」および「皇帝」の靴と同じである。このことから、彼らを同じ存在の三つの段階と見なすこともできる。また、この人物と右隣の女性との間で地面が途切れ、赤い染色だけになっていることも留意すべきである。彼らを1人の人間の中の男性性と女性性という二つの面、すなわち「アニムス」と「アニマ」として見ることもできる。

　「恋人」LAMOVREVXの綴りでUのかわりにVとなって

小さなクピドと
大きな白い太陽。

若者の肩の上にある手。
保護か、激励か、禁止か。

「共通の腕」から
出てくる手が若い娘の
下腹部を触っている。

能動性を示す
中央の人物の赤い靴は、
心理的、文化的、
霊的努力の結果である
耕された地表に
置かれている。

いることが、「神の家」LA MAISON DIEVの「神」Dieuの語と視覚的かつ音響的な繋がりを作りだしている。この場面に光線を注ぐ太陽は、偉大なる宇宙的「恋人」、意識された無条件の愛へと私たちを導く普遍的な愛の源泉としての神性を表しているといえる。小さな愛の神(エロス)は使者としての役割を果たす。また、それが子供の姿で表されていることは、この愛が絶えず自らを新たなものに生まれ変わらせていることを示唆している。

❂ 解釈において

　この多義的なカードは、我々に自身の感情の状態へ目を向けるよう促している。我々の生活の感情的な面はどのようにあるのか？　我々は安らぎに満たされているのか対立のうちにあるのか？　我々は自分が望むことをしているか？　我々の人生において愛はどのような場所を占めているのか？　我々の心を占めている状況は我々の過去に根差すものなのか、もしそうならばそれは何か？　このカードは、家族の中で我々に与えられた場所に関する問題を提起し、また今まさに我々が行っている周囲の人々への投影を確認する作業ともなりうる。「恋人」はカードの中の人物たちの内の1人である。彼らの関係については相談者自身が分析できるだろう。問題となっていることが何であれ、中心となる「恋人」とは大きな白いきらめく太陽であり、その光はすべての生けるものに分け隔てなく降り注いでいると思い出すことが助けとなるだろう。

━━━━━━━━━ 伝 統 的 諸 解 釈 か ら ━━━━━━━━━

社会的生活・歓喜・していることを好むこと・好きなことをすること・
新しい結合・為(な)すべき選択・喜び・美・友情・三人婚・
恋に落ちること(男女)・感情的対立・別離・口論・近親相姦的空間・
兄弟姉妹・理想と現実・生きる喜びを学ぶ最初の段階・自覚的な愛・
無条件の愛・「美」への道、など。

✺ もし「恋人」が語ったなら

「私はこのアルカナの太陽、白い太陽である。ほとんど目に見えないが、私の光は全ての人物を照らしている。私はこの天体であり、存在することの喜びであり、他者が存在することの喜びである。私は恍惚の中で生きる。あらゆるものが私を幸福で満たす。自然、全宇宙、あらゆる形において他者が存在すること——この他者とは私に他ならない。

　私はあなたの心の中心で、生ける星のように光り輝く意識である。私は自らを瞬間ごとに新たなものとする。私は瞬間すべてにおいて生まれているのだ。あなたの心臓が鼓動する度に、私はあなたを宇宙全体と結びつける。あなたをすべての創造に結び付ける無限の繋がりは私によってもたらされているのだ。ああ、愛することの喜び！　ああ、結ばれることの喜び！　ああ、愛すべきことを行う喜び！　私は永遠なる無常の使者であり、刻々と再生を続ける。私は赤子の射手のように、感覚が捉えうる全てにむけて矢を放つ。

　私は優しさではない。私は富裕や勝利への野心ではない。私は無条件の愛なのだ。私はあなたに驚き、感謝、喜びの中で生きることを教えるだろう。

　このアルカナの他の人物に入っていくように、私があなたの中に入り込むとき、私は神的な愛をあなたの最小の細胞にまで伝える。私は熱い暴風のごとく、あなたの精神を吹き抜ける。その風は、あなたの言葉からすべての批判、攻撃、比較、悪意、そして俳優から観客を遠ざけるあらゆる自惚れを取り除いていく。あらゆる蛮行そして征服と所有の精神すべてを鎮めるため、私はあなたの性的エネルギーの中へ自らを入り込ませる。輝く天使の崇高な繊細さを私は快楽に授与する。あなたの肉体の中で私が溶解するとき、鏡や型への隷属、他者の眼差し、比較される苦痛といったことから、あなたの肉体は引き離されることになる。自身の人生を生きること、自身の輝きと美を引き受けることを、私はあなたの肉体に可能にさせる。私が住まう心の中で、愛されなかった子供という幻想は追い払われる。大聖堂の鐘の如く、私はあなたの血に浸透していく愛の振動を伝達する。その振動にはいかなる恨みも、いかなる憎しみも、いかなる嫉妬もない。憎しみは感情的要求が転じたものであり、嫉妬はうち捨てられていることの影にほかならない。私はあなたの欲望が他者のためともなるものだけを求めるよう導く。自我の孤島は群島へ

と変容されることになるだろう。
　あらゆる行いが協奏して私の喜びを増大させる。それはあなたが否定的な出来事とみなしている悲哀、困難、卑小さ、障害などでさえそうなのだ。私は事物の無限の発展の可能性とともに、そのあるがままも愛する。瞬間ごとに私はそれらを眺める。私はそれらの成長に参与することをいとわないが、それらがそれらのままあり続けることも容認するのだ。」

VII
LE CHARIOT
戦　車

世界における行動

　「戦車」は大アルカナの最初の列にあり、その数は7である。それ自身によってしか割り切れず、素数であり、奇数の中では最も活動的である。従って「戦車」は、自分自身と世界の中のあらゆる領域における行動を特に表現するものとなっている（75ページ、79ページ参照）。「地」の正方形の中に対応する場所を占める「女帝」が明確な目的を持たない炸裂を示すのと対照的に、「戦車」は自分がどこに向かっていくのかを完全に知っている。このカードは2頭の馬、乗り物、そして王冠を被っていることから王子であるとみなされる御者という主要な三つの部分から構成されている。この王子はベルトから上の半身しか見えていない。人によっては自らの投影により足が委縮した小人あるいは変装した少女をそこにみるだろう。しかし、彼が我々に見せているその顔は、一見したところ男性的で高貴である。肌色の正方形のこの乗り物は地にのめり込んでいる。そのためそれは前進していないともいえるだろう。実のところ、この乗り物は運動の最たるもの、すなわち惑星の運動とともに動いているのだ。「地」と一体になっている「戦車」に前進する必要はない。それはこの惑星の自転を反映する。王子の戦車は、北斗七星かアポロンの太陽の車か、あるいは聖杯の探索にでた騎士の戦車かもしれない。

キーワード

行動・恋人・王子・勝利・安楽・征服すること・受精させること・植民地化すること・旅すること・支配すること・不干渉・戦士・永遠、など。

Les Arcanes majeurs

この乗り物を引く2頭の馬は「愚者」の犬と同様に明るい青の毛並で表されている。ここでもまた動物性が霊的なものになっている。さらに我々から見て右側にある馬は、その長い睫毛と閉じられた目から女性的要素として、もう一方の馬は男性的要素としてみなすことができる。雄雌の相補的な二つのエネルギーの統一がここで実現されている。馬たちの前足は一見したところ相互に逆の方向に向かっているが、頭と視線は同じ方向を向いている。これは相反するものがエネルギーの次元で統一されていることを表している。馬たちの胸には黄金を象徴する錬金術のシンボルがつけられている。すなわち、ここでは完全に意識的な形で本能的な動物の力が作用しているのである。

　肌色の戦車の表面にある黄色とオレンジ色の紋章の中央には緑色の滴が見える。滅びうる肉体の中心において精神に埋め込まれた不滅の滴が、その永続性を主張している。ある種の伝説が主張するところによれば、人体の死すべき細胞の全てのうち、一つだけ我々が物質的に死んだ後にも生き延びつづけるものがある。「戦車」は緑の滴の内に不死への大きな希望、物質の中心に嵌め込まれた非人格的な「意識」を運んでいるのである。

　この人物の姿勢をよく見てみると、彼の体、頭、腕が三角形を形成し、それが乗り物の正方形の中に組み込まれていることがわかる。これは正方形の中にある三角形、すなわち物質の中にある霊である。我々はこの象徴的幾何学を「金貨」の7でも見ることになるだろう。それゆえ「戦車」は霊の物質化と物質の霊化という錬金術的探求を想起させる。この観点からすると、乗り物が身体を、馬たちがエネルギーを、人物が霊を表していると言えるだろう。王子の右手にある肌色の笏は、彼が物質的な生を支配していること、あるいは彼が自身の力を自らの受肉から引き出していることを示しているのかもしれない。いずれにせよ彼は難なく行為を成し遂げる。同じように彼は自分の馬を導くための手綱を必要としない。彼の頭上にかけられている12の星は、彼が宇宙の力と協調していることを示している。王冠を戴いた彼の頭が切断されているように見えるのは、銀河的な感応に対して開かれていることを示しているようでもある。しかし、彼の上には依然としてヴェールがあり、天の領域を封鎖している。後に「星」（アルカナXVII）が、このヴェールを取り除くことになるだろう。

彼の両肩の上には二つの仮面があるが、過去と未来、肯定と否定、時間と空間を表しているといってもいい。彼はそれらの交点であり統一点である。全き現在のなかで行動している「戦車」は、過去と未来、喜びと悲しみ、光と影に向けて開かれている。彼は同時に三つの面において行動する完成された人物である。彼の左手には、我々がすでに「愚者」の脇のあたりに見出した白い球あるいは卵の湾曲があるのが分かる。それは彼が保持している秘密、すなわち神秘的完成を示す球体なのだ。

胸懸（むながい）の上にある黄金を表す錬金術のシンボル。

緑色の滴。

王子の手が一つの小さな白い球を隠している。

オレンジ色の地面の上に生えている赤い植物。

✿ 解釈において

しばしば「戦車」は圧倒的な行動をとる征服者、ないしは強い性的能力を持つ恋人としてみなされる。ときとして彼は旅を予告することもある。彼をテレビや映画での成功を告げているように見る人もいるが、それはこの人物が劇場での操り人形のように、枠組みの中にいるように見えるからである。いずれにせよ、このカードは成功に向かって前進していく。危険があるとすれば、それは己の征服の正当性を疑わない征服者の軽率さや頑固さである。男性的でまた極めて能動的なカードである「戦車」は、女性にとってはしばしば自分が息子として望まれたことを暗示する。また「戦車」は世の中で行動する上での方法や人生を導いていく流儀について考えさせる。

「戦車」の足元に生えている活力に満ちた赤い植物は、このカードの活動的な傾向を示している。

✿ もし「戦車」が語ったなら

「私は力に満たされている。完全なまでに満たされている。何も無駄にはされない。私は惑星に根ざし、そのすべてのエネルギーを愛する。その力が私を動かしていく炎の騎士

Les Arcanes majeurs

のごとく、私は自分の場所から動かない。私は大地に這いつくばることはない。私は高所から眺める。私は現在から離れることなく、時とともに旅をする。過去でも未来でもなく、存在し得る唯一の時、それは計り知れないほど巨大な宝石のような現在である。ここにあるもの全ては決してよそにはない。

　私はすべての戦士、勝者、英雄、そしてすべての耐久力と勇気の源泉である。どんな務めであれ私を恐れさせるものは何もない。私は戦争に向かうこともできれば、地球の住人すべてを養うこともできる。私は宇宙のまさに中心部での完全なる焦点となり、物質と精神の全エネルギーによって貫かれている。私が矢であるならば、私は自らの心臓を貫くだろう。そしてこの深い傷、この意識が私を変容させるのだ。目覚めた者にとって苦しみは祝福に変わる。私は自分の骨に覆い隠された苦悩を溶解させる。私は目覚めの状態を眠りの状態と一つにする。

　自分自身の深淵を越えつつ私は疑いの夜を通りぬける。私は謎の結び目を切断する。私は存在することの不安を超えていく。私はうわべだけの体裁を軽蔑する。私は理性から感情を解放する。私は反対するものすべてを破壊する。私は私である。私は宇宙がある限り生き続けたいと願う。

　成長を続ける天球の中心で、私は思考のいまだ顕在化されざる次元へと侵入する。そこは暗闇の中で純粋な行動が孕まれる場所である。私は言葉の群れを粉々にする。いかなる鏡も私を恐れさせることはない。乾いた果実のように死者から離れる魂ですら私を恐れさせはしない。

　私は自らの不運からダイヤモンドを作り出し、深淵の一つ一つをエネルギーの源泉へと変化させる。全ての太陽が死んだとしても、私は輝き続けるだろう。宇宙を支える想像もつかない力が、また私のことをも支えている。私

伝統的諸解釈から

勝利・世界における行動・成功した事業・旅路・力強さ・愛人・戦士・使者・征服者・王子・小人・略奪者・熱烈な活動・メディアにおける成功・テレビ、映画、コンピューターの画面・総合・長所と短所を考慮すること・アニムス、アニマとの調和・自己のエネルギーを制御すること・物質の中の霊・勝利・不死の意識、など。

は空虚の中における存在の勝利である。どんな死も迫害も、さらには歴史の循環も文明の一連の衰退も、私を打ち倒すことなどできない。私は人類の意識と生命力なのだ。

　私があなたのなかに受肉するとき、すべての失敗は新たな出発点となる。また、諦めるための一万もの理由は、継続するためのただ一つの理由と比べて何の価値も持たなくなる。私は恐怖も知っているし、死も知っているが、それらが私をひるませることはない。私はあらゆる生物の中にある能動の力であり、自然の勝利である。私は創造し、破壊し、保存できる。そしてこれらすべては同一の圧倒的なエネルギーで行われるのだ。私はまさに宇宙の活動そのものである。

　私は空間の全ての次元に向けて前進し、諸々の地平線を破壊しつつ目的に至るが、その目的とは仮面を被った始まりである。私は退くときには空虚から空虚へ、右へ左へ、下方へまた上方へと幾つもの銀河を破壊し、果ては恐ろしい不在のなかに溶け込む。だがこの不在は万物を支える産声をもたらす母でもある。

　私は言葉の崩壊による統一の勝利である。私は最終的な境界線の焼却による無限の勝利である。私は永遠の勝利である。私の心の中で神々は消滅する。」

VIII
LA JUSTICE
正　義

均衡、完全性

　8番目の「正義」は完全性を象徴する。8は一連の偶数の頂点である。2の蓄積、4の確立、6の喜びの発見の後、8はもはや何もつけ加えられるものも、取り除かれるものもない段階へと到達する。アラビア数字の8は二つの重ねられた円からなる。すなわち天と地それぞれにおける完全性である。タロットの数秘学において8は4の倍でもあり、それゆえ二重の正方形となる。すなわち物質的世界および霊的世界における安定性を示す（75、80、97－98ページ参照）。

　成就のシンボルである「正義」は、秤によって我々の人生のバランスをとる。しかしバランスと完全性は対称性と同義ではない。大聖堂の建築者たちによる神聖な芸術（アール）が対称性を悪魔的なものとして拒否していたように、「正義」のカードもまた非対称的に構成されている。すなわち彼女の高座の右側の柱は左側の柱よりも高く、尖端が小さな暗い黄色の球体になっているが、それは左側の柱には存在しない。彼女の首飾りの右側もより高く上がっている。秤の皿も水平面で同じ高さにはない。剣も彼女の高座の柱と平行関係にはない。

キーワード

女性・母性・女君主・秤・裁判所・完結性・決断を下すこと・価値・裁くこと・完全性・そこにいること・欺くこと・許可すること・禁ずること・平衡状態にすること、など。

Les Arcanes majeurs

秤の動きをよく見ると、「正義」が秤に対して右側では肘で、左側では膝で影響を及ぼしていることがわかる。この「いかさま」は複数のレベルで解釈されうる。もちろんそれに対して不正、見せかけの完全さ、策略といった否定的な意味を与えることもできるし、そうした意味も特定のリーディングによっては理にかなったものとなるだろう。また、「正義」はその身振りによって、我々に対して完璧主義に陥らないようにと勧めていると考えることもできる。そもそも完全なものとは型に嵌まったものであり、それ以上はありえないものであるがゆえに死んでいるため、完全さの要求は非人間的である。だとすれば、彼女は神聖な詐術を通じて完全性を代えるように我々を促しているのだろう。その代わりとなるのは卓越という概念である。それによって行動は動的かつ完全になりうるものとなるのだ。

　最後に、この秤の皿の不均衡は自然本来の不安定性を示し、彼女はそこに神的な慈悲からくる助力を与えているとも考えられる。その意味で「正義」は深く人間的である。肌色の髪と地に埋まった服は、彼女を地上の次元に結びつけている。しかし彼女は神的なものと人間的なものの交点でもある。彼女の額の上にある帽子の白い帯は神的な純粋さとの接触を示している。また冠の上にある第3の目のような赤で囲まれた黄色い円は、高次のものごとの見方、宇宙から受け取られた知性によって彼女の行為が導かれていることを示している。

　高座にしっかりとすわっている「正義」は独自の能動的な持ち物（剣）と受容的な持ち物（秤）を持ち、正面を向いている最初の人物でもある。のちに「太陽」および「審判」の天使も、同様に相談者を見つめることになるだろう。こうしたことによって「正義」は我々をひたむきな内省へと促し、現在へと没入させようとする。従ってこのアルカナは目を閉じた「正義」という伝統的表現とは異なる。彼女の眼差しは鏡のように、そして自覚を呼びかけているかのように、我々の眼差しを直視してくる。なによりもまずこのカードが意味しているのは正しい自己判断を下すこと、自分が値するものを自分に与えることなのだ。

　彼女の右側の肘の下には紫の染色がみられるが、これはタロット全体の中で最も大きな紫色の部分である。この極端に珍しく隠された紫は、叡智の

シンボルである。「正義」は叡智によって動かされるのである。彼女の秤の皿から発散される明るい青の光は、彼女が秤で我々の霊性を計っていることを示している。同じように剣の刃がこの本質的な青に浴されているのは、剣が余剰なるものを切り捨て、無用さから私たちを分け隔てるためである。「正義」は秤を持つ手で聖なる身振り「ムードラ」を行っている。それは人間の四つの審級（思考、感情、欲望、肉体的欲求）を表す4本の指が親指のところで合流していることを表している。これによってアルカナVIIIは統合のメッセージを伝えようとしているのである。

彼女の衣装の上には青を背景として鳥の脚のようにも見える九つの上向きの三角形があり、王権を象徴するアーミンを想起させる。ここで示唆されるその高貴さは崇高な精神と完璧な行為にある。その意味で「正義」は内なる神の証人とみなされうる者であり、どんな粉飾を施すこともなく自分自身を評価するよう我々を促すのだ。我々は自分自身を正当に扱っているだろうか？　我々は自分自身や他者に対して慈悲深くあるだろうか？

✶解釈において

「正義」は偉大なる女性の元型である「月」（XVIII）のより近づきやすい化身であり、しばしば母親あるいは妊娠した女性を表す。また、このカードは強力な投影的解釈のための場を用意する。それは規範的で去勢を迫る母の姿、またあらゆる有害な評決と関連することもある。さらにこのカードは、どんな過ちもあらかじめ禁じてしまう完全さの要求を表し、それは相談者の実現を妨げることにもなる。同じように「正義」はしばしば国家機関（司法、行政など）を指し示すが、その決定には抗議不可能であり相談者に罰の恐れや罪の意識を呼び起こすこともある。

［我々から見て］
右側の柱の上にある
暗い黄色の球体。

剣は高座の軸とは
平行ではない。

帽子とその「第3の目」。

秤をもつ手の仕草。

アーミンの九つの
三角形。

肯定的に見れば、彼女のバランス感覚、霊性（彼女は物質的および霊的な二重の正方形を占有している）、現実に向き合う際の明確な思想は、有益な助けともなりえる。剣と秤を持つ「正義」の教えは、受け取るに値する物を自分に与え、欲しないものからは容赦なく身を遠ざけるということにある。いかにして肯定と否定を表明するか、いかにして客観的判断から主観的判断を区別するかを、彼女は教えてくれる。そうするために、彼女はどのようにして他者の立場に身を置くべきかを理解しているのである。

✺もし「正義」が語ったなら

「精神が物質と同じ次元を持つ場所、密度がエーテルの基底であるのか、あるいはエーテルが密度の産婆であるのかが分からない場所、その無限と永遠のバランスの中に私は存在する。宇宙の成就が私の正義である。すなわち私の正義が銀河、太陽、惑星、原子の一つ一つにふさわしい場所を与えることができるのだ。私のおかげで宇宙は一つのダンスとなる。新たな誕生、渦巻く星雲、死にゆく星の一つ一つが宇宙の中に自らの場所を持つ。私はすべての存在がそれ自身であろうとすることを認める。すべての塵芥、すべての彗星、すべての人間が至高の「法」によって授けられた務めを成し遂げるに値する。この命令からのごく僅かな逸脱であっても、私は最高度の罰を宣告する。逸脱する者は今ここに存在することから排除されるだろう。

お前が他人になす善を、私はお前に返す。お前が与えないものを、私はお前から取り上げる。お前が破壊すれば、私はお前を排除する。私はお前を物質的に分解するだけではなく、この世の記憶からお前のすべての痕跡を消し

=== 伝統的諸解釈から ===

バランス・安定性・直面すること・充足・女性性の完成・迎えること・妊婦・母性・柔軟性の欠如・無情・裁くこと・明瞭・禁止すること・許可すること・受けるにふさわしいものを(自身に)与えること・明晰な思考・裁判・訴訟・法・完全性への欲求・完璧主義・批判的精神・規範を押し付ける母あるいは去勢を迫る母・いかさま・正確さ・宇宙の法則・完全さ・調和・現在の瞬間、など。

去るだろう。

　私が女性の身体に現れれば、彼女は真の母親になる。子を産むこととは無限の「意識」に「今」「ここ」のなかで場所を与えることである。私は万物の母であり、輝かしく巨大な交差点の中心にいる。そこは物質の大洋が無形の魂と接触する場所である。そして魂はすべての濃密な欠片に生命を与えるため降り注ぐ雨のように分解していくのだ。

　私は完全であり、いかなる追加も要求せず、いかなる除去も容認しない。私に与えられるものすべてを私はすでに有している。そもそも私から取り上げられるものなど、私の中に一切存在したことがない。一瞬一瞬どの瞬間も正しく完全である。私は行為から一切の主観的意図を排除する。私は物事がただそれ自身であろうとすることのみを認める。私はそれが受けるにふさわしいものをそれぞれに与える。知性には無を。心には愛の横溢を。性には創造の喜びを。肉体には代えがたい健康という恩恵を。第五元素である「意識」には、内なる神というこれらの中心を。」

VIIII
L'HERMITE
隠　者

危機、通過、叡智

　番号9は奇数の最初の列のなかで異彩を放つが、それはこの数字がそれ自身とは別の数字で割り切れる最初の奇数だからである。従って9（3×3）は両義的であり、能動的（奇数）かつ受容的（割り切れる）である（75、80、98ページ参照）。これをよりよく理解するためには、VIII「正義」と後にくるアルカナXとの間におけるその動きを視覚化すればよい。「隠者」は最初の十段階のサイクルの終わりであると同時に新たなサイクルの始まりである方に背中を向けながらも、前に進んでいくために、アルカナVIIIから後ろ向きに進みながら離れていく。彼はVIIIから遠ざかることで、この上なき完全な状態を離れる。仮にいつまでもそこに残っていたなら、ただ死へと導かれるのみであろう。彼はその状態を超えていくのではなく、離れることで危機へと入っていくのだ。彼は子宮の中で8か月目の完全に成長した胎児と比すことができる。全ての器官がすでに形成され、欠けているものは何もない。9か月目の間に、胎児は新たな世界へ入っていくために、慣れ親しんだ唯一の環境である子宮を離れる準備をする（75ページ訳註3を参照）。

　同様の考え方により、イエスは3時に十字架にかけられ、6時に苦しみ始め、9時に息を引き取ったと福音書は教えている[訳註5]。数字9は終わりと始

キーワード

孤独・叡智（えいち）・手放すこと・セラピー・危機・経験・貧困・照らすこと・苦行・高齢・後ろ向きに歩く・寒さ・受容的・古くからのもの・沈黙、など。

訳註5　実際の福音書には「イエスは午前9時に十字架に架けられ、午後3時に息を引き取った」（「マルコによる福音書」15章25節）とある。

まりを同時に告げる。「隠者」は古い世界との関係を自ら能動的に終わらせ、そして自らが力を行使することのできない未知の将来に対して受容的になる。「教皇」は理想に向かって橋をかけ、それがどこへ向かっていくかを知っているが、これに対して「隠者」は未知への通路を表している。その意味で、彼は最も高次の叡智の形であり、また根本的な危機の状態を象徴しているのだ。

　彼が持っているランタンは「知識」のシンボルと見なされうる。彼はそれを持ち上げ、経験ある者、学者あるいはセラピストであるならそうするように過去へと光を当てる。この光は秘儀伝授された者たちが保持している秘密の知識、あるいは逆に探し求める弟子たちへと示される知識の源かもしれない。「隠者」はこのランタンを用いて道を照らしているか、あるいはおそらく神性に対して自らを控えめに知らしめているのだろう。まるで「私の仕事は成し遂げられた。私はここにいる。私を見よ」と言うかのようである。このカードが能動と受容の間の両義性を帯びているのと同様に、この光は他者の意識を目覚めさせる呼びかけの如く能動的なものかもしれないし、灯台の明かりのように受容的なものかもしれない。

　「女教皇」と同様「隠者」は極めて覆い隠された人物である。彼の重ね着は寒さや冬を暗示する――これは「隠者」にしばしば帰せられる憂鬱的な特徴であり、また叡智のある部分での冷たさや秘儀伝授を受けた者の内的な孤独を反映したものだ。また、ここに人生経験の「厚み」をみることもできる。同様に、服の影を作っている多くの線は彼の大いなる経験の徴（しるし）とも解釈されうる。ひどく曲がった背は彼の過去の記憶全てを集中させた形で内包している。二つのオレンジ色の月が一つは首、もう一つは服の裏側にあるが、それらは「隠者」が受容的性質を自らのうちに発達させた人物であることを示している。ランタンを持つ手の皺に、女性の腰部と陰部の縮小された形を見つけることもできる。これは彼の女性性の徴、あるいは彼の中にいまだ残っているわずかな肉体的欲望の徴とみなしてもいいだろう。

　これに対して、彼の額の上には3本の皺があるが、それによって精神活動のメッセージが改めて示されている。彼の眼差し（まなざ）は彼方へとじっと注がれている。青い髪と髭は彼の「皇帝」との類似性を示しているが、ここでは王座

すなわち物質への執着を失ったか、あるいは放棄してしまったかのようだ。「教皇」の手袋と似た彼の青い手袋は、選択、行動、旅路に深い霊性を与えている。赤い棒、及び「愚者」のものとは赤と黄が逆になっている頭巾は、「隠者」をこの数の割り当てられていないアルカナとも結びつける。しかし、「愚者」の棒はここでは波動で貫かれ生命を帯びている。また道が踏破されたこと、作業が成し遂げられたことを耕された大地が証している。その濃い青のマントは彼の謙虚さの徴、月のごとく受容的な彼の意識の徴である。肌色の内側の裾は、単に理屈ではなく、自分自身の生き方から様々な教訓を引き出してきた人物による完全に血肉の通った人生経験を想起させる。しかし、内側の中央で彼を覆っているのは緑色である。すでに確認したように、スーフィーあるいはカバラ的伝統において緑は永遠を表す色である（111ページ参照）。頭文字のHが錬金術師としてのヘルメスHermèsと関連している「隠者」l'Hermiteは、長寿のエリキシルを発見し、さまよえるユダヤ人のように永遠に触れることができたのかもしれない。貧しくかつ豊かであり、死と再生を熟知している彼は、我々の中の永遠たりうる部分へと呼びかけ、勇敢に危機を通過し、どこへ辿りつくのか分からない場所へと向かっていくよう促しているのである。

首と服の皺の
中にある二つの月。

ランタンを握っている
手は女性の腰部を
想起させる。

知恵と希望の徴である
皺の刻まれた額。

「隠者」の青い手。

✿解釈において

このカードはしばしば避けることのできない危機、直面し受け入れていかなければならない深い変化を象徴する。これは師、セラピスト、指導者の助力を想起させる。しかし危機において、「隠者」が自らを再生させることになるか、死なせることになるかは等しくどちらの可能性もある。それゆえ、彼は貧困、孤独、さらには衰退とも関連する。

Les Arcanes majeurs

彼を「宿無し」として見ることも、あるいはランタンの中に1リットル赤ワインを隠し入れているアルコール中毒者としても見ることができる。

アルカナVIIIIはアルカナXVIIII「太陽」という父の偉大な元型の対であり、より人間的で冷たい。その意味で「隠者」は不在の父、無口な父、遠くに離れている父ないしは姿を消した父を表していることもある。また、相談者にとっての内的な孤独、霊的変容が準備される秘密で暗い場所と関連することもある。

❂ もし「隠者」が語ったなら

「私は道の終わりに到着したが、そこでは思考を絶するものが深淵として現れる。この無を前にして、もはや私は前に進んでいくことができない。私にできることと言えば、すでに旅してきた道を見詰めながら、後ろ向きに進むことのみだ。私は後ろへ一歩進むごとに、自分の前に一つの現実を形作ることになる。

生と死の間、継続する危機のなかで、私は灯火——私の意識——を掲げている。もちろん、これは私が開いた道を辿り、私の後を追う者たちの歩みを導く役目を果たす。しかし、灯火は私自らを知らしめるためにも光を放っている。私は為さなければならない霊的務めを全てやり遂げたのだ。無限の「神秘」よ、さあ、私を助けに来てくれ。

私はあらゆる拘束から自分自身を少しずつ解放した。私はもはや自分の思考に囚われることはない。自分の言葉が自分を定義づけることはない。私は自分の熱情に打ち勝った。欲望から離れた私は、あたかも空洞になっている木のような自らの心の内部に住まう。私の体は乗り物であり、私はそれがあ

―――――― 伝統的諸解釈から ――――――

肯定的な意味での危機・指導者・隠者・孤独・老人・老年・慎重さ・引退・セラピスト・男性の師・巡礼・貞節・アルコール中毒・冬・疑いと克服・過去を照らすこと・どこに行くか知らずに未来に向かって進むこと・後ろ向きに歩く・セラピー・不在の父あるいは冷たい父・祖父・謙虚さ・土星・良識ある世界観・叡智・無私の愛・献身・利他主義・秘密の師、など。

たかも逆らうことのできない川の流れのように、年老い、死を迎え、消滅していくのを見つめている。もはや自分が誰であるのかを私は知らない。私は自分自身について完全なる無知のまま生きる。光に到達するため、私は暗闇のなかに自らを沈み込ませる。恍惚に達するため、私は無関心を培う。全存在と全生命への愛に到達するため、私は孤独の中に退く。私が純粋な光の花のように自らの魂を開花させるのは、宇宙の果ての片隅においてである。純粋な感謝。「本質」の認識こそが、私の知識の本質である。

　意志の道を辿って、私は最も高い頂に到達した。私は炎であったが、やがて熱となり、次に冷たい光となった。今や私は光輝く者であり、呼びかける者であり、希望する者である。私は完全な孤独を知った。この祈りは、直(じか)に私から私の内なる神に向かう。私は自分の背中を永遠に向けている。二つの深淵の間で私はこれまでも待っていたが、さらに待ち続けるだろう。私はもはや私自身では進むことも退くこともできない。「あなた」が来る必要があるのだ。私の忍耐は「あなた」の永遠と同じくらいに無限である。「あなた」が来ないのなら、私はまさにこの場所で待ち続けるだろう。なぜなら「あなた」を待つことが、私が生きる唯一の理由となり始めているからだ。私はもはや動かない！　私は自らを燃やし尽くすまで輝き続ける。私は自分のランタンの油である。この油は私の血であり、私の血は「あなた」を求める叫びである。私は炎であり呼びかけである。

　私は自分の務めを実現した。いまやこの務めを続けることができる唯一の者は「あなた」だけだ。私は霊的な女性であり、受動性の内の無限の能動性である。私は杯のように私の空虚を捧げるが、それはその空虚が満たされるためである。私は自らを助けてきた。だから今度は「あなた」が私を助けるのだ。」

X
LA ROUE DE FORTUNE
運命の輪

あるサイクルの始まりと終わり

　10番目の「運命の輪」は大アルカナの10を基準とする最初のサイクルを終結させる。その循環的形状とそこに付随する取手は、一つのサイクルの終わりと次のサイクルを作動させる力を待つという基本的な意味を示している。一連のタロットの流れの中で、「運命の輪」に続いて次の十段階のサイクルを開始するのは、適切にも「力」と題されたアルカナXIである。他のどのアルカナにもまして「運命の輪」は、過去の締めくくりと未来の待望へと明確に方向づけられている。そうした理由から、リーディングの際にこのカードが占める場所によって、人生のある局面が新たな局面に場を譲るべく終わらせられる必要があるのか、あるいは新時代がすでに始まりつつあるのかを判断できるだろう。このカードを失敗として解釈するとしても、それは失敗が全ての終わりなのではなく、行動を変化させるチャンス、すなわち方向性の転換であることを示そうとしているのである。

　一見したところ、このアルカナは不活発な印象を与えるものの、波の動きが明るい青の地面に彫り込まれている。堅実に見える現実も、海の波のように絶えず変化しているというのが、そのメッセージかもしれない。全てのものが消滅を運命づけられている。現実ははかない夢であり、地球も宇宙とい

キーワード

運・行き詰まり・再生・謎・解決・サイクル・無常・変化・
永劫回帰・始まりと終わり・肉体─心─精神・運命・回転すること、など。

う大洋にある一つの幻想に過ぎない。ここで永遠を望みうるのはただ一つのものだけである。すなわち車輪の真ん中にある取手の固定点である。それが長方形のカードのちょうど中心を占めていることに注目すべきである。全てがその周りを巡るこの中心を神の神秘のシンボルとしてみなすこともできる。車輪の上で戯れている外側の構成要素（3匹の動物）が駆け引きをして無気力に陥るのに対し、変化が起こり始める場所は車輪の中心であることも分かる。このカードのメッセージは明瞭である。すなわち変化そして人生の根本的な要因が、神の摂理とも呼ばれている宇宙の働きにあるということだ。この車輪が二重であることは注目に値する。この赤色の円と黄色の円は、人間が持つ動物的性質と霊的性質の二重性を表している。人間の霊性は、常に行為者であると同時に、その行為すべての目撃者ともなる。しかしながら、神性のなかで一つになるならば、行為者と証人は同じ唯一のものとなる。「運命の輪」によって示唆されているように、人間の目的とは二元性を超越し、この結合に到達することにあるのだ。

　3匹の動物を見ると、1匹は降りようとし、もう1匹は上がろうとし、3匹目は動かないままでいようとしていることが確認できる。

　下半身にのみ服を身に着けている肌色の動物は、肉体化へと下降している。この動物の色と性器の部分が隠されていることから、それが物質に向かおうとするシンボルであることが分かる。その一方で、黄色の動物は腰回りから上に服をまとい、耳周りにある帯は耳をふさいでいるか、あるいは目立たせているようにも見える。これを自らの周りを巡ってしまう傾向と、耳を傾ける困難さを持ちながらも、上昇を切望する知性の姿として解釈することもできるだろう。最後にスフィンクスのような姿勢をした動物は心臓を思わせる形をしたケープをまとい、自らの胸に「大道芸人」の棒と全く同じ長さの剣をもたせかけている。それは謎としても、叡智への道としても解釈できる感情面の象徴である。さらに言えば、この動物にはすでに見てきたことと同様、叡智を象徴する紫に染まった部分が二つあることに注目すべきである（111ページ参照）。

　かくして心臓は他の審級すなわち霊的生と動物的生を統合するか、あるいは機能停止させてしまうかどちらかの要因となるものとして表現されている。

ときとして感情の謎や未解決の感情の核が、相談者の生死にかかわる行為を阻害していることもある。スフィンクスの冠にある五つの先端は、本質的存在の第五元素、すなわち他の指に対する親指のように人間の様々な審級を統合することができる意識と関連している。さらに動きのある青い地面が、深部に向かって、子宮の羊水の中における自己の探求に向かって動物たちを招いているかのようにも見える。無意識を受け入れ、自らの最深部へと下降していくことによって、内なる神との出会いが引き起こされ、そして啓示を受けた存在として浮かび上がることができる。その意味で車輪の中央は、停止位置、問題の核心、可能な運動の中心部、内なる宝を目覚めさせるための呼びかけを同時に表している。ここでもまた、心臓を表す青い動物によって自覚がやってくるようにも思われる。その額の藍色の楕円形が、第3の目すなわち透視のためのチャクラであるアージュナーと似ていることに注目すべきである。この透視力が下降する物質的力と上昇する知性の力の統合を可能にするのである。

　動物たちの脚は輪の輻に絡み合っており、車輪を押さえ、その動きを妨げているように見える。だが、この3匹が車輪を支えて倒壊するのを防いでいるようにも見える。すなわち、物質的力、感情的力、知的力が生命のサイクルを支えているのである。さらに新しいサイクルを生み出すには、この状態に第4のエネルギー、すなわち「力」（XI）によって象徴される取手を動かす創造力に満ちた性的エネルギーの介入が必要となる。

✿解釈において

「運命の輪」は幅広い解釈を許容するカードであり、その読解は相談者が説明する状況に大きく左右される。「運命

車輪の中心。

スフィンクスと「第3の目」。

黄色の動物はタロットの中では珍しい耳を持つ存在の一つである。

動きのある地面は海を思わせる。

の輪」は、相談者が今現在、人生におけるどの時期にあるのかを示している。もしカードを引く時の最初に現れたなら、過去の出来事の終わりであると同時に新しいサイクルの始まりであることを示唆する。一連のカードの最後に現れれば、現在行われていることが完結した形で閉じられることを予告する。それゆえ一つのサイクルの完成としての人生の変わり目を表していることもある。だが、カードを引く際の中間か終わりに現れた時は、克服しなければならない障害を示していることもある。その時にはもう1枚追加のカードを引いて、何が取手を回すことになるかを確かめるか、あるいはこのカードが示唆している感情面に秘められた事柄（青い動物が表している）を解明することが助けとなるだろう。

　fortuneという語に含まれる富という意味から、このカードが金銭上の利益を表すという考え方が広く流布している。ときとしてこのカードは、カルマの車輪や占星術、さらには宝くじの大きな輪まで、循環する形の上で構築されるテーマや体系と関連している。そこには広い意味における死と再生の循環、及び生命の循環のサイクルを見ることができる。

「運命の輪」は、上昇と失墜、繁栄と緊縮、喜びと悲しみの不可避的な交替について熟考するよう促す。それは肯定的であれ否定的であれ、変化の方向へと我々を導き、現実の絶えざる変容を受け入れさせるのである。

❀ もし「運命の輪」が語ったなら

「私はあらゆる体験をした。最初に私の前には可能性の海があった。意志、摂理、偶然によって、次々と導かれながらも、私はあらかじめ決められた目的なしに炸裂することができるように、行動を選択し、知識を蓄積してきた。

伝統的諸解釈から

サイクルの終わり・サイクルの始まり・外からの助力の必要性・新しい出発・運命の変化・相談者の意志とは関係のない状況・とらえるべき好機・ホルモンのサイクル・解決すべき感情面の謎・妨害・停止・袋小路・カルマの輪・一連の転生・自然の法則・摂理・完遂されたサイクル・達成・映画の撮影・金銭上の利益、など。

私は幾度となく安定性を獲得した。その成果をテーブルの上に残しておこうとしたが、それらが腐るのを見た。私は他者へと自らを開き、分かち合わなければならないことを理解した。また、聖なる源である偉大なる「他者」を内なる場所へと探し求めなければならないことも理解した。またこの軸の周りを巡る数え切れない変革の中心を探しに行かなければならないことも理解した。私は自分に似ているもの全てを探し求めながら道に迷った。そして私はまるで無数の鏡の中の自身の鏡像を見るように、「他者」の目の中に映る私を見ることの喜びを味わった。抑えきれない力とともに、私が世界の中で行動を起こし、世界を変えようとしたその日——私にできるのは世界を変えることを始めることしかないと気づいた。私の霊的探求は、物質全体を飲みこむまで拡張した。そして私は恐るべき完全性、すなわち私に付け加えるべきものも取り去るべきものもない状態にまで到達した。私はそのように硬直したままでいることを望まなかった。そのため、私は全てを捨て、私の知恵だけを唯一の同伴者としたのだ。私は私自身の究極の限界に到達し、満ちたりているが留め置かれている。そして神の気まぐれ、宇宙のエネルギー、人知を超えたものから吹き付ける神秘の風を私は待っているのだ。それは私を回転させ、私の中心で新たなサイクルの始まりを生き生きと開花させるだろう。

　全ての始まったものは終わり、全ての終わるものは始まるということを私は十分に学んだ。上昇するすべてのものは下降しなければならず、下降するすべてのものは上昇しなければならないということを私は十分に学んだ。あらゆる循環するものは停滞するに至り、あらゆる停滞するものは循環するに至るということを私は十分に学んだ。貧困は富裕となり、富裕は貧困となる。「意識」が誕生する瞬間まで、あなたが忍耐、従順さ、謙虚さを持って変化を受け入れながら、生命の車輪と一体化するように、私はあなたを変容から変容へと案内している。その時、あらゆる人間的なものは蛹（さなぎ）から蝶が生まれるように天使の段階に到達する。そこでは現実がそれ自体の周りを巡ることをやめ、「創造主」の精神を目がけて舞い上がっていくのである。」

XI
LA FORCE
力

✳︎✠✳︎✠✳︎✠✳︎✠✳︎✠✳︎✠✳︎✠✳︎ ✤ ✳︎✠✳︎✠✳︎✠✳︎✠✳︎✠✳︎✠✳︎✠✳︎

創造的始まり、新たなエネルギー

　11番である「力」は10を基準とする第2の列（42－43ページ参照）の最初のカードである。彼女こそが無意識のエネルギーへの道を開く。大アルカナの中でもこのカードにのみ見られる特徴がある。名前が飾り枠の左端に刻まれていて、右側には20の線がバネのように集められている。そのバネによって新しいエネルギーの跳躍が可能になっているかのようである。20という数は10を基準とするこのサイクルを終了させる「審判」の数である。ここにもまたサイクルの最初と10番目のカード同士の相互に密接なつながりを見ることができる。「力」は「審判」が実現することすべて、すなわち新しい意識の出現の潜在的状態である。

　「力」のメッセージは非常に明解である。つまり、ここでの意識の作業は、まず本能的力との関係を通過していくということだ。第1の列において彼女の対となっている「大道芸人」は、腰から上に向かっての作業であり、自らの知性をテーブルの上に行使する。それに対して、「力」は腰から下に向かっての作業であり、深部についての教えが生命の霊的審級と結び合わされることを可能にする。多くの細部が「力」をアルカナIに結びつける。8または無限の形をした帽子は「大道芸人」のものと同じく受容的である。だが、

◆━━━━ キーワード ━━━━◆

動物性・野獣・創造性・深部・声・思春期・話すこと・黙ること・
再生・力・始まり・交流すること・感じること、など。

Les Arcanes majeurs

彼女の帽子は上部が開かれ、羽根を有しているようにも見える。また、その模様はアルカナIII、IIII、XXIに登場する鷲たちの羽根を思わせる。すなわち「力」の知性は宇宙に向けて飛び立つ準備ができているのである。彼女は表に現れている1本の足によって立っているが、その6本の指は彼女の帽子の六つの赤い突端、獣の6本の黒い歯、そして「大道芸人」の6本の指（145－146ページ参照）と対応している。これを大地にしっかりと固定させる並外れた力の印として見ることもできる。またこのことから、彼女の源が快楽の最も崇高な形としての美にあると推測することもできる（78－79、82、97ページ参照）。大きな足の親指の爪は、手の親指の爪と同様、赤で彩色されている。死後にも伸び続けるゆえに、爪は人体のなかで永遠を象徴していることを思い出すべきだろう。「力」の並外れた生命力は、彼女の爪の赤い色によって表されている。

「力」はつま先から頭のてっぺんまで意識的である。彼女は高所と低所、霊的エネルギーと本能的エネルギーの間の接点という点において、まさに意識の力そのものであると言える。はっきりとした景色は、彼女の周囲にまったく描かれていない。彼女の唯一の支えとなっているのは、黄色の耕された地面、つまり自覚の作業がその上ですでに遂行された大地である。彼女は時間のなかにも空間のなかにも位置づけられず、純粋なエネルギーの表現として現在の中に固定されている。

彼女の活動の全ては、動物との関係に集中している。動物の毛並に見られる黄色あるいは黄金色の知性の力は、肌色の部分において肉となっている。精神は獣性の中で肉となり、その結果、獣性は精神とつながることが可能になる。「力」は素手で作業し、獣性、無意識の表出、自分自身の性衝動をしっかりとつかむ。動物の頭は彼女の骨盤の高さに位置している。こうした力との彼女の関係は、動物の顎のところにある彼女の両手の動きの中で見られるが、それは多くの解釈を許容する。我々から見て左側にある彼女の手は動物の鼻口部にあてられているが、つかんだり力をかけたりはしていないように見える。この鼻口部に描かれた八つの点は、この動物的エネルギーが修正される必要がなく、そのままで完璧であることを示している。

だが、精神と協調するか不和に陥るかに応じて、創造性や閃きが現れてく

るか、あるいは妨害や抑圧が現れてくることになるだろう。「力」が教えてくれるのは、我々の動物的性質と関わっていくことで本質的問題に触れることになるということ、そしてこの我々の動物的性質を無視してはならないということだ。動物の黒く尖った6本の歯が、帽子の赤い六つの突端にも見出されるのは、そのゆえでもある。知性が動物の声に耳を傾け、その一方で動物は精神の感化に従う。これが「力」の理想である。その力関係の中では、両手は鼻口部とダンスしながら交流し、完全に均衡の取れた8すなわち無限を形作る。

「力」の帽子は
鷲の羽根によって
覆われている。

もし手と鼻口部の動きを争いや権力闘争として解釈するならば、そこにあらゆる困難を読み取ることもできる。親指と舌の赤は闘争で流された血となり、性的エネルギーは抑圧され、その結果、動物性が心に深手を負わせることになる（その場合には、女性の首にある跡は斬首の跡と考えられる）。胸の前で結ばれているコルセットも、抑圧による心の閉塞を意味するようになる。そのとき肉体は分割された断片として感じられ、性的虐待、トラウマ、有害で消えない傷を残す厳格な教育の後遺症にさらされていることになる。

手と足の親指の爪は、
どちらも
能動的な赤色である。

しかしながら、我々が分析したこれらの細部には、積極的な解釈を加えることも可能である。女性の胸の上で形作られているひし形模様は、動物的性質を表す左側から右側へと上昇する4本の「物質的」な線と、「意識」の作業を表す右から左へと下降する「霊的」な線の交差からなっている。これらの9本の線と黄色は、10を基準とするこの列の第9段階にある「太陽」（XVIIII）と関連している。「太陽」においては、2人の双子（片方は霊的でもう片方は動物的）が完全なる愛の中で一緒になって新たに作り出されたものを完成させているのを見ることができるだろう。

動物の6本の歯は、
帽子上部の六つの
突端において
反復されている。

Les Arcanes majeurs

喉が単に知性からだけではなく、同時に存在の深みからやってくる表現や真実の発話の場所でもあるとき、女性の首にある線は首飾りとなるのかもしれない。その発話の中において意識と無意識が調和を獲得するのである。

✿ 解釈において

「力」は本能や創造性に導かれていく活動の始まりや人生の時期と関連している。また、「力」は性的領域に関する問題、あるいはこれまで隠されていたけれども今や表現を求め始めた人間の審級の一つが出現してくることを示す場合もある。我々が自らに問わねばならないのは、「力」の若い女性が動物に自らを表現することを許そうしているのか、あるいはそれを阻止しようとしているのかということだ。病気をした後、または一つのサイクルの終わりの後では、「力」は生命エネルギーの復帰を表す。

タロットに現れる全ての動物たちの内、「力」と「世界」(XXI) で見られる獅子は、人間を貪り食うことのできる唯一の動物である。獅子との調和を獲得している女性は、奇蹟の力の通路となる魂の最も崇高な次元を表している。

✿ もし「力」が語ったなら

「私はあなたを待っていた。私は新しいサイクルの始まりである。すべてを成し遂げてきたあなたは、もし私に会わなければ、生きていくことはできないだろう。私はあなたに恐怖を克服することを教えよう。私とともにあれば、あなたは全てのことを見、聞き、味わい、触れることとなるだろう。感覚は限界を持たない。だが、道徳は恐れから作られている。崇高でもあり陰鬱でもあるあなたの衝動の果てしない沼地を、あなたが見ることができるようにしよう。私は光に向かって上昇するあなたの内部の暗い力である。

==== 伝統的諸解釈から ====

創造の力・勇気・心の気高さ・新しい出発・ある活動の始まり・
新しいエネルギーの供給・本能的エネルギー・動物性・力・怒り・勇敢な行為・
自己鍛錬・精神と本能の間の関係・解放あるいは抑圧・性からの訴え・
性的抑制・抑圧・表現することの困難・開放・オルガスム・タントラ、など。

深い内面の中心から、私の存在の地下室から、私の創造的エネルギーはわき起こってくる。私の起源は、泥の中、最も濃密なものの中、最も身をすくませるものの中、最も発狂したものの中にある。焼けつくオーブンのように、私の性器は欲望を発散する。一見したところで動物的性質のものに見えたとしても、それらは宇宙の起源からずっと物質に秘められていた歌に他ならない。

　星々を起源とする光としての私の知性は無限のように冷たいが、創造の雄叫びを引き起こすため、永遠のマグマの熱に働きかける。「天」と「地」はこの叫びのなかで結びつき、世界を目覚めさせる。取るにたらない石の一つ一つを、私は芸術作品に変えることができる。発育の悪い木々の上に、私はみずみずしい果実を実らせることができる。私は水平線を、長く果てしなく続いていくルビーのような生き生きとした赤紫の切り口へと変えることができる。私の背後の泥の中に私の力強い両足が残していく一つ一つの跡は、蜜がいっぱいたまった蜜蜂の巣となっている。

　私は世界が必要とする崇高で獰猛な衝動を、まるで解き放たれた大海の波のように、自らの肉体の上から下まで循環させるがままにする。あなたは好きなようにそれを呼ぶがいい。性的能力、物質のエネルギー、竜、クンダリーニなどと。私の内部で形成されるのは計り知れないカオスである。私の腹部では悪魔と天使が一つに結合し、旋風を形作る。1本の木のように、私は枝を天に向かって広げ、その一方で根を大地へと突っ込んでいく。私は梯子であり、エネルギーはそれによって上昇し同時に下降する。何物も私を恐れさせはしない。私は創造の始まりなのだ。」

吊られた男

LE PENDU

✻✻✻✻✻✻✻✻✻✻✻✻ ✾ ✻✻✻✻✻✻✻✻✻✻✻✻

停止、瞑想、自己犠牲

　アルカナXIIの「吊られた男」は10を基準とする2番目の列の第2段階に対応し、最初の列の「女教皇」に相当する。「女教皇」と同じように「吊られた男」は蓄積、停止、隠遁の状態を示す。「女教皇」と同じように、彼は人間の世界から遠ざかっている。人間の世界へと彼を繋いでいるのは、ただ彼を結ぶ縄だけで、それによって彼は自らを支える二つの木の間で肌色の腕木に結び付けられている。アルカナXI以降の全ての数字が、無意識の深淵に眠る原初なる力の源への下降を完了させようとしているということはすでに確認した通りである。「吊られた男」はこの下方への引力に従っている。また自らの蓄積的な性質（数字の2）に従って、彼はあたかも自らを根付かせるかのように髪を深部へと向けながら、逆さまに吊るされた完全な停止状態でこれを表している。

　「女教皇」が孵化（ふか）させる側だとしたら、「吊られた男」は孵化される側である。彼は新たな生命が生み出される妊娠期間に入っている。我々はここでまたアルカナIIに現れていた卵の象徴的意味を見出すことになる。「女教皇」を母だとするなら、「吊られた男」は息子である。「吊られた男」はアルカナIIの卵の中に孕まれていると想像することもできる。彼は天地の間で吊られ

━━━━━━━◆ キーワード ◆━━━━━━━

犠牲・停止・選択しないこと・妊娠・胎児・瞑想・自己犠牲・
深部・逆さになった状態・待つこと・猶予・中断・休息、など。

ながら、生まれるのを待っているのだ。両脚の形は、いくぶん「皇帝」のそれを思わせる。すなわち、一方は伸ばされもう一方は曲げられている。しかし「皇帝」の足の組み方は動的であり、前方に突き出された片方の足は行動に移る準備ができている。反対に「吊られた男」は片脚をもう一方の脚の後ろに曲げ、自分自身をいっそう動けなくしている。行動する能力のシンボルである両手も、背中の後ろで組まれている。すなわち彼は為すことも選ぶこともない。

　この人物の両側には、切り落とされ、犠牲として捧げられた枝が見える。この準備されつつある霊的ないしは物質的誕生のためには、停止が必要である。この停止は病気によって引き起こされることもあるし、瞑想状態のなかで自ら意志されたものかもしれない。霊的な面で言えば、「吊られた男」はこの世の喜劇や自分自身の神経症的舞台と同化することをやめてしまっている。そして彼は内的作業のために自我の不安を放棄していく。その意味で、彼の降下は上昇なのだ。

　彼の肉体が逆さまになっている状態に、視点や視野の逆転を見ることもできる。知性は下方へと投げ出され、理性が振る舞いを支配するのをやめる。他方で、髪の毛の暗い黄色が証しているように、精神は内なる深い叡智に対して自らを受容的にさせている。人生についての視点は変化する。我々は我々自身の本質的真実へと入っていくために、子供時代から引き継いだ幻想や投影を伴った世界観から離れていく。このような視点を踏まえれば、リーディングにおいて、ときとして「吊るされた男」は相談者の系譜とのつながりを意識するよう促すことがある。頭を下にしているこの人物の姿勢は、母胎にいる胎児の姿勢を思い起こさせる。こうしたことから、このカードは胎内にいたときの状況や生誕の際の状況、あるいは過去のトラウマ的な経験となってしまっているかもしれない妊娠について、相談者に尋ねるようタロット・リーダーを促していることもある。枝が切り取られた２本の木は、二つの「系統樹」つまり母方と父方の家系としても解釈できる。神経症的状況や虐待行為は我々を無力な犠牲者としてそこに吊るされた状態とする。その際、この吊るされた男の両手が目に見えないように、我々の背後には恥ずべき秘密が隠されているのかもしれない。ときとしてこのカードは、罪悪感、流血

する12の木の傷に象徴される想像上の罪、自らに科す罪、強いられている犠牲を表すこともある。伝統的に流布している解釈に従えば、「吊られた男」のポケットからは金がこぼれ落ち、財産が失われていっているとも考えられる。これをより象徴的に解釈するならば、自我による幻影の「豊かさ」の放棄として見ることもできるだろう。

人物の周りにある
切られた枝は犠牲や
本質的な要素の探究と
関連する。

「吊られた男」はまたキリストの姿、さらにそれを通して自己犠牲のテーマも想起させうる。その際、切られた12の枝は十二使徒を象徴する。しばしば彼らは、普遍的な両性具有的自我を象徴するキリストを取り巻く、自我の12の偏向だとみなされることもある。両性具有の特徴は数多くある。「吊られた男」のポケットは両方とも三日月の形をしているが、一方は受け取り、もう一方は与えている。すなわち、一方は能動的で一方は受容的なのである。彼を括(くく)り付け支えている縄は二重になっている。我々から見て左側の縄は端が男性器のシンボルになっているが、我々から見て右側の綱の端の形は女性のそれを思わせる。さらに言えば、この縄の「吊られた男」の踵(かかと)を結ぶ所には円の内部に描き込まれた三角形がある。このことは彼が精神または霊的両性具有と結び付けられていることを意味する。また、このことは彼のつま先から頭の先までにも言える。というのも、彼の暗い黄色の髪の房の合間にも、明るい黄色の太陽の円のシンボルと小さな月が見出されるからである。

縄の踵の部分には、
精神を象徴する
三角形がある。

髪の中に
月と太陽がある。

服のボタンは、
カバラの伝統における
セフィロトを象徴するの
かもしれない。

　しかしながら、タロットが三つの重要な一神教の影響を深く受けていることからすると、「吊られた男」の服にある10のボタンをカバラの伝統における「生命の樹」の10のセフィロトへの暗示と見ることもできるだろう。首元から始まる最初のボタンには、全創造の起源としての一つの点がある。それに続く四つのボタンでは、受容的要素と能動的要素が交代していく。「ティフェレト」のセフィロト

Les Arcanes majeurs

に対応する6番目のボタンは、八つの光線を持つ太陽の形をしているが、それは完璧な美として他の全ての要素を統合する。さらに受容的要素と能動的要素が一つずつ続いた後の9番目のボタンには月、さらに10番目には正方形すなわち地のシンボルが刻まれている。「吊られた男」の瞑想は、自分の中に眠っている普遍的叡智(えいち)への接近を可能にするのである。

❂ 解釈において

このカードは停止の時を示すが、それを有効に活用し、計画を精密にすることや、自己認識や内なる作業を深めることへと向けることもできる。また、閉塞状態あるいは行動力のなさを示していることもある。ときとしてこのカードは、今は決定するのには適切ではないということ、状況や我々自身のものの見方の機が熟していくのをさらに待つ必要があることを教えてくれる場合もある。「吊られた男」は足の形が似ているアルカナXXI「世界」の文字通りの鏡像ないしは反映として見ることもできる。しかし「世界」ではマンドルラの中心にいる女性が踊っているのに対して、「吊られた男」は停止している。彼は運動に対して相補的である不動性、母胎にいる胎児、さらにはこの世界でのあらゆる実現を生み出すための自己との深いつながりを表している。

❂ もし「吊られた男」が語ったなら

「私がこの姿勢にあるのは、自らそれを望んでのことである。枝を切り落としたのは私である。手に入れようとする欲望、自分のものにしようとする欲望、引きとどめようとする欲望から、私は自らの両手を解放した。世界を放

──◆ 伝 統 的 諸 解 釈 か ら ◆──

停止・待機・不動状態・まだ行動する時はやって来ていないこと・
何かを隠すこと・自罰行為・妊娠状態の中の胎児・秘密・視野の反転・
別の視点から眺めること・選択しないこと・休息・病気・妊娠・
相談者の懐胎されていた時の状況・系統樹とのつながり・祈り・犠牲・
自己犠牲・深い瞑想・行わないこと・祈りを通じて受け取られる内的な力、など。

棄することなく、そこから私は身を引いた。私とともにあなたは、もはや意志の存在しない状態へと入っていこうとする意志を見出すことができる。そこでは言葉、感情、関係、欲望、欲求が、もはやあなたを縛ることもない。自分自身を引き離すため、私は全ての繋がりを断ち切った。私を「意識」と結びつけるものを除いて。

　私は自分自身へと永遠に落下していくのを感じている。言葉の迷宮を通り抜け、私は私自身を探しているのだ。私は思考する者であり、思考される者ではない。私は感情とは別である。私は感情を、ただ平和しかない不可侵の領域から観察する。欲望の川から無限に遠ざかっている私は、ただ無関心のみを知る。私は身体ではない。その内に住まうものである。自分自身に到達するため、私は自らの獲物を捧げる狩人となる。私は無限の非動作の中に燃え上がる行為を見出す。

　私は自己犠牲の力を見出すために苦痛を通り抜けていく。少しずつ私は「私」と呼ばれうる全てを捨て去っていく。あたかも魔法をかけられた森の中に入っていくように、私は絶えず自分自身の中に戻っていく。私は何も所有せず、何も理解せず、何も知らず、何も望まず、何もできない。

　しかし、幾つもの宇宙全体が私を通り抜け、その旋風で私を満たし、再び去っていく。私は雲たちを過ぎ去るがままに任せる無限の空である。私に何が残っているだろう？　目的もなく、それ自体を意識した、それ自身を最終的な究極の現実とする一つの眼差(まなざ)しである。その時に私は純粋な光として炸裂する。私は巨大なダンスの軸になり、渇した人々が飲みに来る聖水となるのだ。

　この瞬間、私は有毒な大気を追い払う純粋な風となる。この瞬間、私の縛られた肉体は永遠の生命の溢れかえる大変異の泉となる。

　私は鼓動と共に創造の極限へと美をかりたてる心臓に過ぎない。私はすべての苦痛の中にある穏やかな優しさとなり、尽きることのない感謝となり、犠牲者を恍惚へと導く扉となり、高所へと滑り落ちていく坂道となって、血の闇の中で循環する鮮明な光となるのだ。」

XIII
L'ARCANE SANS NOM
名無しのアルカナ

根本的変革、革命

　このアルカナについて最も広く受け入れられている誤りは、皮相な伝統によって作り出されてしまった「死」という意味やそうした名称である。この誤謬の影響は、アルカナXIIIの解釈に重くのしかかっている。もちろん、ここには一般的な伝承において死を表す鎌を持つ骸骨が見られる。しかしながら、多くの要素によってこのあまりにも単純すぎる解釈を退けることができる。また、アルカナXIIIは名前を有していない。「吊られた男」によって成し遂げられた無化と深化の作業のあとで、このカードは過去の根本的な浄化を引き起こす。それは個人の中の非言語あるいは前言語の深部において、母体のように我々の人間性が生まれる、自身の内奥にある暗黒の地、その影の中で起こる革命の誘引となるのだ。

　また一方では、13が大アルカナの列の最後の数字ではなく、列の真ん中をいくぶん過ぎたところに位置することに留意すべきである。もしこのカードが終わりを表すのであれば、おそらくは22という番号を持つはずである。むしろタロットの真ん中の位置を占めていることが、このカードを浄化の作業として見るよう、また再生そして「世界」の完全な実現へと向かってのちに一つ一つ段階を上昇していくのに必要不可欠な革命として見るよう促して

キーワード

変化・変質・革命・怒り・変容・掃除・刈りいれ・骸骨・切ること・前進すること・排除すること・破壊すること・迅速さ、など。

いる。さらに番号はあるが名前を持たないこのカードは、名前はあるが番号を持たない「愚者」に呼応している。二者の姿勢は明らかに似かよっている。アルカナXIIIの骸骨はほぼX線で眺められた「愚者」の骸骨である可能性もある。そこから両アルカナが同じ根本的エネルギーの二つの局面を表していると考えることもできる。しかし、「愚者」が何よりもまず運動、供給、解放であるのに対し、アルカナXIIIは新しい人生の領域を準備する耕作ないしは刈り取りのような仕事を想起させる。ここでもまた一つの明らかな手がかりがあまりにも単純な解釈を退ける。それは、この骸骨が有機的生命に特徴的な肌色であるということだ。それは自らの内部にある骸骨であり、骨、生ける本質、あらゆる運動の機構である。それは現生から離れるときに我々が置き去りにしてしまう骸骨ではない。

　地面にある白い骨は、ひからびた骨格を想起させる（「骸骨」squeletteという語の起源はギリシア語の「乾燥した」を表す語である）。だが、この死んだ骨ですら新しい生に向かって動いている。というのも、その骨には七つの穴があり、笛のような楽器に見え、自らの音楽を奏でるため、ただ息が吹き込まれるのを待っているからである。おそらくその息とは神的なものであろう。こうしたことからすれば、アルカナXIIIの意味を「死」に還元してしまうことなど不可能である。むしろ我々はこのカードの中に重大な変容、革命、根本的変化を見ることができる。

　生命に関わるものである（赤）と同時に霊的（明るい青）でもある鎌を持ったこの人物は、自然とそして自らの固有の性質を加工しつつある。彼が手にしている鎌の取手は知性を表す黄色である。この労働は望まれ考え抜かれたものであり、今や達成されつつある。アルカナXIIIの一連の行為には、我慢されるか表現されるかの形で攻撃性ないしは怒りがときとして現れてくる。しかし、その仕事は破裂または即座の解放的な爆発のように生じてくる可能性もある。これは除去のプロセスであり、それによって自我は制御され服従させられる。もはやいかなる無用の要素も容認されることはない。我々を閉塞させる短絡的な諸概念や価値体系、そして我々を実現不可能性や神経症の中へと捉えてきたそれらとの共犯関係も一掃される。依存的な繋がりはみな断ち切られ、それによって我々は失われた自由、まさに「愚者」がその

最も重要なシンボルであるところの自由を取り戻すことができるようになる。

　アルカナXIIIが仕事をしている下にある地面は、錬金術のニグレド、あるいは仏教的伝統において蓮華の咲き出る泥を思い起こさせる。これは無意識、空虚、深い神秘の色である。そこに二つの頭が見出されるが、それらが切断されたものなのか、あるいは黒い土壌から生え出てきているのかはわからない——いずれにせよ、骸骨はそれらに寄りかかりながら進む。純化された元型の形で男性性と女性性の深い気高さが現れてくるように、父と母は王位から退けられた。それゆえ、王家の伝統を持つ2人の人間がここに生まれ、同時に二つの異なる形の草が生え出てきている。一つは直観的な霊的受容の色である濃い青で、もう一つは能動的な太陽の知性を表す黄色である。

　また、足と手が黒い地面の上でばらばらになっており、あるものは十分に形作られているが、別のものは不完全な状態であるのが分かる。それらは切断されたものなのか？　生えてきているものなのか？　後者の場合、新しい存在がすでに表面に上がってきているとも言えるだろう。骸骨の人物をより詳細に調べてみると、その顔は単なる顔ではないことが分かる。そこにはあたかも大地の暗さが頭と同じ高さまで上昇し、精神が空虚になってしまったかのような影のある横顔がある。骸骨の目は、宇宙の無限性のシンボルである自らの尾に噛みつく竜のようにも見える。頭には彼の受容性の印となる月の形が記されている。カードを横向きにすると、後頭部の線の間に神の「名」を綴る四つのヘブライ文字、ヨッド、ヘー、ヴァヴ、ヘーを見出すことができる。ヘブライ語のアルファベットでのこれら四文字の合計は神性の数字である26となるが、13はそのちょうど半分である。

チベットの伝統的な楽器の一つをも思わせる骨のフルート。

地面の上にある二つの頭は、両親から受け継がれた諸概念かもしれない。

頭蓋骨の後ろには神の名を表す四文字がある。

受容的な脊柱の頂上には赤く能動的な花あるいは結び目がある。

隠されたハート。

この存在は自らのうちに神性を帯びているが、完全に神的ではない。それは肉をともなった次元で作業をしている。骸骨の骨盤と脊柱は、鎌の色である明るい青と赤を反復している。あたかもこれら2色（生命の活動性と霊的の受容性、115ページ以下を参照）が、頭を支える4枚の花弁の赤い花に向かって、小麦の穂のように、脊柱に沿って成長していく基盤を形作っているかのようだ。骨盤に隠された青いハートは、骸骨が愛を持って作業していることを示す。片膝と片肘には、3枚の花弁からなる花あるいは赤いクローバーがついていて、ここでも肉体の重要なポイントに能動性が示されている。膝と肘はカリスマの場所、群衆との意思疎通の場所だからである。肌色の体の一部である片脚と片腕には明るい青がしみ込んでいる。これは肉体を持っていると同時に霊的、人間的であると同時に神的、死すべきものであると同時に不死という両面を備えた、能動的で開かれた存在であることを意味している。その顔は恐怖を与える。ここまででこの骸骨が神的な活力を秘めていることを理解してきたとしても、いまだその姿には恐れを掻き立てるものがある。また、生命の美をなんら尊重することなく、やみくもに鎌を振るう愚かで足の不自由な者の姿としても見えてしまう。不当で無慈悲な死のように、彼は容赦ない恐るべき脅迫者として姿を現す。しかし、彼の行為は変容の道を示すものであり、死すべき運命から個の意識の不滅性へと我々を導いていくものとなるのだ。

伝統的諸解釈から

根本的な変容・革命・切断・
前進することから我々を妨げるものを排除すること・幻想の終わり・
有益な決裂・怒り・革命家・攻撃性・刈りいれ・
ある人物あるいはある状況にかんして喪に服する・憎しみ・暴力・掃除・
徹底的な純化・変化の本質・無意識の働き・神性の破壊的側面・
神の仮面としての死・変質・新たなものへ道を開けるための古いものの根絶・
人骨と関連する仕事・本質的運動・X線・
精神分析医あるいは変化に付き添ってくれる人物、など。

✿ 解釈において

　このカードは解釈に際してきわめて特殊な繊細さを要求する。否定的な預言は有害であり無益である。そこに死、体の一部の切除、病気を見る必要はない。相談者によっては、このカードが出てくるのを見るだけで怯えてしまう者もいる。ここで必要なのは、このカードが引き起こす重要な変容とは何か、どんな変化が望まれているか、あるいは変化がすでに進行しているか、またこのカードを通じてどのような危険な兆候が回避できるのかといったことを相談者とともに見出していくことだ。ときとしてこのカードは喪に服すべきこと、また表出される必要のある内面に抑えられた強い怒りを示すこともある。さらにまた、アルカナXIIIは無意識の攻撃性、あるいはいかにして建設的に表現すればいいのか分からないエネルギーを表に出す必要を想起させることもある。その場合、「愚者」のエネルギー（同じ方向で同じ動きではあるが、否定的な意味合いが少ない）の方が適しているかどうかを検討してみるといい。だが、革命が求められているのであれば、アルカナXIIIはそれを急激な速さで遂行し、緊張感を大いに取り除いてくれるだろう。

✿ もしアルカナXIIIが語ったなら

「もしお前が急げば、お前は私を捕まえることになるだろう。もしお前が速度を落とすなら、私がお前を捕まえるであろう。もしお前が穏やかに歩んでいくのなら、私はお前に付き添うだろう。もしお前が回り始めれば、私はお前とともに踊るであろう。我々が出会うことは不可避であるのだから、すぐにでも私の方に目を向けよ！　私はお前の内なる影、お前が現実と呼んでいる幻想の背後で笑っている影だ。蜘蛛のように忍耐強く、そしてお前の一瞬一瞬の中に宝石のようにはめ込まれている私は、お前の人生を分かち合う者である——だが、もしお前がこれを拒むなら、お前は真実の中で生きていくことはできなくなるだろう。世界の反対側の端まで逃げるがいい。私はそれでもお前の傍らに居続けるだろう。お前が生まれたときから、私はこの世界へとお前を連れてくることを決してやめることのない母なのだ。だから喜ぶがいい！　お前が私を理解しているときのみ、人生は意味のあるものとなる。私を認識できない気のふれた者たちは、すべてを所有しているのが私である

ということを知ることなく、様々なものへとしがみつく。私の刻印を帯びていないものなど存在しない。永遠なる無常である私は、賢者たちの秘密である。彼らは自分たちが辿りうる唯一の道は私の道であることを知っている。

　私を自分のものとする者はみな力強い精神となる。私を否定する者たちは空しく逃れようとして、束の間というものがもつ喜びを失う。そうした者たちは存在しながらも、存在するすべをを知らない。死に瀕し生きるすべをを知らない。

　子供たちは私を想像することができない。彼らが私を想像できるようになった時、彼らは子供であることをやめるだろう。なぜなら私は子供時代の終わりだからだ。道の途上で私に出会う者は大人になる。彼らは自分たちが私に属することを知っている。私は彼らの困難、勝利、失敗、愛、失望、快楽、苦しみ、両親、子供たち、傲慢、幻想、富を貪る。私は一切のものを貪るのである。私の貪欲に際限はない。私は神々ですら貪る。しかし、神々の最後の者、真の神に対しては、私の内奥で仮面が分解されてしまうと、私は全く歯が立たなくなる。その神の言葉で言い表せない神秘、その神の現前が不在であること、その神の不在が現前していることにおいて、私は自分自身を死に至らしめる。ただ私は自我を貪る。それぞれの自我は異なった味を持ち、それぞれは別のものより苦く悪臭に満ちている。

　私の力で全てのものは塵になり崩壊する。しかし、これを悲劇と考えてはならない。私は破壊を究極の栄光へのプロセスとする。私は生命がその至上の美を誇示するときを待っている。そしてそのとき私は同じ美によって美を排除するために現れるのだ。生命がその成長の限界に達した時、私はその生命を作り上げたのと同じ愛をもってそれを破壊する。何という喜び！　何という絶大なる喜び！　絶えざる破壊は不変の創造へと道を開くのだ。終わりがなければ始まりもない。私は永遠に奉仕する。それはお前の永遠だ。自らを変容に委ねるならば、お前は去りゆく瞬間の主人となるだろう。なぜなら、お前はその瞬間を無限の強度の中で生きることになるからだ。胎内や性器の中に欲望が生まれるのは、私がゆえである。性交は永遠を手に入れるのに奉仕する。

　もしお前が物質的肉体を持たないのなら、私は存在しないだろう。お前が

純粋な精神となるとき、私は姿を消す。物質なしに私は存在しないのだ。だからお前の骨と肉を私の口に思い切って放り込むのだ！　お前が勝利を得るためには、お前の内で実際には常に私に属していたものを全て私に譲り渡す必要がある。それがどれほど微細なものであろうとも、もしお前が何かを保持したいと望むなら、何者でもなく何も所有しないお前は消滅するだろう。お前は永遠を失ってしまうことになるのだ。

　このことを理解せよ。私の究極の暗闇の中において、私はお前が神と呼ぶであろう語りえない存在の目である。私はまた「彼」の意思でもある。私のおかげで、お前は「彼」の下へと帰っていくのだ。私は神の扉である。私の領域に立ち入るものは賢者である。進んで私の敷居をまたぐことができない者は、自らの残骸で飾られた臆病な子供である。私の中に入る時には純粋でなければならない。すべてのものを一掃し、無関心でさえ排除するのだ。自分自身を消滅させるのだ。お前が消え去って初めて、神は現れるのだ。

　力を求めるのか？　私を受け入れることで、お前は最も強い者となる。叡智を求めるのか？　私を受け入れることで、お前は最も賢い者になる。勇気を求めるのか？　私を受け入れることで、お前は最も勇敢な者になる。お前が望むものを私に告げるのだ！　もしお前が私の愛人になるのなら、私はお前にそれを与えよう。お前が私を自分の肉体の一部であると感じる時、私はお前が持っている自分自身に対する理解を変容させていく。私はお前を生きつつ死んだものとし、お前に死者たちの純粋な眼差しを授けよう。それは、ただ神の眼差しのみを通す、二つの虚ろなる穴だ。そのとき、その瞬間は恐るべきものへと変わり、すべては鏡に変容し、お前はすべての生命の中、すべての形態の中、すべてのプロセスの中で自分自身を見ることになるのだ。お前が「生」と呼ぶところのものは、幻想のダンスとなる。物質と夢の間にはもはや何の違いもない。

　震えるな、恐れることはない、喜ぶのだ！　はかない幻であったとしても、生は瞬間の中でその至上の美を明かす。私に眼差しを向けることで、お前は最終的に生とは奇蹟であったと理解することになるだろう。

　私は時が来る前に、見つけられることを好まない。私が誰であるかを理解したまさにその瞬間に、私を呼ぶよう人々に求める。自殺することで私を急

Les Arcanes majeurs

かせても、私はどんな叡智ももたらしはしない。なぜなら、そうすることでお前は私を下劣な破壊へと捻じ曲げてしまっているからだ。私は不条理な不運ではない。私には深遠な意味がある。私は偉大な指導者であり、物質に身を潜める触れることのできない「師」である。狂ったように懇願されるとき、私は怒りを掻き立てられ、自分の意志に反して行動せざるをえなくなる。完全に目覚めた意識で私に辿りついた者たちだけが、私に至高の喜びを与えるのだ。だが、戦争、犯罪、悪習、病気によって、ほとんどの生命は無知のまま私の下にやって来る。私が最高の形で実現されるような純粋な「意識」の状態に到達する者はごくわずかしかいない。そうした人々は私を常に意識し続けるが、他の人々は私に不意を突かれることになる。あきらめる人は理解し、私の餌食になることを受け入れ、やすやすと自由と喜びの中で生きる。悪夢にうなされることもなく、確信を持ち続けながら攻撃してくるものに立ち向かう。そうして自分の求めるものを実現するのだ。希望を死なせることで、我々は恐怖も死なせるのだ。

　私に手を差し出してはならない。私はその手を即座に腐らせるであろう。お前の意識を私に差し出すのだ。私の内部で消滅せよ、ついには全体そのものとなるために！」

節制
TEMPÉRANCE

保護、循環、治癒

　14番の「節制」には天使が描かれている。このカードは無益なものを一掃し、内的循環の回復に必要な空白を作りだしたアルカナXIIIの根本的作業の後にやって来る。平和と健全の時期の到来である。「節制」には男性、女性どちらの定冠詞もないことに注目すべきである。すなわち「節制」は、どちらの性としても語ることができるのだ。「天使」としては「彼」であり、「節制」としては「彼女」なのである。10を基準とする最初の列の「皇帝」と同様、「節制」は安定性の数である4である。この天使は地にしっかりと足をつけていて、明るい青の羽根で飛翔も出来るがそれをしない。「節制」は肉体的なものをすでに超え、彼／彼女は最も精妙な領域にまで飛んでいくことができる。純粋な意識によって照らされたその黄色い瞳は、リルケの詩行を思い起こさせる。「すべての天使はおそろしい」[訳註6]。この人間的なものを超えた眼差(まなざ)しは、神を見た唯一の天使であるガブリエルのものかもしれない。「節制」の眼差しと髪の毛は神的な光に満ち、その頭の頂上で開いている5枚の花弁をもつ赤い花は彼／彼女が第五元素を備えていることを示している。その思考は言葉を超えた不可思議な香りとして顕現する。

　しかし、この天使が地に足を下ろしているということはすでに確認した。

―― キーワード ――

守護天使・測定・混合・循環させること・調和・癒すこと・保護すること・
好意・慎重さ・緩和すること・健康・穏やかな気性、など。

訳註6　ライナー・マリア・リルケ『ドゥイノの悲歌』第2歌より（邦訳は手塚富雄訳、岩波書店、2010から引用）。

Les Arcanes majeurs

足下では、2匹の蛇が絡み愛撫しあっている。すなわち、「節制」は全ての地球のエネルギーを引き受け、自分自身のリビドーを制御しているのである。これら2匹の蛇は、性の両極であり、タントラにおける男性性と女性性、あるいはイダとピンガラという二つのナディであり、脊柱の基部から絡み合い紺碧の羽根に至っている。このシンボルはまたヘルメスの伝令の杖あるいはケツァルコアトル、古代アメリカの宗教にある羽毛のある蛇を思い起こさせる。天使は自分の性の力の上で成長する。ここにも我々は、黄色い髪が示す天上の霊的エネルギーへと動物的な力が昇華されているのを見出す。

　胸にある四つの黄色い小三角形は、人間の四つの中枢、すなわち知性、感情、性、肉体の中枢を思い起こさせる。これらの中枢は相互交流することはなく、それぞれが独自の法則を持ちながら並置されている。しかし、その上には完全さのシンボルである黄色い輪が一つ見出される。そこには三角形が刻まれ、各要素をそれとぴったり一致させることができるようになっている。これは第五元素、我々の内にある四つの中枢のそれぞれと交流する本質的存在、人間存在の調和を可能ならしめるものである。同様に天使の胸にある色のうちには好機と平和のシンボルである1本の手が見分けられる。その胸は慈愛で輝いている。

　「節制」はこれら中枢の間でのエネルギーや流体の相互伝導を可能とする。彼／彼女は水とワインを混ぜているとも言える。「節制」の行為によって、諸エネルギーはもはや対立することも相反することもなく相補的になる。これがバランスの秘密である。「節制」は健康の回復、精神的バランスと感情的バランス、抑圧されることなく昇華していく情熱の制御を示す。「節制」は平和の回復のメッセージをもたらす。「中心を見つけよ。お前の生命の振り子は極端さへと振り切ってはならぬ。中道を行け。」

　服の下部に靴の先端が見えるが、タロットではまれな紫色に染まっている。天使のこの足も適度な色合いとなっている。それは「節制」の体の色を構成している能動的赤と受容的青の混合である。ここから我々は天使の服の内側も紫色であることにも気づかされる。彼／彼女は積極性と消極性、能動性と受動性の結合を表しているのだ。これこそがこの足によってひっそりと明かされる秘密である。

✿ 読解において

　このカードはしばしば治癒ないしは和解の兆候として現れる。我々が保護されていることを示している。このカードは一見対立するものの間のバランスを探すよう促している。人はしばしば内的分裂を生きる。たとえば、知性とそれ以外の部分の間、あるいはそれとは反対に運動を得意とする人ならば肉体と残りの部分の間、または舞台に立つ人であれば体の前面と背中の間、極めて高貴な霊的思想と激しい性的欲望の間で。これら全ての場合について、「節制」は我々に中道を取り、自分自身とのつながりを確かなものとし、そしてそこから世界の残りと関係していくようにと呼びかける。また、このアルカナはアルコール依存者や薬物依存者、また自らの責任でバランスを崩していることを知っているすべての人々に警告を発している。

　「節制」の作業は、害をもたらす情熱を切り離すのではなく、その情熱を穏やかにする価値、つまり嫉妬に対して信頼を、大食に対して節度を付け加えるのだ。

✿ もし「節制」が語ったなら

　「私は常にあなたと共にいる。一時足りとも私があなたと共にいない時はない。なぜなら私の真の本質は守護者であることだからだ。あなたが想像できないほど何度となく、私はあなたを危険や病気から救っている。私はそこにいてあなたを見守っている。あなたが夢を見ている時、私はあなたを見守り続け、悪夢を遠ざける。

　私はあなたを無限に愛している。私を信頼しなさい。あなたが私の好意を信じるのをやめたとき、私はどんどん小さく不可視となる。私は力の一部を失ってしまう。しかし、あなたが私を見ることを再開するや否や、あなたの内面にも外の世界にも、私はますます強い影響を及ぼすようにな

天使の額には
赤い花があり、
その思想を芳香で
満たしている。

四つの切っ先と円。
すなわち四つの元素と
「本質」。

壺の間の流れ。

地面との接触点と
なっている天使の
紫色の上靴。

る。母親が子供を信頼できる人物に預けるように、あなたは子供のように私に頼ることができる。私はあなたを保護するからだ。車に轢かれそうな時に私に引っぱられることで、あなたたちのうちどれほど多くの人が突如として私の存在に気が付いただろう？　あるいは飛行中に爆発することになっていた飛行機に乗ることを私が断念させたときに？　あるいはまた、深淵から数センチのところで歩みを止めたときに？

　私はバランスと繁栄である。「気をつけろ！」と叫んで、致命的な誤り、事故、とりかえしのつかない行為を免れさせる内なる声である。

　私はあなたのために絶えず警戒している。私は宇宙の好意である。私は自然そして世界を統べる全ての存在者たちと交流し、それらがあなたに好意的であるようにする。私は危険を遮り、交流を導く。あなたが完全に安心して生きていけるように、私は北に、南に、東に、西に、世界の至る所にいる。

　人は私を「守護天使」と呼び、それゆえに教会は私を子供の姿として思い描いた。確かにそれもまた私だが、実際の私は遥かにそれを超える。私はあなたの無意識の一部であり、その善意に満ちた部分であり、あなたを助け、あなたが眠っているときですら見守るものである。私はそこにあり、あなたが行動するのにふさわしい時に、あなたを行動へと駆り立てる。私を信頼しなさい。私はあなたのバランスをとるために、ここにいるのだ。苦しむもの、自らを苦しめるものは私のことを知らないが、しかし私は彼らのためにもそこにいる。私はただ彼らが私を見て私を呼び求めるのを待っているのだ。

　私はあなたに一つのことだけを要求する。すなわち、私を認識することだ。

伝統的諸解釈から

治癒・健康・保護・動的なバランス・交換・和解・
流体(血、水など)の循環・エネルギーの流れ・境界を越えること・旅行・
前兆となる夢・調和・むらのない落ち着いた気質・混ぜること・
バランスをとること・要求を和らげること・生命力のバランス・
純粋主義(天使は性をもたない)・必要以上に節度を持とうとする傾向・貪欲・
己自身との交流・恩寵の伝令使・霊的治癒・守護天使・
故人の想起(墓の彫刻)・魂の輪廻、転生・羽毛のある蛇、など。

もしあなたが私を認識したならあなたは1人ではない。だが、どうすれば私に近づくことができるのかとあなたは問うだろう。私はあなたに答える。あなたは私を想像することから始めなければならないと。まずは守護天使という子供っぽい心像を呼び覚ますこともできる。それも始まりとしてはよい。自分の天使に話しかける子供のように私と戯れなさい。私が存在するかのように振る舞いなさい。私がそこ、あなたのそばにいつもいるかのように想像し、私の唯一の目的はあなたを助けることだと想像しなさい。とりわけ信じて疑わない子供のように私の助力を受け入れなさい。

　あなたの防衛的な態度を捨て去りなさい。あなたが何かを必要とする際、それを大声で私に求めなさい。「私の守護天使よ、助けてくれ。この問題、この困難の中にいる私のために執りなしてくれ。」それが現実的なものであれ霊的なものであれ、私はあなたのすべての要求に応えるだろう。私にあなたを保護するよう求めるのだ。私はあなたを保護したいと思っている。私に次のように言うのだ。「私の保護者よ、私の健康に気を配ってくれ。本当に私の気にいるような仕事を見つけるのを手伝ってくれ。その仕事によって私が人間としての自分の可能性を完全に実現するように。そして私の家族に何の不自由もさせないように。」

　あるいは、次のように私に言うのだ。「私の保護者よ、困難な状況にあって私が平静さを保つのを手伝ってくれ。私を成長させ、私の意識を高めるのを手伝ってくれ。私に力を与え、健康を改善し、日常的に自分を取り巻いているものの役に立つようにしてくれ。私はあなたを信頼している。」

　たとえあなたが私を信じないとしても、この信仰を装ってみよ。そうすれば少しずつ私は姿を現し始めるだろう。時間は私の同盟者である。なぜなら時間はあなたへさらなる叡智(えいち)をもたらすからだ。私は誕生の瞬間から死と呼ばれるもう一つの誕生の瞬間まであなたと共にいる。」

悪 魔

無意識の力、情熱、創造性

　数秘学の序列として、「悪魔」は大アルカナの10を基準とする最初の列の第5段階であるアルカナVの「教皇」と対応する。「悪魔」もまた橋、推移を表している。しかし、「教皇」が霊的高みへの道を示すのに対して、「悪魔」は存在の深部への道として現れる。このカードはアルカナXIIIで見られた大きな黒塗りに根を下ろしている。「悪魔」は松明を持ち、蝙蝠の二翼がついた姿をしている。これらの要素は彼が闇、深い無意識の暗黒の中に存在することを示している。彼は物質に埋められた光である「教皇」の裏面を表していると言えるだろう。カードの人物たちは人間と動物の混合だが、そのことは我々の原初の力、神経系の最奥に埋葬された先史時代の記憶と関係がある。これらの人物たちを飾っている様々な秘教的な象徴が思い出させるのは、秘儀伝授を受けた者が啓示へと達するために、自分の動物的な面を否定することなく、それを認め、敬い、天使的な光へと導いていかねばならないということだ。

　かつて天使であった「悪魔」は、自らの洞窟から宇宙へと再び上昇したいという深い欲望を松明によって表している。同様に肉体に埋没している人間の魂も、自らの起源、神的創造者に向けて再び上昇したいと深く欲している

キーワード

誘惑・欲望・情熱・愛着・連鎖・金銭・契約・深部・闇・
恐怖・禁忌・無意識・性行動・衝動・創造性、など。

のである。「悪魔」は帽子を被っているが、その赤い縁は活発な欲望を喚起させる。また、第3の目のように額にまで広がっているオレンジ色の部分は直観的で受容的な知性を示す。眼が寄っている彼は、深い瞑想状態にあり自分の鼻の先端に焦点を合わせている。顔の表情は両義的である。深く集中しているようにも見えるが、子供のしかめ面のようにも見える。彼が我々に思い出させるのは、大衆向けに掻き立てる諸々の恐れを超えて、彼が無垢な創造物であり、滑稽な存在に過ぎないということなのかもしれない。また、自らの顔からと濃い青の腹部の顔からとで、二重に舌を突き出していることから、「悪魔」が隠しているものは何もないと言えるだろう。彼が示しているのは偽善が完全に存在しない姿なのだ。

　彼が顔、腹、両膝に複数の目を備えているのは、己の恐怖を真正面からよりよく眺めるためである。彼には四つの顔がある。強力な知性を隠す仮面である顔に加え、胸には驚きに満ちた眼がある。彼の胸の下部の半月の形は、止めどもない多感さを示している。腹部の顔も舌を突き出しているが、それは彼の創造的そして性的な欲望が拡大していることを示している。膝の眼差しは肉体が引き受けられていることを示唆しており、精神が浸透した肉体は物質的生の何ものも軽蔑しない。「悪魔」の性器は第3の舌が現れているかのようである。だが、彼の明るい青色の肉体は、ルシファー的外見にもかかわらず、彼がなによりもまず霊的存在であり、精神的次元にあることを示している。手には緑すなわち永遠の色の柄をした松明が握られ、赤い炎が円いところから現れ輝いている。完全性と創造的な原理を表すこの徴が示す大きな活力によって松明は燃えている。

　3人の人物がみな角を冠していることは、このアルカナがなによりも情熱、とりわけ愛と創造の情熱に関するアルカナであることを意味している。このカードは人間の無意識に隠された否定的でもあり肯定的でもある可能性を示す。これはまた誘いのカードであり、隠された宝、不死、そして人間のあらゆる偉大な事業のために必要不可欠な、心の中に埋め込まれた強力なエネルギーを捜し求めることへの呼びかけとなる。もちろん、このアルカナはファウストの伝説にある不正な契約、性的行動の逸脱や退廃、幼児性、詐欺、精神の錯乱、経済的な面での強欲、大食、あらゆる類の自己破壊的な執着を表

すこともある。

「悪魔」は一種の台石あるいは台座の上に立ち、そこに2匹の小悪魔(インプ)がオレンジ色の縄で結び付けられている。縄は中央にある明るい青の輪の中を通っている。性別を明確に示す特徴は描かれていないが、顔の表情をみると我々から見た左側の小悪魔(インプ)は女性、右側は男性のようである。女性の方の胸には、神聖であることを示す小さな印、すなわち三角形に配置された三つの点がある。この2人の足は黒い地面の中へと向かって伸びる根のような形をしている。女性の足には5本の枝があるが、右の方の小悪魔(インプ)には4本の枝しかない。すなわち、このカードは女性の能動的な面と男性の受動的な面を明らかに示しているのだ。この二つのエネルギーは、乳房とペニスの両方がある両性具有の悪魔を生み出すために結合している。悪魔の右の手足には5本の指があるが、左の手足の指は4本である。2人の小悪魔(インプ)の頭には角があるが、これは動物たちが情熱の森の中に自らの角によって囚われ続けるという中世の伝説を思い起こさせるものだ。彼らを自らの欲望によって縛り付けられている2人の人間として見ることもできる。しかし一方で彼らは深い源泉に根差し、あらゆる偏見から解放され、「悪魔」の創造的な両性具有の使用人へと変容している。

　一般的な見方からすると、「悪魔」は金銭を喚起する。彼は手早く簡単に富が入ると約束する契約を持ちかけ、人間を誘惑するために姿を現す。また「悪魔」は、激しい情熱、誘惑、男女の密通とも関連している。これら全ては同じ霊的現実の上にあり、キリストが内なる悪魔によって誘惑されたように、我々の一部は未知なる可能性とともに我々自身を誘惑する。秘教主義の伝統によれば、キリストは死ぬと、自分の年長の兄である「悪魔」と結合し一つになるため、彼を探し求め墓穴を下降していく。

「悪魔」の松明は
世界を焼き尽くす
ことができる。

2人の小悪魔(インプ)の
頭の上にある
角あるいは枝。

小悪魔(インプ)の足は
黒い地面に
根づいている。

女性の小悪魔(インプ)の体の
左側に見える
三つの霊的な点。

Les Arcanes majeurs

暗闇の母胎の上にある「洞穴」の地面には、均一の縞模様がつけられた明るい青の地表が見える。黒色の部分の中央には同じ縞模様が見られるが、これは霊的作業の証であり、2人の小悪魔(インプ)を結びつける縄が通る、明るい青の円が意味する完全性へと導く能動的な力を形成している。無意識的で直観的なあらゆる活動が、意識的（明るい黄色）かつ霊的（明るい青）なものとなるのだ。「悪魔」はこの活動の根源を性的なものとして示している。性器の赤い先端は生命のシンボルであり、また乳房を支える二重の帯や骨盤を取り巻く帯も同様である。赤の色合いは、リビドーがまず何よりも松明の炎のように生命の炎であること、またその松明を通じて創造の火で世界を燃やすことができることを示しているようにも思われる。この観点からすると、「悪魔」は神のもう一つの顔である。

✿解釈において

「悪魔」は金が入ること、あるいはいかがわしく人目を忍ぶ場合もある大きな金銭の取引と関連したあらゆることを指し示す。彼は大いなる誘惑者であり、物質的領域においては富への欲望と関連している。また、「悪魔」は有望な契約を表すが、騙されないためには念入りに調べてみる必要性があることも示している。実際のところ、「悪魔」は富にも破産にも等しく導く可能性がある。

　一方、創造的なことと関連する質問では、「悪魔」は常に好ましい兆候となる。「悪魔」は豊かな才能や霊感、真の芸術家としての素質、並外れた創造的エネルギーを表す。

　アルカナXIIIと同様、「悪魔」は即座に相談者を恐れさせることがある。「悪魔」は道徳や宗教におけるあらゆるタブーを負わされ、まさに悪のイメージそのものを反映している。それゆえタロロジストは、相談者が押し付けられてしまっている性的なことや創造的なことに関する禁止を乗り越えていくこと、さらに無意識の根底にある深層の力へと再び結びつくことができるように、リーディングを方向づけていくべきである。「悪魔」は情熱が根付く場所でもある。ときとして「悪魔」は、ある関係の性的な面へと目を向けさせることもある。すなわち恋愛の情熱に由来する執着である。また、「悪

魔」はその種の結合を経験したいという欲望とも関連する。「悪魔」は肉体的あるいは精神的な依存を想起することもあるが、その場合はその無意識の根底にあるものを見抜く必要がある。薬物中毒、アルコール中毒、性的依存、自罰行為、恋愛面で繰り返されるパターンなどの問題すべては、心の深層にあるものへと取り組んでいくことで解決される可能性もある。

いかなる場合でも、このカードは自分自身の深い性質へと目を向けさせ、それを仮面の下に隠しておくことができないようにする。自己実現とは本来の自分となることである。そのためには自らの欲望を認め、それを制御することが必要になる。

「悪魔」は膝にも目がある。すなわち、「悪魔」はあらゆるレベルで見ている。

「悪魔」の二つの顔は舌を出している。すなわち、「悪魔」は理性に基づく発言を嘲笑する。

ペニスと乳房。「悪魔」は両性具有であり、二つの極性を結びつける。

✿もし「悪魔」が語ったなら

「私はルシファー、光を運ぶものだ。私からの人類への素晴らしい贈り物とは、道徳を完全に不在とすることだ。私を制限するものは何もない。私はあらゆる法を破り、聖なる書物や法を焼き払う。いかなる宗教も私を抑圧することはできない。私はあらゆる学説を破壊し、あらゆるドグマを破却する。

私は深みの深みのさらなる深みに住む。私より深いところに住む者は誰もいない。私はあらゆる深淵の源である。私は暗い洞窟に生気を与える者であり、あらゆる濃密さが周囲を回る中心を知る者である。私は輪郭を形作ろうとむなしい試みをするすべての者にある粘着性であり、マグマの最高度の力であり、偽りの芳香を告発する悪臭であり、すべての花の腐敗を生み出すものであり、完全さに溺れ自惚れた精神を堕落させるものである。

私は永遠なる瞬間の殺意である。世界の地下に閉じ込められた私こそが、愚かな信仰の大聖堂を揺るがすのだ。私

は十字架にかけられた者たちの足にひざまずき、血が出るまで噛みつく。飢えた膣のように大きく開いた自らの傷口を、私は恥じらうことなく見せびらかす。私は聖性の腐った卵を犯す。私は司祭たちの病的な夢の中に私の勃起した思考を突き立て、私の嘲（あざけ）りの冷たい精液を彼らの偶像に吐きかける。

　私といると平和はない。安定した小さな家庭もない。砂糖をまぶした福音書もない。毛深い修道女たちのねっとりとした舌が求める砂糖の聖母もない。私は道徳のシミで汚れた鳥たちの上に荘厳なる排泄を行う。私は発情したロバに跨（また）がられた四つん這いの預言者を想像することを自分に禁じることもない。私は近親相姦を恍惚とした思いで歌いあげる者であり、あらゆる性的倒錯の擁護者である。私は無上の喜びとともに、小指の爪で無実の者のはらわたを切開し、そこにパンを浸す。

　しかしながら、人間の洞窟の奥の奥から、私は暗闇に秩序を与える松明に火を灯す。私は変容の力を創造者への捧げ物として進呈するために、黒曜石の梯子（はしご）の上にある彼の足元へと向かう。然（しか）り。神的なる無常を前にして、私は本能を氷結し、それが輝ける彫刻のようにこの場所に据えられるため戦うのである。私は本能を自らの意識によって明るく照らし、そして寄り添う。新たな神的作品、無限の宇宙、私の爪からこぼれ落ちる広大な迷宮、私の歯の間から逃げさる獲物、ほのかな香水のように消え去っていく痕跡へと、本能が破裂し姿を変えていくまで。

　そして私は時の流れを止めるために、すべての瞬間を次から次へとつなぎ合わせようと試みながら、ここに留まっている。地獄とはこのようなものだ。

伝統的諸解釈から

情熱・執着・依存・独占欲が強いこと・崇拝・大いなる創造性・禁忌・誘惑・獣性・薬物・詳細に見直す必要のある有望な契約・金銭の収入・人間の無意識に隠された力（否定的であれ肯定的であれ）・発酵・売春・残酷さ・心の深層における作業・精神医学・個人の暗い側面・性的行動・光を運ぶ堕天使であるルシファー・傲慢・所有・妄想・黒魔術・老いることの拒否・大きな性的活力・幻想・隠された宝・心の中に埋め込まれたエネルギー・越えていくこと・勧誘、など。

すなわち、消えゆく神的作品に対する完全な愛である。「彼」は芸術家である——不可視であり、想像を絶し、無形であり、触れることができない。私はもう1人の芸術家だ。固定され、不変で、暗く、不透明で、濃密であり、不動の炎によって永遠に燃え続ける松明である。この永遠、この量ることのできない栄光を、私は飲み込む。そしてその先端にダイヤモンドが輝く蓮華を生み出すため、自らを引き裂く沼のように、この永遠を私の腹に釘づけ出産することを求めている。私はそのようにして、自らの内臓を引き裂きながら神を生み出し、その神を十字架上に釘付けにする至高の聖母となることを求める。それは神が永遠に私と共に、ここで常に決して変わることなく、永遠なる永遠として留まり続けることができるようにするためだ。」

XVI
LA MAISON DIEU
神の家

✻✻✻✻✻✻✻✻✻✻✻✻ ✾ ✻✻✻✻✻✻✻✻✻✻✻✻

解放、閉じ込められていたものの出現

　このカードのメッセージは大きな霊的慰めである。だがマルセイユのタロットが復元されるまで、アルカナXVIは主にバベルの塔との関連で見られることが多かった。最もありふれた解釈として言われてきたのは、傲慢への罰、大災害、離婚、去勢、地震、崩壊である。中世の版画風のタロットを創り出したオスワルド・ワースは、塔から落ちていく王と王妃を想像し、女性の頭を砕いている煉瓦を一つ付け加えた。

　バベルの塔に関する聖書の文章を注意深く読むと、その意味は大災害とはまったく関係ないことがわかる。塔の破壊は罰というよりも、むしろ問題の解決である。いまや洪水が終わり、惑星全体が十分に潤い肥沃になっていた。だが、人間はごくわずかしか残っていない。土地を耕すために散らばるよりも、彼らは天に昇り神へと到達する塔を建設するために力を合わせることになる。原則として、この建築の意図は愛の行為であり、また創造者の王国を知りたいという欲望にある。創造主はこの企てが実現不可能であることを知っていたが、かといってこの塔を雷で打ちもしなければ、塔の住人のいずれかを突き落とすようなこともしていない。ただ創造主は住人たちを分けるために、言語の多様性を作り出すのである。これは罰というよりは祝福である。

───── キーワード ─────

寺院・建築・喜び・氾濫・衝撃・表現・祝賀・ダンス・
栓を外すこと・解放すること・引っ越し・爆発、など。

Les Arcanes majeurs

人間たちは再び世界の征服に乗り出し、大地を耕作し始めるのだ。

　諸版のタロットでは、塔に扉はなかった。復元作業は単に塔の扉のみではなく、扉へと続く秘儀伝授の三つの階段を見出すことを可能にした。錬金術に関する古い版画やフリーメーソンに関する文書では、一つの扉とそこに続く階段を持つ塔が見出され、その段の数は七段の場合もあれば、三段の場合もある。秘儀伝授を受けた者は、まず新たな知識として神的創造のシンボルを受け入れなければならない。次にそれを保存し、さらにそれを手放すことができなければならない。その瞬間にこそ、永遠のシンボルであり、完全な受容性を象徴する月で飾られた緑の扉が開き、塔の内側が啓示されるのである。この塔はしばしば錬金術の炉、第一質料が哲学者の石に姿を変える窯と比較されてきた。

「神の家」La Maison Dieuは神のものである家la maison de Dieuではない。タロットは肌色の煉瓦によって、この塔が我々の肉体であり、我々の肉体が神性を含んでいることを極めて明瞭に示している。わずかに開いた扉からは黄色い光が漏れている。すなわち、肉体は「意識」の光に満たされているのである。人物たちは落下中なのではない。その正反対である。彼らの頭髪は天啓の象徴としての黄色であり、手で地面から生え出ている緑の植物に触れている。彼らは実際には大地の潜在力を称えているのである。彼らの頭がアルカナⅫ「吊られた男」のように下になっているのは、新たなやり方で世界を見ているからだ。知性、精神は、直に自然を眺めている。片方の人物の両足は天の方に向かっている。彼の歩みは彼を精神の方に導くのである。

　アルカナⅩⅤの2人の小悪魔(インプ)は人間化し、上昇を実現した。地面の上の黄色い部分は、神殿への捧げもの、二つの金塊と解釈されうる。2人は捧げ物で「地」を称え、自然に力を貸すため、無意識の洞窟から再び這い上がってきたのだ。彼らは世界に「意識」をもたらし、それを土地に植えつける。彼らの活動を通じ、景色は明るい青、オレンジ色、濃い緑によって彩られる。

　塔から出ているのか、あるいは塔を突き抜けていくのかどちらかである雷光——炎、火の鳥、稲妻——のようなものは、塔の上部に見える銃眼状の冠と結合している。これは破壊ではなく、物質的な力の霊的な光への変容である。アルカナⅩⅤの悪魔的な両性具有者は、脊柱全体を登り、宇宙へと飛び

出していくために冠状の神経中枢を開く炎となったのだ。この炎のようなものは、大地のあらゆる色を帯びている（黄色、赤、緑、肌色）。これは被昇天の一つである。そこには新しい意識の芽生えと宇宙の発展への人類の貢献を象徴する肌色の胎児の形が見分けられる。新しい存在の創造が告知されているが、それは「星」（XVII）で具現化されることになるだろう。「炎」が王冠と結びつくのと同様、塔から出てくる人物たちは、色彩によって豊かにされた地面と結びつく。

「神の家」（ラ・メゾン・デュ）は「恋人」と同じ第6段階にあり、結合のテーマを想起させる——ここで同音異義を採用すれば「魂とその神」（ラーム・エ・ソン・デュ）の結合である^{訳註7}。この結びつきは、エネルギーが濃縮されたような色とりどりの滴を作り出す。インドの聖典において、叡智とは乳のようなものである、とある。それは攪拌され、油の滴をその水面に浮かべる。同じように空中を漂っている黄色、赤、青の玉は、宇宙の喜びのダンスを表現し、まるで星々が我々の同盟者であり、我々の目覚めを待ちながら、我々に自らのエネルギーを運んできてくれていることを意味しているかのようである。この宇宙的爆発は、おそらくは現存の星座の形を表していた。塔がその照明によって灯台との親近性を持つこととあわせて、これら星座の形はこの塔を航海の道具としているとも言えるだろう。

塔に至る三つの階段と地面にある黄色い部分。

扉にある緑の半月。

右の人物の手は植物に触れている。

爆発する様々な色の間に一つの胎児の形が見える。

✲ 解釈において

「神の家」は閉じ込められたものの外部への出現を示す。それは引っ越し、別離、素晴らしい表現が行われる瞬間、田舎や別の国に行きたいという望み、暴露された秘密などを示すこともある。あるいは、思いがけない稲妻のようなひと目惚れである。

訳註7　「神の家」La Maison Dieuとl'âme et son Dieu「魂とその神」が、発音の上で似たものになることを指している。

すでに検討したように、このカードは陽気な祝賀のダンスと関連している。さらに劇場を跳び回る曲芸師たちとも関連している。これは長期にわたり妊娠期間にあったものが、二重性の形——長い熟考の作業を二人で協力して行ったアニムスとアニマという双子——として誕生したものかもしれない。

タロットを解釈する際に質問の一面にしか目を向けようとしない場合、「神の家」はしばしばもう一つの面、塔から半身だけ姿を見せている人物によって象徴される、より目立たない第2の可能性が存在することを知らせてくれる。塔が男根を暗示していることからも、このカードは男性の性器や射精と関連したあらゆる問題を象徴するものとなっている。

「神の家」が突然の別離や排除というより痛ましい意味となる場合、没収、決裂、うまくいかなかった分娩を示すこともある。または兄弟姉妹に関連して、一方の子は望まれ（完全に姿が現れている人物）、他方の子は望まれていない（半身だけしか姿を現していない人物）ことを示すこともある。また、地球の大変動、地震、大きな自然災害を示すものとして、このカードを解釈することも可能である。

天に神を探すのをやめ、地上において神を見出すこと。これがアルカナXVIの最も重要なメッセージであると考えられる。

✽ もし「神の家」が語ったなら

「私は「神殿」だ。私が聖別する祭壇は世界全体である。あなたの生命のように私の生命が鼓動のたびに証明しているのは、世界が聖なるものであり、肉体が生き生きとした祝賀であり、また人生が果てしなく続く建築であるということだ。

私と共にあれば、あなたは聖なるものへと至る鍵となる喜びを知ることに

―――――◆ 伝 統 的 諸 解 釈 か ら ◆―――――

解放・開放・栓を開けること・決裂・引っ越し・家・ひと目惚れ・秘密の暴露・歓喜・繁栄・劇場の装飾・射精（しばしば早すぎる）・破壊・離婚・口論・去勢・性的エネルギーの爆発・ダンス・神性の神殿としての肉体・エネルギーの大きな炸裂・啓示・被昇天・限界が破壊されること・天啓、など。

なるだろう。私は生命そのものであり、変革と再構築であり、生きているもの、またはすべての物質や精神の炎とエネルギーである。もしあなたが私の中に入りたいのであれば、あなたは喜び、そして悲しみと恐怖という子供じみた気まぐれを火に投じなければならない。そして、目覚めるたびに次のように自らに問いかけなければならない。これはどんな祭りだろう？　私は生命の恐るべき喜びであり、永久に予測できないものであり、驚嘆すべき大災害でもある。

　守りの王冠が私を世界から遠ざけていた。古き言葉のコルクが、私の精神を覆っていた。そして結晶化しミイラとなった硬き雲が私の鼓動に影を落とし、そこから光が生起しようとするのを妨げていた。欲望の厚いマントが私の途方もなく強い生への欲求を牢番に変えていた。神が宿ることのない肉であった私は、自らの存在の炎の中で自らを焼き尽くし、私の自我は監獄と化していた。

　この塔の暗闇の中で、自分自身を嫌悪し、自分自身を孤立させ、自分にのみ属する内なる領域を守っていると信じていた私は誰だったのだろう？　何の主人だったのだろう？　どのような見かけをし、どのような偽りの自己に自分を同一化していたのだろう？　私は自己本位の暗がりで希薄化した空気以外の何者でもなかったのだ。

　そして突然に、内側からも外側からも、名付けようのない力、あらゆる物質を養う愛が湧き上がってきた。私の頂上は開かれ、また同様に私の最深部も開かれた。天上と物質の諸エネルギーの結合したものが、嵐のように私を貫いた。私は地球の中心の灼熱を、宇宙の中心の光を知った。私は振動する宇宙の軸を引き受け、私はもはや塔ではなく、私は経路となったのだ。

　その時、結合の喜びが爆発した。高所は低所であり、低所は高所だった。女王アリのごとくに、私は喜ばしきものたちを生み出し始めた。神が私の内にあり、私は崇拝を行う物質に過ぎなかった。私は炸裂し、自分の煉瓦一つ一つが鳥のように無限を通り抜けることになるのを知っていた。私は物質に閉じ込められていたもの全てが、私を通じて噴出することを知っていた。私は宇宙のダンスの中心の柱だった。まさしく私は、その宇宙の原初のエネルギーを完全に受け取る状態にある人間の体だったのだ。」

XVII
L'ÉTOILE
星

世界の中で行動すること、自分の場所を見つけること

　下部の飾り枠の中の不明瞭な綴りは、様々な読み方が可能である。La Toille（布）、Le Toule（これはオック語で「泉」を意味する語からの派生語）、Le Toi Ile（お前の島）等々。このアルカナは我々にとっては「星」L'Étoile である。そこには星が散りばめられた空の下、ひざまずく裸の女性が見られる。星々の下の一つの星であり、その真実の姿における人間である。

　アルカナXVIIには、アルカナXVIIIIからXXIに先立ち、裸の人間がタロットの中で初めて登場する。アルカナXVIIから、純粋さと無一文に到達した存在の冒険が始まる。外側に見えるものの向こうに隠すべきものを持つことのない彼女は、地上において自分の場所を見出しさえすればよい。彼女の姿勢は敬虔と従順を思い起こさせる。人は寺院の中、または王や王女の前でひざまずく。従って、彼女は居を構える場所を称えているのだと言える。また、地面に置かれた彼女の膝は、そこに定着していることを示してもいる。彼女は地上に自分にふさわしい場所を見つけ、そして宇宙と交流している状態にあるのである。タロットの数秘学において、7は世界における活動として最も高い段階である（75、79、83、97ページ参照）。「星」と「戦車」の間には

キーワード

好機・養うこと・神聖なものとすること・ひざまずくこと・生殖力・贈与・霊感・女性性・歌・星のような・宇宙的・エコロジー・水を注ぐ・自分の場所を見つけること・スター、など。

Les Arcanes majeurs

多くの繋がりが存在する。両者ともに大地に根差している。また、戦車の天蓋の表面には12の星が輝き、彼と宇宙との関係を指している。しかし、「戦車」が征服者、旅行者、授精させる王子として世界に乗り出していくのに対して、「星」は水を注ぎ、栄養分を与えることによって世界に働きかけている。人物の露わになった両胸は授乳期を想起させる。このことから、頭上に迫っている星々が乳の道を暗示するものとみなすこともできる。星々は8つあることから、ここである種の完全性が達成されたこと、すなわち贈与が完成に至ったことを意味している。

「星」は世界と完全に結び付けられている存在である。彼女の壺の一つは彼女の体に接合されて、彼女の骨盤に張り付けられたようになっており、別の壺は風景の中に広がっている。そこにはどちらも周囲の環境を肥沃にする霊的な水（黄色）と性的あるいは本能的な水（濃い青色）が描かれているのを見ることができる。二つの壺の内の一つは受容的で青い流れのエネルギーを吸収し、もう一方は逆に星の光を流れ込ませているのかもしれない。女性の額にあるオレンジ色の月は、知性が受容的な叡智となっていることを想起させる。それによって彼女は、星がちりばめられた空が象徴している宇宙の力を、自分を通じて伝達することができる。彼女はまた肉と血からなる存在であり、自然の一部を形成している。彼女の丸くふくれた腹部の臍の位置にある徴は、生命の芽生えを想起させる。彼女は繁殖力を広く行き渡らせている。それによって、周りにはオレンジ色の枝葉の木々が成長し、そのうちの1本は黄色の果実を実らせている。「星」は宇宙の惜しみなさの経路として、高所から受け取ったものを大地へと注ぎ肥沃にする。ここにおいて、「愚者」すなわち原初のエネルギーの放浪の旅は、人間との交流の場を設けるべく休止する。惜しみなく与える存在は、尽きることのない泉となり、一つの浄化の行為において受け取ると同時に与えることになる。

　心理学的な作用として見ると、「星」は自分の過去を浄化しつつも、自分の未来と周囲の人々を浄化しているのだといえる。彼女は自分自身と同様に周囲全体に対してすべてのものを与え、見返りを求めることはない。彼女は行動が進むにつれて、大地、砂、木、水といった環境を肥沃にする。アルカナXIIIの大きな黒い部分は、アルカナXVにおいて神秘的な基礎となってい

るが、ここではその崇高な表現として、一方の木の梢から星々の黒い点に向かって飛翔しようと準備している鳥の形となっている。宇宙（星々によって象徴されている）の中心から流れ出す力は人間の方に降りてきて大地を浄化し、そして宇宙へと戻っていくという永遠に繰り返される運動となる。また、鳥の姿は自らの灰から常に再生する不死鳥の姿も思い起こさせうる（この象徴は「杯」の2と「金貨」の4にも見出される）。この意味で、「星」は無限の運河であると同時に永遠の運河でもある。

地面に置かれた膝は
幾分変形させられている。
そこに赤ん坊の臀部を
みることもできなくはない。

もし彼女の行為を否定的に見ようとするなら、「星」はまた与えるのではなく浪費しあるいは要求しているともいえるだろう。ときとして「星」は、内なる子供の未解決になったままの神経症に取り憑かれながら、過去へと自分のエネルギーを浪費し続けている状態を表していることもある。この場合、人は自分が愛されることもなく、侵害され、見捨てられてきたと常に感じながら――ましてや与えようと考えることもなく――満たされることのない吸血鬼のような存在となることで、途絶えることなく性的エネルギーや感情的エネルギーを要求し続けることになるだろう。その結果、「星」は底なしの井戸へと変わるか、あるいは逆に見境のない極端なものへの情熱によって取り憑かれたものとなる。彼女はふしだらで慎みのない者にもなり、さらには川を汚染し、身近な人々の霊的ないしは物質的生活を汚染する有害な存在にもなりうる。

女性の額には
オレンジ色の月がある。

また、腹部には
口あるいは
芽のシンボルがある。

深部の基層と
関連する黒い鳥が、
オレンジ色の木の上で
歌っている。

象徴的な意味において、「星」は我々の内部にありながら、宇宙の最も深遠な力や聖なるものと結びついている霊的な案内役である。彼女は我々が信じることができる自分自身の未知の部分であり、我々に「幸運をもたらす星」でもある。

Les Arcanes majeurs

✼ 読解において

「星」は、人が正しく自らのものとした場所から、世界を美しいものとし、またそれを育もうと行動を起こす段階を表す。ときとして「星」は、一見したところ相容れない二つの選択肢のいずれかを選ぶのではなく、それらを両立させるように促す。伝統的に「星」は幸運、繁栄、豊穣の徴と考えられている。彼女は寛大な行為を象徴する。これはまた神的な愛、希望、真実（それは井戸からむき出しのまま現れる）にも結びつけられる。それは、適切な場所を見つけたことによって可能となる創造的な成就を示す。

男性にとって、「星」はとりわけ恋人を指す。あるいは以後の行動の出発点とできるような内なる女性性の美でもある。女性にとってのこのカードは、世界の中で自分の存在を成就させること、自らの欲望と深奥な本性に従った行いを表す。「星」が自然と結んでいる意識的で寛大な関係は、エコロジー、シャーマニズム、地球を一つの生きた存在として考慮するようなあらゆる信仰や規律を指し示す。もし「星」がその壺の中身を過去あるいは空虚のなかに注ぐのであれば、なぜ彼女はそこへ自分のエネルギーを浪費するのか、また対象となっている未解決の問題が何かを問う必要があるだろう。

裸体と星の性質からこのカードは、金星（ヴィーナス）、すなわち夜間に自分たちの方角を確認させてくれる、星々の中で最も輝かしい羊飼いたちの星をも想起させる。

==== 伝 統 的 諸 解 釈 か ら ====

成功・幸運・真実・寛大さ・利他的行為・寛大さ・二つの行為あるいは二つの関係を同時に続けていくこと・自分の場所を見つけること・スター・多産な女性・授乳すること・妊婦・膝の傷・理想的な女性の愛人・贈与あるいは浪費（「星」が壺の中身を注いでいる方向による）・ノスタルジー（もし彼女が過去の方を向いているならば）・世界の浄化・エコロジー・泉・水を注ぐ・宇宙的なエネルギーの受容・場所の神聖化・自然の諸力との調和・天国・水瓶座・シャーマン・美しい魔女、など。

❁ もし「星」が語ったなら

「生物と事物の無限の多様性の中で、私は私の場所を見つけた——世界と自身の内に。なぜなら、それは全く同じものだ。私にはもはや探し続ける必要はなく、自分自身のどんな姿も心に抱いてはいない。私は私の場所にいる。ここ、そしていたるところに、私は自発的に結びつけられている。

　私は塵芥のすべての粒の中、すべての領域、すべての水路、すべての星、私の肉体のすべての部分の内に存在する。であれば、私がこの世界を、私の骨を、私の肉を尊重しないなどということがあろうか？　これらの物質のすべては、私の所有物ではない。それはただひと時だけ貸し出されたものだ。そして私はこれらを尊重する。なぜならそれは私の寺院だからだ——そこには思考を絶する神が宿っているのだ。精神は物質であり、物質は精神である。宇宙は絶えず生まれそして爆発する。かくして、私がひざまずいた場所であるその中心に私はいる。

「私はそこにいる」と私が言う場合、あらゆる生命を支えるものの内に私は存在する。自らの精神、心、性器を通して私が分け与えるエネルギーの絶えることのない泉の中に私はいる。私から湧き出る崇高で純粋なエネルギーが世界を浄化する。私はその香りを大気に、その甘美を川の水に、その豊穣さを地に、それらの生命をすべての海に与える。私が不在となる場所は、この宇宙に存在しない。

　すべてのどの瞬間においても、私が現在から離れることはない。過去も未来も、また計画も後悔も、私を束縛することはない。ゆるぎなく、自分の場所に忠実である。私は受け取り、また与える。「私は世界からなり、また私自身からなる」と私が言うとき、それは私が留保なく自身を眠らせ、その最も深奥なる根源からあらゆる非難をすでに取り除いていることを意味する。私が裁くことなどない。私は愛し奉仕するのだ。

　私は1本の髪の毛の細さほどであっても、自らを分裂させることはない。私は属する——すなわち、私は崇拝し、私は従う。それゆえに私は裸である。木のように、鳥のように、雲のように裸である。私は自分の身体からなっている。私は自分の肉からなり、そして血液からなる。それゆえ私はそれらを放棄することも、自分自身を放棄することも不可能である。愛情を込めて私

を所有するものを、私がどうして愛さずにいられよう？

　私が地に自らを捧げるように、私は私の肉と骨に自らを捧げる。私が海に自らを委ねるように、私は私の血に自らを委ねる。私が空気に身を任せるように、私は私の皮に身を任せる。私が星々に自らを任せるように、私は私の髪の毛に自らを任せる。こうして私は奴隷的な愛に満ち、喜びながら、世界と私自身へと働きかける。私は行為する——言い換えるなら、私は世界と共に歩み、あらゆる障害を取り除き、星々の彼方からやってくるエネルギーを伝達する。私にできることは、豊かにし、純化し、養い、理解し、そして浄化することだけである。私は同じように自分自身に働きかける。すなわち私は自らをあらゆる無限へと解放し、私の皮膚の全ての毛孔を通じて神々の息が循環するがままにさせる。私は自らの血の激しい循環に対して抵抗しない。私は全ての神秘が私を貫くことを許す。そして無限となった私の腹部の中心において、完全なる光を受け取り生まれるがままにさせる。」

XVIII
LA LUNE
月

受容的な女性性の力

「月」は人類の最も古くからあるシンボルの一つであり、優れて母性的女性性の元型、宇宙的規模の「母」を表す。その本質は受容性である。「月」は衛星であり「太陽」の光を反映している。アルカナXVIIIにおいて、人は真夜中にいる。だが、これはこの慎ましやかな受容性によって照らされた夜である。月はまた伝統的に夜と結び付けられた夢、想像力の産物、無意識の世界でもある。タロットにおいて月は太陽と同様に顔を持ったものとして描かれている。だが、月は我々を正面から見ているわけではない。その姿は横顔として見られる三日月となっている。満ちていく途上にあり、その一部はいまだ見えない状態にある。その意味において「月」は魂の神秘、妊娠の秘められた過程、あらゆる隠されたものを象徴している。その顔は若い女性のそれではなく、古の叡智が刻印されており、そこからはオレンジ色の光線も発せられている。その背後から見える赤い光線は、非常に強い生命力と、抑制され隠されたような生殖力を示している。前方は、霊性と直観の象徴である明るい青が基調となっている。月はバイオリズム、水、潮の満ち引き、女性の月経周期、生から死への移行と関連している。

キーワード

夜・直観・女性性・宇宙的規模の母・夢・受容性・
反映すること・神秘・魅力・想像力・引き寄せる力・
妊娠・狂気・詩・不確実さ・位相、など。

Les Arcanes majeurs

天体の下方には、2匹の獣が向き合い、風景には二つの塔が見える。一見したところ犬のようだが、もしかすると狼かもしれない。あるいは犬と狼である可能性もある。それらは月に向かって吠え、また月が発する色のついた滴を食べている。これを兄弟姉妹のシンボル、母親に糧（母性的・感情的あるいは知的な糧となるもの）を要求している2人の子供、愛し合う兄弟姉妹ないしは反目し合うそれとして見ることもできよう。明るい青の動物がより精神的な存在を表している。その緑色の舌は受容的であり、その尻尾は振り上げられている。また、後方にある塔の銃眼を持つ屋上には屋根がなく、これも受容的となっていることに注目すべきである。物質を象徴すると思われる肌色の動物は、尻尾を下げ、その舌は能動的な赤である。この動物は、見たところ戸口がない閉ざされた塔の前にいる。この塔の足元にある三つの白い段は「神の家」にある秘儀伝授の段を思い出させるが、それにもかかわらず塔は閉じられている。屋上の銃眼も、まるで顎を嚙みしめたように、さらなる銃眼の列によって覆われている。こうしたことから推測されるのは、濃密で具体的な物質的肉体は能動性へと向けられていて、明るい青の動物によって象徴される精神とつながることがなければ、受容性に傾くことはないということだ。

　とはいえ、それぞれの犬が補完的な色の耳を持っていることに注目すべきである。道教の象徴において個々の極が対立する極の種子を持っていることと同様である。

　2匹の動物は、互いの間で風景の一部を足で区切っており、それは三階層からなる紋章のようなものを思わせる形となっている。月がそこを照らしている上段の濃い緑は、深遠な瞑想のなかに没入した受容的精神に対応している。真ん中の段には犬たちが位置し、そこでは二つの植物が育ち、豊かな感情生活を表している。より水に近い下の部分は、性的、肉体的次元での深い妊娠状態に対応している。そこに見られる三つの赤い滴は動物性を指し示している。

　下部に存在する水の広がりは、プールのように区切られているが、波あるいは潮汐（ちょうせき）を思い起こさせる波線によって揺さぶられている。これは港かもしれない。カードの一番底辺にある第1の岸には、岩および野生の自然な植

物の生育が見られる。しかし別の端は複数の直線によって縁どられている。そこでは3本の黒い線が二つの青い線の境を形成し、あたかも無意識がその極においては合理的な二元性によって制限されていることを示しているかのようである。この羊水の中心には蟹あるいはザリガニが1匹いるが、それを月とのつながりを求める自我の象徴としてみなすこともできる。このつながりはすでに存在している。というのも、この甲殻類と天上の天体とは同じ色をしているからだ。このカードの他のすべての要素のように、すでに月とのつながりが作られていることを知らぬまま、この甲殻類は月と結ばれることを望んでいるのである。

　この甲殻類は水の最深部に沈められているようにも見えるし、逆に水の表面に浮かんでいるようにも見える。どちらの場合でも、それは直観、すなわち誰もが有している埋もれてしまった宝と接触を持つよう促している。この甲殻類は鋏の間にまるで捧げ物のように二つの小さな球体を持っている。自我は霊的作業において捧げなければならないものを持っているのだ。

　従って、このカードは我々の見方によって、深い直観的コミュニケーションを表すこともあれば、孤独や別離を表すものともなる。この甲殻類が鋏で持っている青い球体を盗むために現れ、犬たちは相争い、そしてすべてのものが月とその霊的な力から切り離されていると感じていると想像してみることもできる。滴は月の受容的な能力を表すが、それと同時に否定的な意味においてはエネルギーの貪欲なまでの吸収を表すとみなすこともできる。その場合、このカードは狂気や精神の混乱と関連する。

「月」LA・LUNE という字を囲んでいる線を数えると、左側では10、そして右側では7＋4となり、さらに二つのまとまりの間を加えると12となる。10は三つの動物が現

銃眼が開かれている
（受容的である）
左側の塔と
閉じられている塔。

犬たちの間で
区切られた風景は、
三階層からなる
紋章を形成する。

自然のままの岸。

甲殻類は
その鋏の間に
深部から捧げられた
青い球を持っている。

Les Arcanes majeurs

れるアルカナXを指す。「運命の輪」の動物たちは、自分たちを動かすだろう力を未だ見出していないのに対し、ここでの蟹と犬たちは「月」の磁力によって動かされているといえる。12はアルカナXII「吊られた男」を指し示す。「吊られた男」は「月」と密接に結び付けられているが、それはすでに知られているように彼が休止、霊的懐胎、受容の状態を表しているからである。しかし「月」では受容の状態が宇宙的である。地面の上の赤と青の滴は浮上し、天体の方へ上昇しようとしている。この循環は「地」と「月」の間でエネルギーが交換されていることの徴(しるし)である。

✿解釈において

このカードは一般的に母の世界、無意識、直観、生命の内奥の神秘のあらゆる面と関連するだろう。その際、相談者（男女）とその母の関係あるいは相談者の女性性に対する考え方へとリーディングを方向づけることも可能である。女性にとってこのカードは、根源的な実現の予兆にもなりえる。男性にとってこのカードは、感受性、直観などの伝統的には女性的とされている特質を高めることを促す。詩、タロット・リーディング、受容性に基礎を置く専門分野のいずれかに従事する人にとって「月」は吉兆である。また、「月」において反映されるものとして、暗闇への恐怖、悪夢、未知のものそして時には捨てられることと関連するあらゆる種類の心配もある。「月」はなんとも言い難い不安、さらには海外旅行ないしは港への到着を表すこともある。「月」は空想へと向かわせ、また「夢想的（lunaire）」ないしは「むら気（lunatique）」な性質と関連した魂のあらゆる状態へと向かわせる。その無限の受容的潜在力が、「月」のもつ最も大きな豊かさである。

◆ 伝 統 的 諸 解 釈 か ら ◆

直観・夜・夢想・迷信・詩・占い・想像力・無意識の深層・官能性・
（あらわにされるべき）隠された真実・狂気・孤独・夜の恐怖・妊娠・
際限のない要求・エネルギーを奪う者・母の愛を求める子供・
一体化させるような愛・鬱・秘密・海を渡ること・大洋・受容性・物質の暗い生・
到達したいと望まれる理想・女らしさ・宇宙的な母の元型、など。

❂もし「月」が語ったなら

「あなたは私に自分自身を説明するよう求めてくる。しかし私は言葉、論理、論証的な思考、理知からは程遠い。私は言葉では言い表せない秘められた状態にある。私は神秘である。あなたが何も尋ねず、何も定義せず、私の沈黙の水に身を沈め、あらゆる光の及ばないところにいるとき、深遠な認識のすべてが始まる。あなたが私と一体化すればするほど、私はあなたを惹きつける。私の内にはっきりと目に見えるものはなにもない。私は底なしであり、ありとあらゆる機微であり、私は闇の王国へと広がる。私は計り知れない富をもつ沼地であり、私は全てのトーテム、先史時代の神々、過去そして未来の時代の宝を包含している。私は母体である。無意識の彼方において、私は創造そのものである。私はあらゆる定義から逃れさる。

　私は自分が崇拝されてきたことを知っている。人間が意識の閃光(せんこう)を発現させて以来、彼らは私をそれと同一視してきた。完璧な銀の心臓のように、私は暗闇に覆われた夜の中で輝いていた。私は彼らが盲目の魂の奥底を支配しているのではないかと薄々と感じていた光だった。私は宇宙のあらゆる闇の内部に入り込んでいた。そこは貪欲な者たちが、意識の極小の閃光、狂気の次元、絶対的孤独、凍りついた錯乱、「詩」と呼ばれる痛ましい沈黙を待っている場所であり、私は存在するために、自分の存在しない場所へと行く必要があると理解した。

　私は自身の中に落ちていったが、そのたびに私はより深く落ちていった。私はどこでもないところに下りながら、道に迷った。しかし最終的に「自分」というこの曖昧なものはもはや存在しなくなった。さらによいことに、私は無限の窪みであった。世界のすべての渇きを包み込む開かれた口であり、吸引そのものとなった限界のない膣であった。そして、輪郭の不在というこの空虚において、私はついに全ての光を反射することができた。それは燃え生じる灼熱の光から、私が変容させた冷たく反射する光である。

　私は授精させることなく、指し示すだけである。私の光を受け取る者はそれが何かを知っているが、それ以上は何も知らない。それで既に十分なのだ。自らを完全なる受容に変えるために、私は与えることを拒否しなければなら

なかった。夜の中であらゆる硬化した形態は理性を始めとして私の光によって無化される。私の透き通った光の下、天使は天使であり、野獣は野獣であり、狂人は狂人であり、聖者は聖者である。私は万有の鏡であり、各人が私の内に自分自身を眺めることができるのだ。」

XVIIII
LE SOLEIL
太　陽

✤✤✤✤✤✤✤✤✤✤✤✤ ❋ ✤✤✤✤✤✤✤✤✤✤✤✤

父の元型、新しい建設

　アルカナXVIIIIの「太陽」は、「正義」の人物や「審判」の天使と同様に、我々の目をまっすぐに見つめている。いくぶん斜視であることなどを始めとして、「太陽」は「悪魔」（XV）と多くの共通点を持っている。「悪魔」はその松明の火を、神に属する原初の熱と光である「太陽」から着火したと思われる。実際、これこそが太陽の第1の解釈であり、それは生命と愛のシンボル、そして普遍的な父の元型なのである。天界の主であり、あらゆる熱と光の源泉である「太陽」は、被造物全てに生命を与える。

　ここにおいて、この光り輝く天体は最高点に達し、天空の中心の位置にあって一切の影を排除している。「月」のオレンジ色で直観的な微光は、自分が反映している主要なモデル、すなわち「太陽」の黄色い光に場所を譲っている。天上の「父」の熱の下で、2人の人物が明るい青の川を一緒に渡っている。

　二つの意味深長な細部によって、彼らはアルカナXVの小悪魔（インプ）たちと類似している。左の人物は「悪魔」にある男の小悪魔（インプ）のように尻尾をもち、また右の人物は女の小悪魔（インプ）と同様、脇腹に三つの点がある。アルカナXVの暗闇に存在していたエネルギーが、今や白昼に出現し、そして2人の人物を結び

━━━━━━◆ キーワード ◆━━━━━━

熱・愛・新しい人生・構築・通過・意識・宇宙的規模の父・双子の出産・
光を放つこと・渡ること・子供時代・成功・発展、など。

Les Arcanes majeurs

つけている無意識の情熱的つながりは、その純粋な状態にある人間愛、相互扶助の関係に置き換えられたと言えるだろう。これは「太陽」の大きな善意の下で深くありながらも拘束されることのない友情である。我々から見て右つまり能動的な側の人物が、活動的な意識を示す振る舞いをしている一方で、左側の人物はまるで盲人のように導かれるままに前進していることにも気づかされる。

　2匹の小悪魔(インプ)たちの枷(かせ)のうち、これらの人物にその名残りが認められるのは、喉(すなわち通過する場所)の高さにある能動性を示す赤い首飾りと胸の左右の間を隔てる線のみである。これは能動性と受容性の境界であり、また結合でもある(52ページ以下および71ページ以下を参照)。右側の人物は白く浄化されたような地面に立っているが、両足の間の風景は純粋な明るい青の空間へと変化させられている。彼はより霊的な次元である川の他方へとすでに渡り終えているが、水面を歩いている第2の人物は第1の人物の手助けを受けながら彼に合流しようとしているかのように見える。

　この双子に内的作業の隠喩、すなわち個人の中の意識的な部分が、より原始的な動物的部分を異なる現実へと近づかせようと手助けしているものとしてみることもできるだろう。成熟した者が内なる子供を喜びへと導くのである。

　このアルカナでは三つの色が空、地上、人物に反復されている。太陽の中心と歪んだ光線に見られる黄色は、壁の煉瓦と人物たちの髪の毛にも反映されているが、あかたもそれは精神と光の間の結びつきを示しているかのようである。真っ直ぐな光線の赤は煉瓦の上部と下部の列、及び人物たちの首飾りにも反映されている。天体の目は黒い瞳とともに白色の部分からなるが、天体に迫られているかのような人物たちの目も同様であり、またカードの右側の浄化された陸地も同様である。この意識的な眼差(まなざ)しが、赤と黄色の二重性(生命の能動/知性、109ページ以下参照)を神的な単一性へと変化させているのである。最後に、流れる川の青色は彼らの腰部に、まるで腰巻きのように巻かれている。これはおそらく、彼らが果てしなく変化するこの波を巻くことで、自身の身体も束(つか)の間(ま)の形象に過ぎない事実を受け入れていることを示している。さらにこの波は五つの明るい青色の滴の形で、我々一人一人の中

に存在する永遠の意識たる太陽に向かって上昇している。天と地そして人の次元の結合は今や完全となる。太陽の熱と川の能動性が結びつくことでもたらされる肥沃さを示す唯一の緑の領域は、植物の成長を喚起する。この成長の領域にある線の数をタロットの数秘学に従って解釈するならば、一連の大アルカナを示すものとして読むことも可能である。左の人物の左側には線が14本あり、彼が従事している治癒の過程を告げているかのようである。両脚の間の2本は、未来の世界の懐胎である。2人の間の7本の線は、一方から他方に対する、あるいは一方が他方と共に行う能動的な作用である。最後にカードの右側にある9本の線は、9の数秘学的意味であるサイクルの終わりにおける危機と離脱を想起させる（数秘学については75ページ以下を参照）。ここで重要なのは、9本の線のうち右端の始まりの一本が境を跨いでいることだ。背景の低い赤色と黄色の壁は、この危機の最中において、すでに新たな構築のための環境が整っていることを示している。2人の人物は過去から離れ、新たな生き方を開始しようとしているのである。

左側の人物は小さな尻尾があるが、これは彼の動物的性質の名残である。

三つの点が右の人物の脇腹を霊的なものにしている。

新しい世界の白い大地。

「太陽」は我々を正面から見ている。

✜ 解釈において

「太陽」はあらゆる新たなものの構築にとっての良き予兆である。それは無条件の愛が働いていることを示し、また熱意と見識のある取り組み方を基にした成功を予告している。これは恋愛関係にある2人の結晶、成功を得ること、人生のあらゆる領域——知的、感情的、創造的、物質的な面——における実現である。これはまた過去の困難の数々から離れた新たな生の始まりでもある。魂の伴侶との出会い、望ましい契約への署名などである。「太陽」はまた父の元型の理想的な諸価値を表す。そこには女性性の中心での男性的精神及び知性の目覚めも含まれる。また、尋ねら

Les Arcanes majeurs

れた質問において父親像が強力であること、また父の存在（乗り越えがたい父）ないしは不在どちらかによって深い影響を受け、相談者が現実とは調和しえないあまりに神話的な理想的父親像を作り上げようとしていることを示す場合もある。

　太陽の熱はどの瞬間においても、全ての人々が自由に享受できるものである。しかし過度の太陽は死と乾きを生み出し、土地を砂漠に変質させる可能性があることを忘れてはならない。

❂ もし「太陽」が語ったなら

「私は絶えず自らを一新する。自らを燃やし尽くしながら、私は私の熱を、すべての草の葉、すべての動物、すべての生けるものに例外なく与える。仮にあなたがそれを「愛」と呼ぶならば、それでもいい。私は周期的に消え去り再び戻ってくる。それと同様に、人間たちが私の光輝へと加わるために過去を埋葬し、新しい生を始めようとしてくれることを期待している。そのために私は彼らを助けるであろう。私が輝くことで、私は一切の疑いを解消する。私は魂の最も暗く秘められた部分へと入り込み、それらを光で満たす。私の息吹に突き動かされ、あなたたちは狂気じみた衝動の川を越えるだろう。そして浄化され、あらゆるものが苦もなく成長する場所に辿り着くだろう。

　私は物質の中心において輝く。私はその隠された輝きである。物質は私なしには無価値である。しかし物質が私を拒絶し、私をその生命力としてみなさない時、物質は骸（むくろ）となる。私は不死の滴によって物質を潤すことをやめない。わが子よ、私はあなたたちのために喜びと生の陶酔を際限なく生み出しているのだ。私の永遠の光を拒むものとなってはならない。見るがいい。

――――◆ 伝統的諸解釈から ◆――――

相思相愛・友愛・相互扶助・幸福な結婚・新しい生・協力・
成功、豊作・幸福・光・夏・きらめき・知性・活力・豊かさ・
過度の熱による乾き・子供たちあるいは子供時代・双子出産・競合・
宇宙的規模の父の元型・理想的な父・不在の父・
さらなる形成のために過去と決別すること・構築・連帯、など。

あなた方を私から分かつこの壁の何と低いことか。私はその壁を誰もが飛び越えられるように作り出した——それは子供の遊びのように簡単なことだ。私の日差しの下で、あなたはありのままの、誠実な、真なる愛情を理解するだろう。私はあらゆる困難への解答なのだ。

　私は純粋な眼であり、同時に産声の残響である。あなた方が「闇」と呼ぶものは、私の光と常にそこにある私の愛を忘れたものに過ぎない。私は絶えず夜の終わりを告げる。明晰でないものは私ではない。私は永遠に繰り返される再生であり、全生涯にわたって人々が待ち望むものである。人は私を「太陽」と呼ぶが、私は名前を持たない。私は生の輝かしき光明である。

　だが誰も私を反映しないとしたら、私は何なのだろうか。もし何物も私に制限を課すことがないとしたら、どうやって私は無制限であることができようか？　死への道がなければ、私の不死性とは一体何なのか？　流れていく時間の策略がないとしたら、私の永遠なる現存は一体何なのか？　私の黄金の種子も埋められるべき耕地がなければ何になるのか？　もし誰もそれを食すことがないのなら、私の食物は一体何になるのか？　実際のところ私の愛のほとんどは、私が他者を必要としていることに等しいのだ。

　私が絶えず自らを再生させるのはそのためなのだ。私は自らのエネルギーを無限の鏡のなかで増加させる。私は自分自身の子供たちの恋人になる。私は彼らの魂の中に自分自身を探し求める。そして私は自分自身に語りかける。私は私自身の普遍的な「父」である。私が受胎させた世界のすべての母たちは、私を生み出す以外に何もしない。太陽の子は全ての権利をもつ。私はこれらの権利を目覚めた人間性に譲り渡すのだ。」

審判

✻✻✻✻✻✻✻✻✻✻✻✻✻ ✤ ✻✻✻✻✻✻✻✻✻✻✻✻✻

新しい意識、抗いがたい欲望

　タロットの全てのエネルギーは「審判」のカードに集中している。「月」の受容性と「太陽」で企てられる新たな構築の後、ここで左側の女性的原理と右側の男性的原理に取り囲まれた意識の誕生を目撃する。この現れは、天使とトランペットによって呼び起こされ、我々には抗いがたい欲望としてもたらされる。作業は実現した。「アニマ」と「アニムス」が祈りを通じて平和を手に入れている。両者は、天使によって表される至高の「意識」の呼びかけに従う神的な両性具有者を作り出したのである。

　深部から出現するこの存在は、明るい青の肉体を与えられていることから、「悪魔」（XV）の肉体を思い出させる。他方で二つのカードを試しに重ねてみると、「悪魔」の両脚が「審判」の青い存在の体にほぼぴったりと合うこと、また小悪魔（インプ）たちの下半身が2人の祈る人物の下半身を延長したものであることが分かる。他にも共通点がある。「悪魔」と同様、「審判」の天使はトランペットを吹くために自分の舌を突き出しているようである。しかし悪魔の舌が赤く攻撃的であり、恐らくはずる賢さ（あざ）と嘲りに満ちているのに対し、天使の舌はオレンジ色で叡智（えいち）と善意に満たされている。

　無意識の深部での滞在の後、苦しみの中で（そうでなくともどちらにせよ暗

━━━━◆━ キーワード ━◆━━━━

使命・呼びかけ・誕生・再生・意識・作品・結合・家族・超越・
表面に現れること・音楽・呼び起こすこと、など。

部で）作業が行われた後、誕生あるいは復活として新しい生命が目覚める。これは最後の審判、すなわち死者たちが墓から出てくる時を思い出させる。死んだ者は皆生き返る。隠されていたあらゆるもの、または懐胎されていたあらゆるものが、より高次の世界に憧れ、表面へと浮かび上がる。発展へのこの強い欲望は、神的な音楽のように響き渡る。このアルカナで示唆されているのは、死に挑戦する力が我々のまさに命そのものの中で作用しているということである。それは非物質的で不滅の意識である。

　それは新たな次元を生きるようにと圧倒的な呼びかけとなって顕現する。トランペットを口にして正面から見つめる天使は、この目覚めの告知を象徴する。天使を円形に取り巻く明るい青色の雲は、精神的生活への開口部を表しているのかもしれない。この同じ開口部は地の底から姿を現す人物の頭にも見られる。その人物が実現した精神的空虚は、中心の濃い青の小さな円盤によって象徴されている。それは、神が能動的な状態にあることを象徴し、天使の頭部が刻み込まれた黄金の卵へ向かって、トランペットの22段の横線をさかのぼっていくだろう。それを示すように円盤は、周囲の明るい青の渦の中で、自らを軸として回転している。トランペットから音楽が流れ出るらっぱの部分が、この卵の黄色い楕円形を反復しているかのように見えることに注目すべきである。すなわち、ここでの音楽は神的なものの性質を再現しているのである。美とは真実の輝きなのである。

　天使が振っている旗は、肌色の十字によってオレンジ色の背景が四つの正方形——自然の四元素ないしは「世界」（XXI）の生き物たちによって象徴される四つのエネルギー——に分けられている。このことから肌色の十字は、左右の間の本質的な両性具有が統一された水平的な世界と、地上から天までの垂直的な世界を同時に生きることが人間の使命であることを示していると結論づけることができるだろう。このような意識の最高度での実現において、個人は動物から天使への上昇を達成する。この実現の行為の結果は「世界」で見出されることになる。

　このカードを引いた人は、呼びかけられていることを意味する。もし何らかの理由によって、この呼びかけに答えることができないとすれば、困難が生じてくることになろう。

✤ 解釈において

相談者が自らの誕生をどう経験したのかを「審判」が想起させることはよくある。困難な出産、不安を抱えた妊娠期間、実際の出生の周囲にある厳しい状況といった考えられるかぎりの様々な形での障害があった可能性もある。その場合、相談者は意識的であろうとなかろうと、その程度はともあれ、自分が望まれなかった存在であり、自分の出生は望まれていなかったものと見なすことになるだろう。失敗行動、絶望、不可解な困難が、その人を下方、すなわちその人が呼ばれて姿を現した墓穴の底へと絶えず強く引っ張っていくことになるだろう。

このアルカナは、すべての存在は生まれ出ることを可能にした神（あるいは宇宙）によって、生まれながらにして無条件に望まれているということを、治療の作業や他の手段などを通じて見出していくことを意味する。相談者が自らの生きようとする欲望、または芸術的あるいは職業的適性について困難を感じるとすれば、それは自分自身の深いところにある本質や天使が示している意識の段階に対して様々な形で抵抗しているためである。また、このカードは裁くか裁かれるかという行為と関連した問題を知らせるために出てくることもある。もし訴えが神的な性質のものであれば、裁判官を自認する者は誰であれ嘘をついている。ここでは人による裁きになんら価値はない。

カップルにとってこのカードは、共通の課題に取り組むこと、現実のあるいは象徴的な子供を作るよう促している。男性／女性の結合の意味は、愛と自覚で満たされた第3の要素を生み出すことであると示唆しているのである。目線のやりとりは興味深い。女性は男性そして（あるいは）子供を見つめている。彼女は人間愛あるいは作品への愛を表している。その一方で男性は天に目を向け、神的なものへ

青い人物の剃髪は
渦巻状になっている。

オレンジ色の十字は
「天」と「地」の
交点である。

女性は肘で
中央にいる存在に
触れている。
一方、彼女の視線は
男性へと向かっている。

男は天使の方を
見つめている。

Les Arcanes majeurs

の愛、宇宙的な愛を表している。天使は我々を正面から見つめている。天使の働きかけは全ての人へと向けられているのだ。我々の根本的な欲望、そして我々の内に自覚を生み出させる神的な欲望が欠けてしまっているなら、我々は生ける死者に過ぎないのだということを、天使は気づかせてくれているのである。

　最後に「審判」は、欲望、召命、どんな形であれ何らかの呼びかけがやってくることと関連している。

　これは恍惚、根本的再生、即座に聞き届けられる祈りのカードであり、エネルギーは地から天へと上昇していくのと同時に反対方向に下降してくる。このカードをよく確認しておかなければならない。これは「世界」の完全な実現となる前の最後の段階なのだ。

✺もし「審判」が語ったなら

「お前はアルカナXIIIの黒い川とともに流れ去った。お前はお前の根を「悪魔」の闇の中へと拡張した。お前は光を懐かしむかのように、悲しげに松明を持ち上げる悪魔であった。お前が深淵の底をさまよっていたときも、私がお前を忘れることはなかった。私は果てしない優しさと忍耐を持って、少しずつではあるが、今やお前との接触を始めている。私は強すぎる。だから、私と一緒にいることができるのは、お前が準備を整え、存在の深みへの旅を行い、自分の中の男性性と女性性のすべての面を理解し、それらを和解させ調和させることができたときのみである。

　私はお前に全宇宙の光をもたらす。お前が自分自身と和解したこと、新た

伝統的諸解釈から

呼びかけ・抗いがたい欲望・自覚・予告・吉報・使命・勝利・
名声・未来の計画・生命を与えること・子供の誕生・治癒・音楽・
解放性・孵化・カップルによる作品・父／母／子というまとまり・
両親への依存的な愛・相談者の出生の環境・
大人としてふるまうことの拒否・秘められていたものの出現・恩寵・
意識の目覚め・昇華された悪魔・光へと向かう跳躍、など。

な「木」がお前の無意識の最も深い領域から成長し始めたことを、私の力は要求する。お前の存在全てが無限の祈りの中へと沈み込み、お前の細胞の一つ一つが平和のうちにあらんことを。お前が信頼に満ち高次のものを全面的に受け入れているこれら裸の人物のようにならんことを。神性なくして、私は存在することができない。人が全面的に信頼を寄せる安らかな真の子供になる時、ただその時においてのみ私は完全に確実なものとして——時間の始まりから響いてきた呼びかけとして——姿を現す。

　私の音楽は言葉の神的本質であり、お前の中に立ち上がろうとする強い欲望を吹き込む。この音楽は眠り続けてきたものすべてを、密閉されてきた墓石を開く。私はお前の全ての言葉を粉砕し、お前の祈りを通じて、空虚という奇蹟が支配する想像することすらできない領域へと到達できるようにする。私は知っている。私は「創造主」を見て経験したのだ。だから、私はただ創造主を告げ知らせる。私は「意識」の抑えきれない呼びかけを運ぶのだ。私はお前の内部で起こる目覚めであり、奇蹟である。

　反駁（はんばく）の余地のない確信。お前が私の呼びかけに答える時、お前の個々の行為は私が与える命令のようになる。もはやどんな疑いを抱くこともない。お前は神の意思と完全に調和する中で、行為し、考え、愛し、生き、欲望し始めることになる。人生は苦労して生きられるに値し、全ては静寂、熟慮、好意、喜びにおいて達成されるのだ。

　私は存在と非存在がただ未分化の光の状態となっている、想像を超えた黄金の卵に源を発する。私はお前の心の最高次の実現、ついに両性具有になったお前の思考である。私はお前を男と女の制限から解放する。私を取り巻いている天の雲の輪は、お前の粉砕された明るい青の脳髄に他ならない。私はお前の限界を永久に抹消する。確信と絶えざる喜びとともに、受肉に次ぐ受肉、変容に次ぐ変容を通して、私はお前が常にそうであったもの、すなわち神の使者である天使になることを可能にするのだ。」

XXI
LE MONDE
世 界

✣✣✣✣✣✣✣✣✣✣✣✣✣✣ ✤ ✣✣✣✣✣✣✣✣✣✣✣✣✣✣

全き実現

　このアルカナは21、すなわちタロットで最も高い数的価値を持っている。これは最高度の実現を表す。我々がそこに見出すのは、右手にガラス瓶（受容的原理）、左手に棒（能動的原理）を持ち、明るい青色の葉冠の中央で踊っているように見える女性である。道教のシンボルなどの場合、「陽」は「陰」を支え、逆もまた同様である。青色のスカーフ（彼女の後ろ高くにある）が彼女の体の前面では赤くなっている。この人物は疑いなく女性ではあるが、その姿が暗示しているのは諸原理の結合（両性具有性の実現）である。

大アルカナの道の最終段階である「世界」は、各人が自分自身の根本的事実を認識すること、完全な実現を引き受けていくことへの呼びかけである。これはまた自己破壊から解放され、他者の苦しみへと目を向けて、人類への奉仕を開始する瞬間である。キリスト教的伝統においては、キリスト、聖母、聖人たちがしばしば楕円形の内部でこのように表現されている。マンドルラは「アーモンド」という語から派生したものだが、永遠のシンボルであり、また女性器を思わせる形でもある。我々はこのアルカナを、その全体性の中で再び見出された世界の統一性と見なすこともできる。

　また、とりわけ『哲学者たちの群れ』の中で言及されている「哲学の卵」

―――――― キーワード ――――――

実現・魂・世界・充足・成功・英雄的行為・天才・聖性・
踊ること・恍惚・普遍的・達成・全体性、など。

Les Arcanes majeurs

をも思い出させる。「錬金術の技芸(アール)は卵に比せられるが、そこには四つのものがある。殻は土、白身は水である。殻の裏にある非常に繊細な膜は空気であり［…］黄身は火である*4。」

　このカードがタロットの構造の鏡であることは、本書の第1章ですでに検討した(50ページ以下を参照)。四つの像がマンドルラの女性を縁取っている。それらは同一の中心のために調和的に結合した四つの基本的なエネルギーのようである。キリスト教的伝統において、天使、牛、鷲、獅子は四つの福音史家を表している。ここではそれら四つの要素が小アルカナの四つのスートないしはシンボルを理解するための基礎としての役目を果たしている(62、63ページ参照)。

　カードの左下にいる肌色の動物は、明確に特定することができない。馬なのか去勢牛あるいは去勢されていない牛であるか、いずれにしても、これは捧げ物、助力、犠牲を象徴する労役用の動物である。また、我々からみて左側の眼の上に持ち上がっている突出部を一角獣の角としてみなすこともできる。一角獣は中世において、聖母によるキリスト受胎の象徴であった。従ってここでも、この動物は純粋な物質である「金貨」を象徴することになるだろう。他の三つの要素とは逆に、この動物は後光を持っていないが、それは永遠性を分かち合っていないからである。同様に「金貨」は他のスートとは異なり、番号を有していない(57ページ参照)。このカードで肉体的そして物質的エネルギーは、その最高潮に達する。肉体は束(つか)の間(ま)のものだが、あらゆる汚(けが)れから浄化されている。物質的生の実現は、運動の領域あるいは生死にかかわるような領域において偉業を達成する勝利者の姿において体現されるだろう。

　他の三つの像は宇宙的要素である。天使は感情的な完全さ、聖性、与えることに身を捧げる愛に満ちた心(「杯」)を表す。鷲はその後光によって精神面での完成、すなわち天性、あるいはまた言葉(「剣」)では言い表すことの出来ない空虚を象徴する。獅子もまた後光を有しているが、最高度の欲望と創造的エネルギー、自然のままの努力を意識的な創造へと導く昇華、自らの命を賭けることをためらわない英雄の姿を象徴する(「棒」)。

　この中心の周りにある四つのエネルギーは、完全に実現された形で放たれ

*4　*Turba philosophorum*, J. Ruska, Berlin, 1931.

ている。そして青い卵の中では、全宇宙のための愛と意識で満たされた中心の人物が、受容性を意味する左側を見ながら踊っている。その足は赤く六つの溝が刻まれた地面に置かれている。生命の活力が喜びとともに発揮され、十分な自覚の下で世界があるがままの姿で受け入れられている。この生ける土壌の下に、黄色の織り合わせで辛うじて隠された形で白い卵がある。「女教皇」の卵と同じものであろうこの卵は、その潜在力のすべてが懐抱されている。この宇宙卵が霊的作業の中で開かれるとき、我々は「世界」に到達する。このカードは、万物の内部にあり、我々を万物に結び付ける普遍的な力である「世界の霊魂」を表しているのだろう。

「世界」の女性は、我々から見て左側に受容性のガラス瓶を持っており…

…我々から見て右側に能動的な棒を持っている。

✿解釈において

フレーズの最後や達成の位置に置かれている場合、「世界」は偉大な実現を示す。これは完成された女性、全き喜びにある魂、完全な世界、幸せな結婚、世界的な成功である。このカードはまた旅行へといざなうこともありうる。すなわち文字通りの意味で世界の発見である。

アルカナXVI「神の家」が射精の只中にある男性器を想起させうるのと同様に、アルカナXXIは歓喜または生命が宿る女性の性器（すなわち性的絶頂感あるいは妊婦）を想起させる。

彼女の足はエネルギー（赤）を持ち刻みが入った基礎の上に置かれている。

マンドルラの下部の織り合わせの内部に卵が一つ隠されている。

一方、もしこのカードが一連のカードの始まりに現れるならば、困難な始まりを表すことになるだろう。それは実現があらゆる行為に先立って要求されるからである。すなわち、このカードがあるべき場所にないため、監禁状態となってしまうのである。その際は、リーディングを受けている人にとって未来の成長の障害を作ってしまっている、出生時ないし子宮内での最初のトラウマ的経験の手がか

Les Arcanes majeurs

りを見つけていくことにもなるだろう。たとえその種の問題に立ち入ることを避けるとしても、スプレッドの始まりに置かれたアルカナXXIによって想起される閉塞状態を考慮しながら、その人がどんな点でまたなぜ「自分の殻」に閉じこもっているのかを問う必要があるだろう。

✿もし「世界」が語ったなら

「果てしない喜びとともに、私はそこ、あなた方の前、あなた方の周り、そしてあなた方の内にいる。私は完全な存在である。私の内には私に抵抗する何ものもない。万物が完全な統一にある。すべてのものがあるべき場所にある。私は傷を負わされることのない意識である。私は終わりのない全体性のダンスである。私を知らない者は全宇宙が「然り(しか)」という時に「否(いな)」という。私の果てしない受諾に対する否定は、その者を無力へと導く。しかし完全に純粋な窪みとなり、私を自らの内に入るがままにさせる者は私と踊り始め、私が言っていることを語り始める。その者は普遍的な愛、全的思考、宇宙的欲望、想像を絶する生命の力を体験し、第五元素、あらゆるエネルギーの統一を知るだろう。

　もしお前が私のところに辿りつくのなら、すなわちもしお前自身の内部で私を発達させるなら、生きること自体の幸福となる至高の幸福を味わうことになるだろう。そのためには、私という存在の燃えるような宝石の中で、お前は溶解しなければならない。ただ一つの水源に四つの川が戻ってくるように、盲目の蜜蜂の群れのようなお前の観念を私の至福の内部に溶け込ませなさい。お前の感情の群れを私の無限の高揚の内部で溺れさせなさい。お前の

◆━━━━━【 伝 統 的 諸 解 釈 か ら 】━━━━━◆

名声・世界旅行・可能性の実現・成功・完全な調和・統合・
理想の女性・充足・困難な始まり・妊婦の腹部・女性器・
性的絶頂感・究極の実現・満足のいく結果・出産・誕生・
いかにして私は生まれたのか？・監禁・失敗の感情・自己中心性・
霊的両性具有の実現・宇宙卵・四つの中枢の実現・究極の完成・
その限界に達した宇宙・最大限の拡張、など。

欲望の発狂した群れを私に捧げるのだ。そうすれば、それらは私の絶え間ない創造性を、この上なく素晴らしい食事のように豊かなものとするであろう。そしてお前の物理的事象は、その抗いがたい欲求とともに、私に息を吹き込むこの透明性へと服従することだろう。そのときお前は自分の世界の支配者となるだろう。お前の内部で、もはやリビドーが反抗することはなくなるだろう。お前の情熱がお前を溺れさせることもなくなるだろう。お前の思想がお前を破滅させることもなくなるだろう。そしてお前の肉体がお前の人生に対する障害を引き起こすこともなくなるだろう。お前はダンス、喜び、果てしない祝祭の中で満たされ、そして私と一つになるだろう。

　服従を通じて、私はいかにあるべきかをお前の知性に知らしめ、また絶対的な平和によって、いかに愛すべきかを、お前の心に教える。受容することの学びを通じて、私はいかにして創造するべきかを、お前の性器に教える。死を受け入れることで、私はいかに生きるべきかを、お前の肉体に教える。もし飢えて渇いた獅子のように、お前が自らを魂の方へと高めるために獲物をあきらめるならば、最終的にお前は私を見出すことになるだろう。私は生への意志であり実現そのものである。

　私は常に深淵から生まれ出てくる束の間の花である。私はあらゆる夢の具体化、それなしには世界は世界でなく不毛の砂漠となり、希望が潰えてしまうことになる魂を象徴する。私はすべての道の目的地である。

　得も言われぬ喜び。

　聖なる処女のように、私は神性を子宮の中に有している。私は「愚者」の聖なるエネルギーのまさに具体化した表れである。私は神が神自身によって愛されるように創造した「世界」なのだ。」

第3章

小アルカナ

Les Arcanes mineurs

序

秘密の慎ましき守り手たち

　私は長年の間、あらゆる類のタロットを収集し研究してきたが、決してそれらに満足させられることはなかった。私は常に、非個人的というには程遠いこれらのカードたちが、作者たちの限界と個性、そればかりか——どうしてそうではないと言えよう？——彼らの病を映し出したものであると考えていた。特に悪趣味でしばしばネガティヴな図像を含む、エドワード・ウェイトのタロットがそうだ。たとえば「ソード」の10では1人の男が死んで地面に腹ばいになっており、背中には10本の剣が刺さっている。これは苦しみ、苦悩、涙、悲しみ、悲嘆である。「ワンド」の9では頭に傷を負った青年が、杭によりかかって8本の棒からなる壁をなすすべもなく眺めている。障壁、逆境、災難である。また「カップ」の「小姓」は自分の杯からはみ出している魚を凝視している。これは拘束、誘惑、幻滅、詐術である。「ペンタクル」の5では寒さに震える物乞いたちが描かれている。これは無秩序、カオス、破滅、不和、放蕩（ほうとう）などである。ウェイトの作品によって、私は小アルカナというものが人間あるいは動物の姿を含んでいるものと信じこまされた。

　私は登場人物たちが神秘の力を感じさせてくれるようなデッキを執拗に探した。見つけることができたのは質の疑わしい、なんら深い意味のない図像だけであった。私は人間の精神が抽象化と具体化のための感嘆すべき能力を持っていること、そして事柄や図柄のあらゆる体系の中に自ら望むことを読み取りうるということ、またそれらの一つ一つから自分に都合のいい思想を

引き出しうることを認めていた。しかし、これらの出来の悪いカードは、意義ある内容を付与する可能性を決して与えてはくれなかったのだ。ある日、奇蹟的とも言いうる偶然から、私の7匹の猫のうちの1匹が、本棚からマルセイユのタロットを落としてしまった。全てのカードが裏になって落ちたが、唯一「杯」のエースだけが反転していた。驚きに打たれながら、私の注意は文字通りその図像に飲み込まれた。そして私は突然に、神聖とも言いうる深遠な意味をそこに見出したのである。それはもはや杯ではなかった。そこにあったのは七つの塔で、中心の塔はスーフィーの神秘主義者たちの九角形を思わせる九つの点を含んだ円で装飾されていた。それらは一つの寺院を形作り、自らに秘められた宝を発掘するよう要求していると思われた。それは人間が常に探し求めていた救世主の血、すなわち内的な充溢を保持するミサの聖杯だった。それは神的な愛で満たされていた。私にはそれが聖なる墓所、すなわち受肉した神が光の存在として再生するために封印される場所のようにも思われた。これはまた錬金術の炉、その中であらゆる物理的かつ精神的変容が生起する母胎でもあった。神的な愛の尽きることのない無限性に満ちた「杯」のエースは、私に世界の精神、生命の精神を提示し、私の鏡となった。「お前もまた、神聖な容器である」というのがそのメッセージであった。

　この経験以降、私はマルセイユのタロットの小アルカナ1枚1枚を辛抱強く検討し始めた。その当時、ヒッピーたちの間で流行していた馬鹿げたタロットに取り憑かれていた私は、それまでこれらのアルカナを見下していた。冷たく無意味で不可解で、あまりに単純に過ぎ、あまりに幾何学的で、つまるところ退屈なものだとみなしていたのである。秘儀伝授を受けた者たちが正しく主張するように、最も発見が困難な秘密とは隠されていない秘密である。これらのアルカナが何も言わないのではない。秘儀に通じていない者の目には、どのように見るべきか理解できなかったのである。霊的プロセスを幾何学的な形で表現する技芸（アール）は、主にイスラム教の非具象的芸術家たちによって発展させられたが、彼らはピタゴラス学派、ギリシア、インドそしてペルシアの諸伝統から着想を得ていた。コーランは生き物を描写することを禁じてはいないものの、伝統的に預言者ムハンマドに帰された一連の教え（ハ

ディース）はそれを禁止している。「復活の日には、罰の中でも最も恐ろしいものが、神の被造物を模倣した画家に課せられるだろう[*1]。」イスラム美術全体が専ら幾何学的で装飾的であるのはこの禁止ゆえである。40枚の小アルカナを理解するには、長い間それらを注視しなければならなかった。相互に比較し合い、それらの似ている点と異なる点にじっくりと注意を払いつつ、微小な細部のどれが左右対称を崩しているかを調査した。そしてついには、小アルカナ一つ一つを独自の存在を有するものとして感じるに至ったのである。

小アルカナの幾何学的表現には二つの例外が見出される。それは「杯」の2と「金貨」の4である。前者には2匹の魚と1羽の不死鳥、さらにそれに付き添う2人の天使が描かれているが、片方の天使はおそらく盲目である。「金貨」の4では不死鳥が火葬台から姿を現しているが、「杯」の2では赤であったのに対してここでは黄色である。

ここで根拠となっているのは明らかに錬金術である。「大いなる業」では赤い不死鳥が第三段階「ルベド」、太陽の母であり夜の終わりを告げる曙光を表す。（盲目の天使は第一段階、黒化の過程である「ニグレド」すなわち第一質料を表す。もう片方の天使は第二段階「アルベド」すなわち白化（浄化）の過程を表しているのかもしれない。）このように曙光はその極度の赤さで闇の終わりを告げる。他方で黄色の不死鳥は神秘の第四段階「キトリニタス」であり、空気と昼と光の存在のシンボル、宇宙的な不滅の「意識」を表している。伝説では不死鳥は自らの破壊から再生する。こうして無限に生き続けることから、キリスト教徒たちは不死鳥を永遠性と循環的永続性と復活したキリストの象徴、また我々が束の間の地上的な状態から死を超えた不変の状態へと変容することの象徴と見なした。

2匹の魚は神的な愛の受容を意味しているのかもしれない。福音書では、イエスは彼に従う群衆を養うべく七つのパンと2匹の魚を増やす（マタイ14：17-21）[訳註1]。より後になって、復活したキリストは弟子の内の7人を呼びパンと魚を一つずつ与える。「さあ、来て、朝の食事をしなさい」[訳註2]（ヨハネ21：12-13）。これらの物語は象徴としての魚に聖体の意味を与える一因となった。2匹の魚が一緒に描かれている場合、それは「会食」を意味する。

[*1]　André Paccard, *Boukhari, Le Maroc*, Atelier 74, 1979. の引用による。
訳註1　実際の聖書にはパンの数は五つとある。
訳註2　以下聖書からの引用は新共同訳（日本聖書協会）による。

愛のエネルギーの蓄積としての「杯」の2は、暗闇と孤独の終わり、また無制限の神的な愛の受容を約束する。完全な受肉のシンボルとしての「金貨」の4は、永遠の生を約束する。

　マルセイユのタロットの真の研究は小アルカナから始まるものであり、続いてコート・カード、そして大アルカナで終わるということを私は理解した。他のタロットで見られるような生物の描写は、それらの年齢、性別、身振り、顔の表情のために、誤った理解へと導いてしまう。個人的な投影を通じて、それらに深遠さを欠いた意味を与えることは極めて容易である。一方、マルセイユのタロットの小アルカナに対して、個人的な投影は一見したところでは不可能である。我々が目を鍛えあげ小アルカナとコート・カードの意味に通じたときに初めて、大アルカナはその神聖な真の姿を我々に示すことになるのだ。

　タロットの学習者が最初に学びとらなければならないことは**見ること**である。秘教主義者たちは、アルカナそれぞれに明確な意味を与えることによって、最初から道を誤った。それらの意味は、ときとして素朴――力、死、愛、好機など――であり、またときとして複雑――錬金術的、占星術的、薔薇十字的、カバラ的等々の妄想――だった。彼らはまた様々な解釈に沿って絵柄を自由に変え、神話的、歴史的、エジプト的、ヒンドゥー的、マヤ的、その他諸々の多くの人物を取り入れたが、その中にはノーム、犬、猫まで含まれる。

　実際には何らかの聖なるシンボルなりテクストは、そのごく小さな細部にいたるまで観察され読みとられなければならない。**一つのアルカナの全体像はその細部の総体である**。それゆえ、もしカード全体、すなわち小さなシンボル、線の数、色、姿勢、顔の表情、また図柄の「誤り」や「不手際」と思われるものまですっかり記憶してしまっているのでなければ、誰であろうとタロットを解釈できるなどと自負することはできない。大小のアルカナは実際には非常に複雑であるため、それらを全体の中で捉えられるようになるには必然的に多くの年月が必要となる。常に見落とされてしまう細部がある。というのも、単独のカードが表していることのみが重要なのではなく、多

の細部は一つのアルカナが他のアルカナと比較されたときに見えてくるようになるからだ。

　たとえば、なぜ「教皇」と「隠者」は左手に青い手袋をしているのか？「太陽」の双子が首周りに帯びている赤い首飾りは、「悪魔」の奴隷たちの首を繋いでいる縄の名残なのか？　さらに同じアルカナの組合せで、(「悪魔」の) 左側の女性の脇腹にある三つの点は、(「太陽」の) 右側の双子が脇腹に持つ三つの点と同じものなのか？「愚者」の赤い棒と「隠者」のそれの間にはどんな関係があるのか？「女教皇」の背後に置かれている卵は「皇帝」の鷲が抱いているものと同じものか？「吊られた男」が左脚の後ろに右脚を交差させている一方、「世界」の女性もまた右脚の後ろに左脚を交差させている。すなわち一方はもう片方の鏡なのだろうか？　そして右脚を左脚の上で交差させている「皇帝」は、他の二者に対してどのような違いを明らかにしているのだろうか？　こうした比較の可能性は無限にあるだろう。

　タロットの創造者ないしは創造者たちによって天才的なやり方で配されたこれら細部を突き止めるためには、学習者は注意力を高め、自らの洞察力を非常に鋭く磨き上げておかなければならない。これこそが40枚の小アルカナが果たしている役割である。小アルカナの解釈は難しい。各スートの10枚のカードは、最初は同じようなものに見える。ある程度の時間が経つと、それらは本質的な違いを示し始める。さらにより多くの時間が経つと、それらは「語り」始める。つまり小アルカナは学習者の物事の見方に変容を引き起こすのである。大アルカナの研究に取り組むこと——大アルカナは最初はより近づきやすいようだが、後になってその無限の複雑さが明らかになる——は、小アルカナを記憶し理解することなしには不可能である。

　小アルカナの中には、人間的次元や社会的次元において小アルカナを要約したかのような人物たちが、それぞれのスートごとに4人見られる。彼らには数字が振られていないため、その序列は秘教主義者たちにとって多くの問題を提示した。「小姓」、「王妃」、「王」を位置づけるのは簡単である。しかし、十段階からなる四つのスートの系列を観察することで見るための能力が養われていなければ、「騎士」は謎となる。エリファス・レヴィ以来、パピ

ュスとその弟子たちを経て、「秘儀を受けた人たち」は真剣な問いかけを行うことなく、「小姓」、「騎士」、「王妃」、「王」といったようにコート・カードを並べてきた。他の人々、例えばマルセイユのタロットから26枚のアルカナを除外してイギリスのプレイング・カードのセット（26はカバラにおいてイェホヴァを示す数であるから、このカード・セットは神が不在のデッキだといえる）を作ろうとした人々のように、他の人々は4人の「騎士」についてどうしてよいのかわからず、あっさりとそれらを無視してしまった。こうしてコート・カードはジャック、クイーン、キング、すなわち「小姓」、「王妃」そして「王」になった。アレイスター・クロウリー（総序を参照）はそれを「王子」と「王女」にした。しかしコート・カードを注意深く検討すると、「小姓」、「王妃」、「王」、「騎士」が正しい順序だという結論に辿りつく。

　アルカナXXI「世界」を取りあげ、それを中心とし、角のそれぞれに1人の「騎士」を置くと（「剣」の「騎士」は鷲、「杯」の「騎士」は天使、「金貨」の「騎士」は肌色の動物、そして「棒」の「騎士」は獅子に対応する）、我々は「騎士」の循環的な運動を確認できる。つまり「剣」の「騎士」は「杯」の「騎士」に向かって跳び上がり、「杯」は「金貨」の方へ降りていき、「金貨」は「棒」に向かって前進し、「棒」は「剣」の方に昇っていく。スートの変化のサイクルはこのようにして理解することができる（第1章、とくに93ページを参照）。

　いつも宮殿の外の土地にいる「小姓」が宮殿に入って王妃や王に変化する一方で、「騎士」は他の土地に向けて宮殿から出発していく（「小姓」の土地の色は決して「騎士」の土地の色と同じではない）。「騎士」たちは彼らが自らのスートから獲得したものを他のスートに手渡していく使者なのである（65－67ページ参照）。「金貨」の「騎士」が、すでに「棒」の緑の棒を手にしていることからもこのことが証明される。各スートを同定しているシンボルは、物質的で地上的なものから、霊的で天上的なものへと変容していくのだ。

　――「小姓」が地面に寄りかからせている棒は「王妃」と「王」によって加工され用いられた後、「騎士」によって持ち上げられる。その上の先端は開口し輝く受容的な口となっている（これは地に向かって能動的、天に向かって受容的である）。

――「金貨」の「小姓」の両義性をもった二つの金貨は、片方が地中に埋められ、もう片方は右手で持ち上げられている。それらは「王妃」で大きくなり一つの金貨に変わっている。「王」においてまた高低二つの金貨に分かれ、「騎士」に至って空中に浮かぶ。こうして二つの金貨はただ一つの光輝く天体になる（霊の物質化が物質の霊化となる）。

　――「剣」の「小姓」はその知的な疑いゆえに（彼は剣を帽子に寄りかからせている）鞘（さや）の中におそらくは戻そうかと考えている。剣は、その後「王妃」で彼女の腹部を守る胸当てのようなものを備える。次に剣は「王」が持っている計測器によって釣り合いを取られ、「騎士」に至って切っ先を宇宙に向けた小さな槍に変形する。また、見事な跳躍で重力を克服した、宙に浮いている馬によってこの槍は運ばれている（知性がその理性的限界を打ち破り、無限の精神に融合している）。

　――「杯」の「小姓」（若くもなく年寄でもない、男でも女でもない人物が、おずおずとヴェールで杯のシンボルを覆い、それを閉じようか、または感情に身を任せて開けたままにしておくべきかと迷っている）の杯は「王妃」で閉じられ剣で守られている。次に「王」の手にしっかりと持たれた杯は、わずかではあるが開いている。そして「騎士」は杯を手に持つことなく、それに従っているが、杯は彼の手の背景で聖杯のように宙に浮いている（主となっているのは心である。心は受け取ったものすべてを愛とともに惜しみなく授ける）。

　始めに存在するのは宇宙の神秘的な法則である。人間はその後に登場し、自らの限界ある精神で理解しえないものを迷信、宗教、シンボルに転換する。自然の中では、三つの類似するものと一つの異なるものという四つの要素からなる形式が幾度となく繰り返されているのが見出される。（第1章33ページを参照）。ジェラール・アンコース博士、別名パピュスは、ギョーム・ポステル^{訳註3}とエリファス・レヴィのカバラ理論から着想を得た『ボヘミアンのタロット』において、タロットの中に具現化した秘教学の究極の鍵として、他ならぬヘブライ人の神の名前のシンボルを発見したと信じていた。彼によれば、四文字で構成されるこの名前の真の発音を発見した者には、神と人間の諸学の鍵が与えられるとのことである。この言葉――イスラエル人たちが決して

訳註3　ギョーム・ポステル（1510-1581）はフランス・ルネサンス期の東洋学者。

発音することなく、大祭司が1年に一度だけ民の歓呼の只中で口にする言葉——は、あらゆる秘儀伝授の頂点に位置している。フリーメーソンの33階級の輝ける三角形の中心で光を放ち、また古い諸々の大聖堂の扉口に刻まれているこの言葉は、四つのヘブライ文字ヨッド、ヘー、ヴァヴ、ヘーによって形作られる。この最後のヘーの文字は反復されているが、ヘブライ・アルファベットの各文字には数字が割り当てられており、ヨッドは10、ヘーは5そしてヴァヴは6で、その数値を合わせると26になる。パピュスによれば、この語はその構造自体によって、人間が神に帰した諸々の属性を想起させるとのことである。

　タロットがこの四文字を図解したものと考えたこと、そしてそれによってアルカナを、「受け取ったもの、彼岸からくるもの、手渡されるもの」を意味するヘブライ人のカバラに仕えるものであるとみなしたことは、パピュスの誤りだったと私には思われる。彼にとっては、イェホヴァこそがタロットへの鍵だと思われたのである。

　しかしながら、人間が話し書くことを学ぶ遥か以前から神性の諸特質は存在している。数学的法則はヘブライ語が生まれる遥か以前から存在している。タロットはカバラを図解するものではない。タロットはむしろ宇宙の肖像である。問題となっているのは視覚的言語であって、それはおそらく言葉への過度の傾倒に逆らう反応として、口頭の言語に対置される。

　パピュスにとって、ヨッドは物事の原理、それ自身による存在の絶対的な肯定を表している。ヨッド——単一性は男性性、父のイメージである。それゆえ、タロットの視覚的言語において、このヨッドは「剣」、「杯」、「金貨」の王によって表されている。

　ヘーは自我と非自我の対立である。単一性が分割された形であり、二重性、対立、二元性の起源であり、女性性、母のイメージである。能動的なヨッドに対する受動的なもの、本質に対しての物質、魂に対しての生命を表す。タロットの言語において、この側面は「剣」、「杯」、「金貨」の「王妃」によって表されている。

　ヴァヴは非自我と自我の対立から生まれ、これら二つの原理の関係を表す。それは息子のイメージであり、「剣」、「杯」、「金貨」の「小姓」によって表

わされている。

　2番目のヘーは──三位一体を超えて存在するものはないので──形而上学的世界からの移行、または一般的に一つの世界から別の世界への移行を示す。つまり、

　　　［（父＋聖霊）＋子］＋聖母マリア

である。

　タロットのコート・カードにおいて、この移行は「棒」の「王」、「王妃」、「小姓」によって表されている（父、母、息子が新しい家族を形成する）。
「騎士」たちを除外し（彼の使命は知識を運んでいくことであり「世界」を巡って右から左へと回る）、「王」、「王妃」、「小姓」たちをその視線の方向に従って配置すると、左から右へと巡っていく配列が得られる。すなわち「剣」、「杯」、「金貨」の「王」（すぐれて能動的原理である）が「金貨」、「杯」、「剣」の「王妃」に対面する（すぐれて受容的原理である）。「王妃」たちの下には「金貨」、「杯」、「剣」の「小姓」たちが位置する（これは能動的なものと受容的なものの間の関係性である）。「小姓」たちの前には「棒」の「小姓」、「王妃」、「王」で形成された家族が位置する。この家族は他とは異なる第4の要素であり（そこには「王」と「王妃」という類似する二者と若干異なった3番目の者である「小姓」がいる）、未来の木の芽を含有する種子である。

　26が神を指す数であるとするなら、78のアルカナで構成されているタロ

［（3人の「王」＋3人の「王妃」）＋3人の「小姓」］＋三つの「棒」による家族。

ットはその3倍となる。これは三つの神を意味するのだろうか？　どうしてそうでないといえよう？　この素晴らしいデッキが、紀元1000年ごろ北半球の西洋で最も重要であった三つの宗教、すなわちキリスト教、ユダヤ教、イスラム教の賢者たちによって作られたのだと考えれば、そこに三つの神すなわちキリスト、イェホヴァ、アラーが含まれていることも十分にありうる。ここに四つの要素の法則を適応することは可能だろうか？　だとすれば最初のトリオは二つの似たもの、すなわちイェホヴァとアラー、そして3番目はやや異なるもの、すなわちキリストからなる。では4番目は？　それはタロットの解釈者が表すところの受肉であり、その時、彼は自らの内なる神と共にあるのだ。

[（イェホヴァ＋アラー）＋キリスト］＋タロロジスト

始めるにあたって

　小アルカナの研究は大アルカナの研究と同様、解釈者の洞察力に基づくものとなる。しかし、それはまたタロットの数秘学、さらに四つのスートと人間の生命の四つの根本的な中枢、すなわち知性の中枢、感情の中枢、性及び創造の中枢、さらに物質及び肉体の中枢との間にある対応にも基づく（59ページ以下を参照）。

　こうした観点から、第3章ではこれまでと同様、56枚の小アルカナに対する開かれた解釈を一貫して提案する。「私」たるタロットの解釈者あるいは相談者は、ただの一者ではなく少なくとも四者からなっている。我々は世界を知覚する上で、少なくとも四つのシステムを持っている。すなわち理性的システム（言葉）、感情的システム（心）、リビドー的システム（欲望と創造性）、肉体的システム（生命の欲求）である。

　四つの中枢が異なった方向に向かうとき、人は危機に陥る。しかし四つの中枢が単一のエネルギーとなることは現実的に不可能であり、各スートの段階8の研究でもそれが示される。すでに検討したようにタロットの10を基準とする数秘学においては、8は完全さを示す（75ページ以下を参照）。ここで「剣」の8を見てみると、その中心には赤い芯を持つ、茎がなく青色の素朴な花が見える。このアルカナは、知性の完全さが空虚にこそあり、そこにはもはや言葉（中身）と同一でなくなってしまった時に初めて到達できるということを示している。これに対して「杯」の8は、そのスートの中でも最も中身の詰まったカードである。杯、花、葉叢(はむら)が空間を満たしており、あたか

も心の完全さは「満ち満ちていること」、要求をせず常に与えようとする愛の充溢にあると示しているかのようである。極度に集中した形の「棒」の8は、創造的、性的、エネルギー的のいずれであっても、欲望を単一の行動に集中させることにこそ、この中枢の完全さがあることを示している。最後に「金貨」の8には過剰さがある。そこでは空間の全方向に向けて枝葉が静かに広がっているように見え、物質的そして肉体的な完全さ、つまり繁栄と健康への手がかりを提供している。以上の例で、各中枢はそれぞれ固有の完全さに向かって実現されなければならないことが示されている。空虚である心も、過剰である知性も、どちらも実現に至っているとはいえないのだ。

　第3章では小アルカナの解釈上の手がかりを、次のやり方で提示することとした。まず10節のそれぞれで四つの中枢における数秘学の最初の十段階を研究する。そこで個々のスートは他のスートと比較、検討される。また、そこでの研究はシンボルの観察に基づいて行われる。
　その後は各スートにおけるカードの進展を概観する。「剣」、「杯」、「棒」、「金貨」のそれぞれのスートをエースから10へと順に見ていく。この解説は各カードの基本的な意味を要約することを目的としており、前に述べたことの繰り返しは最小限に抑えられるだろう。そして最後には人物像ないしは「コート・カード」の分析がスートごと、またレベルごとに行われる。
　このやり方により、等しく有意義な二つの「扉」を用いて、小アルカナを視覚化することができるだろう。

[附記]
どちらがカードの上であるかを決定するための明確な要素がない場合、カード下の左にある著作権の指示を参照すること。

1
数秘学の諸段階

杯

剣

金貨

棒

第3章 小アルカナ

LES AS
エース
✼✼✼✼✼✼✼✼✼✼✼✼✼✼✼ ❁ ✼✼✼✼✼✼✼✼✼✼✼✼✼✼✼
潜在性にある全て

　復元されたマルセイユ・タロットの4スートにおいて、「杯」と「金貨」の二つは受容的であり「棒」と「剣」の二つは能動的である。受容的スートのうちの主たるものは「杯」であり、「金貨」の方はすでに活動性への転換を示す植物の枝が生え出ている。「棒」は本質的に能動的なシンボルだが、「剣」では受容的な状態の始まりを示す王冠が現れている。言うなれば、「杯」は心の言葉としてみなされる。一方「金貨」は物質的生と関わりのある全て（肉体、日常必需品、仕事など）を表す。「剣」は言葉と知的活動を、「棒」は創造性と性の領域を表す。

　タロットについて語った最初の秘教主義者の1人であるエリファス・レヴィは、自らの弟子たちを故意に誤りへと導いた。彼は教皇ピオ六世の時代に一般的だった考え方、すなわち知識は幾人かの奥義に通じた者にしか明かされてはいけないという考え方に従っていたのである。こうして彼は「金貨」を空気（精神活動）と同一視し、また「剣」の尖刃を大地に向けて描くことで、「剣」に「土」の元素の意味や物質的生の領域を割り当てた。しかし剣の尖刃は、明らかに天に向けられるべきものである。なぜなら、「剣」のエースは頭上に置かれるべきものである王冠の中に差し込まれているからだ。

「棒」のエース、「剣」のエース
―― 創造性と知性、力の二つの源泉

　これら二つのエースは類似している。両者ともにエネルギーの火花に取り

囲まれ、手に握られている。手が出てきている濃い青の輝く半円には、強力な創造的活動の徴(しるし)である明るい青の波動が走っている。だが、注意深く観察すると、そこに明白な違いを見分けることができる。棒を握る手は、ある形(便宜上以後「雲」と呼ぶ)の中心から出現し、掌を見せている。剣を握る手は雲の表面から出現し、手の甲を見せている。ここで問題となりうるのは二つの衝動である。第1の衝動は、中心的、真正、純粋、創造的である(「棒」)。第2のものは、周縁的、形式的、反省的、精神的である。ここで「精神的」という語が用いられるのは、多くの伝統において剣が「言葉」(ロゴス)のシンボルだからである。

棒を摑んでいる手は、最も細い場所を握っている。棒はその上方に向かうにつれ太くなる。頂点では男根的エネルギーが女性器を想起させる形に変化している。創造的エネルギーは両性具有である。「棒」では枝が切断されているが、これは我々が持つエネルギーを統御していくには選択することが必要不可欠であることを示している。我々はこのエネルギー自体を作り出すことはできない。我々にできるのは、それを導く方向を選択することのみである。棒の枝が生え出ることができる場所から、黄色い光が放たれているのはそのためである。この光は時が至れば、「緑の」(有機的な)エネルギーが昇華されうることを示している。光線の上には黄色の山形模様が見出されるが、それらは雲の上に見られるものと同一で、同じ神的意識が循環しているものと解釈されうる。

剣はその反対で、柄は緑(当初は有機的)だが、その先で加工可能な物体に変化している。知性とは出来上がった状態で受

「剣」のエース。
鍛錬されたエネルギーである知性は、
宇宙の意識の単一性に近づくにつれて、
細くなっていく。

け取られるものではなく、鍛えなければならない自分自身の一部なのである。鍛冶屋が剣を打ち出すように、無駄をそぎ落とすことでそれは強くかつ柔軟になる。剣は基部が太く尖端は細い。剣の刃が焼き入れされ完璧に鍛え上げられていくように、精神は経験と感情的苦悩（刃は赤い）によって洗練され鍛え上げられていく必要がある。自己を実現するため剣は王冠を貫通する。剣は権力に心を奪われた特定の人の精神に閉じ込められたままにはならない。王冠から生え出る2本の小枝は精神の二大目的を象徴している。開かれて受容力のある棕櫚(しゅろ)は空間と無限を表す。緑の実をつけたヤドリギは時間と永遠を表す。永遠かつ無限となった精神は、宇宙の「意識」を見出す。王冠には五つの花があり、そのうち中心の花は赤い半月を有している。この王冠は五感を表している。これら全ては知性を形作り、また精神を物質的関心に結び付ける知覚を構成する。だが、神的エネルギーは決して消え去ることなく、また現世の幻の中で迷うこともなく、また世界から逃げることもなく、王冠を貫通し通過していく。

　両カードの比較をさらに続けて、その違いを分析してみよう。剣は最大から最小に向かっていくが（つまり最も広いところから切っ先に向かう）、棒は集中から拡張に向かっていく。他方で、茎は幹の近くでは広く、伸びるにつれて細くなっていく。このことは枝の最も細い部分が、その未来であることを意味している。それゆえ、棒を摑む手は、未来のところにあるということになる。創造的な性的エネルギーは未来に存在する神性への呼びかけである。反対に剣は過去（剣のつば）から出発し、現在を表す王冠を通過し、根源（「意識」にお

「棒」のエース。
拡張する性的エネルギーの使命は、
宇宙の住人を増やすことであり、
未来からの呼びかけに従う。

Les Arcanes mineurs

ける統合）に到達する。

　これら2枚の能動的カードは、その源が明確に異なる二つの力を想起させる。「言葉（ロゴス）」としての知性は、天地創造の始まりにおいて存在するのに対し、創造性は未来からの呼びかけである。「創世記」において「善悪の知識の木」からアダムが実を食べた後、未来には我々を待つ「永遠の木」があるとされる（「黙示録」ではそれが天上のエルサレムの中心にあると述べられている）。

　これら2枚のカードのメッセージは、結局のところ次のようにまとめられる。すなわち、精神の目的とは、自らを上回っていくことで過去を克服し、その起源にいたることにある。これに対して性と創造性の目的は、時の終わりに至るまで未来へと我々を連れていくことにある。

「杯」のエース
──潜在的な状態にある愛のシンボル

　タロットにおける「杯」の列は、感情的生活の全過程を表す。エース（数字の1）は潜在的な状態にある全体性を表す（73ページ参照）。全ては可能である。我々は選ぶか、あるいは選ばれるに任せるだけでいい。

「杯」のエース。
これは潜在的な状態にある
完全な愛の聖杯である。
これは要塞の対極としての寺院である。

　このカードは、線のない、新しく純潔な肉体を意味する肌色の土台で始まる。感情的な純潔性は失われることなく、愛は自らを絶えず更新し、まるで有形の聖杯が永遠の中にその源がある果てしない井戸を内包しているかのようである。しかし、肌色の上、杯の後方には、平行線模様が入った明るい青の帯が見出される。それは精神が経験と苦しみを通して肉体の中に形作られることを意味する。この杯

の土台は三つの面からなるピラミッドとなっているが、それは寺院のようでもある。解釈者から見て右側の明るい側に、黄色い線の始まりがあるが、それは絶えざる誕生を示し、杯の基部にまで伸びている。中央の面は赤いピラミッドで飾られ、安定性と永続性を想起させる。左側の平行線模様のある暗い側は、その暗さによって死の領域を暗示している。これらピラミッドの三面は、存在の三つの局面、すなわち創造、保持、破壊と関連している。これをブラフマー、ヴィシュヌ、シヴァというインドの神々の三神一体のなかに見ることもできる。その三つの相補的な活動が生の活力を形作っているのである。

　明るい青の地平のすぐ上に、5枚の花弁を持つ黄色い花が下方に向けて開かれているのが見られる。この5枚の花弁は五感に対応しているとみなされる。この花は、我々が受肉の苦しみを知的に吸収し、それらの苦しみを「杯」の黄色い頂上へと到達させるための過程を示している。黄色い頂上は、無限への呼びかけの如く、創造的な「言葉（ロゴス）」が反響する場所である——タロットでは大抵の場合、それが剣の先端によって表現されている。

　花の上には三重の同心円からなる三つの円がある。外側の二つの円は過去と未来に対応している。それらが緑色なのは、主に希望と回想で作られているからである。中心にあるい同心円は現在、また純粋で即時的な——理論上のものではない——経験を表している。なぜそれぞれに三つの円があるのか。おそらく最も外側の円は知的生活、2番目の円は感情的生活、そして中心の円は性的生活に対応しているのだろう。別の解釈を見つけようとするなら、それらが肉体、魂、霊を象徴すると言ってもいい。

　杯の頂上に向かっていくと、水平の筋が走る赤い半円に辿りつく。この赤い塊は、完全な愛が黒い畝（うね）によって耕され加工され、意識的な愛となったものなのかもしれない。それは我々が他者への愛に投影している自己愛、宇宙愛、神的な愛からなる。このつつましくも広大な贈与の感情が、大聖堂の本体を支えているのだ。すべての人間の叡智（えいち）は愛に基づいている。ウォルト・ホイットマンがいみじくも言ったように、「愛なく人生を歩むものは、屍衣に包まれつつ自らの葬儀に向かって歩いている」[訳註4]のだ。

　この殿堂の下にはまた、明るい青の棕櫚の三つの葉が見出される。それぞ

訳註4　ウォルト・ホイットマン『草の葉』より。

れ五つ、七つ、四つの葉先を持つが、その動的な輪郭はそれらが成長の最中にあることを示唆している。それらを加算すると、16すなわち大アルカナのXVI「神の家」の数となる。我々が思い出すべきは、このカードが手を伸ばして現実に触れようとしている2人の人物を生み出す神的な塔を描いたものであるということだ。ここでは青い棕櫚が、苦痛に満ちた青い帯からなる地平線での霊的体験とつながる純粋な直観を想起させる。苦しみを通過した精神は、純化された大気の如くに杯を取り囲む白い光の中で開花する。

　この杯、かくも充溢した神殿は、世界に自らを溢れ出させていかなければ価値を持たない。愛の根底にあるのは、蓄積した全てを与えようとする欲望である。

「金貨」のエース
──最後のもの（＝金貨）Le De(r)nierが最初のものとなるだろう^{訳註5}

　先行する三つのエースは、その本質において異なっている（「剣」のエースは知性の領域を、「杯」のエースは感情の中枢を、「棒」のエースは性の暗い領域と創造性の輝かしいエネルギーを表す）。だが、それにもかかわらず共通点を一つ持っている。それは三つすべてが巨人のように直立しているものとして想像することができるということだ。杯はその円柱から、秘儀伝授の巨大な聖堂を思わせる。剣と棒は神的な手に操られ、威厳ある輝きを放っている。

「金貨」のエース。
これは泥から生じる蓮華の花を隠喩的に表す。
その物質の中心に
「意識」のダイヤモンドを保持している。

　しかし、「金貨」のエースは、地面に横たえられた水平状態として想定されなければならない。中心に位置する花のように控えめなこのエースは、植物であると同時に鉱物でもある。「金貨」は物質的生を象徴する。多くの神秘主義の教派では、物質的生は軽蔑されている。「世界に属

訳註5　「金貨」Le Denierと「最後のもの」Le dernierをかけた言葉遊び。

することなく、世界に存在しなくてはならない」という忠告は、物質から逃げていくことを意味する。だが「金貨」は真の教師である。

「金貨」のエースは、その中心に蓮華がある。この聖なる花は自らの根を泥と濁んだ水の中に張り、それによって成長して光に向かって開花する。チベットの伝統における有名なマントラ「オム・マニ・パドメ・フム」は、「おお、蓮華の内にあるダイヤモンドよ！」を意味する。このダイヤモンドとは、透明な存在、個人的自我のない純粋な本質、すなわちブッダ、普遍的「意識」のことだ。「金貨」のエースの中心にある赤い円の中には、4列に配置された12の点が見出される。それらの点を結ぶ線を描けば、ダイヤモンドの形が得られる。一方、12という数に至るまでの数を合計すると、タロットを構成するカードの数となる。つまり1＋2＋3＋4＋5＋6＋7＋8＋9＋10＋11＋12＝78である。

これらの観察から物質の心臓部には、神的なエネルギー、非個人的なもの、「全体性」が存しているという結論を導くことができる。錬金術師たちは、そのことを理解していた。彼らは霊を物質化することと同様に物質を霊化すること、すなわち哲学者の石の探求によって象徴される夢を追い求めた。

金貨は三つの円から構成されているといえる。外側の円は開花し、小枝を世界へと伸ばしている。2番目（中間）は内なる太陽のように炸裂している。そして3番目（中心）の赤い円は宇宙の秘密を保持している。それは物質の四元素、黄道十二宮の四つの三つ組、東西南北のように、四つの花弁を生み出している。これら三つの円は、自己発見のための指針を提供している。外側の円が示しているように、進化した存在はこの世界から離れることなく自分自身の完成を開始することができる。我々は肥沃で豊かな楽園のような現実を作り出すことによって、自分自身のための作業を行っているのだ。エコロジーの意識は内なる発見と協調する。我々は地球、この大地と一体である。禅寺での重要な活動の一つとして、庭の手入れがあるのはそのためである。庭は、我々の仕事、我々の家族、我々の国の改良を意味することにもなる。この取り組みを導くのは、「他者のためにならないことを、自分自身のために一切求めない」という聖なる格言である。

この段階が理解された時点で、我々は2番目の円に入ることができる。す

なわち我々の中にある内なる太陽の発見である。これはあらゆる点で天空の太陽に類似している。緑の三角形によって象徴される生命エネルギーが、そこから絶えず流れ出している。実際的な知性がオレンジ色（全形態における生命の色）の三角形の中に広がっている。物質の本質にある愛の力が、赤い三角形において表現されている。その基部は黄金のように黄色い。それは純粋で光輝く有機体である。これらすべてが喜ばしき行為の環を形成している。それは自己陶酔的な態度としてではなく、神的な意思の驚嘆すべき業として、自分自身を愛するようにと我々を誘っているのである。

　3番目の円には無上の喜びの花が見出される。行為はその終わりに到達する。魂はその芳香を発散し、本質的「真実」による授精を待っている。赤い円の中にある点は種子であり、集団的に変容した人類の中で花開く準備ができている。それらは2点の列、3点の列、4点の列、3点の列という四つの列からなる。上部にある最初の二つの点は、天に対する受容性を示す。下の三つは、地に対する能動性を表す。中心にある七つの点（＝3＋4）は精神（＝3）と物質（＝4）の結合を表している。エリファス・レヴィが言うように、「正しい思考はすべて、天上においては「神の恩寵」に、地上においては有益な仕事に照応する」訳註6。彼が言いたいのは、意識の中のすべての恩寵は行為を作り出し、すべての行為は意識の中で真実を揺り動かすということである。

　最初の円は秘儀に通じた者の四つの個人的特質を明らかにする。その後で霊的作業が円から円、霊的な一つの階層から次の階層へと伝達され、最後には中心の非個人的意識というダイヤモンドに到達する。個の本質を探究することで、我々は宇宙の集合的意識へと到達するのである。ここに「金貨」のエースの秘密がある。地味な硬貨、大地の深部からやってくる宝は、瞑想を通じて天まで上り、そこで聖者たちの頭を照らす後光となるのである。

訳註6　エリファス・レヴィ『高等魔術の教理と祭儀』より（邦訳は教理篇、生田耕作訳、人文書院、1982から引用）。

Les Arcanes mineurs

第 3 章 小アルカナ

LES DEUX
2
蓄積、準備、受容性

　タロットのエース（数字の1）が潜在的な力のシンボルであり、選択されるのを待つだけの状態となっている大きく広がった可能性であるのに対して、2はいまだ実現されていない素材の蓄積を表している。受動的で受容的な蓄積という概念が2を理解するためのキーワードである。大アルカナにおける10を基準とする最初の列の第2段階である「女教皇」（II）は、修道院に籠（こも）っている。次の列の第2段階は「吊られた男」（XII）だが、彼は繋がれ両手を背にしている。彼は選択をせず、自らの中に没入しているのである（74ページ以降を参照）。

　小アルカナにおいては「剣」が知的生活のシンボルである。「剣」の2では8枚の花弁と8本の枝を持つ大きな花（このスートの一連の花の中で最も大きい）が、それを包む楕円全体を満たしている。これは精神の中で大きくなっていく夢想であり、また計画、神話、情報、理論などの蓄積を示している。花の中心には黒い点があるが、そこから瞑想の完全な段階において実現される空（くう）の状態がいまだ形成途上であることが分かる。交差する2本の剣は、中間部が能動的で生命に不可欠の赤となっているが、それは横になった2枚の赤い花弁に呼応している。思想は形作られる前、脳の中に混沌とした状態で現れる。その後、思想は2枚の垂直になった黄色の花弁によって、明るい青の花弁の受容性に支えられつつ、光と秩序の方に広がることができるようになる。その本質上、剣の刃は黒い。つまり、空虚に達することが精神の目的

なのだ。このアルカナでは8枚の花びらと8本の枝も、さらに刃にある八つのオレンジ色の楕円も完全性への強い欲望を示している（8はタロットの数秘学においては完全性を表す）。また、タロット全体を通じて、2が8を目指していることにも注目すべきである。つまり受容性は完全性と十全さへと向かうのである。

「棒」は性的および創造的エネルギーを象徴する。「**棒**」の2における花の基部は、切られた茎ではなく見事に作られた明るい青の球根となっており、欲望の蓄積を表している。また、赤い茎が伸びて7枚の黄色の花弁になっているが、それはまるで生命エネルギーが到来し、やがて七つのチャクラ（神聖なる神経中枢）を覚醒させることになるようなものである。2本の棒の交差部では、3枚のオレンジ色の花弁を持つ花が生えている。それらを加算すると（3＋3＝6）、「棒」の本質的探究が快楽、美（タロットの数秘学では6で表される）の探求だということが明らかになる。棒の中心は濃い青であり、創造的エネルギーが元々は受容されたものであることを示している。この受容が能動性の赤として広がっていくのである。ある中国の格言が教えるところでは、天に対しては受容的、地に対しては能動的であることが望ましい。芸術家の霊感が与えられたものである一方で、彼の作品は彼自身の働きかけと選択の成果である。このカードは未だ実現されていないエネルギーの蓄積、処女性、思春期の最初の時期であり、またあらゆる作業の最初の段階も表している。

「杯」は感情的生活を象徴している。従って「**杯**」の2は感情の蓄積、愛への準備を表す。カードの下では2人の天使が愛の源泉、すなわち黄色の台座の上の赤い不死鳥を示している。天使たちは純粋さを表している。左の天使は盲目であり、愛される対象は知性ではなく、心が求めるところによって選択されることを示している。明るい青の垂れ布にはアーミンのそれに似た柄がちりばめられており、王のマントのようだが、それは神の加護を示している。明るい黄色の台座と王冠は宇宙的な意識のシンボルであり、その上に不死鳥が形作られる。愛が何度も死んでは再生するように、神話における不死

鳥は燃え尽き、そして灰から再生する能力を持っている。愛は個人的なものではなく、宇宙的な力なのである。これら全てから生え出ている1本の根が、まずは赤と黄色の花として開くが、これは人の心の中に具現化した愛のシンボルである。さらにそれは明るい青の茎として伸び続け、巨大な花を舐めている2匹の動物を誕生させる。これらはおそらく魚だろう。これら2匹の魚たちは自我の自己愛的な分裂を指し示しているが、それは愛の発展には必要なものである。すなわち、あらゆる愛は自分自身に魅了されることと、我々の魂を愛される存在に投影することから始まるのである。花を舐めることによって、魚たちは花を成長させ、驚嘆すべき授精を準備させる。未来の恋人は原初の不死鳥の投影以外のなにものでもない。心理学的観点からは「杯」の2は近親相姦的な愛を指し示す。天使たち（アニムスとアニマの昇華）は不死鳥を捧げるべく準備をしている。エディプス的な愛は生贄として捧げられるが、それは一つの現実、「金貨」の4が象徴するところの一つの家族を形作っていくためである。

　金貨は物質的生活のシンボルである。というのも、この黄金は地の奥底で発見されるが、ひとたびそれが加工された後は取引のための貨幣となるからだ。「金貨」の2では巨大なリボンが片方の円と別の円を結び付けようとしている。カードの下部には、この曲線下のカーブ内を這いまわる動物、すなわち3匹の蛇が見つけられる。それらは知識へと導く作業が、物質を受け入れることから始まり、やがて物質は霊化され、コインは後光へと変容していくことを示唆している。上のカーブの内部には二つの年が見出される。この1471年－1997年は、現在知られている最初に印刷されたタロットの年と復元されたタロットの出版年である。だが、それらは過去から未来、深淵から高みへと向かう変容も示している。1＋4＋7＋1という加算によって、物質の変容の数であり死の数である13が得られる。1＋9＋9＋7という加算では、神と永遠の数である26が得られる。「金貨」の2の熱望する全てがここにある。両端にある花によって示されているように、このリボンは成長を決して止めずに物質の霊化を実現し、無限の完全性の8に到達しようとするのである。

第3章 小アルカナ

LES TROIS
3
✳✣✣✣✣✣✣✣✣✣✣✣✣ ❂ ✣✣✣✣✣✣✣✣✣✣✣✣✳
突発的分離、創造あるいは破壊

　数の一つ一つは個別の実体として固有の生命を持っている。エース（数字の1、潜在的な状態にある全体性、根源的な両性具有性）と2（経験の蓄積、本質的な受容性）の後に続く3（創造的爆発）は、本質的に能動的な最初のカードである。しかし、その能動的な性質には二面性があり、生と死へと向かっていく。また再生、構築、生きていることの幸福感へ向かうと同時に、破壊、意気消沈、古い物の排除を要求する容赦ない変容へと向かう。3の最も重要な点は、新たなものの誕生による変容を達成することである。

　3のこの二面性は「女帝」（III）および名無しのアルカナ（XIII）で顕在化する。腹部にもたせかけた緑葉で飾られた笏から、「女帝」が妊娠していることは明らかである。一方、アルカナXIIIでは、新たな生命が成長できるように鎌を用いて雑草が刈り取られている。

　「剣」の3のカードの潜在力は、剣を取り囲む2本の枝で明らかにされている。葉とそこに生えている黒い漿果を数えると、タロットの大アルカナの総体を表す22になる。赤い剣は能動的、熱狂的、理想主義的、無制約的な知性のシンボルである。組み合わされた剣の外側にある四つの花は、この衝動を保護している。これらの花が示しているのは、あらゆる思考が明瞭に方向を定められた空間によって、つまり四つの基本方位で支えられているということだ。一般によく使われる言い回しのうち「北を見失う」^{訳註7}という表現があるが、それは精神的混乱の状態を指している。全ての3と同様に、この

訳註7　原文ではperdre le nord.「方向を失う」ないしは「途方に暮れる」「気がふれる」などの意味の成句。

カードは青年期に見られる傾向を持っている。ここではあらゆる問題が持ち上がってくる。信じることと知ることが混同され、思考は現実の世界から遊離し、真実でも偽りでもありうるような理想のエネルギーによって動かされる。「剣」の3のエネルギーは「棒」の性的エネルギーと密接な関係がある。

「棒」の3では、3本の棒が一つの中心で組み合わされている。この中心から生え出ている葉によって、世界を満たしたいという欲望が表されている。「剣」の3が楕円を形成し、その中で深く究めようという欲望が動いているのに対して、「棒」の3は征服者のように外部へと爆発していく。「棒」の3は、世界の中に入っていき、世界を引きつけ吸収してしまおうと望んでいるのだ。このアルカナは肉体的喜びの最初の経験、思春期の始まり、暴力による威圧、自分が世界の中心にいると思っている人の喜びと関連している。また、これはどこに向かっていくのかも分からないまま爆発する諸々の欲望でもある。どんな植物になろうとしているのかも知らぬまま荒々しくその殻を開く種子である。3本の棒の黒い尖端は、非人格的な力の作用を象徴しているが、これもまた黒い剣の先端を思い起こさせる。このことは性的エネルギーの本質が霊的なものであることを示している。各々の棒は四元素に対応する四つのオレンジ色の長方形で飾られている。つまり能動の最大の豊かさとは生命それ自体なのである。中心にある深い青は、欲望とは受け取られるものであり、それを統御することは不可能であることを示唆している。できることは欲望を誘導するか、ないしは享受するかのどちらかでしかなく、それを生み出すことも無化することも不可能である。横向きに生え出ている葉が見せている内側は明るい黄色となっているが、そこは世界を豊かにする生命の喜びとエネルギーの場となっている。

「杯」の3は、理想的でロマンチックな愛を表す。それは最初の心からの感情的経験である。2枚の葉でしっかりと守られている上部の杯の基部は、ハートの形の内側にある。その足の部分は夢想に浸った二つの球根によって触れられている。理想的な愛が失敗した後は、深い失望が続く。しかし、最初の愛は経験として最も美しいものである。心臓の基部にある大きな部分が、

心臓を守り支えている。黒い3本の線がある鎚(つち)に似た赤い形のものは、基部にオレンジ色の3枚の花弁があり、両性具有的な神性を表している。この理想的な愛は神的な愛の投影である。カードの下の二つの杯は、この夢を作り出すために結びつく男性的アニムスと女性的アニマを表している。

「**金貨**」の3は一見「杯」と類似した構成となっているように見えるが、実際には大きな違いがある。上にある金貨は枝葉が構成している形の内側にあり、下の2枚の金貨はその外側にある。「杯」の能動性が天、すなわち神的なものとの交流に向かっていく一方、「金貨」の能動性は内面化、物質の中への沈下、妊娠期間という闇へと向かっていく。これは我々が手に入れるべき宝が世界の中に埋められたままであることを明確にしたものだ。このアルカナは、金羊毛すなわち物質的富と宇宙的意識という両義的な面を持ったシンボルを探しに行く古代の英雄の門出を表している。3は爆発的な数であり、「金貨」においては、不確実な投資を伴う取引の始まりを意味するかもしれない。それを通じて我々は富を増やすこともあれば、失うことにもなるのである。

第3章 小アルカナ

LES QUATRE
4

「地」における安全

　4に相当するのは、幾何学図形のうち物質的世界における安全を最もよく象徴する正方形である。大アルカナの中では「皇帝」(IIII)がこの世での安定性を表し、「節制」(XIIII)が心理的また霊的な均衡を示す。

　「金貨」の4の中心に注目すると、炎の中で自らを犠牲にし、その自らの灰から再生する不死鳥の紋章が見られる。不動とも見えるものの中心には、恒常的なる無常が存在している。安全と健康を有している者は、あらゆる物質的財産が束の間のものでしかないことを常に意識していなければならない。この段階において、前進しない者、変化を拒む者は後退する。健康であるかどうかは絶えざる配慮にかかっている。「金貨」の4における一見したところの安定性には、聖なる不安定性が隠されている。もし4が自ら活動へと向かわなければ、次第に硬直してしまうことだろう。「金貨」の4が保証してくれるのは日々の生活であり、霊的生活ではない。しかしながら、祭壇が大聖堂の根幹であるのと同様、「金貨」の4は霊的生活の土台である。ミサに用いられることのない祭壇に何の意味があるだろう？　同様に、消費期限切れの食品しか置いていない食料品店が何の役に立つだろう？　新しく新鮮な生産物は消費者の健康にとって必要不可欠である。金庫に入れられたまま使われない資産の価値は下がっていく。この場合、投資が行われるべきであり、その結果、財は生の流れに入っていくことが可能となる。開くことのない種子が植物を生み出すことはない。

「金貨」の4では四元素が中心（不死鳥）を取り囲む形となっているが、しかし「杯」の4における配置は、それとは異なり高所への憧れを示すものとなっている。下の二つの杯は2枚の大きな葉によって援助され、上の二つの杯を支えている。ここに解放への衝動を見ることができる。「杯」は感情的生活のシンボルである。従ってこの場合の愛に我々が求めるのは、「魂の伴侶」ではなく、自分自身よりも高次の存在である。感情的生活の段階として、4は健全な時期であり、基盤、恋人同士になること、所帯を持つための計画を表す。3が理想的な愛を求めるとすれば、4は現実における愛への移行を示している。そうなるためには、愛されていることを完全な信頼を持って受け入れなければならない。

「杯」の4で行われる高みの探求は、最良の場合、続く諸段階で経験されることになるより高次の愛への憧れを表す。だが、この段階でいまだ自分自身を愛することができないならば、人は別の人に実現の希望を託さざるをえなくなる。その場合、感情的関係は対等にはならず、一方の心が強者へと従属することになる。もし自分自身を憎み、軽蔑し、愛していないのなら、安全への要求は飽くなきものとなる。望むような愛を全て得られていない場合でも、安全のために感情的関係にしがみつくことになる。長い結婚生活とはそういうもので、夫婦が互いに愛を失っていたとしても、その関係が安全を提供するために結びつきが成立しているのである。発展しない愛は凝固せざるをえない。

「棒」の4には、性的そして創造的な面での安全が表れている。全てが順調であるとはいえ、この状況が型にはまったものとなる恐れもある。この領域における反復は熱意を冷ましてしまう。新規性が失われることで歓喜は減退する。ここでも4は越えていくことが求められる有益な通過点である。あるスタイルに安住し、それを死ぬまで反復し、それによって確実な収入を得ることで満足している芸術家のことを、どう考えるべきだろう？　カップルもいつも同じようなセックスに対して倦怠を感じることもある。4の安全は5の誘惑へと進んでいく運命にある。

同様に、「**剣**」の4の精神面の安全が、実際的な精神、すなわち考えを具体化し、物質生活を組織化できる知性を表す場合、それは素晴らしいものとなる。これは科学的知性の基礎でもある。しかし、この精神面の安全は、自閉した合理主義に変化しうる。それによって直観、無意識の豊かさ、詩的喜び、革新的な考え、また精神の神秘に向け橋を架けようとする時に見出される他の多くの事柄を排除する傾向を持つことになる。この橋を架けるのは5の仕事となるだろう。

　4は全ての「スート」において、世界の中での行動という究極の目的を持って自己認識の道を進んでいくことを促す新たな経験を招き入れるために、必要不可欠となる安全な基盤である。このように4を捉えるならば、それは絶対欠くことのできないものである。それ自体を終局として捉えるならば、4は重苦しく、後に衰退をもたらすものとなる。

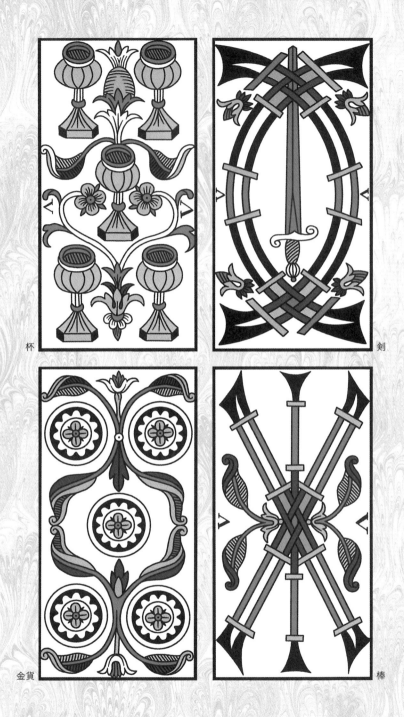

杯　剣

金貨　棒

LES CINQ
5

✤✤✤✤✤✤✤✤✤✤✤✤✤ ❋ ✤✤✤✤✤✤✤✤✤✤✤✤✤

誘惑

　20世紀初頭の秘教主義において、魔術を学ぶ者たちと数秘学者たちは5という数に有害な影響力を帰していた。これはもっともなことである。というのも、大アルカナにおいて段階5は「教皇」と「悪魔」によって表わされているからである。カトリック教会と対立関係にあった秘教主義者たちは、2枚のカードを混同し、呪い（XV）を祝福（V）の影とみなした。一連の九つの数（10は1の反復としてみなされる）において、5という数は二つの世界の間にあるかのように中心に位置する。5の前の1から4までの数の連続は物質的生を表している。その後の6から9の数の連続は、物質的次元から見ると、驚異的でもあり不確定さに満ちてもいる霊的生活を表している。実際には「教皇」も「悪魔」も、より遠くに行くこと、物質的なものと合理的なものの限界を超えていくことへと誘っている。「教皇」はこの世界に属する弟子たちを見捨てることなく橋を架け、別の世界つまり神的ないしは宇宙的な次元との交流を確立する。誘惑者である「悪魔」は、すべての創造性の源である非個人的マグマへと到達するための、無意識の闇への降下を示している。

　5は自己認識のための道、ないしは輝かしい理想を開示する。また、物質的生活において獲得したものを捨て去ることのない慎重さを持つよう示唆しながらも、それらを超えていくよう我々を促しているのである。

「**剣**」の5では、組み合わされた剣の間に赤色の中心的な剣が見られる。そ

れは菱形の隙間から外側をうかがっている。知的活動のシンボルである「剣」の一連の発展の中で初めて、精神が「他者」との結合を受け入れ、自らの彼方、自らの小さな知的世界の外部を眺めようとしている。辿るべき道の中で理想へと変容されていくであろう思想が現れている。

　感情的生活を表す「杯」の列のなかで、「杯」の5では、容器が中心に描かれ、その周囲を豪奢な花の構成で取り囲んでいる。それは仏塔ないしは寺院と見まがわれるほどである。ここで我々は初めて、信仰の熱意、さらには熱狂的な愛というものを経験する。師、キリスト、様々な神々、母なる自然、さらには政治理論家にさえも賛美が歌われる。我々と人類の心が選ぶべき決定的な方向が見出されたと信じる。このカードをよく観察すると、花を咲かせている中央の杯の下部に、植物の分枝によって形作られた黄色のハートが見いだせるだろう。だがこのハートは底部に位置しているため、物質的次元において作用する。言い換えるなら、人間的愛情を軽んじることなく、我々の心を神に向けているのである。例えばこのカードによって、導師の下に滞在してから妊娠して戻ってくる若い女性の弟子という状態を理解することもできる。

　「棒」の5は二つの誘惑を表す。すなわち、性的な力を瞑想の技術によって昇華していき、霊的啓示の扉を開こうとすることが一つ。そしてあらゆる衝動を開拓し、欲望の道を探求することがもう一つである。第2の道は第1の道と等しく革命的でありうる。なぜなら、それは精神を鈍らせる古い習慣を捨て去ることを促すことになるからだ。創造性においても同様に、芸術家は個人的逸話から遠く離れた主題へと、あるいはさらに深い主題へと開かれていくだろう。

　「金貨」の5では4の物質的安全が、その豊かさを今度は自身の中心へと向けていくことを可能にする。その可能性は前の段階にある最大の危険を払いのけることになるだろう。すでに見たように、仮に4が変化を拒むならば、年老い、腐敗し、危機に陥るだろう。我々はその実際的な例を日々の生活で

目にすることができる。たとえばデパートが顧客を失わないために、有機食品の売り場を開設しようと考えたりする。ある病人が通常の医療の枠内で治療を受けているが、具体的な結果が得られないので、異国のシャーマンや国内の田舎でヒーラーを探そうと考える。基盤を築いたカップルが子供を持とうと決意する。あるいは資本を増加させることのできる活動へと貯金を投資することを決める。

従って5は誘惑、憧れ、橋、新しい世界へと向かう移行を表す。だが、同時に古い世界に根差す活動の一部も保持する。

「剣」の5の最も大きな危険とは、大きな失望を間違いなくもたらすであろう、熱狂的かつ過度に理想的な考え方に従うよう導いていくことにある。「杯」の5にある危険は熱狂である。理想化された他者は、自分自身のために作られた計画とは合わないかもしれない。「棒」の5においては、「教皇」の道では過激な神秘主義により性的不能に導かれる危険、「悪魔」の道では性的倒錯によって憔悴する危険にさらされる。「金貨」の5では、しばしば小口の株式投資家が陥ってしまうように、叶いそうもない夢へと自分の金銭を投資し、それを失ってしまうという危険性がある。

第 3 章 小アルカナ

LES SIX
6

美とその鏡たち

　カバラにおいて6は美を象徴するものと考えられている。生命の樹ではティフェレトという名で、10のセフィロトの中心に位置している。人間は不可知の「真実」に到達することはできないとしても、少なくともその本質的な輝きである「美」には至りうる。

　大アルカナの最初の10枚の中の第6段階である「恋人」（VI）では、小天使が天から愛の美を降下させている。6のもう一つの顕現であるアルカナXVIの「神の家」では、大地の中心から高所に向かって喜びに満ちたエネルギーと歓喜の爆発を放出している。そしてこのエネルギーが、秘儀を伝授された2人の者たちをして恍惚の中でダンスさせている。また、天こそがこの燃えるような顕現を降下せしめているとみなすことも可能である。タロットは同一のシンボルを異なる二種のやり方で解釈することを許容している。二つの答えのどちらかを選択する必要はなく、両者は等しく有効でありうるのだ。

　小アルカナにおけるこの数字は、美や愛するものの実現と同義であるが、四つの異なる傾向を帯びる。6の美を現実の根源とみなしてもいいだろう。仮に数の無限の連続を三つずつで加算するなら、常にその結果は6に還元することが可能となる。例を挙げよう。

　1＋2＋3＝6
　4＋5＋6＝15、そして1＋5＝6
　7＋8＋9＝24、そして2＋4＝6

以下、同じことが無限に続く。

　こうして確認したことに従えば、キリスト教的神話における三位一体の神の本質は美である。

「杯」と「金貨」は受容的なシンボルである。

「杯」の6は3＋3の結果として表される。三つの杯からなる二つの柱が向かい合っている。それらは人が魂の伴侶を見つけるようなやり方で互いを見いだしている。これは自己陶酔的な傾向を持つ静的な愛であり、孤立した私的な関係の中でのみ分かち合われ、一方が一方の魂となる。「杯」の6とともに、あなたは次のように言うことも可能である。「私はお前であり、お前は私である。」

「金貨」の6が、4＋2の加算であることは明瞭である。カードの中心では、4枚の金貨が現実と安定の原則を表し、上と下に開かれている。「杯」の6では、二つの三つ組、すなわち理想主義者である3という数の出会いを見た。ここでは反対に物質的な中心から始まり、それが両極における忘我の実現を求めて向かっていくことになる。これは過去と未来、高次の意識と無意識、マクロコスモスとミクロコスモス、光と影などのような一対の相互補完的な観念を示している。これは世界に向かって心を開き、自らを他者へと開いていこうと努めているカードである。その信条は「私は自分を超え、同時に自分の内にあるすべてのものを探すために旅立つ」となるだろう。

「剣の6」と「棒の6」はどちらも能動性のシンボルであるとはいえ、その間には違いがある。一方は知的であり、他方は性的＝創造的である。

「剣」の6では、内面化の作用が見られる。瞑想を通して美へと到達し、忘我すなわち意識の中心へと向かう。中心の花の茎は切られ、植物自体から、またその結果として世界からも切り離されているが、孤独の中で開花してい

る。この花は唯一無二のものである。その個性、孤独、唯一性を引き受けることは、知性の第1の喜びである。

「**棒**」の6では外部への大きな推進力が見出される。燃えさかる中心（四つの赤い菱形）から現れている官能的な葉が、世界の四隅に向かって開かれている。垂直軸として、1本の棒の代わりに切り離された二つの花がある。それらは互いに異なっているが、それにもかかわらず補完的でもある。下の花は曲がって受容的な葉を、上の花は尖って能動的な葉を有している。それらを雄と雌の花と見なすこともできるだろう。「棒」の6は、性的出会いの美を表現している。「剣」の6にとっては大切な孤独が、ここでは自慰的となり、受け入れられない。「棒」の6はその本質において出会いを意味するカードである。

こうした美質があるにもかかわらず、6は自己陶酔の罠(わな)へと向かっていってしまう可能性がある。特に「杯」と「剣」がそうである。自分が行っていることを愛するがあまり、自己本位となり、周囲の世界が求めていることを忘れ、自分を満足させることへと向かってしまうのである。

第 3 章 小アルカナ

LES SEPT

7

✳✣✣✣✣✣✣✣✣✣✣✣✣✣✣ ✻ ✣✣✣✣✣✣✣✣✣✣✣✣✣✣✳

世界、そして自分自身に対する能動

　7は最も能動的な奇数であり、1から10までの一連の中で最も強力な素数である。それは世界へ向かって行動しようという考えによって最も明瞭に示される。それは大アルカナにおいては、VII「戦車」とXVII「星」で明白に表されている。「戦車」においてはエネルギーは地球から現れ、王子は惑星に埋まった乗り物と一体となり、それによって運ばれるに任せている。彼は自分から行動するのではなく、行動に従って進んで行く。「星」では行動は宇宙からやって来て、女性は裸、すなわち純粋な真実である。個別の事柄を重んじるために包括的であることを嫌う彼女は、地面に片膝をつき、聖別する場所を選び、そこで浄化し発芽を引き起こす行動を実現する。こうしたことから我々は、世界の中での行動にもさまざまな形態があることを理解できる。小アルカナにおける4種類の7のカードも、それを示すことになるだろう。

　「棒」の7は、華々しく輝かしいエネルギーのカードである。そのエネルギーは、棒の濃い青色による部分と明るい青色による部分の交差によって覆われた赤い菱形から始まっている。それら棒の部分は赤色の広がりを経て、14の黒色の先端部分にまで伸びている。色が変わる個所すべてに黄色のつなぎ目が存在する。これは赤い菱形の生命の火、すなわち授けられたものであり、人工的なものではない自然の火から、我々が出発していることを意味している。知的な内省（黄色のつなぎ目）によって、この火は内的な直観の

集中から、世界に向けて開かれた、能動性を示す広い赤色の部分を通過していく。性的および創造的エネルギーは非個人的であり、それを熟練したやり方で用いることができる者ならば、誰にでもその黒い先端を介して自らを提供する。赤い茎を持つ黄色の葉は4枚あり、両側面において見事に広がっている。これらは性的喜びや創造的な喜びが動きはじめ、束縛されることなく開花していることを表している。

　反対に「剣」の7では、剣が未だ楕円の内部に挿入されている。この楕円は思考の空間を象徴し、第1に閉じこもることとして考えられる。その空間は、カード上部にある外への弱い能動性を示す、小さな赤い通過部分しか開かれていない。外側の切られた四つの花に囲まれたこの楕円の中には、明るい青の剣がある。これら四つの花は、「棒」の7にある黄色い生き生きとした葉とは非常に異なっている。それらの花は有機的なものを示すというより、概念的な目印を表しているのである。ここで「剣」はその能動的な非行動の頂点にある。「棒」の最大の能動性は「全てを作り出す」ことだが、「剣」の最大の能動性は「全てを空にする」ことである。こうしたことが、「棒」の7では中心部において青い棒が交差しているのに対して、「剣」の7では楕円の二つの最大限の両極で交差していることの理由となっている。さらに剣の刃がこの網目に入って囚われてしまっていることに注目してほしい。つまり、精神は動くことも、作動することもないのである。世界の中で行動するためには、精神は自らがそうだと考えるものを現実だと信じるのを止め、客観的な物の見方を探し求めなければならない。そのためには、受容することを学ぶ必要がある。

　「金貨」の7のカードの中心には、頂点を上に向けた三角の形に配置された三つの円が見られる。この三つの円はカードの四隅に置かれた他の4枚の金貨に取り囲まれている。幾何学的に言えば、三角形が正方あるいは長方の四角形に組み入れられているのである。これらの図形は精神（三角形）が物質（正方形）の中心で懐胎されていることを象徴している。このことから我々は、物質的世界における究極の能動とは、内的な理想としての精神の懐胎なのだ

と結論できる。この三角形は最終的には正方形全体に広がっていくことになるが、それはキリストが人間であるマリアの胎内に入り、彼女がキリストを誕生させ、そしてキリストが彼女を聖なる存在へと変えたことと、まさに同じである。我々が「金貨」の7で目にしている働きとは、細胞の中心部における意識の作用であるということもできるだろう。

「杯」の7でも3＋4の形での7が見られるが、その形状は異なっている。外側にある四つの杯が長方形と見なしうる形となっている。中心では残りの三つの杯が垂直軸を作り出している。この軸の下側に位置している杯は、内部と外部の両方に影響を与える能動でもって、積極的に感情の領域を作り出している最中である。受け取られたものは同じように与えられ提供される。他の杯は集められた中身で満たされているが、下部にあるこの杯は、天界に憧れているかのように、そこから上昇していく枝や葉によって象徴される能動性を生み出している。中心にある2番目の杯は懐妊の状態にあり、愛情と愛撫を受け、そしてその影響を全世界へと広げていっている。それは私的で密やかに内にこもったやり方であり、後の8で見られるような目を見張るやり方ではいまだない。暗闇と孤独のなかで孕まれたこの感情の炎は、最終的に第3の杯において宇宙へと向かって開かれていく。その結果、愛は完全に外側に向かい宇宙の果てに行き着く。他ならぬ神自身をのみ恋人として受け入れた聖母マリアの熱烈な訴えと、この軸のことを重ね合わせてみることもできるだろう。

第3章 小アルカナ

LES HUIT
8

✤✤✤✤✤✤✤✤✤✤✤✤✤✤ ☀ ✤✤✤✤✤✤✤✤✤✤✤✤✤✤

四つの完全さ

　大アルカナの「正義」と「月」は8という存在に属している。この数字は1から10までの全体の中で最も受容的である。2が蓄積、4が安定化、6が美のなかにおける結合であるのに対し、8は物質と精神の完全性についての突出したシンボルである。「正義」（VIII）には、「法」を行きわたらせる母の元型がみられる。彼女の格言としてふさわしいのは「「法」への服従が唯一の自由となる」である。最大の服従とは自分自身になることであり、宇宙の法則を自らの精神と物質的生の中で作用させるようにすることにある。その作用はまた自らの価値を自身に与えるよう促す。「正義」の剣は主観的なものを切断し、秤は客観的なものを量る。その一方で「月」（XVIII）は純粋な受容を表す。太陽の光を反射するために、月には自分自身の中へと引き籠っていく傾向がある。この太陽の「真実」を反射した光を、我々は美と呼ぶこともできるであろう。目をくらませる太陽の光源を直に見るのとは異なり、月の反射光は直接的に見ることができる。

　小アルカナでは「杯」と「金貨」という受容的シンボルと「剣」と「棒」という能動的シンボルの間には明確な違いが見られる。前の二つは満たされているが、後の二つはほとんど空である。このことは、しばしばきちんと理解されず差異化されないままとなっている完全性という概念についての多様な面を、改めて見直していくことを可能にしている。

　「剣」が象徴している知性は、その完全性へと至るために最大限の空虚に到

達しなければならないことは明らかである。とりわけ瞑想の実践は、この目的のために精神を訓練させることになる。「剣」の8の中心には、受容的な青い小さな花しかない。その中心は、非人格的な目撃者としての目を象徴する点のついた小さな赤い円によって形作られている。他の「剣」のカードでは黄色と赤（知性の能動性）となっている外側の四つの花が、ここでは青色となり、霊的受容のシンボルとなっている。「剣」の8が表しているのは、空(くう)、すなわち仏教徒の理想の境地である。

　この「完全な空虚」は、感情の領域において適切なものとはならない。「杯」の8において、我々は「完全な充溢」を目にする。中心には「剣」と同じく点が付された赤い円があり、ここでもまた能動的な目撃者を象徴している。その周囲では同じ明るい青の花弁が受容的中心を示している。しかしそれらと交互になっている濃い青の4枚の花弁は、スワスチカを想起させる活力のある形となっている（102ページ以降も参照）。
　知性の静けさに対して、この心の非個人性は行動する神と言ってもいいだろう。カードの八つの杯のうちの四つは四隅に位置し、感情が安定している状態を示している。中心には二つの杯が並び、枝や花に取り巻かれているが、それは男性性と女性性ないしは能動性と受動性というカップルへの称賛を表している（このことは同性愛のカップルを除外しているわけではない）。垂直軸の両端には別の二つの杯があり、一つは地上の愛（下の杯）、一つは宇宙の愛（上の杯）を表している。これら垂直の杯は、二つの花あるいは青い炎に付き添われている。下の花には能動的な赤の滴がついている。上の花にも同じような滴があるが、こちらは垂直の縞が入っていることで受容的なものとなっている。ここで我々が目にしているのは、「金貨」のエースの中心の点で見てきたこと、すなわち「大地」へと向かう能動性と「天」へと向かう受容性に関しての確証である。「杯」の8は、キリストのような理想のために燃え上がる心、そしてあらゆる慈善、あらゆる愛を象徴している。

　「金貨」の8は一見すると「杯」の8と同じメッセージを発しているように見える。だが、実際には大きな違いがある。ここでもまた四隅には4枚の金

貨があり、安定した四角形を形成している。すなわち、それは物質的生が保証されていることを示している。しかし、ここでは中心において残りの4枚の金貨が別の動的で霊的な四角形を形作っている。ここでもまた中心に円形の核のある花が見られる。しかし、今回の中心部は黄色で、そこには十字が刻まれている。これは物質の中心に永遠（垂直の線）と無限（水平の線）の意識が存在していることを示している。中心の正方形には金貨の二つの組がある。枝葉で分けられ、一方は下に、一方は上にある。物質に埋め込まれた精神はすぐれて能動的であり、物質的な生と霊的な生のなかで同時に作用する。この両世界の相互作用が、完全な形での繁栄を生み出すことになる。「金貨」の8は真の富、健康、家庭での幸せ、欲求の調和的な形での実現を表す。精神で満たされた物質は、おそらく腐食することなどなく、神聖なる芳香を発散する。

「棒」の8では、このスートの7まであった側面の花が取り除かれている。残っているのは、切られて垂直に置かれた二つの小さな花のみである。しかしこの花を軽んじるべきではない。なぜなら、創造的力がこの花の中に押し込められているからである。ここにおいて官能性は昇華される。我々は散り散りとなっていた状態から凝縮した状態へと移行する。これはリビドーの昇華に関するフロイト派の考え方である。創造性に関して言えば、「棒」の8は、ごくわずかも気を逸そらされることなく、目下の創作行為へと自分の全エネルギーを注いでいることを表す。8は完全な作品を作りだすために与えられた最後の機会である。次にやって来るのは、変化か死かのどちらかである。「棒」のアルカナが性に関連するとすれば、「棒」の8は、マザー・テレサや偉大なヒーラーにおけるような霊的な仕事へと用いられた性的エネルギーであろう。妊娠の8か月目には、母親は胎児の形成を終了し、胎児は翌月に生まれ出るための準備を始める（75ページ訳註3を参照）。

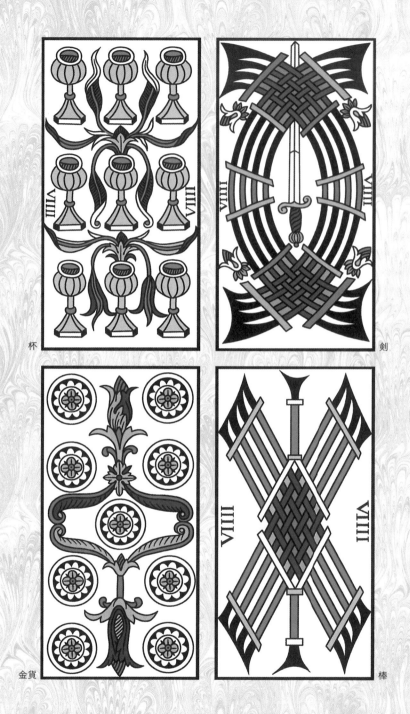

第 3 章 小アルカナ

LES NEUF
9

危機と新しい建設

　その特徴によって、9は最初の10の列の他の奇数の数から区別される。9は3で割り切れる。そのことから、9は能動的（8に対して）でありながらも、受容的（10に対して）でもあるのだ。両性具有的な数字であり危機の段階となる9は、あるサイクルの終わりとなる変化を告げる。それは大アルカナの中において「隠者」（VIIII）と「太陽」（XVIIII）の姿をとって表されている。「隠者」は道の終わりに辿りついた賢者である。彼は世界から身を引き、新たな道を示すべく自らのランプを掲げる。「太陽」では、新たな意識（太陽）がその光を2人の人物の上に投じ、新たなものの構築へと彼らを後押ししている。これら2枚のカードは似ていると同時に対立してもいる。一つの時期の終わりと新たな時代の始まりを示しているという点で、両者は類似している。だが、「隠者」が孤独の中で自らを実現するのに対して、「太陽」の人物たちは相互の助け合いと愛情に満ちた結合を作り出していることにおいて、両者は対照的となっている。似たような対比は、小アルカナにも見つけられる。

　いわゆる秘教的「伝統」において、「隠者」は惜しみなく道を示す賢者ではなく、むしろ外套の下にランタンを隠し、弟子たちの中の選ばれた集団のために知識を秘匿し、自らの叡智を出し惜しみする秘密の教師としてみなされていたことに注目すべきである。しかし、人間が拡張した「意識」へと向かうことを、9という数が留めようと努力するなどということは、まったくありえないことだ。

Les Arcanes mineurs

「杯」の9ではすでに経験されたことが廃絶され（下にある三つの杯の間には萎れた葉が垂れ下がっている）、その他の六つの杯が称揚されている。それらは新たなより普遍的な愛に向かって上昇しているが、その愛は上部の中央の杯を取り巻く先のとがった葉によって象徴されている。かつて我々を養ってくれていた感情が我々をつなぎとめており、それを犠牲として捧げ、喪に服し、その後より大きな感情の次元へと向かって行くようにというメッセージが、このカードを見ていると伝わってくる。このカードでは、9は6＋3として示されている。

　一方、「金貨」の9では8＋1が見出される。廃絶という概念は表されていない。むしろここで我々が目にするのは、出産、新しい次元の創造である。中心にある金貨を生まれつつある赤ん坊の頭としてみなすことが十分にできる。見ての通り、それは赤（生命の受容）で縁どられた青い（受容的な）楕円を形成する枝で囲まれている。そこに我々は女性器を見ることもできよう。この誕生は孤独なものではなく、他の八つの金貨による完成の間に現れてきている。このカードを見ていて伝わってくるのは、新たな物質的状態、たとえば子供、新たな仕事、遺産、運命の急転、健康の回復などといったことが間近に到来するというメッセージである。だが、この新たなものを獲得するためには、とりわけ注意が散漫であってはならない。ごくわずかな過ちでも、その始まりは台無しになってしまうだろう。

　二つの能動的なシンボル、「剣」（知性）と「棒」（本能、創造性）では、二つの異なる立場が見られる。

「言葉（ロゴス）」を象徴する「剣」が、瞑想状態における無を表す8に到達するまで、精神集中に関する全行程を進んできたことを、我々は思いだすべきである。続く「剣」の9の段階において、剣は光に満ちあふれ拡張し始める。そして剣は世界へと進入し、それと一つになるために、主観の中の囚われから離れる準備を完成させる。刃の真ん中には水平の断線があり、ひび割れを示して

いるのが確認できる。あたかも知性が単に「私」のではなく、「私とお前」のものであることを示しているかのように、剣は二つに切断されている。リーディングにおける相談者に対して「剣」の9のメッセージは次のようなものであろう。「他者へと耳を傾けることを学ぶのだ。お前の思想は、世界を包括するものではなく、その一部でしかない。」

　反対に「棒」は、これまで拡張的で創造的な道を辿ってきた。ここにおいて「棒」は集中し、一切の装飾が排除され、葉も花もなくなり、その軸を赤と青の中心の交差する場所へと結び付けている。「**棒**」の9は、常に生と死の間にある。その態度は「勝利か死か」という言葉に要約されるだろう。これは妥協することなく非の打ちどころない行為を実現する戦士を思い出させる。彼は世界に対する欲望から解放され、新たな事業を作りあげるためのエネルギーを自分自身の内部に集めていく。このカードに耳を傾けるならば、カードは次のように言うだろう。「妥協をするな。自分自身であれ。なさなければならないことをなせ。責任を果たすのだ。」

LES DIX
10

一つのサイクルの終わりと次のサイクルの予告

「運命の輪」と「審判」という2枚のカードは、それぞれの十段階の列を終わらせている。どちらも十段階目にあることで、一つのサイクルの終わりを示している。「運命の輪」(X)に見られるのは休止である。3匹の動物は固定され、彼らを再び動かすことになる摂理が取手を回転させるのを待っている。動物たちの下の地面は動いていて、すべてのものが瓦解してしまう可能性もある。そのため、彼らは車輪にしがみつくことで、それを支えている。動物たちは昇り降りをしながらバランスを保ち、救済者が現れるまで持ちこたえている。救済者となるのは単にある新しい情報である場合もあるだろう。「運命の輪」は、車輪の置かれている曲がった筋で覆われた青い大地(これは海かもしれない)の深みへの呼びかけを示している。「審判」(XX)では、これと状況が異なっている。サイクルは終了しているが、我々は助けを受け入れている。天が開け、抗いがたい呼びかけが響き渡り、天上の次元に向かっていくために、新たな生命が大地の奥底から現れ出てきている。この終点では、新しい始まりがすでにそこにある。

それゆえアルカナXが活動休止のカードであるのに対して、アルカナXXは変容のカードである。前者では助力が、後者では実現が待望されているのだ。この特徴はどちらも、小アルカナにおいてまた見出される。

「杯」の10では、九つの杯の蓋は開いているが満たされている。また、10番目の杯は全てを受け取った後密封されている。九つの開かれた杯が五感に

Les Arcanes mineurs

対応する五つの部分ないしは領域に分かれているのに対し、10番目の杯は七つの神経中枢ないしはチャクラに対応する七つの領域に分けられている。感情的要求——その暗部である怨恨を持った——は停止する。満ち足りた心は行動のための力となる。我々は聖性の理想に接近しつつある。「他者のためでないものは私のためには存在しない。」キリスト教的表現を用いれば、聖杯は神的な血で満ちているといえるだろう。すなわち聖体拝領が達成されたのである。ここで「運命の輪」との対比が見出される。この潜在的贈与の状態にあって、心は業(わざ)のために用いられることを待っている。

「金貨」の10では、他者を期待しつつ、自閉した全体性を目にする。カードの隅にある四つの金貨は、世界を安定させる物質の四角形を形成している。これらを「世界」の4匹の動物と比較することもできるだろう。その際、残る六つの金貨が楕円形と相似の形を描き出しているとみなすなら、それをアルカナXXIの人物を取り囲む青いマンドルラの反復として見ることもできるだろう。さらに中心の明るい青と赤の花は、両手に能動的な棒と受容的なガラス瓶を持った裸の女性と対比することも可能だろう。この花のオレンジ色の中心には、コンマの形のような印を見つけられる。これを現実すべての萌芽である創造の「言葉(ロゴス)」と同一視することができるかもしれない。この花による十字の軸は、白い軸によって結び付けられた二つのオレンジの金貨にまで延びている。貫かれた金貨が軸を形成しているのを見るのは、これが初めてのことだ。

　白い軸は「運命の輪」の白い光線を思わせ、これら二つの金貨はかくのように不動化されていると考えられる。ここで連想されるのは、おそらくは繁栄の終わりである。すなわち、我々はここで物質的生において受け取ることが可能なものすべてを手に入れたのだ。中心の金貨の2番目の輪の花びらを数えると11＋11＝22、すなわちタロットにおいて「全体性」の達成を象徴する数が得られる。

　人は奇蹟を待望している。福音書の中でキリスト（奇蹟）がペテロ（「金貨」の10）の上に両手を置いて、次のように言う瞬間がまさにそれである。「お前は石（ペテロ）であり、その石のうえに私は私の教会を建てるであろ

う。」繁栄が手に入れられた時点で、我々には蓄積した富（22の大アルカナ）によって実現されるべきある大きな霊的作業がある。もし富が生を称揚するために用いられなければ、富はリーディングの相談者に破滅をもたらすことになるだろう。

「**剣**」の10において、我々は長く待ち望まれていた奇蹟を目撃する。これまで全ての剣は、楕円のなかに閉じこめられていた。精神的実現の作業は、孤独、瞑想、魂の暗い夜、あるいはアルカナXX「審判」との関連でいえば墓と呼ばれる一種の積極的な自閉において達成される。ここでは楕円の外から挿入されている2本の剣によって、我々はついに「他者」の声を耳にする。その声は左と右——言い変えるなら男性性と女性性——の両方からやってきている。これら二極は内部で結合している。それは精神が統一へと至ったということである。他の「剣」のスートのカードでは、楕円の外に四つの花がある。だが、ここでは上部に二つしか残っていない。下の二つの花は、いわば剣の生じる源となったのだ。「地」（下の領域）からは活力が生まれ、上に位置する花は、人が天に対して受容的であり続けていることを示している。

「剣」の10が「審判」の上部（天使）を表しているのに対して、「**棒**」の10は「審判」の下部、すなわち3人の人物を表している。実際に中心軸が赤と青（すなわち受容と能動）の色の2本に分けられているのが見られる。しかし鋭敏に観察すれば、これら2本の間に白い第3の棒があることが発見できる。それは全き純粋さの状態で墓から現れてくる子供を表している。従って、我々から見て右側の棒は父、左側の棒は母、そして第3の棒は子供となるだろう。このカード全体を眺めて見ると、それが赤い棒の間に隠された7本の白い棒の光によって強調されている天使のような存在の姿になっているのが分かる。白い花がまるで枝のように上部へ広がり、また翼のように下部へも広がっている。このことは「審判」の3人の人物が、天上の鏡の中に映った彼ら自身の姿である天使と交わっていることを明かしているのだ。

剣　　杯　　金貨　　棒

スートごとの数の段階

剣

「剣」のエース……これは大きな知的潜在性と大きな精神的活動の能力のカードである。このカードに先立つ「棒」の10とは類似しているところがある。創造的で本能的なサイクルの終了後、知性が活動し始める。「剣」のエースは、策略、知性、決断、分別による勝利を意味することもある。また、立場をはっきりさせ、決定するための能力をも示す。否定的になると、言葉による攻撃、人を傷つける発言、物質の否定、精神の過信を引き起こすことになる。

「剣」の2……中心の花の蓄積された成長は、想像力、夢想、計画の準備を想起させる。つまり、精神の持つ可能性の多くが、いずれもまだ用いられていない状態にある。知性は受け身のままであり、能動的になることが待たれている。話が支離滅裂になる傾向がある。否定的な意味として想起されるのは、怠惰になってしまっている精神の状態、知的悲観主義、思考を麻痺させる二元性、集中力の欠如である。また、愚かさ、一般的に認められている考えへの同一化、学ぶことによる補足が必要であること、あるいは偽装もまたここに含めることができる。

「剣」の3……このアルカナは、最初の思想や意見の熱狂的な爆発と関連する。このカードには、研究や読書のための情熱とも結びつきうる知的熱意に関する兆候がある。未熟なままの知性は、純粋に自発的に作動し、信じるこ

とと知ることの間の違いを区別していない。このカードに知的発達へと向かう欲求——たとえばある試験を受けようとする学生——を見ることもできる。否定的な意味としては、あらゆる種類の狂信、頑固さ、深めていこうとしないこと、散漫さといったことが示される。また、考えに筋道がないことも、3は示している。

「剣」の4……ここで思想は安定化する。このカードが喚起するのは、合理主義、あらゆる類のしっかりとした論拠を持った考え、一定程度の知的成熟である。現実に有益な働きかけができる実際的な精神でもある。知性は組織化され安定している。知性は一般化を行い機能していくためのやり方を分かっている。保守的見解を取ってしまう傾向があり、そこには閃きや一定程度の刺激も必要である。このカードの否定的な面としては、愚直な合理主義、固定観念、自らの観念にとらわれてしまっている精神といったことに関連するあらゆることが指摘される。また、理屈ばかりで実地で生かされたことのない理論、直観の否定も含まれる。最悪の場合、知性は専制的にもなる。

「剣」の5……これは新たな視点や新たな理想の出現である。厳密に言えば、これは剣の赤い刃の上で交差する二つの楕円が我々に見させてくれる「視点」によって表されている。より深く霊的な考えが現れる。学習が再開される。あるいは自らを向上させ、あるいは何かの専門家になっていく。信念は放棄されることなく、知性は新たな世界の見方、あるいは内的世界の探求へと向かっていくことになる。その結果、こうした新たな情報が入ってくることで、日常生活を変容させることにもなるだろう。このカードの否定的面は、物質と霊性の間の不和、内的成長を阻もうとする宗教の教条主義、シニカルないしは偽善的な政治的見解、欺瞞と関連する。

「剣」の6……この段階が示す純粋な喜びへの最初の一歩（数字の6）は、知的な経験でもある。考えることの楽しさ、思想の美しさ、遊び心は、すべて成熟と精神の洗練の指標である。自分が考えていることや述べていることがらを愛する。精神は積極的になり、また精妙にものを見分けられるようになる。孤独の中で自分自身を見出し、自らの特質を引き受けていく。詩はその源を「剣」の6の中に見出す。「剣」の6は、充実した対話の相手となりえる人物との出会いも可能にする。それは外的な現れとしては、思慮深く、

独創的な思想を持った人といったものだろう。このカードの否定的な意味としては、知的自己陶酔、極度の唯美主義、現実とはかけ離れた美的感覚、自信のなさがある。

「剣」の7……知性はその最高度の活発さに達してその完全性の間際まで接近する。そして剣の青い刃によって示されているように、極度に受容的にもなっていく。世界が求めていることを考えようとする能動的な瞑想である。平穏に満たされた精神は自らの力と霊性を他者のために役立たせることも可能である。今や我々は自己を捨て、より寛大になるために、自分自身を消し去っていくことも可能である。それによって、自分の学問を人類の役に立たせようとする学者となるかもしれないし、啓蒙された指導者、あるいは権力を持った聖者にさえなりえる。このカードが否定的になると、冷笑することを目的とする知識の使用、悪意に満ちた陰口、中傷、世界を破壊してしまうことになる危険な思想、毒を含んだ理論といったことを想起させる。

「剣」の8……知性が完成、すなわち空(くう)に到達する。このカードは精神が自らの持つ概念と同一化してしまうのを止めたことを示す。それは強力な集中、トランス状態、深い瞑想状態であり、そこでは対立し合うものの二元性が、称揚された現在の中で溶解する。問題に対する解決は、論理を超えて現れ出る。この思考の無の状態においては、どんな啓示でも可能となる。このカードを否定的に読むとすれば、知性の行き詰まり、昏睡から健忘症ないしは失語症といった認知機能を阻害するあらゆる病気、空虚に対する恐怖、昏迷状態が見られる。

「剣」の9……黄色い剣は、閃き、新しい理解の出現、精神上の習慣を終わらせることを可能にする変容、さらには知性の放棄さえ想起させる。長い探求の後、光が形成される。役者と観客の間の二元性が終わる。この統一された状態は、これまでのものの見方を例外なく再検討させる。耳を傾けることの始まり、批判や比較とは無縁の思考の始まりでもある。否定的意味としては、危機的状況、精神的な不安定さ、個の喪失への恐れ、鬱状態といったことがある。剣の刃に亀裂が入っていることから、脳の損傷や老化を読み取ることもできる。

「剣」の10……変容がその終わりに到達する。剣はもはや1本ではなく2

本になっている。それらは楕円から出ているが、そのことは思考がもはや自らの囚人ではないことを示している。これは精神的生活の中での感情の現れであり、また自分自身とは異なる視点の承認ともなる。2本の剣は男性的でも女性的でもある両性具有的思考を想起させる。これは心との調和が達成される最高度の知的成熟である。現実の全体像、優しさに溢れる思考が獲得される。否定的な意味としては、他者の拒絶、知性の衝突を生むような感情の閉塞、傷つけられることへの恐れ、口論、忘恩といったことが挙げられるだろう。

杯

「杯」のエース……「杯」のエースは潜在的な愛のシンボルである。大聖堂は未だ閉じられているが満たされており、恋の熱意から神秘主義まで全ての感情そして心の全ての可能性を象徴する。愛すること、そして愛されることへ向かっていこうとする強い傾向、いまはまだ使われていないが、果てしのない愛の包容力を示す。「杯」のエースでは、愛が聖杯のように現れる。また愛は近々やってくる問いとしても現れ、それは相談者の探し求めているものに影響を与えることにもなるだろう。「杯」のエースはコミュニケーションの基盤でもある。また、他者、超越性、自分自身、神に結ばれるという意味での宗教の基盤でもある。その否定的な面は、苦しみ、嫉妬、怨恨、愛情の欠落、決して満足させられることのない要求、息苦しくさせる情動となるだろう。

「杯」の2……ここでは愛の夢想の集積が見られる。愛を経験したことのない人、あるいは長い孤独の時期を経た人の中に、愛の渇望が生まれてくる。人はこの二つの「杯」の中に閉じ込められている。すなわち、他者はまだ現れてはいない。そのため人は必然的に自らが認識している自分自身と似たものとして、他者を想像することになる。汚れない心の中でいまだ形をとっていない理想化されたままの相手の唯一の参照元は、家族である。この段階において魂の伴侶に関する一連の神話が生まれる。エディプス的な愛は、未来における投影のための基礎として役に立つ。この愛への準備は、ためらいが

ちであると同時に極めて感傷的である。否定的な面としては、感情的未熟さ、孤立、人間関係を作っていくことができないこと、感情が家族との関係に囚われてしまっていること、深く関係することへの恐れ、お互いの間の消極性または不和、子供っぽい恋愛の空想に取り憑かれた心が挙げられる。

「杯」の3……このカードで最初の愛の開花が現れる。それは新鮮であるとともに経験を欠いたものであり、また特有の理想化を伴うものであり、熱烈な結合、達成されるか否かはともかく、青春における愛でもある。他者は大きくロマンチックに拡大された姿となるが、もしそれが幻滅に終われば、傷は深いものとなるだろう。またこのカードはたとえば母が息子を熱愛することでもある。上部の杯を支えると同時に茎でハートを描いている二つの花は、芥子にも似ている。このことはこの感情によってもたらされる陶酔を暗示している。また、年齢に関係なく、愛の情熱を取り戻すことでもある。否定的な面においては、愛の熱意の欠如、あるいは反対に極端かつ有害なまでの愛の理想、色情狂的な錯乱、不可能な愛への固執となる。

「杯」の4……愛が堅固で確実なものとなる。家族を形作る土台は、「杯」の4の上で築かれる。このカードは自信と他者への信頼、また現実を支える柱としてみなされる愛を想起させる。だがこのカードは、たとえば「子供たちのための父親」、「良き母親」、「裕福な人」のような安心を与えてくれる人物を探し求めさせることもある。これは支配者と被支配者の間の束縛へと導くことにもなる。危険となるのは、自分が願っている実現を他者へと委ねてしまうことだ。否定的な面には、不安定さ、自由がないこと、息が詰まる感覚、さらには感情の制限、物質的なものへの過剰な愛も含まれる。

「杯」の5……ここで中心の杯は燦爛たる花々によって飾られている。それは熱狂にさえ至る可能性のある新たな感情の出現を示している。このカードには、信仰の発見、より高次の存在ないしはそうみなされる存在へと連れていく高揚感がある。その否定的な面、分野を問わず指導者を盲目的に信頼してしまうこと、感情的均衡を欠くこと、さらには信仰の不在、幻滅、悔恨である。

「杯」の6……三つの杯からなる柱が2本、軸を囲んで向かい合って立っている。その言葉の持つ最も崇高な意味における自己愛が、充溢、受諾、神的

な愛との内的交流のうちで実現される。他者との出会い、また自分とぴったり合う魂の伴侶が現実において現れる可能性もある。そして、互いに鏡を見ているような関係における喜びの中で、その人物とともに尊敬、貞節、快楽、官能性といった感覚を見出していくのである。これは知性、愛情、本能を包含する全的な愛である。このカードの否定的な面は、世界から切り離された過度に自分たち本位のカップルを示す。また、自己陶酔的な愛によく見られるあらゆる側面、つまり自己への引きこもり、他者の軽蔑、過度に自分を甘やかすことも想起される。

「杯」の7……ここで愛は世界の中での完全な能動性となっていく。それは人道主義や寛大さによって特徴づけられるものだ。善意の力、他者の存在に喜びを感じる目覚めた愛の力の発見でもある。純粋に与え、数々の慈善を行い、人道的な活動に取り組むことができるようになる。日々の生活を軽視することなく普遍的な愛と関わっていくことにおいて、「他者のためでないものは私のためには存在しない」という格言を受け入れていく。否定的な面には、世界に苦しみがあるゆえに幸せになれないこと、攻撃性、助けをなんら求めていない人たちまで助けなければならないと強迫的に感じてしまう傾向といったことが挙げられる。またこのカードは自分の利益のみしか考えない人、気難しい人間嫌いを示していることもある。

「杯」の8……この段階において、「杯」は十全に満たされた状態として現れる完全性へと到達している。心はあらゆる面において完全に満ち足りている。過去、現在、未来を愛する。地球、隣人、自分自身、全世界、考え得ぬものですら愛する。愛されるか否かということは問題とならない。すなわち、我々は愛そのものなのである。これは調和、心の平穏、均衡、また恩寵と通常は呼んでいるもの、すなわち神的な愛との深い結合である。カードの否定的な面は愛の完成を受け入れないことである。その場合に伴うのは、欠乏、恒常的な不満、実際には要求しているのに与えるふりをしている過剰な愛情である。

「杯」の9……この一連のスートで初めて葉が枯れたように垂れ下がっている。これは開花期の終わりであり、心の秋である。愛の新しい次元が現れるために喪に服さなければならない。これは叡智の段階であり、そこで人は感

情的サイクルの終わりを受け入れ、すでに経験してきたことを手放していくことに同意するのである。この犠牲は一人一人に存在する人間性への深い愛、目覚めた愛によって作り出された超脱や無私が存在していることを前提とする。否定的な面としては、感情のあらゆる危機的な状態、郷愁、苦い経験となった孤独、欠乏の恐怖、絶望がある。

「**杯**」**の10**……発展の最後に至ることで、その心の道は、九つの開かれた杯とその上部にある10番目のより大きく封印された杯という形で、普遍的愛を示している。この10番目の杯は、もはや与え受けとるといった動的関係から離れている。それは自らを神の道具とみなし、神によって用いられるのを待っている聖人のように、仕事に用いられるまで待機しているのである。キリスト教の伝承によれば、愛を世界中に広め、また代償がどれほどだろうと奉仕するために自らを受肉させたのは神的な愛だった。このカードは心が満ち足りていること、具体的な行動が（「金貨」のエースになることによって）着手される段階にまで達したこと、そして感情の完全な実現化に至ったことを示している。カードが否定的になると、閉塞状態、自分自身を受け入れることの拒絶、金銭によって左右されること、発展していくことへの拒絶を意味しうることになる。

金貨

「**金貨**」**のエース**……このカードは、すべてが潜在的な状態にある物質的エネルギーを象徴している。肉体、資金、この世界における地位、支配領域いずれもがいまだ潜在的な形のままに留まっている。「金貨」Deniersが複数形であることは、このエネルギーがその本質において集合的であることを示している。「金貨」のエースは、受肉、家庭生活、家、金銭、健康といったこととの関係へ我々を向けさせる。このカードは、我々の問題意識を人生の具体的な面へ向かわせるのである。否定的な意味としては、財政難、物質的なものの否定、あるいは反対に過剰に物質的なものへと関心をよせること、病気、肉体の軽視、栄養失調、貧困にもなりえる。

「**金貨**」**の2**……このカードは、いまだまとまっていない契約を結んでしま

いたいという欲望を想起させる。まだ形になっていない財務計画、建築中の家、結婚したい、ないしは事業を成功させる協力関係を築いていきたいという欲望などを示すこともある。またこのカードは、形成期の胚、肉体の休息、力の回復でもある。否定的意味における「金貨」の2は、財政難（収支を合わせる苦労）、資力の不足、怠惰、あるいは麻痺状態、拒食、物質的世界に対する風変わりで役に立たない態度、自殺傾向を意味することもある。

「**金貨**」の3……このカードは、最初の利益ないしは損失を生み出す物理的投資を象徴する場合もある。雄性細胞と雌性細胞が第3の生命を作り出す受精でもある。買い手が見つかるかどうかがわからないまま、最初の商品を世に送り出す会社でもある。経済的なリスクを負うこと、ないしは大金を賭けることでもある。効果が分からない薬物の摂取、結果が不明瞭な美容外科手術、さらには外国で生活するという決断を意味するかもしれない。その否定的な面としては、好ましくない見通しでの早まった投資、生殖にかかわる問題（流産、子宮外妊娠）、肉体的に消耗させる活動過多、独占企業を生み出す二つの企業の合併、怪物を造り出す遺伝子操作といったことが挙げられる。

「**金貨**」の4……ここでは「杯」の2で2人の天使が捧げ物として準備していた不死鳥が燃焼している。この最高度の物質的安定性の核心部には、焼き尽くされた後、自らの灰から甦る神秘の鳥の永遠の再生がある。このカードは家庭、健康、領土を想起させる。それらの好ましい状態を維持するためには、持っているものがなんであれその上に留まることを拒否しなければならない。「金貨」の4は肉体の生命を象徴するが、その維持には、絶えざる細胞の死、及び食料の形でのエネルギーの消費が必要となる。このカードの否定的な面は、物質的な面でのあらゆる停滞状態に関連している。たとえば、監獄、硬直に関連する肉体上の問題、過剰、肥満、才能が発揮されない仕事、失業、停滞した経済、自閉的な家族などである。

「**金貨**」の5……安定性（カードの四隅に置かれた四つのコイン）の中心に、霊的次元、惑星的次元、宇宙的次元と結ばれた新しい関心が開かれている。たとえば、それは地球に好ましいという「クリーン」なエネルギーに投資する実業家、有機食品を扱い始める百貨店、寺院や霊的施設の建設といったことにもつながっていくだろう。肉体に関わることでは、単なる肉体的な修練

を超えた実践を始めること、食生活の変化、代替医療への関心ということにもなるだろう。「金貨」の5の否定的な面としては、破産、やぶ医者、ドラッグやアルコールへ身を落とすこと、腐敗した財務顧問、詐欺師、節操のない実業家、株の大暴落、抑うつ状態が挙げられるだろう。

「金貨」の6……ここでは物質との関わりが、忘我へと向かう垂直的な配置で展開されている。木が根を土壌に、そして枝を空へ伸ばしていくように、地と天につながりながら、肉体の状態にあることを十全に受け入れている。このカードは、自分自身に対して寛大であること、肉体の喜び、お金を享受すること、上手に管理された経済、日常生活における美の感覚、美食、官能性を想起させる。「金貨」の6は、この世界の美を称賛し、それとの一体感を持つ。我々は自分の好きな事業に投資することが可能である。芸術活動の金銭上の後援者になること、芸術作品の購入などでもいい。否定的な面としては、肉体的面での自己愛、容姿に関する強迫観念、金銭ずくの行動といったこととも関連がある。見た目や財産のために、自分自身をなおざりにする傾向もある。また、このカードは肉体に関するコンプレックス、金で幸福を買うことができるという幻想をも示す。

「金貨」の7……このカードでは中心の上向きの三角形が、四隅にある4枚の金貨によって囲まれている。物質の霊化と霊の物質化は達成された。アイデアが現実での実行に移され、お金を生み出すことになる。研究や情報収集または人類の発展を助けるために、お金は用いられる。このカードは寛大さ、スポーツでの輝かしい業績、肉体についての深い知識、意識に基礎をおく大きな物質的力を想起させる。また、人道主義者、後援者、卓越したビジネスの才、世界的に成功した企業といったことも示す。否定的な面は、肉体と精神の断絶、精神の軽視と物質的生の過大評価、奴隷状態、経済的貪欲さ、環境を破壊する多国籍企業、麻薬カルテル、薬物販売の独占といったことと関連する。

「金貨」の8……「金貨」の完成は、豊かさと繁栄の充溢によってはっきりと示される。このカードは調和と富を想起させる。つまり、全ての欲求は完全に満たされているのである。肉体は完全に健康でバランスが取れている。家庭内ではお互いが理解し合い、そこではそれぞれ自分の役割と場所が与え

られている。このカードは、「地上」の楽園、豊かな生命に満ちた庭としての地球である。また、エネルギーの調和的な流れでもある。否定的な面には、肉体的あるいは物質的な面での不安定、金銭感覚の麻痺、逃れることも避けることもできないものと思われている貧困が挙げられる。

「金貨」の9……物質の段階が完成に至り、新たなものが生み出される。妊娠した女性にとっては出産の時かもしれない。物質的な面からの分離、新しい生を開始するため全てを手放す人、さらには新しい計画につながる根本的な金銭上の変化も示す。「金貨」の9は、破産、相続、賭け事の勝利とも関連する。いずれにしても、その状況は新たなものの創出へと「金貨」の9を導いていくものとなる。このカードの否定的な面は、経済的危機への不十分な対応、窃盗、立ち退き、強いられた転居、解雇、不幸な老年期、相続上の問題、亡命といったことと関連する。

「金貨」の10……二つの金貨がオレンジ色に変化していること、そしてとりわけ白い軸がそれらを垂直に結びつけていることによって示されているように、物質的サイクルは完成されたのである。繁栄の道は閉じられる。物質的領域において、創造性が作用し始める時である。金銭や物質が、意識と純粋なエネルギーからなる別の次元へと移行していく。このカードは肉体を超越したところにあるあらゆる問題、輪廻や奇蹟、永遠などと関連する。「金貨」の10は「棒」のエースを予告する。次の段階は、性的及び創造的エネルギーの方向において生じてくるだろう。否定的な面としては、性同一性の面から肉体を拒否すること、過去の人生を手放すことができないこと、自分の人生を無駄だったと感じること、大資産家の境遇にありながら未だかつて幸福を知ったことがない人物などと関連している。

棒

「棒」のエース……巨大な生命エネルギーは潜在的な状態にある。我々は創造し生殖する能力、そして困難に打ち勝ち計画を成功へ導くための十分な勇気を手にしている。「棒」のエースは力を持っている。戦いを求められるなら、そうすることもできる。このカードは性的能力と欲望が支配的でもある。

予期せぬところでの創造性の現れを意味することもある。「棒」のエースが否定的になる場合、性にかかわる問題、創造の行き詰まり、生命エネルギーの喪失、繊細さの欠如、鈍重さが示される。乱暴さ、肉体的な暴力、権力の濫用、また場合によっては性的虐待とも関連する。

「棒」の2……これはまだ人が純潔なままの状態である。だが、初体験に備えて欲望が蓄積されていっている。性的エネルギーは受動的で抑制されている。だが、その抑圧された状態において、極度に強烈なものにもなりうる。また、このカードは形成期にある創造的潜在力、あるいはリビドーの潜伏期間とも関連する。否定的解釈では、性的拒否反応、臆病さ、未発達のままであり続ける創造性、本能的力を抑えつけ、その現れを阻むためのあらゆる禁制となる。創造性ないしは性的能力への不信を生じさせる可能性もある。その場合、知性がエネルギーを妨害し遮断することになる。

「棒」の3……生命エネルギーの最初の爆発となる。たとえば、これは思春期であり、最初の性的経験の時期ともなる。エネルギーが青春の熱情とともに噴出する。自発性と活力に満ちた創造性の跳躍であるが、明確な目的はない。着手される活動が何であろうと、出発しようとする衝動は強く、熱狂と創造しようとする喜びに満ちた意志によって伴われる。このカードの否定的な面には、散漫さ、始めたことを中途半端なままにしてしまう傾向がある。性的には早漏、貪欲、大げさでヒステリックに誘惑する振る舞いともなりえる。「棒」の3は、自分が世界の中心にいると思ってしまう人を権力の悪用へと向かわせる。創造性に関して言えば、意味のないパフォーマンスに導かれてしまうことにもなるだろう。

「棒」の4……このカードでは欲望が現実になっている。芸術家の作品が世界に広まり成功を獲得する。性的欲求は特定のパートナーないしは機能的な性習慣によって満たされる。このアルカナは創造的な活動によって生きていく人、権力を担っている人を象徴する。どんな分野においても、危険は型にはまった習慣に陥ることである。そうした場合の「棒」の4は、倦怠、単調な物足りなさと関連するカードにもなり、性生活は単なる運動へ、芸術家の創造性は商業主義的生産へと還元されていく。また、このカードは支配的な態度、あるいは自らの権限に責任を負うことをせず、自分の任に堪え得ない

ことを恐れる弱い人物を示す。

「棒」の5……「棒」の5は誘惑、新たな欲望、既知のものを超えていくためのエネルギーをもたらす。これまで体験したことのない性的実践への導き、あるいは創造的な面では想像さえしなかった深みや広大な領域が開けてくる可能性もある。また、「棒」のエネルギーを治癒することや祝福することへと恐れることなく用いていく教師や聖女の強さでもある。「棒」の5の否定的な面としては、倒錯的な性行為、性衝動と霊性の間の葛藤、創造性を表現するためにドラッグやアルコールに依存すること、発展への欲求が心から引き受けられていないことと関連する。

「棒」の6……ここで「棒」はその本質的表現である喜びへと向かっていく。誘惑に身を委ね、恍惚、至上の官能性、創造することの喜びへと没入する。性衝動と創造性が良い形で体験され、自分のありかた、自分のしていることに満足する。芸術家にとっては、自分自身を見出し、自分に固有の表現に出会うときとなる。働くことが喜びとなる。武道家ないしエネルギー・ワーカーにとっては、「気」すなわち生命エネルギーの神的次元の顕現を意味する。このカードの否定的な面では、段階6にある全てのカードと同様、過剰な自己愛が示される。芸術家であれば自己満足に陥り、同じ作品を絶えず繰り返すようになる。人は自己中心的あるいは皮相的になり、創造性ないし性欲も独りよがりのものとなっていく。また、喜びを感じなくなっていくか、あるいは快楽を拒否することで閉塞状態に陥る可能性もある。

「棒」の7……このカードは、大きな開放や圧倒的な行動の時を示している。芸術的な面として現れるならば、これは成功、好評、また自他どちらにも貢献する成熟した創造性となる。自我は創造的な性的エネルギーの通路となり、またそのエネルギーの非個人的な次元を完全に認識することで、それを世界全体へと分け与えることにもなる。このカードは情熱的な関係にも、または才能、勝利、この世界に種まきをすることにもなりえる。否定的になる場合、「棒」の7の力は恐ろしいものになる。そのときこのカードは、独裁、ファシズム、性的隷属、売春斡旋、拷問、サディズム、またこの世のために自分の力を用いるのではなく他者を貶めるために用いられるあらゆる破壊的な力を想起させることになる。

「棒」の8……この中心の完全性は、最高度の集中、または切断された二つの花によって表される本質への還元によって示されている。創造性は極限にまで集中される。これはただ一筆で円を描くことができる者がもつ完成である。性的な面では、昇華、純粋なる創造的エネルギー、快楽の頂点へと到達する。力は武術の理想たる非暴力となる。すなわち闘いなき闘いである。人物からは威光が発せられ、一切の身振りもなく威圧する。この究極の内省の状態において、もはや努力は必要なく、疲れを知ることもない。このカードが否定的な面を見せた場合、麻痺状態、あらゆる運動の停止、窒息しそうなほど極端な完全主義となるだろう。

「棒」の9……このレベルにおいて、「棒」は生と死の間の選択に直面する。完全に装飾が剝ぎ取られたこのカードでは、もはや葉の成長はどこにも見られず、その基本要素は仮借ない自己制御に至っている。これは現実的にも象徴的にも終局の経験となり、自我の終わりでもある。芸術家にとって、これは自らの仕事が他人に活用されることの承認となる。戦士にとって、これは殺される危険を引き受けることである。性的領域において、これは根本的選択としての放棄である。「棒」の9の否定的な面は、臨終の恐怖、人生における危機の時を通過していくことの拒否、芸術上の失敗、性的不能、不妊と関連する。

「棒」の10……自らのサイクルを成し遂げた「棒」は二つに分かれ、白い軸に場所を譲るために開かれる。続く段階での次の要素は「剣」のエースとなる。このカードは性に関連しての天使的な見方を象徴することもある。すなわちエネルギーはもはや内側にも外側にも流れることはなく、両性具有的なダイヤモンドのように結晶化し、純粋な精神となるのだ。人はもはや性的あるいは創造的領域にはおらず、別の関心事へと移っている。たとえば、芸術家が教師となったり、ある人はヒーラーとしての使命を見出したりする。否定的な面としては、悲嘆、現実から引き離されること、人生に対する信頼の欠如、エネルギーの喪失あるいは失敗のゆえに、泣く泣く権力を放棄することが挙げられる。

2
コート・カード

タロットの「コート・カード」(「人物像」あるいは「名誉(オナー)」)では各スートの4人の人物が序列化されている。各スートに見出される力学は数秘学の力学と並行関係にある。3人がどちらかと言えば男性であり女性が1人であることに欺かれてはならない。これは性別とは全く関わりがない。女性が自らの状況を表すために「王」や「小姓」のカードを引いても何ら不思議はないし、男性が「王妃」のそれに対応する状況に身を置くこともありうる。

　タロットの数秘学に関する章で確認したように、4人組の最初の段階である「小姓」は段階2と3の間、蓄積と破裂の間、疑いと能動の間に位置する(88ページ以下を参照)。「王妃」は段階4と5の間にある。安定性に由来する快適さと彼方にある何らかの誘惑の間に位置し、眼差(まなざ)しを自らの要素に集中させてそこに執着するだろう。「王」は段階6と7の間にあって、自らのシンボルを享受しつつも既にそこから部分的には離れており、外側の世界を意識している。彼の能動はそこで展開されるのである。ランスロットに対するアーサー王のように彼は「騎士」を送りだす。段階8と9の間にある「騎士」は既に自分の動物性を御(ぎょ)している。彼は乗り物の動物に跨(またが)って自分のスートの完全さを表し、そのスートのメッセージを世界に運びに行く。「騎士」は完全さそのものではなくそれを表すのである。非個人的である「騎士」は「王」の名において前進し行動する。このことはラカンが弟子たちに語っていた言葉を思い起こさせる。「あなたたちはラカン主義者かもしれないが、私は相も変わらずフロイト主義者である。」

　人物たちが「小姓」、「王妃」、「王」、「騎士」の順で並べられるのはこの理由による。

Les Arcanes mineurs

杯　VALET·DE COUPE

VALET·D'EPEE　剣

金貨　VALET·DE·DENIERS

VALET DEBATON·　棒

第3章 小アルカナ

LES VALETS
小　姓

　段階2と3——言い変えるなら蓄積された可能性と行動の間に位置する「小姓」は疑いを抱く。エネルギーは若々しく未熟である。それは加工され、理解され、活用され、組織化されることが必要とされている。自らの可能性を用いるべきか否かで彼はためらっている。これは主導権を発揮する習慣のない従順な実行者の態度である。彼は2の安全性にとどまることもできれば、自らの行動の結果がどうなるか分からないまま3に向かっていくこともできる。「小姓」の危険は、極端な疑い、あるいは過度な無謀さからやってくる可能性がある。

もし「小姓」たちが語るなら

　「剣」の「小姓」：「繊細さと気品が私の本質的特徴である。しかし、それらはすぐに偽善に転じてしまう可能性がある。「棒」や「金貨」の「小姓」たちとは違って、私は粗野ではない。私は気高く、外交と政治の戦略、また己を己自身の目的とみなす知性の手練手管を熟知している。私は一方の手に言葉と知性を象徴する剣の鞘を持っている。多くの知識を蓄積し備えてきたが、私にはまだその用途が分かっていない。私は刀身をいつでも収めうる鞘を持ち、行動を起こす気持ちにはなっていない。それと同時に私は自問している。すなわち、剣の切っ先は帽子の方を向いている。私は迷っている。すなわち、私の足はそれぞれ逆方向に向けられている。私の思考はまだ矛盾している。

Les Arcanes mineurs

私は概念の二元性の前でためらっている。私はどのようにして一刀を加えて客観から主観を分離したらいいかを分かっていない。私は何の共犯者でもない。私は態度を決めること、何事かに身を投ずることがまだできないでいるのだ。」

「杯」の「小姓」：「ああ、心には多くの神秘と曖昧さがある……。私は自分が何歳なのか知らない。私は若い世間知らず、あるいは年老いた夢想家、あるいは（なぜそうでないといえよう？）若い女性ないしは老婆でもある。私は解釈者の左側、心臓の側に向かって進んでいるが、つまずくこともある。私の歩みは小刻みでおずおずとしている。私は蓋のない杯をヴェールで覆っているが、それは自分の感受性が傷つけられるのを恐れているためだ。私がもう一方の手に蓋を持ち続けているのは、それによってかくも自信のない自分の心を覆い閉ざしてしまうことができるからである。理想主義者であり続ける私の頭は花冠に取り巻かれているが、私はいつでも自らを捧げ、殉教者にすらなる覚悟がある。傷つけられる恐れと自分のすべてを捧げたいという欲望の間で、私はためらっている。私は自分を犠牲にすることもできるが、逃げ出すこともできる。私は他者を理想化することもできれば、同様にその人に対しての敵意を抱くこともできる。私は終わりのない春のなかで踊ることも、永遠の冬のなかで縮こまることもできる。私の中には喜びと苦悩の両方があり、利己主義と同時に寛大さがあるのだ。」

「棒」の「小姓」：「私は強く単純である。自分の進路を断固として一方向へと向ける。私の自然のままの動物的エネルギーが、私の象徴である大きな緑の棒の内部に蓄積されている。私の性質のうち2に由来する側面は蓄積していく。私には3というもう一つの部分もあるため、目的なしに行動する心構えもある。それは強力な爆発のような、行動のための行動である。異なる意図をそれぞれ持った私の両手は交差している。エネルギーの蓄積を続けるか（その場合、私は棍棒を地面に押し付けている）、あるいは未知のものに大きな一撃を与えるために棒を持ち上げるか、どちらかとなるだろう。その一撃は私の人生の進路を変えることとなり、それ以後、私は再び同じ状態ではいら

れなくなるだろう。それゆえに私はためらっているのだ。だが、私は解釈者の右側を向いている。そうやって私は前に進むことを予告しているのだ。創造的な行為へと向かうことが告知され、授精の準備がされつつある。戦いの兆候もある。なぜなら私の行動は、名無しのアルカナXIIIの形をとった3によって呼び起こされ、破壊的になることもありえるからだ。その場合、まさに私は今にも爆発しそうな爆弾に他ならない。」

「金貨」の「小姓」：「私は大地、この惑星全体と一体感を持つ。私は数えきれないほどの道へ進んで行く。私は能動へ向かうのと同じように受容にも向かう。あらゆる神聖な場所と同様、私は財宝を保持している。私がそれを秘密にして埋めたまま利用しなければ、私の前進は妨げられる。それは過去全体の重み、全ての伝統の重みと同じように、囚人（それは私である）のくるぶしに括り付けられた鉄球へと変化してしまうこともある。しかし同時に、私は高みに向けて自らの最良の部分、ほかならぬ物質の最良の部分を掲げている。それは存在の本質たる黄金である。私が守っている富は未使用のままでは蓄積されていき、どんな成果も生み出さない。私が「意識」に向けて掲げた富は、物質の精神への変容を約束する。いわば私の内部における錬金術的作業が、その同時進行する二つのプロセス、すなわち霊の物質化と物質の霊化がともに始まるのである。私は行為の始まりにあり、行為それ自体の中にはいない。」

LES REYNES
王　妃

　「王妃」のエネルギーは段階4と5の間、すなわち安全と理想からの呼びかけの間に位置している。「王妃」はすでに獲得されたものの上に基礎を置くが、それと同時に新しい視点が存在していることも知っている。彼女は「小姓」がやっと理解し始めたものを自らのものとし管理している。彼女は実際的で活動的であり、自分のシンボルを熟知している人物である。つまり、彼女は躊躇なく自身のシンボルに関する経験を積み、そのことに集中しているのである。「王妃」は自分の要素に没入してしまうことで、それに過剰なまでの強い執着をするようにもなる可能性がある。

もし「王妃」たちが語るなら

　「剣」の「王妃」：「私は腹部の上に盾を持っている。この盾には傷が一つ付いている。私は自分の内臓を捧げてしまったのだろうか？　私は欲求、欲望、感情が自分を侵害することを許さない。私は自らの精神の内に生きているのだ。私は自分のシンボルである剣を差し出しているが、それは赤い鞘に納められていて、誰かがそれを引き抜き、その輝く黄色い刃が見えるようになるのを待っている。私は私の知性、私の精神を認めてくれる人を待っている。私の理想は、両性具有の状態へ向かって肉体の外へ、また物質の外へと超越することである。その状態において、私はこの非人格的な中心、すなわち「宇宙」の意識へと到達すべく、思考の罠をうまく通り抜けていくことが可

能となる。私はそれを実現できるだろうか？　私は忘我へと到達できるだろうか？　私は私自身の敵である。私が有する唯一の知識は、自身が無常であるという知識のみだ。私の唯一の自己実現は、私が空(くう)になることを実現するものとなるだろう。」

「杯」の「王妃」：「愛情に満ちながらも常に傷つけられてしまう私の心は、なんと優しく繊細で弱いものなのか！　私は何かを探し求めているわけではない。私は包囲され征服されなければならない城である。誘惑する「棒」の「王妃」とは違って、私は誘惑されるのを待っている。私が持っている杯は私の心のシンボルだが、それは閉じられている——それは空ではなく情熱で満たされている。私が要求するほどの繊細さで、私以外にいったい誰が私を扱うことができるのか？　それは不可能だ。私は傷つけられ犠牲となることを受け入れざるをえない。だが、私が愛されているならば、この犠牲はまさに恍惚となる。私に気をつけなさい。私は自分の臆病な純粋さを示す曲がった刀身の白い短剣を持っている。富、性的関心、知識といった私とは無縁のものを獲得するために、私を利用しようと近づいてくる者がいれば、私は誰であれその短剣を突き刺すだろう。そうした者たちは1人残らず、驚くべき残酷さで消し去られる。私はただ感情のみに心を砕くが、それらが完全に活発になることには大きくためらう。私の恐れは全て4の状態の中で蓄積される。私の理想である5の観点からすると、私は自分を補う魂の伴侶を待ち望んでいる。この待望こそが私の全存在の中心にあるものなのである。」

「棒」の「王妃」：「私は欲望の途切れることのない川に飛び込んだ。私の中の全てが活力に満ち満ちている。竜巻のような貪欲さで、私は自分の燃え上がる空洞をあらゆる授精のために提供する。私の力強い毛髪は一つのうねりに収斂(しゅうれん)する大洋の泡である。普遍的な力が性的行為として顕現し、私に至上の誘惑の力を与える。私は数えきれないほどの卵を産み、全ての砂漠を花で飾り、「金貨」の「王妃」の厳格な王国を私の業(わざ)で満たす。私が心を開き呼びかけを決してやめないのは、そのためなのだ。生殖的な寄与がなければ、私は存在しない。この不完全さこそが、私に巨大な力を付与するのだ。全能

の外見の下に位置する私は、活用され、受精させられ、命じられる必要がある。これこそが誘惑である。つまり、欠如が欲望によって力へと変えられるのだ。もし私が欠如を認めず、自身を完成させることを切望しなければ、私は去勢者となるだろう。」

「**金貨**」の「**王妃**」：「私は「金貨」の「王妃」として、乗り越えたいという欲望を、彼方にではなくまさにここ、物質の中心におく。持てる力の全てで1点に向けて伸ばされた私は、自分のシンボルである黄金の円の中に集中する。私には自分自身を超えていくごくわずかの兆しさえない。私が熱望しているのは私以外のなにものでもない。私は貪欲、偏狭、頑固、自己中心的だと言われるかもしれない。私はむしろ自分のことを内在的だと言いたい。誰が私の気を逸らすことができるだろう？ 誰が私を支配できるだろう？ 誰が私を私の関心から引き離すことができるだろう？ 計り知れないほどの力で、私は自分の領土を防衛する。もし過去が存在するとしたら、まさにここにある。そして、まさにここにこそ、私の未来全ても存在する。私は祖国、富、財産、実際的な精神である。もし私が存在しないなら、誰が王国をまとめていけるというのだろう？ 私は宝の守護者である。私は命を賭けて自分の心の中に埋めた太陽を守る番犬である。」

LES ROYS
王

「棒」と「剣」の「王」は若く行動的である。「杯」と「金貨」の「王」は年老いて受容的である。段階6と7の間に位置づけられる「王」たちは、領土を支配する満足と世界からの呼びかけの間で引き延ばされたアーチのようなものである。元型が実現された存在として、彼らは解脱(げだつ)の道にある。「王妃」たちとは対照的に、彼らは自分たちのシンボルを眺めることもなければ、自身のことに取り憑かれているわけでもない。彼らはシンボルを所有し、その視野を未来へと向けている。これこそ真の支配である。「王」の危険は、自己満足や怠慢、ないしは独裁へと向かっていくことである。

もし「王」たちが語るなら

「剣」の「王」:「私の外見はどれほど洗練されていることか！ 従兄弟である「棒」の「王」のもとで硬直し覆われていたすべてのものが私のもとでは柔軟で優雅なものとなる。私は戦争のためではなく、宮廷の駆け引きのために着飾っている。私の切り札は知性、あいまいな言葉、戦略上の策略、皮肉の魅力である。私は武力に訴えるより新たな思想の力を好む。棍棒の率直さに対して、私は剣の残酷なしなやかさで対抗する。私は粉砕するのではなく、突き刺し両断する。私は法、改革、巧みな同盟で支配する。排除する代わりに、分断することで、よりよく権威を認めさせる。私は概念を明確化し、その二元性をはっきりさせる。それが何であり何でないか、何を受け入れるべ

Les Arcanes mineurs

きであり何を拒否すべきかを完璧に定義する。私の軍は弁護士、書記官、法律家で構成されている。私は自分の周りに宮廷公認の芸術家たちや居候の貴族たちを従えている。私は民衆の純真さを利用して自分を神の子孫や「真実」の使者だと明言している。私はフランス史における絶対君主にもなれたし、また新たな国の革命的な創始者ともなれただろう。」

「杯」の「王」：「私は柔らかな絹をまとっている。私の帽子は広がる宇宙に向かって、杯のように開かれている。これは命令の冠ではない。受容の帽子なのだ。私は愛の普遍的意志に従う。私の胸にある心の領域は並外れた広さを持つ。長年の経験から、善意よりも優れた知恵など存在しないことを理解した。私の開かれた杯は好意で満たされていて、平和を熱望する者たちへ捧げられている。私の周りでは万物が成長していく。私は世界の攻撃的な外見の下にあるその本質、すなわち素朴で優しさに満ちた世界を見る。私の王国での事業は繁栄する。なぜなら私は受け取るものをみな与えるからだ。他者のためでないものは私のためには存在しない。私は意識ある存在の面前で、満足感を快く表明する。人々は私の協力や助力を当てにすることができる。私は命令するのではなく、家臣たちに奉仕する。私は道ではなく、靴をぬぐう入口の敷物である。私の宮殿は東西南北に開かれている。私に近づくものは癒される。私は聖ルイなどの伝説に生命を与える理想である。私はキリストたる王にもなることができただろう。」

「棒」の「王」：「入念に細工された私の笏は、踵から頭にまで及んでいる。これは戦士たる私が操る至高の力の道具である。私の王としての衣装は甲冑であり、それは私の力を証明している。私は一切の余計な手立てをせず、直接的かつ単純なやり方で征服し我が物にする。政治上あるいは外交上の戦略など私には関係ない。征服すべき時がやってきたならば、行動し制覇する。私は生死にかかわる全ての権利を簒奪する。創造すべき時にはためらわない。価値判断にも迷うことはない。私は自分の権力を疑ったりはしない。自らの行動と仕事こそが、私を定義する。私には建築も破壊も同じぐらい容易なことだ。私の王国において議論は存在せず、口にされるのは私の意志のみであ

る。私は民衆から生まれ、また彼らこそが私に力を与えてくれる。世界の歴史の中で私が統治者になるとしたら、私は偉大な独裁者、大征服者、恐るべき暗殺者、テロリスト、軍司令官となるだろう。」

「**金貨**」の「**王**」:「私は自分自身を「王」とみなすのをためらう。王宮を捨て去った私は、自然のただ中に姿を現す。私は王冠を帽子と交換したが、それは私を太陽と雨から守ってくれる。自分はむしろ商人に似ている。征服や陰謀を考えることも慈善を施すこともなく、むしろ私は行動しないことによって支配する。私が追い求めているのは叡智であり、それは宙に浮く金貨で表されている。私の地上の所有物は手中の金貨で表される。私はそれらを最小限に押さえ、浪費することなく、適切な場所にあるがままにしておく。私は自分を誰とも比較しない。私は自分の労働で生計を立てる。私は現在の中にある。私は物質的な生活の中での絶えざる変化や出来事を受け入れる。私は流れのままにあることを受け入れる。宇宙の神秘的な目的を知ろうとして、それを解き明かせずとも、私は疑問を投げかけることなしに、それに従う。惑星全体が私の王国である。私には王宮もなければ軍隊もない。私の知識は一切を知らないことにあり、私の権力は何もできないことにあり、私の存在は何者でもないことにある。私は、肉体を一時の乗り物として理解し、瞑想する僧侶にも、ブッダにもなることができるだろう。あるいは名目だけの地位を持つ大実業家となり、財政的な楽園で穏やかに暮らすこともできるだろう。」

杯　CAVALIER·DE·COUPE

CAVALIER D'EPEE　剣

金貨　CAVALIER·DE·DENIERS

CAVALIER·DE·BATON·　棒

LES CAVALIERS

騎　士

✹

　タロットの数秘学において「騎士」たちは段階8と段階9の間に位置しており、10の力強さを持っている（90ページ以下参照）。「騎士」たちそれぞれが象徴しているスートは完成に達した。スートは成長を続けるためには9の革新をもたらす危機、他のものへの変容を可能にする解放状態へと入っていく必要がある。使者あるいは預言者のように「騎士」は制御され、受け入れられたエネルギーを、この世界へともたらす。だがそのエネルギーは、次の要素の中で消滅するよう定められている。自らの属するスートから飛び出ることが（67ページ参照）、サイクルの終わりを可能にするのである。「騎士」を待ち構える危険とは、危機の中に留まり続け、普遍なる無常に身を任せるのを拒むことである。その場合「騎士」は行き詰まりの状態を表すことにもなる。そこでは新たなエネルギーの潜在力が現実化されないままの状態にあるのだ。

もし「騎士」たちが語るなら

「剣」の「騎士」：「私の馬は「棒」の「騎士」の馬と同じくらい強いが、より洗練され、より敏捷である。私は知性の王国から感情の神秘へと自らを投げ出すために、馬を大きく跳躍させる。馬と私は一体である。「棒」の「騎士」は意志の力で行動するが、私の馬と私は勇気の力で行動する。不必要な観念、中でもとりわけ希望や恐怖を一掃する。我々は精神の本質そのものを伝達しなければならない。我々は自分たちが能動の最終的な顕現である

ことを知っている。私は兜の上に聖性のシンボルである黄色い光背を有している。槍のような私の赤い剣と敏捷な馬とともに、私は生命の運び手となる。私は自分の剣で何を貫こうとしているのか？それは他者の心臓だ。「言葉(ロゴス)」は愛となる。聖なる消滅へと入っていくため、私は存在の欲望を放棄する。」

「杯」の「騎士」：「「棒」と「剣」の「騎士」は種馬に跨(またが)っているが、「金貨」の「騎士」と私は優美な牝馬に乗っている。私は馬を操ることはなく、その必要もない。手を広げながら私は自分のシンボルである「杯」を追いかけている。私は杯を指で掴んでいるのではない。宙に浮かぶ杯が、馬と私を導いているのだ。開かれた杯からは愛の泉が現れる。この愛こそが私の導き手であり、私は自分がどこに行くのかを知らない。私はその後に従い、恩寵を受けた状態である自己実現へと導かれていることを疑うこともない。この恵みは自然に流れ出る。私は自分の意志を強いて正しい道を見つけようとしたりはしない。私は自分の限界を飛び越えていくために勇気をふるったりはしない。私はただ従うだけなのだ。何を受け取っても、私は与える。私の唯一の望みは、自分に授けられたこの尽きることのない天分を実現すべく、その天分に奉仕し続けられるよう生き続けることだ。この時私は、この世界を祝福しながら、受肉の王国——「金貨」の王国であり、物質と欲求の王国——へ入っていくのである。」

「棒」の「騎士」：「私が「小姓」だった時、私のシンボルは大地に留まっていた。その後、それは天へ、霊的な成長へと向かった。そして私は、そこから離れない。それは私の手の中に根をはり私自身から生え伸びているのである。私の動物、すなわち大きく力強い私の馬は、純粋さを表す白になった。これは私の欲望の極端な崇高さを象徴している。馬の意志を具体化する騎士として、私は彼を右から左、すなわち能動から受容へと向かわせる。私は情熱を昇華した。私は破壊的エネルギーの進路を精神の生命へと向かわせることを学んだのだ。私のエネルギーは自己満足、全体主義的な権力の誘惑、野蛮な戦いから離れ、果てしなきものに変わった。至上の意志に基づく行為を通して、私の動物性としてのこの白馬は凝縮され、「剣」の「騎士」の赤い

剣へと変わる。私は性のエロスが精神の豊かな泉となる瞬間を表しているのだ。」

「**金貨**」の「**騎士**」：「私は自分が男か女かを知らない。私はむしろ両性具有的であり、何の宝も埋められていない土地を進んでいく。「小姓」と「王」に見られる地上と天上の二重の金貨は、宙に浮くただ一つの星となった。物質は霊化したのだ。物質は肥沃になり、永遠の命の母となった。私は聖母マリアの肉体と同様である。発展の終わりにおいて、彼女は不滅のものとなり、宇宙の中心に君臨すべく上昇する。これが私の運命である。私の牝馬は「杯」の「騎士」の牝馬のような優しさは持ちあわせていない。彼女は慎重ではあるが、確実で正確な歩みをもって前進する。彼女は私の健康を象徴しているのだ。彼女は遅すぎもせず速すぎもせず、自らの現在に相応しいリズムで歩むのである。この無限の平和は我々が死に打ち勝ったという事実に由来する。つまり私には絶え間ない変化を受け入れる用意があるのだ。それと同時に、私は自分の深い本質において不変のものがあることを知っている。それは「棒」で具体化することになる大地の新たな富の起源となるだろう。私はすでに右手で、新しい能動のサイクルの始まりとなるもの、すなわち創造的な棒を運んでいるのだ。」

第3章 小アルカナ

スートごとの意味の要約

剣

「剣」の「小姓」……剣の中心の線は切っ先の前で止まっている。つまり「小姓」の知性は、なお磨かれ加工される必要がある。彼は経験不足を自覚し、ためらっている。彼は自分の武器の使い方を分かるか、あるいは肌色の鞘(さや)にそれを戻すべきではないか？　この人物は基礎となる知性を有しているが、自信を欠いている。おそらくは学生あるいは若き探求者かもしれない。彼の知性は低く見られてきたのかもしれない。おそらくこの「小姓」は自分の教育を修了しなかったのだろう。全ての「小姓」たちと同じく、彼の立場は慎重さと忍耐をともに必要とする。このカードの否定的側面は嘘、自己を低く評価すること、混乱した思考、駄弁、拙速で計画性のない思考、言葉による攻撃である。

「剣」の「王妃」……彼女は腹部におかれた手で古い傷を守っているのだろうか、それとも盾をおさえているのだろうか。彼女の眼差(まなざ)しは握っている赤い剣へと注がれており、彼女はそれを誇らしげに立てている。彼女は有益で効果的な思想を生み出す強力な知性を象徴する。彼女は自らの思想を断固とした態度で主張することができる。彼女は自分の話すことが何を意味するかを知っており、また新しい思想に対して閉鎖的でもない。このカードの否定的な面としては、肉体や性の拒絶、場合によっては腹部の傷跡（帝王切開などによる）、心を閉ざすこと、極端にまで推し進められた合理主義、不感症

といったことがあげられる。

「剣」の「王」……彼は「戦車」（VII）と同様、肩の上に三日月型の二つの顔をつけている。宮廷の王であり、言葉、概念、新しい思想を巧みに操る。左手（我々から見て右側）に測定器を持っているが、そこには大アルカナの数である22の線が刻まれている。公正で良識ある指導者、法律家、大学教授、建築家、科学上の思想家、並ならぬ冷静沈着な知性で事態を収拾することのできる人物を表しうる。彼は思考を統御し、それを世界における行動に移す。否定的な面としては、強烈な中傷や批判、言葉による攻撃、司法における誤り、全体主義的な言説を行う腐敗した政治家、怪しげな方法で社会的地位を獲得する策士を想起させる。

「剣」の「騎士」……装甲した馬の上で、甲冑と兜をまとい、槍のように長い剣を装備した戦士の姿をとったこの密使は、思考の及ばないところに向かっていこうとしている。彼は未知のものへの跳躍を試みている。彼の知性は空虚と沈黙を体験してきた。完成を超えた段階に到達した彼は、愛の道に至る。以後、彼は愛情に満ちた道のみを進んで行くことだろう。このカードは愛や宗教的なものを受け入れるようになった知識人、霊的な信念のために戦い、世界全体に対してそれを証言しようとする人物、預言者、朗報を運んでくる人であり、精神的葛藤の終わりといったことを表すこともある。

杯

「杯」の「小姓」……彼は「恋人」（VI）の若い女性のように頭を花冠で覆われている。杯を持ち運んでいるが、それを開けたままにしようか閉じようかと迷っている。臆病で家族以外の愛を知らない人物、あるいはかなり前から愛を忘れてしまった人物である。また、彼の両性具有的な外見から、いまだ自分が同性愛者であることを認めていない人物が示されている場合もある。感情的世界の発見は、彼を引きつけると同時に恐れさせもする。彼の心は、まず応じていこうとするものの、その後で拒否を示す。彼は拒絶され傷ついてしまうことへの恐れを持ちながらも、愛することを求める欲望を体現しているのかもしれない。彼はまた子供から大人への移行、疑いと激しい情熱を

伴う最初の愛を想起させる。一方で、もはや恋することをやめた年老いた人物を示していることもある。彼は生きることや感情的な関係に信頼を置けないこと、また愛に関する悲観的な考え方を意味していることもある。否定的な面としては、幼少期の恐れにまで遡る感情の抑圧、未成熟なままの感情、過度の空想癖、つきまとう失恋の痛手を意味するだろう。

「杯」の「王妃」……閉じられた杯に顔を向け、左手（我々からみて右側）に曲がった刃の剣のようなものを持っている。彼女は感情へと注意を向け、自らの気持ちを守る決意をしているようだ。従って、彼女が心を開き、彼女が持つ与えるべきものを与えさせるには、彼女に自信を持たせる必要がある。彼女は家族愛、優しさ、よき主婦を表す。5とより関連した面において、彼女は信仰に導かれた慈悲深い人物を想起させる。そうした人物にとっては、日常のありふれた感情ですら神的な愛を映し出すものとなる。否定的な面は、嫉妬、強い独占欲、感情的に息苦しさと窮屈さを与えてしまうこと、あるいは逆に近親者への愛の欠如、見せかけでしかない慈善、利己的に利用すること、社会的軽蔑といった形で現れることもある。

「杯」の「王」……彼は年配の男性のように見える。そのため、彼の非常に多くの感情的経験は信用に値する。彼の胸の左側（我々からみて右側）、つまりの心臓の側が目だって広くなっている。これはこの人物が愛を知る男（あるいは女）であることを示している。杯も開かれていて、彼が意識的な愛、生きる喜び、制御された安らかな感情を寛大にも与える者となっていることを示している。彼のなしうる多大なる行為は、世界に対する愛情溢れた眼差しに基づいている。彼は偉大なセラピスト、助言者、医者、後援者、善良で寛大な人物ともなるだろう。その否定的な面が出てくると、「杯」の「王」は憎しみを家族や世の中へと浴びせることにもなる。また、アルコール中毒患者、自己愛型の倒錯者、偽善者、病的に嫉妬深い人物ともなるだろう。あるいは虚偽の広告となる場合もある。

「杯」の「騎士」……青く繊細な馬に乗り、彼は右（我々からみて左）の手のひらの上に浮かんでいる杯によって示唆される道へと従っている。愛の道はその終わりに到達する。今や愛は実際的な力へと変わっていく。これは布教活動、人道的な事業、許しを乞い自らの誤りを償うためにやってくる人物、

Les Arcanes mineurs

善行、誠実な愛にもなりえる。また、世界に奉仕する聖人、修道院を作ること、ヒーラーになることを示すこともある。

棒

「棒」の「小姓」……横顔を見せて立つ「棒」の「小姓」は、両手を粗野な棒の上に置いている。彼はそれを持ち上げようとしているのだろうか？ それとも、それを置いたままにしておくのだろうか？ これは為すことと為さないこと、創造することと創造しないこと、自らの欲望に従うことと従わないことの間にあるためらいである。エネルギーは未分化であり、方向づけられる必要がある。性へのためらい、または最後までやり遂げるには粘り強さと同時に精巧さが必要である創造的な企画を示すこともある。このカードの否定的な面は、不器用さ、抑圧されている性的あるいは創造的エネルギー、活力の欠如、あるいは残忍性さえ示すこともある。

「棒」の「王妃」……彫刻を施された棒が彼女の下腹部の上に置かれている。彼女はそれを右（我々からみて左）の手に持ち、そしてもう一方の手で、黄色の人工の手を動かしているように見える。これは官能的で魅惑的な人物であり、「女帝」（III）と共通する点を持つ。自分の性と創造性を完全な形で所有している彼女は、情熱的で、気まぐれで、本能的で、自立した人物でありうる。彼女は自らの創造性によって生きることを始めた人物の持つ満足を表す。彼女は性を良い形で経験しており、芸術家、エネルギーに関わる仕事、そしてまた否定的な面では、性的偏執、買収されやすいこと、過剰さを象徴しうる。

「棒」の「王」……彼の棒は大きな笏であり、一方の端は地面の上で踵によって支えられ、もう一方の端は帽子と触れ合っている。全ての「王」たちと同じように、彼は自らのエネルギー、すなわち生命のエネルギー、創造的エネルギー、性的なエネルギーを支配している。彼は名声を得た芸術家、あるいは日々の活動において創造性を発揮するような人物、権力者、誠実な恋人、戦士、武術の達人を象徴しうるであろう。彼の否定的な面は、独裁制、自慢、あるいは愛とは関係のない強い性欲ともなりえる。その場合「王」は、誘惑

者、暴君、自信過剰の芸術家ともなるだろう。

「棒」の「騎士」……昇華された欲望のシンボルである白馬に乗っている「棒」の「騎士」は自らの馬を統御し、その方向を思いのままにすることができる。彼の棒は再び自然のものになっている。つまり性的そして創造的エネルギーが、ただあるがままに眺められているのである。棒は彼の手を貫いているが、あたかも彼と彼のエネルギーの間に分離はなく、ただ完全な信頼があることを示しているかのようである。このカードは、本能が方向づけられていること、創造性が完全に自己統制されていること、生死にかかわる場面でのこの上ない勇気、平和、ヒーラーの能力、さらには思考の王国に入るために、この世の喜びを進んで放棄する賢者さえ表すこともある。

金貨

「金貨」の「小姓」……一つは持ち上げられ、もう一方は地中に埋められた二つの金貨とともに、彼はこの世界における自らの場所、自らの肉体、自らの経済的資力について自問している。埋められた金貨は彼の前進を妨げる障害であり、持ち上げられた金貨は彼の願望である。彼は左手（我々からみて右手）の指の間に小さな黄色の円を持っている。それは「大道芸人」の持っているような一片の金かもしれない。仕事を始めるべきか？　だとしたら、それは何か？　どのようにすれば仕事を始めることができるのか？　あえて投資をするだけの価値があるか？　健康を回復することができるだろうか？　これらは「金貨」の「小姓」が、肉体的あるいは金銭的なリスクを取ることを熟慮しながら、尋ねている問いである。もし彼が問題を引き起こすとするなら、それは自分がどこにいるべきかを分からないまま、何もできない状態となっていることと関連する。あるいは逆に、自分の安全ないしは命をうかつにも危険にさらしてしまう場合もある。

「金貨」の「王妃」……彼女は左手で目の高さまで持ち上げた金貨に顔を向けて見つめている。「鏡よ鏡、魔法の鏡」あるいは深い瞑想状態にあるのか？「金貨」の「王妃」は自分の財産、立場、健康、経験に固執している。彼女は多くのエネルギーを発揮して物事をあるがままに保つことができるが、突

発的な計画によってものごとを刷新することもできる。彼女は自分自身を正面から見つめる勇気をもった人物であるとも言えるだろう。彼女は貪欲になりうる。また、彼女は物質的安全を保証するため、あるいは家を建てるといったことのための長期にわたる努力を表すこともある。彼女の欠点は、遠くを見ることがなく、自分の物質的安全に固執するあまりに投資することもできず、前進することもできないこと、あるいは現実の他の側面を考慮しようとしないことである。

「金貨」の「王」……彼は簡素でゆったりとした服をまとい、王冠ではなく帽子を被っている。その王座は自然の只中に置かれている。彼は物質に自らの力の基礎を置き大地と接している。おそらく彼は実業家、裕福な商人あるいは農家だろう。彼は富の二つの形を知っている。手に持っている金貨は、彼が必要以上の努力をすることなく、喜びとともに稼ぐことのできる金銭を表している。彼が眺めている宙に浮いている金貨は、世界の中での自分の行動、潜在的な金、あるいはすでに霊化された物質を表している。「金貨」の「王」は、目下の奇蹟的な成功で生活しながらも執着をまったく持つことのない者にもなれるし、また億万長者になることもできる。否定的な意味としては、詐欺、不正に得た金、株式投機が挙げられる。また、彼は武器商人ないしは有毒物の売り手ともなる。

「金貨」の「騎士」……棒を手にして青く受容的な馬に乗ったこの騎士は、

解釈における「コート・カード」

採用された解釈の方法によって、
「コート・カード」(人物像)は、現実に存在する人物、
彼らのスートが象徴するものと関連した態度、
経験の状態のどれかをを表すだろう。
また、彼らに時間の指示を割り当てることもできる。
その場合、「小姓」のためらいは終わりが不確実な長い期間、
「王妃」の静かな熟慮はしっかりと安定したかなり長い期間、
「王」の超然とした態度は結末あるいは変化が切迫していること、
「騎士」の活力は迅速な変化を示すものとなる。

金貨の形をした星に照らされた風景の中を前進している。彼は物質を超え創造性に至ること、新たな視野を開かせる到達点を表している。また、彼は物質的な面を考慮する必要を超えて、新しい何かや目標を作り出していくのに十分なほど裕福な人物でもある。「金貨」の「騎士」は狭義の意味での旅行あるいは移動を表すこともある。つまり肉体、創造性、世界における自分の場所と関連した探求である。

第4章

2枚ずつ見たタロット

Le Tarot deux par deux

序

共同作業としての「意識」

　タロットが水晶玉のようなものでなく、またタロロジストは予見者（秘教主義者たちによれば未来を透視する者）でもなく、あくまで解釈者に過ぎないということに同意するなら、アルカナは文字や単語の代わりに、描画や色彩によって作り出されたあるひとつの言語とみなすことができるだろう。フランス語、スペイン語、英語、日本語などを話すのと同様に、我々はタロットで語ることができる。学ぼうとする者であるなら誰しもが新たな言語を習得可能であるのと同様、魔術師、透視術者、超心理学的能力に恵まれた者でなくても、人はタロットのメッセージを解釈し翻訳することができる。タロットは誰にでも理解可能な言語である。

　我々が講義を始めた頃、自問自答したのは、最も分かりやすくこの言語を教えるにはどうすればいいかということだった。その結果、ひとたび1枚1枚のカードを多くの解釈と合わせて説明した後であれば（これはアルファベットを学んでいくのに相当する）、アルカナの組み合わせによって作られるメッセージの解釈を学ばせるのが、生徒たちにとって最も良い効果を上げることを発見した。単独での個人の行動は、カップルの行動、家族の行動、社会グループの行動とは異なる。一つの音では音楽にならないが、二つの音になるとハーモニーすなわち新たな聴覚の次元が作り出される。三つの音は和音を形成し、四つないしはそれ以上の音になれば、作品が生み出される。

　大多数のタロットの教本では、アルカナ1枚1枚を解説するだけで、他のカードとの関係でアルカナが変化していくことを説明していない。文章が作

られる前に、文字（母音と子音）はその配列に応じて変化していく音節を形作らなければならない。「ma」と「am」は異なる概念であり、「is」と「si」も、「no」と「on」も異なる。その他諸々も同様である。こうした音節が語の根幹となり、さらにそれらが文を形作り、そして詩や論説を生み出すばかりか、福音やはたまた醜悪な作品さえも作り出す。

このように考えた結果、我々は音節の組み合わせの考察を含まないタロット研究では、正確なリーディングへと至りえないという結論に達した。こうして手つかずのままとなっている一つの世界が、我々の前に開かれることになったのである。

文章による言語は母音と子音によって構成され、各音節には常に一つの母音が含まれなければならない。ゆえに組み合わせの数は限定される。一方、タロットの言語では、すべてのアルカナが音節を形成する役目を果たすことができる。選ばれたカードを子音とすれば、母音となる選択肢は、限定されたわずかなものではなく、残っている21枚すべてとなる。このことにより、はるかに多くの意味を示すことのできる、はるかに広大な言語が作り出されることになる。

大アルカナのカードは0（「愚者」）から21（XXI「世界」）へ至る数価が割り当てられている（これはヘブライ語のアルファベットと同様である）。そのことを踏まえて、小さな方の数のカードが別のカードの前にあるか後ろにあるかに応じて、どう意味が変化するかに注目してみるのは興味深い。

1と11、2と12、3と13などのような同じ数価を持つカード同士は、マンダラとの関連で研究すべきである。これらのカップルは根底において互いに結ばれている。さらにリーディングにおいてはしばしば、偶然に出てきたカードと同じ数価を持つもう一方のカードへ注目することで、まさしく光で照らされた物体が影を投げかけるように、カードの意味を任意に補完し、メッセージを反復ないしは強化することも可能である。

未完の小説『類推の山』においてルネ・ドーマルは書いている。「私たちが2人になったという事実が、すべてを変えるのです。仕事が2倍だけ容易になるということではない、不可能だったことが可能になるのです。」[訳註1]。

訳註1　ルネ・ドーマル『類推の山』（巖谷國士訳、河出文庫、1996から引用）。

このことはタロットについても言える。タロットは一対のカップルが重要であることを明白に示している。「女教皇」は「教皇」に付き添う。「女帝」は「皇帝」と、「月」は「太陽」と、そしてコート・カードでは「王妃」たちが「王」たちとカップルになる。これらのカップルに加えて、ある特定の細部により関連することになる対を見つけることも可能である。ただし、この組み合わせはカップルを拘束するものでは決してない。というのも、どんなアルカナでも、解釈者の投影に応じて別の対を形成する可能性があるからだ。横向きになった8のようにも見える帽子が「大道芸人」と「力」を関連づける。また、「力」は野獣を伴っていることにより、獅子の姿が見られる「世界」とも関連させられる。体の姿勢に注目すれば、足を交差しているという点で「吊られた男」と「世界」を関連づけることもできる。「愚者」とアルカナXIIIは、歩き方の類似から関連させることができる。「恋人」と「審判」は、天使の下に同数の人物が描かれていることによって対としてみなすことができる。前者には着衣した3人と裸の天使がいるが、後者には裸の3人と着衣した天使がいる。「運命の輪」と「悪魔」のどちらにも3人の人物（動けなくなったような2人を1人が支配している）がいる点で関係づけられる。「節制」と「星」は共に二つのアンフォラ型の容器を持つという点で似通っている。前者では液体ないし流体が容器内部で混合されているが、後者では風景の中へと流されている。「戦車」を戦争と勝利に関わる行動の可能性とみなすならば、塔が爆発しているように見える「神の家」と当然関連させることもできる。また、塔から現れている2人の人物が頭を下にし両足を天に向けているという点によって、「神の家」と「吊られた男」は対となりうる。さらに背後に両手を隠した「吊られた男」は、2匹の小悪魔（インプ）が同じように両手を背後に隠している「悪魔」とも対になりうる。

　カップルという点に関して言えば、おそらく紀元1000年にはすでに存在していたと思われるタロットが、家父長的世界にあって女性の重要性を主張していたことは特筆すべきだろう。タロットに明瞭に示されているのは、同等の霊的レベルである「女教皇」に支持されることなくして、「教皇」が無謬（むびゅう）の司祭として指導者かつ神の代理人となるのは不当だということだ。また、「皇帝」も「女帝」なしでは自らの領土を適切に統治することはできず、「太

Le Tarot deux par deux

陽」の能動性も「月」の受容性なしにはあり得ず、日と夜も互いに補い合うものであることが示されているのだ。

　父と母の象徴としての様々な面を表している以下の三つの組み合わせとなるカードは、タロットがまず女性を先に導き入れ、男性はその後に続く形となっているということを明瞭に表している。これらのカード、すなわちⅡ「女教皇」とⅤ「教皇」、Ⅲ「女帝」とⅢⅠ「皇帝」、XVIII「月」とXVIIII「太陽」に対して、解釈者がタロットを鏡とみなすならば、母たちは左側に、父たちは右側に見られることになる。

　我々はアルカナを心理テストのように用いることで、相談者が父と母というものを三つの観点で見ていることが分かった。まずは肉体的で性的な次元（「女帝」－「皇帝」）、霊的な次元（「女教皇」－「教皇」）、最後に宇宙における母と父という神話的次元（「月」－「太陽」）としてである。

「女帝」と「皇帝」（Ⅲ－ⅢⅠ）は見つめ合っている。前者が自然の法則、創造力、生殖力を行使するのに対して、後者は社会的法を行使する。両者は物質的な面や性的な面だけでなく、全面的に互いに与え合うというその結び付き方においても自らを実現している。物質的世界だけが彼らを結び付けているのではない。両者ともに鷲を持っており、それは霊的次元においても彼らの結合が投影されていることを示している。仮にこれら2枚のアルカナの順番を逆にして「皇帝」を「女帝」の前に置くと（ⅢⅠ－Ⅲ）、その結果は争いと離婚となる。彼らはお互いに視線を合わせることがなく、物質的事情か家庭の事情で繋ぎ止められており、各々が各々の世界に閉じこもったままになる。「皇帝」のカードの中の卵を産んでいる鷲（163ページ参照）は「女帝」が手にしている未成熟な鳥（158、159ページ参照）となることで、霊的計画の実現は阻まれる。これはより大きなものがより小さなものとなっていくことを意味する。

「女教皇」－「教皇」（Ⅱ－Ⅴ）の対は、本質的に霊的世界で行動する2人の人物によって形作られているため、互いに視線を合わせる必要はない。彼らは背中合わせで、相互に支え合っている。熱情による結びつきはまったくなく、両者とも性的衝動を昇華している。彼らの到達した意識のレベルでは、瞑想と研究を通して蓄積したことを世界に伝えることが最も重要なこととな

っている。だが、V―IIの順序に置かれると、彼らは互いを見つめ合い、自分たちの本質的に精神的な関係へと没頭し、この世のことを忘れてしまう。彼らは自己中心的なカップルとなり、天と地を結ぶ橋であることを止め、人々の希望をくじいてしまう。

「月」（XVIII）が「太陽」（XVIIII）の前に現れるなら、精神は夜から昼、無知から智慧、全き受容から「恩寵」の光、「私」から「我々」、無意識から高次の意識へと秘儀伝授の旅を歩むことになる。だが、「太陽」―「月」のカップルとして現れると、その過程は逆になる。すなわち、昼から夜、喜びから悲しみ、活力に満ちた実現から停滞へと向かう。

家系の系統樹を作る際に、母を右、父を左に置くということは[訳註2]、幼少期に母が男性的（支配的）で、父が女性的（受動的）であったことを暗示している可能性もある。これは混乱を引き起こす基となり、その結果、人は自分が男なのか女なのかがはっきりとわからなまま成長することにもなる。

他のカップルも母―父の元型が投影されるスクリーンとなりうる。仮に「正義」（VIII）が「隠者」（VIIII）を伴うと、そこに完璧な母と賢明な父を見ることになる。だがもし「隠者」が「正義」より先に来れば、「隠者」は無関心な父か不在の父、あるいは亡くなった父ともなり、「正義」は去勢する母、神経症的な母、完璧主義な母、押しつけがましい母となる。

こうしたカップルの研究によって導かれた我々は、四つのスートによって示される様々な次元における意味、人間相互の関係における意味を探究していくために、2枚ずつアルカナを分析していった。それはもはや両親の元型という意味に留まるものではなかった。あるカードを「主役」としてみなし、我々は残る21枚のカードとのカップルを作っていった。まずは大きくなっていく数の順番で、次に小さくなっていく数の順番で対を作ると、そのたびに異なる答えが得られた。「大道芸人」―「女教皇」というカップルは「女教皇」―「大道芸人」という2組と同じではなかった。例をあげるなら、「愚者」が「女教皇」に先立つ時には、「愚者」は「女教皇」にエネルギーをもたらしたが、「愚者」が後にくる場合は、「愚者」は「女教皇」の知識を奪い弱体化させた。

これらの2組は、我々がかつて読み方を習うときに用いられた音節と対応

訳註2　フランスの家系図では父を左側、母を右側に記すことが一般的である。

Le Tarot deux par deux

しているように思われた。すでに述べたように、音節「ma」は音節「am」とはまったく異なるし、他の場合も同様である。もし1枚のアルカナが文字、2枚のアルカナが音節だとすれば、3枚のアルカナはすでに1語を形作ることになるだろう。さらに3枚以上のアルカナになれば、文を構成することにもなるだろう。

　母と父、陰と陽、黒と白、赤と黄、澱みと流れ、天と地、左と右、暗さと明るさなど、対立ではなく相補的な両極から、人間は考えることを学んだ。

　仮に自分自身を見出すために、人生のほとんどを光の探求に費やし、最終的にそれを発見したならば、人は恐れることなく自らの内なる闇に入っていくことができるようになるだろう。

始めるにあたって

　すでに見てきたように、タロットを他のものから独立した個々のものの集まりとしてみなすことはできない。アルカナ1枚1枚がデッキの残りのカードと関係している。従って、各アルカナは他のすべてのアルカナと非常に密接な結びつきを持っていると言える。さらに言えば、タロットはさまざまな対やペア、言い変えるなら明白な関係性を持つアルカナの組み合わせを示してもいる（「王」と「王妃」、「月」と「太陽」、等々）。それゆえ、ペア、対、組み合わせの研究からリーディングの道程が始まることを、タロット自体が示しているように思われる。すなわち、こうした2枚のカードの対話から、タロットの文法は始まっていくのだ。

　大アルカナのみを用い、いずれのカードも別のカードのペアとして検討していくことは可能だが、この場合、22枚の大アルカナ全体から231のペアが作られることになる。本書でそれらの関係全てを詳細に扱うことは不可能である。それゆえ、我々はここで三つの独特な配置の中で意味を作る3種類の対を検討していくこととする。そうすることで、2枚のカードによって生み出されるタロットの共鳴へ読者を導いていきたい。その後、どのように他の大アルカナ2枚の組み合わせを解釈することができるのかを、例を挙げながら検討していく。

　最初に、第3章で検討した同じ数価の組み合わせに戻って、それらを単一のエネルギーにおける光と闇、意識的な面と無意識的な面、霊的な面と具現化した面として考察していく。

次に、特定の大アルカナによって形作られるカップルを見ていく。それらは人間の愛の諸側面とともに、心の相補的な元型同士の出会いを表すことになるだろう。また、七つの主要なカップルに加えて、明らかに人間で表されているものすべてが出会った場合についての検討も行っていく。

　大アルカナを組織化する構造の一つが、加算すると21となる特定の11のカップルから構成されることを、我々は第1章で確認した。タロットの象徴体系において数値21は最高度の達成のシンボル（XXI「世界」）である。そのため、それらのカップルを一つ一つ検討することで、それらがどのような実現のための11の道を示唆しているかを見ていく。

　最後に、大アルカナの二つの組み合わせと三つの組み合わせに関するいくつかの検討事例を挙げる。とりわけ、一連のカップルの組み合わせに分類されないカードを取り上げていく。

　カードをお互いから孤立させる場合、それぞれが孤独な主役としてみなされることになる。劇場にたとえるなら、それは1人舞台である。それは『イーリアス』を朗誦するホメーロス、歌うトルバドゥール[訳註3]のようなものである。2枚のカードの出会いは対話を作り出す。さらにタロットが生き生きとしてくるのは、3人の人が集まったときのように3枚のカードからである。3枚のカードによって、緻密で芸術的な現象が生み出されるのである。

訳註3　11から13世紀ごろにかけて南フランスを中心に南仏語（オック語）による詩作および作曲を行った詩人たちのこと。

二つの十段階の列から作られる組み合わせ

　数秘学の研究で確認したように（42−43ページ参照）、「愚者」—「世界」の組み合わせは、IからX及びXIからXXという十進法に基づく二つの列で展開される十段階の枠となっている。また、そこでは最初のサイクルのカードが次のサイクルのカードに対応することになる。言うなれば、片方のサイクルのカードはもう一方の陰となる。すなわち、仮にリーディングの際にデッキから「女帝」（III）が出たならば、アルカナXIIIがその陰となり、逆もまた然りである。同じように、もし「節制」（XIIII）が出たならば、その影は「皇帝」（IIII）となり、逆もまた然りである。このことが意味しているのは、こうして組み合わせを形成するアルカナが、表面的な差異を超えたところで相互依存の関係にあり、またその表面上の対立が互いを豊かにし、その力す

Le Tarot deux par deux

べての発揮を可能にするということである。これら数秘学的ペアが深い相互関係を持つことに留意しておくことが、リーディングを行う上では有益となる。例えばある組み合わせのカードの片方を引いたとしよう。我々はもう片方のカードを参照することにより、最初のカードに異を唱えるのではなく呼応させ、その意味を反復し強調することができるのだ。

　二つの十進法の列のそれぞれには、全体性へと至る十段階をそれぞれ象徴するアルカナが含まれていることを思い出してほしい。最初の列（IからX）は、霊的世界へと上昇していこうと努力している人間が基本的には描かれている。これらの人物たちは様々なエネルギーや、日常生活とより明確に結ばれうる具体的で明らかな人生の可能性と対応している。この列では、物質が霊化していく傾向が示されているとみなすこともできるだろう。第2の列（XIからXX）では、超自然的存在や元型が深部への旅に向かっていく。この列の進んでいく方向は、精神の物質化である。これらのアルカナが対応しているのは、ときとして定義不可能であり、日常的関心を超えていく我々の内部にある極度に能動的な力である。最初のサイクルのアルカナが意識的生活の範囲内にあるのに対して、第2のサイクルのアルカナは無意識に属しているともいえるだろう。

　これらの組み合わせから我々は、高所と深部へとそれぞれ向かう並行する道を辿りつつ、アルカナたちがどのように相互作用し協力し合っているのかを見ていく。またそれぞれの作業が混じり合い補完し合う中で、各アルカナがその対となるものの光と影をいかに分かちがたく表しているかも検討していく。一方が具現化するためには、他方のエネルギーが必要不可欠なのである。

I「大道芸人」・XI「力」
❖ 二つの始まり

　タロットの数秘学の段階1は潜在性や新しい世界が開かれることを示す (71ページ以下参照)。霊的な、あるいは知的な作業、そして恐らくは感情的な作業に着手する「大道芸人」は、専門的技術や知識の獲得を求める欲望と関連している (146ページ参照)。一方で「力」は、本能的で動物的なエネルギー、創造性、リビドー、無意識の声との関係が作られていることを表している。「大道芸人」は霊的熱意や霊の神秘を理解したいという欲望をもたらす。「力」は自らの内部、または物質の内部へと深く入り込み、性的で創造的な大地からの力を生じさせる。これら二つの側面は木の根と枝のように補完し合う。木が成長するためには、地中深くへと入っていくのと同時に天へとより高く上昇していく必要がある。「力」は「大道芸人」なしでは、極度の情熱ないしは極端な自己抑制のどちらかに陥ってしまう可能性がある。彼女は自分自身を表現するための言葉もなく、また自分自身を展開させるのに必要な枠組みも持っていない。一方、「力」なしでは「大道芸人」は弱体化していく。彼は浅はかで落ち着きがなくなり、また思考を悪循環に陥らせる自分自身についての知的観念にのめりこみ、深部からの呼びかけを無視することにもなる。

II「女教皇」・XII「吊られた男」
❖ 懐胎と内面性

　タロットの数秘学の段階2は、蓄積、抱卵している状態、未来に向けての行動を準備する瞑想状態を指す。本を手に持った「女教皇」は、知識の蓄積、叡智(えいち)の探求、言葉によって表現することの可能な博学な内省といったことを想起させる。反対に「吊られた男」は、あらゆる知識を捨て去り、最も高次の意味で受け入れられた無知、すなわち聖なる非知へと身

Le Tarot deux par deux

を委ねている。彼の瞑想は言葉の彼方にある。「吊られた男」のエネルギーを欠いた「女教皇」は、内なる沈黙との接点を持たぬまま聖典の文章を冷然と用いて、傲慢ゆえに罪を犯し、あるいは教条主義を振りかざすことにもなる。一方、「女教皇」の厳格さを欠いた「吊られた男」は、怠惰、無活動、なげやり、見かけから深い瞑想状態と思われている単なる無気力へと陥るかもしれない。

III「女帝」・XIII 名無しのアルカナ
✵創造性または破壊的炸裂

タロットの数秘学における段階3は、目的のない炸裂を指す。この2枚のカードは、現状を変えようとする能動的な二つの革命的原理ではあるが、いまだ経験を欠いている。「女帝」は、絶えず止むことのない創造性の中で、生命が炸裂することを示す。彼女は終わりなく産出を続け、創造されたものがどうなっていくかに関心を持つことはない。一方、アルカナXIIIは絶えざる変容を表し、必要であれば全面的破壊という犠牲もいとわない。アルカナXIIIが失われてしまうようなことがあれば、「女帝」の産出は制限されず、人口過密、氾濫、疫病、過剰となる。ある段階で終わりをもたらす破壊の原理が彼女を止める必要がある。仮に「女帝」が欠けアルカナXIIIだけになったとしたら、変容を引き起こす作用は不毛化をもたらす。焼き尽くされた地上から成長していくものは何もない。「女帝」が雑草で覆った地面は、その後アルカナXIIIによって刈り取られまた耕やされ、そこにまた「女帝」が種を播き、その後アルカナXIIIによる刈り取りが行われ、これが永遠に続いていく。この2枚のアルカナは、植物が発芽するために種子の殻が開かれるように、卵が割れて鳥が生まれ出るように、また女性が血を流し新生児に生命を与えるように、創造と破壊を結びつける。死無くして

命は存在せず、命無くして死は存在しえないのである。

IIII「皇帝」・XIIII「節制」
✿「天」と「地」における安全

　タロットの数秘学で段階4は安定化と均衡の段階である。「皇帝」は宇宙の法則を物資的次元に作用させる。彼は世界が適切に機能することに責任を負っている。また、人物として信頼を置くことができ、彼のしっかりとした財政面は何があっても揺らぐことはない。彼は物質の力を管理する確固たる現実原則を体現している。他者を保護することは彼の責務である。「節制」はこの現実的な面での安定に対して、霊的な面での揺るぎなさ、自己の秘められた面への理解、行動している最中での落ち着き、超自然的保護の神秘を加える。もし「節制」が失われると、「皇帝」は厳格で専制的になり、物質的世界を異常なまでに賛美するようになってしまう。彼は愚鈍な合理主義に陥り、思いやりが消え、自分自身をも見失うことになる。彼は真実の他者の姿へ関心を向けなくなる。一方、「皇帝」の現実原則を欠いた「節制」は、なんら具体的なものとのつながりを欠いた単なる想像上の天国の中の幻想や夢に過ぎなくなる。また、有用なものだけでなく無用なものをも保護する過剰な優しさともなる。このとき、知性や良識の基礎となる物事の差異を識別する能力も損なわれ、現実の概念は失われてしまいかねない。

V「教皇」・XV「悪魔」
✿あらゆる形態による誘惑

　タロットの数秘学において、段階5は新しい興味が登場するものの、それがまだ計画の段階ないしは単なる衝動にとどまっていることを示す。「教皇」は精神の最高次の価値の一つである信仰に通じている仲介者である。彼は呼びかけであ

り、羊飼いのように信徒たちを美徳へ向けて道案内していく。だが、こうした輝かしい価値は、「悪魔」の中に見出される暗い衝動が変容したものである。「教皇」が意識の開花を象徴する蓮華の花であり、太陽の光を受けているとしたら、「悪魔」はその花が根付く泥であり、そこでその悪臭は芳香へと変容していく。「悪魔」は無意識の深淵にある善悪を超えた本性へと我々の注意を向ける。我々は自らの欲望、衝動、駆られる思い——すなわち道徳とは無関係に発揮される全てのエネルギー——を認めるように強いられる。「教皇」が「悪魔」を吸収しなければ、彼の教えの全ては夢想的で不自然、狂信的で現実離れしたものとなる。「悪魔」が「教皇」を受け入れなければ、過激で破壊的となり、自惚れによって駆り立てられたあらゆる制限を打ち破ろうとする気の狂ったような衝動となる。

VI「恋人」・XVI「神の家」
✿喜びの登場

　タロットの数秘学において段階6は、「天」の正方形への最初の一歩であり、行動しつつある愛への最初の接近である。そして自らを喜ばせるものに対する最初の理解でもある。つまりここは、喜びを不動のものとし、反復しようとする段階である。「恋人」では人物たちが緊密に結ばれており、友情から相互依存に至るまでのあらゆる人間関係を通じて感情が発展していく。ただし、この感情が世界から切り離された孤島のように変えられてしまう危険性もある。「神の家」では閉じ込められていた全てが突如として姿を見せ解放へと向かう。これは宇宙との結合を可能にする巨大な爆発である。「神の家」による解放がなければ、「恋人」は自己陶酔や融合状態へと陥っていく恐れがある。一方、「恋人」を欠いた「神の家」は別離へと向かう恐れがある。「神の家」が作り出

す解放は、結びつけられていたものを引き離してしまう可能性があるのだ。それは生きていることの強烈な高揚感をもたらすが、人を個別化し孤立させ、関係性の重要な結び目を失わせる原因ともなる。これら二つのアルカナが共鳴し合うことにより、結合と解放が我々の感情生活にリズムを与えるのである。

VII「戦車」・XVII「星」
✿世界における行動

　7は数秘学で最も能動的な段階である。これまで認識したことすべてが世界の中で動き始める。「戦車」が前進、征服を表す一方、「星」は繁栄させ、耕作し、浄化するために、ひとつの場所に定着する。「戦車」が聖戦に乗り出す一方、「星」はエデンの園を作り上げていく。「星」のエネルギーが排除されると、与えるということを知らない「戦車」の行動は不毛で無益となる。休むことなく前進し、通り過ぎる場所を激変させるが、そこを豊かにすることなく、最終的には自分自身も無になってしまう。あたかもそれは大帝国が獲得されたのちに失われ、その皇帝たちも貧窮のうちに死ぬようなものである。「戦車」なくして「星」の行動は小さなものとなる。「星」の贈与は小さな領域に集中し、周辺の村々に溢れ出てしまう湖のように、そこに蓄積していくことになるだろう。

VIII「正義」・XVIII「月」
✿完成の顔

すでに見たように、段階8で完成が成し遂げられ、そこに付け加えたり取り除かれたりすべきものはなにもない（75ページ以下参照）。「月」の場合、この完全さとは、「太陽」の無限の光を反射することができるように、宇宙の中で自らを収縮

させ、暗闇の中にとどまることである（259ページ参照）。結果として、潮の満ち引きに影響を与えることになったとしても、これが純粋に受容的な完成であることに変わりはない。一方、「正義」が受け取るのは宇宙の法則である。そして、その法則を具現化し、かつ人間に適用可能な範囲に合わせていくのが「正義」の使命である。つまり問題となるのは完璧であることよりは優れていること、自己改善ができることである。「月」を欠いた「正義」は自らの宇宙的次元そして受容的次元を失ってしまい、意志のみを重視するようになり、規則ずくめになり、排他的になる。「月」が「正義」の持つ厳格さと現実とのつながりを欠くと、自らの源である暗闇の中で途方に暮れ、致命的なまでの憂鬱、狂気、不安がもたらされる。「月」は常に変化するが「正義」は不変である。従って、それらが共にあることで、移ろいやすさと和らげがたさが結び合わされるのである。

VIIII「隠者」・XVIIII「太陽」
✿危機と再生

　段階9は完成のさらに先へと向かう運動であり、新たな世界の構築のために危機へと進んでいくことを予想させる。ランタンを手に持った「隠者」は、光、叡智、経験を保持している。彼は自らを世界から遠ざけることに決め、孤独の中にいる自分を探し求めてやってくるごく限られた少数の人々に対してだけ自らの宝を手渡す。「隠者」は個人的な叡智を実現する者なのである。反対に「太陽」はふんだんに与え働く。万人に自らの光と知識を提供する。すべての存在を絶対的に受け入れ、個を超えた集合体を作り出そうとする。「太陽」がいなければ「隠者」は孤独や霊的なものを秘匿し独占しようとする強欲の深淵に深くはまり込んでしまう。彼はもはや教えを誰にも伝えることがない。ランタンは自我の厚いひだ

に隠されたままとなる。彼がそれを持ち上げるのは、ただ高次の存在の目に留まるためである。一方、「隠者」なくして「太陽」は見境なく拡張し、方向性を指示するという個人に由来する能力を失っていく。そして、なんら明確な原理のない無定形なもののみを生み出すことになる。「隠者」では全てが経験であり、「太陽」では全てが刷新である。各々は他方を必要としているのだ。

X「運命の輪」・XX「審判」
❀ 始まるものには終わりがやってくる

すでに見たように、タロットの数秘学における段階10は、あらゆる経験の後に開ける全体性を表す。だがそこには新しいサイクルを生じさせる期待ないしは種子としての衝動が存在する（73ページ以下参照）。最初のサイクルの終局である「運命の輪」は、積極的な探求、熟考、研究の道を終わらせる。カードに描かれている生き物たちは、一切の意志から解放されたのち、自分たちの運命に身を委ねる。それらは死と再生のサイクルの中に置かれ、永劫の回帰から解放してくれる奇蹟的な力を待ち望んでいる。「審判」は10枚からなる二つ目の列を完了させる。そこではすべての受容的中枢が開かれ、通信路を作るための能力が信仰に取って代わる。人々はお互いに協力し合うこと、そして能動的な受容の姿勢で祈ることをすでに学んでいる。彼らは別の次元から受けた助力を現実に生かしていくことができる。また、新たな意識による変容にも開かれている。「審判」を欠いた「運命の輪」は、あらゆる信仰と希望から隔絶してしまった状態となる。行き詰まり、出口のない悪循環へと陥っていく。生と死のサイクルも解決する原理の見当たらない謎のようなものとなってしまう。「審判」が「運命の輪」を無視するとき、実世界からの逃避や肉体の拒否といった態度が作り出される。これは人間界を

経験することなく、神的世界に到達しようとする愚かな欲望を意味する。また、無意識の神経症的な執着に囚われた未熟な両親による出産を意味する場合もある。

タロットにおけるカップル

男女関係の諸相

　タロットを客観的に分析すると、男女の数が同じ比率で表されていることが分かる。しかも、明らかにその男性と女性のいくつかが結びついてカップルを形成する。小アルカナでは「王妃」は「王」に付き添われる。大アルカナでは「女教皇」（II）と「教皇」（V）、「女帝」（III）と「皇帝」（IIII）、「月」（XVIII）と「太陽」（XVIIII）が結合する。「悪魔」（XV）では男女が悪魔の足下に括りつけられている。「審判」（XX）では男女のカップルが共に祈り、お互いの間に現れる存在（子供ないしは共同作品）を見ている。ここで大アルカナの中に他にも対が存在すると想定してみよう。「大道芸人」（I）と「力」（XI）は、帽子の形から結びつけられうる。「戦車」（VII）と「星」（XVII）は数秘学上の同じ数の段階に属していることからカップルとなる。それぞれの経験すべてを考慮するならば、「正義」（VIII）と「隠者」（VIIII）はカップルを形成すると言えるだろう。最後に形而上学的な意味で突出したカップルとなるのは、「愚者」と「世界」である。「愚者」は彼の理想のパートナーである「世界」へ到達する前に、アルカナすべてを通過していく。この考え方は陰と陽が相互補完的である中国の哲学に一致している。

　タロットには二つの能動的な要素（「剣」と「棒」）と二つの受容的な要素（「杯」と「金貨」）がある。すでに言及したように（52ページ、62ページ参照）、この二つの要素の結合は「世界」に反映されている。そこでは肉食獣である鷲と獅子が、犠牲と贈与を象徴する天使、そして肌色の草食獣と向かい合っている。これを明確にするために、「世界」の女性は鷲と獅子の側の手に男根

的要素（棒）を持ち、もう一方の手に受容的なガラス瓶を持っている。今日の女性は、男性によって作られた男性優位の文化の中での何世紀にもわたる屈辱と服従の後、男性との均衡の取れた関係を獲得しようとなんとか戦っている。それに対して、おそらく紀元1000年頃から、すでにタロットに欠くことのできない男女の相補性が明白に主張されていたということは感動的である。

　従って、ここでは個々の人物へと目を向けて、タロットの秩序の中で男女のカップルとして関連するもの同士、さらに他の人物との関係で形作られる男女のカップルについても見ていくことにする。本書の読者で同性愛のカップルの人々に対しては、この章のためにひとつ明確にしておかなければならないことがある。それは象徴的言語において、男性性、女性性とはあくまで隠喩的なものであるということだ。女性が「皇帝」や「太陽」によって表されていると感じられることも当然あれば、逆に「女帝」や「月」が男性に受け取られることもある。タロットには無限の広がりがあるが、1冊の本は必然的に限られている。それゆえ、以下に続くカップルの描写を、2人の男あるいは女によって形成されるカップルにまで広げることはしなかった。この研究を行うことは読者にお任せする。こうしたカップルが家族関係、つまり父―息子、父―娘、母―娘、母―息子、兄弟―姉妹などを表すこともあるため、この研究は誰にとっても有意義なものとなるだろう。

　また同様の理由で、以下のように分けられた組み合わせそれぞれに対する本章での短い説明では、元型同士の間の関係性の微妙な点をすべて語りつくすことは不可能である。本書で我々が提案する全ての解釈と同様、むしろそれはタロットのアルカナが意識の中に呼び起こす無限の反響へと向かっていくアプローチの一つ、道筋の一つでしかない。

　カップルの組み合わせは以下の順序で検討していく。
　　――「愚者」と「世界」（XXI）
　　――「大道芸人」（I）と「力」（XI）
　　　　・「大道芸人」と他の女性的カードとのカップル。
　　　　・「力」と他の男性的カードとのカップル。
　　――「女教皇」（II）と「教皇」（V）

・「女教皇」と残る男性的カードとのカップル。
　　　・「教皇」と残る女性的カードとのカップル。
——「女帝」(III) と「皇帝」(IIII)
　　　・「女帝」と残る男性的カードとのカップル。
　　　・「皇帝」と残る女性的カードとのカップル。
——「戦車」(VII) と「星」(XVII)
　　　・「戦車」と残る女性的カードとのカップル。
　　　・「星」と残る男性的カードとのカップル。
——「正義」(VIII) と「隠者」(VIIII)
　　　・「正義」と残る男性的カードとのカップル。
　　　・「隠者」と残る女性的カードとのカップル。
——「月」(XVIII) と「太陽」(XVIIII)

Le Tarot deux par deux

「愚者」—「世界」のカップル

◆「愚者」—XXIの順序

　既に確認したことだが、これら2枚のカードは大アルカナのアルファとオメガ、最初と最後の段階、その間であらゆる可能性が展開される2点を表す。だが、これはどのような対となっているのか？　この順番では「愚者」が「世界」の方へと進む。すなわち、頭陀袋と赤い棒を持った髭面の男が、楕円形の青い葉の真ん中で踊っている裸の女性へと向かっている。「愚者」は定義されることのない、無限の根本的エネルギーとみなされる。これは聖書で述べられている神の創造的エネルギーであり、時空の存在しない無から生じてくる無限で未曽有のエネルギーである。だが、「愚者」が単独となった場合、自分の棒の周りをいつまでもただ回り続けてしまうことになるかもしれない。創造的エネルギーは物質による実現、被造物を欠けば無に等しい。そのため、「世界」には基本の四方位を示すかのように四元素があり、またその中心には「愚者」のエネルギーによって授精された女性＝物質がある。カードを引いてこの順序で両者が隣り合えば、エネルギーが真っ直ぐ実現に向かうこと、企画の成功や具体化が予想される。

◆XXI—「愚者」の順序

　カードの順序は極めて重要である。実際、「世界」—「愚者」という順序

では、「愚者」が立ち去っていくことになり、状況はまったく変わってしまう。前にくるカードがないため、「世界」はもはや何の実現にもならない。それよりむしろ幽閉、困難な始まり——もっといえば難産——となる。楕円の中に閉じ込められた女性は何もない過去を眺め、また先の見込みもない。「愚者」は自分にふさわしくない状況から逃走し自由になりつつあるが、その後どこに行くのかは分かっていない。女性は固定されたままになり、男性は全速力で逃げ出していっている。

これは一方が過去への強迫観念にとりつかれて現在の関係になんらエネルギーを注ぐことができないのに対して、もう一方は自分の運命を別のところに求めようとして向かっていこうとしている状況だとも言える。また、これは男性が女性を理想化してしまっているか、あるいは深くかかわりあう準備ができていないと感じているかどちらかのため、男性にとって女性が大きすぎるものと感じられている状況の中での関係の始まりでもある。その結果、彼はこの関係から逃げようとするだろう。2人の関係が成熟することで、両者が互いに惹かれあうことが勝るような状況になることもある。そうなると「愚者」は場所を変えて、「世界」の前にやって来ることになるだろう。

✿これらのカードが別のカードに出会ったなら
「愚者」と「世界」は完全に非個人的な元型を表しているという点で、他のカードから隔てられている。彼らのエネルギーが、文字通りの意味でのカップルを形成することは不可能である。ここでは、それらが他のカードと組み合わせを作る場合について言えることを解説していく。

「**愚者**」。彼はエネルギーをもたらすか、ないしはエネルギーを失わせるかのどちらかである。「愚者」は他のカードと向き合って相互補完的な対の片方となることはできず、相手の特徴を増幅させる。「愚者」は定義も個人的特徴も持たない。彼は自らを顕現するためのさまざまな通路を探し求める自由なエネルギーである。個々の通路は最終的に「愚者」を「世界」の全体性へと導くだろう。「愚者」は完全に能動的であるため、男性の姿で表される。女性のカードが同伴する時、「愚者」は彼女にエネルギーを与えるか、ある

いは彼女からエネルギーを奪い去ってしまうかのどちらかとなる。その場合、相談者は別の男性のカードを「愚者」の上に引き、このエネルギーの定義がどのようなものかを確認すべきである。仮に選ばれたカードが「大道芸人」であるなら、彼は「愚者」の躍動によって強められ、彼の本来の特徴は通常以上に強化されることになる。

「世界」。「愚者」と同様に、このカードはなんらかの特定の面を表すわけではない。むしろ、他のすべてのアルカナの全体性を表す。従って、彼女の特徴のうちのどれかを単独で語ることはできない。本質的に受容的であるため、「世界」は女性で表される。男性のカードが「世界」の隣に現れ、そのカードの右に「世界」が位置している場合、肯定的な立場からその完全な実現を可能にする。もし「世界」が最初(すなわち左)に出てきた場合、最初から失望を招くような困難があることを意味する。このリーディングの中でアルカナXXIが何を示しているのかを知るためには、相談者は別の女性のカードを1枚引く必要があるだろう。

「大道芸人」―「力」のカップル

◆ I―XIの順序

　この順番で置かれると、両アルカナは大きな才能に恵まれた均衡のとれたカップルを形成する。この2枚はそれぞれ自分自身の領域で活動を開始する。「大道芸人」の活動は、より知力を要するものであり、専門的知識や多くの才能が関係してくる。一方、「力」の活動は芸術的ないしは有機的であり、根本的創造性が関係してくる。この配置において、2枚のカードの数の合計

(Ⅰ＋Ⅺ)は、自己認識と深部に関わることを示唆するアルカナⅫの「吊られた男」と関連する。「大道芸人」は霊的な力と、「力」は湧き上がる衝動と連動する。彼らは互いに付き添い理解し合う。両者の帽子の形の類似からして、彼らが世界について同じ考え方を共有しているように思われる。これは「水の中の魚、空の鳥……」という日本の古い詩を想起させる[訳註4]。すなわち、それぞれが自分の知悉した領域にいて満ち足りているのである。これらのカードは、思春期または初心者の2人、あるいは年齢がいくつであれ人生の中で何かが始まろうとしている2人を意味することもあるだろう。

◆ Ⅺ—Ⅰの順序

　ここでは、個々のカードが相手の領域に介入してしまうために、「吊られた男」(Ⅻ)の別の側面である不動状態に至ってしまう恐れがある。「大道芸人」は「力」の獅子を隠喩的な意味で鷲に変えようと試みる。「力」は「大道芸人」の学問のテーブルを獰猛な野獣に変えようとする。魚は空では息ができず、鳥は水では溺れてしまう。2人はそれぞれの行動の領域での経験を完全なものにするまで、互いに向き合うことは時期尚早だと知るべきである。生まれつつある専門的知識を伸ばすために、彼らはそれぞれの場所を確保しておかなければならない。そうすれば、再び彼らは和合の精神を持って互いに出会うことができるだろう。

訳註4　『正法眼蔵』現成公案の一節「うを水をゆくに、ゆけども水のきはなく、鳥そらをとぶに、とぶといへどもそらのきはなし。」(『正法眼蔵』水野弥穂子校注、岩波書店、1990から引用)をさすと思われる。

「大道芸人」と他のカップル

「大道芸人」と「女教皇」

◆I―IIの順序

　素質と可能性に恵まれ、成功に思いを巡らしている若者が、完全に自分に集中している。彼はなによりも精神によって導かれた探究を行っており、生涯にわたって創造的エネルギーを蓄積し続ける成熟した女性からの援助を獲得する。自分の知識を実行することができない「女教皇」は、「大道芸人」を恋人かつ（あるいは）霊的な息子とするだけではなく、世界の中で自分自身を表現するために彼を必要とする。一方が他方を援助することで、創造的な可能性は開かれるのだ。

◆II―Iの順序

　ここで見られるのは、自我を偶像に変容させ、自らの内に閉じこもってしまった女性である。彼女は教導者のように振舞う。彼女につきまとわれた「大道芸人」は、彼女を妻というよりも母と見なす。彼は彼女を全能者のごとく考える。「大道芸人」の創造的エネルギーは信仰の中で消失する。「大道芸人」は大人になることができないまま、この共生関係が何年も続く可能性もある。

「大道芸人」と「女帝」

◆ I―IIIの順序

　このカップルは貧乏学生と王女のカップルによって作られていると言ってもいいかもしれない。彼女は「大道芸人」の熱狂的で詩的な学識の真価を認め愛するだろう。だが、「大道芸人」は自由を守り続け、彼女に保護を求めることをしない。それでも「女帝」の王笏は「大道芸人」の棒と結び付き、彼女の創造力と権力を付与する。彼女は称賛の念を抱きつつ、彼に安全を与える。「大道芸人」は何も要求することなく彼女の下に留まり続けることで、「女帝」に自分が美しいと感じさせている。

◆ III―Iの順序

　2人は向き合い、「大道芸人」は自分よりも遥かに力をもつ「女帝」の権力に屈服する。「女帝」は既に行動へと完全に移り、創造性を大いに発揮しているが、「大道芸人」の方はいまだ初心者でしかない。従って、この関係において「大道芸人」は服従する者となり、まるでスターに恋する未熟な俳優のように、「女帝」にさげすまれてしまう恐れもある。

Le Tarot deux par deux

「大道芸人」と「正義」

◆ I―VIIIの順序

　位置がどうであれ「正義」の隣では「大道芸人」は単なる子供に過ぎない。「大道芸人」にとって「正義」は完璧な母親を体現している。彼は彼女を精神の中に内在させている。それは彼の明るい黄色の髪に埋もれている八つのオレンジ色の球として表されている。また、彼の8の形となっている帽子は、彼にとって彼女が宇宙の母を象徴していることを示しているかのようでもある。男性がここまで自分より優れた女性に出会う場合、その恋人というよりは弟子になる可能性がある。この順序において、「正義」は剣をさりげなく間に置いて、この関係が融合的なものになることを回避している。彼女は自分の愛と誠意のすべてを注ぎ「大道芸人」に告げている。「あなたはあなた、私は私。私たちは一緒に歩むが、一つではない。」

◆ VIII―Iの順序

　この配置では「大道芸人」が「正義」を見つめ、彼女のことを自分の完全な実現を体現している存在としてみなす。ここでカップルは一心同体となって融合する。「大道芸人」はこう言っているかのようだ。「私はあなたの胎にいる胎児である。あなたは私を創り続けなければならない。」「正義」がこの役割を果たすことを受け入れ、天秤で何が善で何が悪であるかを「大道芸人」に示すのをやめないならば、彼女もある種の未熟さを見せてしまうこと

になるだろう。彼女は「大道芸人」からの崇拝がいつしかなくなってしまえば生きていけないほど、それに完全に依存するようになる恐れもある。

「大道芸人」と「星」

◆ I―XVIIの順序

　2枚のカードの間には極めて大きな違いがある。「大道芸人」は世界が自分に関心を持つようになるのを待ちながら、実現を求めている。彼は自分を形成していく途上にある。だが、「星」は既に自らの真実を見出し、世界に与えている。「星」は「大道芸人」に与える。だが、それは非常に寛大な贈与であるため、「大道芸人」はそれを自分の中で循環させた後、誰か他の人に与える者となる。これは獅子の友人になったことから、自分に獅子の力が身につき強くなったと思ってしまう狐の寓話のようである。実際のところは、獅子が狐の後ろを歩いたため、森中がみな狐を敬ったのだ。言い換えるなら、エージェントあるいはスポークスマンが有名な女性と組んで、彼女を代弁しているようなものだ。彼は自分の顧客の才能を、世に知らしめることができるよう奉仕することになる。

◆ XVII―Iの順序

　ここで状況は不条理なものとなる。「大道芸人」は力が自分に由来し、「星」に贈与を行うことができると考えるようになる。彼は自らの霊的な幻想の囚

人である。「星」の寛大な力は宇宙から受け取っているものであり、「大道芸人」はちっぽけな追随者に過ぎない。「星」にとって「大道芸人」は取るに足らない存在である。彼女にできることと言えば、無限の思いやりを持ち、彼に自分が重要な存在であると信じさせ、寛大にも彼女の行動に参加させてやることだけだ。この配置での「大道芸人」は、「星」のエネルギーによりふさわしい別の男性が現れるまで、常に恐れの中で生きていくことになるだろう。「大道芸人」は病的なまでに嫉妬深くなることもある。

「大道芸人」と「月」

◆ I―XVIIIの順序

「大道芸人」は棒を用いて「月」の全ての力と神秘を受け取る。そうして彼は完全になる。彼は霊的明晰さを目的として働きかけ、そして今や彼に対して無意識の全ての扉が開かれているのだ。「大道芸人」は魔法使いあるいは詩人であり、絶えざる努力を通じて宇宙の「母」の力によって突然の啓示を受ける。これは女性の導師あるいは教師から秘儀を伝授される生徒や弟子を意味することもある。

◆ XVIII―Iの順序

この配置での「月」は、むしろ狂気か苦悶を表す。「大道芸人」は弱く経験を欠き、女性の不安定な心の力に圧倒されてしまう恐れがある。「月」は

「大道芸人」を狂気、ドラッグ、アルコール中毒、自己を破滅させてしまうほどの依存へと導くかもしれない。これは進んで心理的ドラマに身を任せようとする貪欲で欲求不満な女性と、理不尽な要求から逃れるために人生の最も具体的な面にのみ固執する未熟な男性との間の関係にもなりえる。

「大道芸人」と「世界」

◆ I—XXIの順序

「大道芸人」はついに探していたものを自分自身の内に見出した。「大道芸人」にとって、このカップルは変貌を象徴する。彼が手に持っているコインは、「世界」の女性のガラス瓶の中にその反響が見られる。また、彼らのそれぞれの棒もよく似ている。「大道芸人」は女性というより、実現された自らの魂とともにカップルを形作っている。カードを引いた際に「世界」が現実の女性を表している場合、彼女がこの男性の実現を表しているといえる。

◆ XXI—Iの順序

これは自己実現できないと感じている男性である。女性が男性にとってあまりに優れすぎていると感じられるような愛、または自分自身も自己実現の問題で行き詰まってしまっている女性との関係かもしれない。2人はお互いの問題を映し出す鏡となる。こうした状態であることに気づくことによって、彼らの出会いから秘儀伝授の側面が現れる。

Le Tarot deux par deux

「力」と他のカップル

「力」と「皇帝」

◆ IIII—XIの順序

ここではお互いが相手をしっかりと支え合っているということが分かる。「皇帝」は安全を、「力」は創造的エネルギーを提供する。社会的で物質的な権力が本能的な力によって支えられる。男性は自分の現実、業務、計画を把握し、それらすべては管理下にある。「皇帝」の経済的、物質的、法的な援助によって、この女性は数えきれないほど多くの計画を実現できる。「力」との関係によって「皇帝」は新たな生きがいとなる興味を掻き立てられ、意欲を感じる。

◆ XI—IIIIの順序

この出会いは爆発的なものとなる！　各々が相手を説得しようと試みる。互いの力を詮索し合い、敵対し合うまでに至るかもしれないが、それでもなお互いを求め、再び友人となり、そしてまた口論を再開する。これは対立と順応の段階を通過しながら終わりなく続くやりとりである。どちらが譲歩するだろう？　もし両者共にこの権力争いを終わらせることができるのならば、自分たちがものごとを実現する巨大な力を持っていることに気づくだろう。その力は彼らが協力し合って仕事をするときのみ効力を発揮できるものなの

である。

「力」と「教皇」

◆ V—XIの順序

最高次の霊的な声を象徴するゆえに、「教皇」はいつもは侍者を従えている。だが、ここで彼は本質的に純潔な女性（XIは数秘学の段階1に相当し、いまだすべてが潜在的である）と出会う。彼女はその力強い性格ゆえに「教皇」が自分の師であることを公然とは認めない。また彼女を通して語られる声に「教皇」は慣れていない。それは動物的な性質を持ちながらも神的である。「教皇」は彼女を称賛し、尊敬し、必要とする。「教皇」はそっと彼女へ自分の知識と意識のレベルを伝える。彼女は自然の中の自由と触れ合い、また「教皇」がその立場ゆえに近づくことのできない事柄を理解している。彼女にとって「教皇」は有益な存在である。なぜなら、「教皇」によって提供される秩序と霊的正当化が、無意識の暗い世界への彼女の探求を援助することになるからである。

◆ XI—Vの順序

ここでは動物的な力の現れが抑制される。獣に象徴されるリビドーは昇華の道を選ばざるを得なくなる。動物はその霊的指導者を自認する「教皇」の弟子となる。無意識の世界は理性的なものの世界よりも無限に広い。従って、

Le Tarot deux par deux

「教皇」が「力」を導こうとすると、彼が彼女をその完全な輝きの中で見ることがないため、彼女の可能性を縮小させてしまう。この組み合わせは、自己の信条に忠実であるがゆえに、自分の妻にそれを強要する男を表す可能性もある。ここには何世紀もの間、性的エネルギーへの恐れから宗教的な道徳が女性を奴隷としてきたことも表されている。

「力」と「戦車」

◆ VII─XIの順序

　2人ともに自分たち自身で充足しており巨大なエネルギーを有している。しかしながら、この順序の場合、彼らはお互いに補い合う。彼らの取る行動は非常に異なっている。実際のところ、「力」には背景がない。彼女の行為は垂直的であり、下から上、上から下へと向かう。このカードは動物的エネルギーと霊的エネルギーの間に緊密な関係を作り出すような内的行為である。「力」の女性が持つ誘惑の力は驚くべきものである。これは戦士ではなく調教師の力である。反対に「戦車」の王子には背景があり、水平的次元で行動する。沼地にはまっているかのような戦車は、世界の動きと共に進む。彼は自分の馬とやりとりすることなく、自らを運ばれるに任せている。「力」では獅子と女性が対等の関係にある。「力」が欠けると王子は自分の原始的な本能に対する内面の支配力を失ってしまう。「戦車」を欠いた「力」は行動するべき世界を失い、自分自身に埋没してしまう。両者の出会いは極めて豊かな関係を作り出す。彼女は内的世界の知識を彼にもたらし、彼は彼女に具体的な現実世界を提供する。各々が自分に定められたことを実現する。各々が自分の興味をかきたてられる方へと向かっている。だが、しっかりと相互に援助し合いながらも、各々が自分の課題に専心することは可能である。そのときこそ彼らは世界に対して恩恵をもたらすことになるだろう。

◆ XI—VIIの順序

　ここでは動物たちが争いを始めるか、あるいは少なくとも無制御の活動を開始してしまうかもしれない。動物性が精神を圧倒することになるだろう。両者ともに極めて強い性的魅力を発揮する可能性もある。だが、「力」が獅子を制御できるのに対し、「戦車」の王子は馬を御してはいない。本能的な形での出会いは強力な——さらにいえば抑えの利かない——ものとなり、霊的な形での出会いとはならない恐れもある。「力」はその行動を内面へと向け、一方「戦車」は世界に向けての行動に集中する。「力」が「戦車」によって旅へと導かれ、世界で共に行動をしていくことを受け入れない限り、両者が同意に至るのは困難である。

「力」と「隠者」

◆ VIIII—XIの順序

　ここでは両極端が相補するカップルとなる。「隠者」はランタンを最大の霊的生活にまで持ち上げるが、形而上的な探求において生じてくる疑いを持っている。「力」は動物的な確信を持ちながら無意識の暗い領域の探求を深めていく。その本性からして「力」は疑うことがない。彼は全生涯にわたる経験を持っているが、いまだ若い彼女の前にはあらゆる道が開かれている。ここでの関係性は両者をともに熱狂させるものとなる。

◆ XI―VIIIIの順序

　各々が相手のあり方に干渉する。「力」は自分の影を「隠者」の光の前に示し、「隠者」のランプは曖昧なままであるべきものに疑いの種をまく。両者とも、まるで危機を経験しているかのように感じ、不寛容になる恐れもある。さらに悪くなると、「力」は燃焼を開始し、精神的に危険な状態へ陥る可能性もある。そして「隠者」の方は呑み込まれ、また言い方を変えるなら、自分自身への信頼を失ってしまうかもしれない。「隠者」が前進する代わりに後退し、「力」のために寛大にも道を開ける時、葛藤は解消される。そうすれば「力」は譲歩（それは彼女には不可能なことである）する代わりに、自分がすべきことを完全に自由に行うために、必要不可欠となる空間を見出すことになるだろう。

「力」と「太陽」

◆ XI―XVIIIIの順序

　宇宙の父と出会う時、「力」は自らの孤独な仕事が実現されたことを理解する。クンダリーニあるいはリビドーとしての動物が男性的な力と結び付き、「太陽」すなわち霊的生活の中心に置かれる。そのとき「力」は瓜二つの魂からなる対を実現しようとする一切の努力を放棄する。男性的原理との出会いが彼女を完全に満たすのである。彼女は彼を賛嘆し、信頼し、自分自身を明け渡すことができる。「太陽」の方はこの女性がやってくるのを待ち続け

ていた。彼女が「太陽」の光の爆発を作り出す原料をもたらすからである。彼らは新しい人生を開始することになる。

◆ XVIIII―XIの順序

　ここでは「力」が「太陽」を疑っているため、カップルに彼女の創造的エネルギーはもたらされない。彼女は孤独を感じ、宇宙の父の愛が自分を除くすべての存在に与えられるが、自分には許されることのないものだと思っている。彼女は絶えず要求し続ける。これは幼少期に父が不在だったか、あるいは父への愛が欠けていた女性を意味する場合もある。彼女は今や大人になり、父と一つに結ばれたいと感じている。だが、それゆえにとてつもなく大きな愛の要求を隠そうとして際限のない不平を述べ、彼女は男性の利己主義を指摘する。そうすることで、あらゆる恋愛や霊的な出会いにおいてそれが真のものである可能性を否定し続けるのである。一方、自分自身や自分の世界に対して文句を言わず、多くの人々を生き生きと行動させる「太陽」は、自分の責任を背負い、捨て去ることのできない重荷のように自分に向けられた不平を引き受ける。彼女自身が根本的な傷から回復するまで、彼はこの状況に耐えることになるだろう。

「女教皇」―「教皇」のカップル

　「女教皇」は伝えるべきものを持つ叡智の女性である。彼女は知識を身につけている。彼女には行動へと向かう潜在性がある。だが、気づいていようがいまいが、彼女は理解の状態にある。彼女は知を有する女性なのだ。彼女は強く、自分を犠牲にすることも、人を導くこともできる。だが、彼女の傍ら

の卵によって象徴されるこの知識は伝承されぬまま、抱卵された潜在的な状態にある。それが孵化(ふか)するためには「教皇」の働きかけが必要とされる。「女教皇」は処女であり、彼女の内にある最も純粋な霊的生活には、絶えず何かが捧げられるだろう。彼女の内の何かには決して触れることはできない。こうして彼女には魅力と力と危険が付与されているのである。

　彼女の理想のパートナーは「教皇」である。「女教皇」が修道院に閉じこもり世界から切り離されているように、「教皇」は他者へ伝えていこうという思いで動いている。では、彼は何を伝えているのだろうか？　それは「女教皇」の書物の中にある知識である。「教皇」は媒介者であり、物質の世界と霊の世界をつなぐ橋である。彼は伝達者である。

◆ II—Vの順序

　カードがこの順序に置かれた場合、前述の理由から、「女教皇」と「教皇」には見つめ合う必要がない。彼らは背中合わせになる。性衝動や熱情をすでに超越し、蓄積してきた全てのものを与えていく段階に到達している。「女教皇」は知識をもたらし「教皇」はそれを伝えていく。一緒になる2人は同等の価値を持つ。どちらもすでに成熟しているため、パートナーに対して自己を実現してくれる人物を期待することはない。彼らは同じ霊的レベルにおいて共存している。他の人々に与えるべき多くのものを持っている彼らは、それが何であれ理想によって突き動かされる。この背中合わせの姿勢でも、彼らはともにしっかりと寄添い合いながら、堅固に世界へと積極的に働きかけていく。

◆ V—IIの順序

　しかし、もし「教皇」が「女教皇」の前に来れば、このカップルは困難な状況になる。この配置において、両者は互いに見つめ合い、自分たちの使命を忘れ、相手から注意を引き、エネルギーを求めるようになる。最終的に、彼らは互いを消耗させてしまうことになるだろう。というのも、彼らは世界から切り離されるようには出来ていないからだ。本来、「教皇」と「女教皇」は全体との調和の中で務めを果たす。生殖を行わないため、彼らが閉鎖的で自己本位なカップルになることはない。彼らのメッセージは純粋に霊的なものである。世界が彼らに権力を与えたのは、世界が彼らを必要としているからである。だが、この向かいあう配置での彼らは子供を作る可能性もある。その子供たちは扉の背後に留まり、父と母が互いに貪りあう姿を密かに見ていることだろう。子供たちは捨てられ、このカップルにとって何ら重要性を持つことはない。なぜなら、この結合において第三者が入り込む余地はないからだ。「教皇」と「女教皇」は、世界に向かって果たさなければならない霊的な務めがあることを常に忘れてはならない。

「女教皇」と他のカップル

「女教皇」と「皇帝」

◆ II—IIIIという順序

Le Tarot deux par deux

高い霊的レベルを持ち、人間の中に宇宙的「意識」が芽生えるための準備を密かに行う「女教皇」は、「皇帝」の物質的援助を必要とする。絶えず支え守られていると感じることで、彼女は自分の仕事、自己の探求を続けることができる。「皇帝」の方では彼女の内に自分の最高次の実現を見ている。ある崇高な理想に向け上昇したいという「皇帝」の欲望は、玉座の土台にいる鷲で表されている。「女教皇」に伴われた「皇帝」は、卵を孵化させることでこの隠喩的な鷲が象徴している使命を実現する女性を見出す。キリスト教の象徴学に従えば、卵は救世主キリストが生まれるゆりかごを表している。

◆ IIII—II の順序

　ここで「女教皇」は自分の精神を「皇帝」に贈るが、「皇帝」は世界の中で権力を確立することへと専心している。「皇帝」は彼女の知識を利用しうるが、その霊的次元は失われ、卵が孵化することもない。それは「皇帝」の全てのエネルギーが地上の現実に向けられているからである。その結果、「女教皇」は最も高次の使命が達成できず、幽閉されているように感じるだろう。

「女教皇」と「戦車」

◆ II—VII の順序

「戦車」の王子は自分より優れた女性を発見し、彼女に自分の熱意と征服欲

を預ける。彼は騎士となり、彼女に奉仕するようになる。このカップルにおいて、「戦車」は単なる捧げ物に過ぎず、「女教皇」が彼を必要とする場合、彼女の命令に従って行動することの申し出となる。「戦車」は常に「女教皇」の名において行動するだろう。「女教皇」にとって、彼はエネルギーの源、自由に用いることのできる武器、世界へと働きかけ自分の知識を広めてくれる強烈な熱意を象徴する。

◆ VII—IIの順序

このカップルでは、「戦車」が征服行為への政治的ならびに宗教的な口実として、「女教皇」を利用しようとする恐れがある。もし彼女が狂信的で、寺院を潤わせ、世の中の人々を自分の信仰へと改宗することを求めているなら、彼女はそれを黙認するかもしれない。また、これは息子にパーティーへ連れていかれる母親、あるいは男性に任務と手段を与えることで、現実世界への行動を起こさせるやり手の女性を意味することもあるだろう。

「女教皇」と「隠者」

◆ II—VIIIIの順序

ここに見られるカップルに存在するのは情熱的な愛というよりは深い友情である。性的関心も情緒的な面も重要性を持たない。これは魂と魂の関係である。「女教皇」が世界を受け入れていこうとしている一方、「隠者」はそこ

から離れようとしている。この関係は無常性に基づいており、知識は伝えられ展開される。彼女は自分が属する組織のヴェールで被われており、結果として自由ではない。「隠者」は自分自身のローブに束縛されているが、個としての輝きを保ち続けている。「女教皇」は「隠者」が自分の未来であると知っているが、まだ後を追う時は来ていない。この関係は穏やかな長きにわたる別離である。

◆ VIIII—IIの順序

「隠者」は孤独と自由を捨てるリスクを取る。後ずさりしながら彼は「女教皇」の領域に辿りつく。「女教皇」は彼を吸収し、傍に置き、世を捨てたいという彼の衝動を抑制する。このカップルの関係は、「女教皇」が「隠者」に成文法を受け入れるよう促すような状況においては安定化する。その際、「隠者」は危機を本性としつつも完全性の中に身を沈める。彼は黄金の籠にいる鳥のように歌い続ける。一方、「隠者」が常にいれば「女教皇」は最高次の段階に到達する。それによっていつの日か、彼女がこの賢者に自由を返してやれる時がやってくるだろう。

「女教皇」と「太陽」

◆ II—XVIIIIの順序

「女教皇」が意識の最高次の段階に到達する時が来ている。彼女は宇宙的父

の娘である。父は彼女に熱を与える。その熱は、完全なる息子を温め孵(かえ)すため、つまり世界中に彼女の教理を拡散させるために必要なのである。彼女は聖母マリアが神である父に対して抱くような無条件の愛を知る。彼女はなんらかの存在と接触することで自らの奥深くにある処女性を喪失する可能性もある。その存在を前に自分自身が無限の劣位にあり、自分の厳格さが服従と謙遜と愛の中で溶解していくのを彼女は感じるのである。「太陽」も彼女を必要とする。それは彼が自分の言葉、自分の行動的な叡智を人類に届けることのできる経路を彼女の中に見出すからである。彼女は神の教えに従い、孤児を救うことに生涯を捧げる聖女ともなりえる。この結合は世界にとって極めて大きな恩恵をもたらすものとなる。

◆ XVIIII—IIの順序

この配置では「女教皇」の眼差(まなざ)しが、彼女の崇拝対象へと絶えずしっかりと向けられ、世界は忘れ去られる。彼女は恍惚に囚われ、人間に対する義務を忘れる。だが、彼女はこの隠遁状態において、詩や恍惚とした祈りを表し、それらは後に人類の霊感と慰めの源となることもあるだろう。

「教皇」と他のカップル

「教皇」と「女帝」

◆ III―Vの順序

「女帝」の本性は、知的、感情的、性的、物質的次元での創造者である。彼女は空間的な次元、及び水平の次元を支配する。霊性を発展させた「教皇」は、時間的次元に働きかけ、より高い次元とのつながりの絆を形成する。「女帝」は彼に対し熱烈な崇拝に基づく関係を築く。「女帝」は「教皇」の目で世界を眺め始め、子供のような態度で彼の弟子になる。「教皇」は彼女の献身を食物や現実原則として受けとることになる。「女帝」の若い熱意は彼を生まれ変わらせる。

◆ V―IIIの順序

このカップルでは、「女帝」の美にすっかり魅了された「教皇」が彼女の目を通して世界を眺めることになる。その時、彼は教育という使命を脇に置く。そして「女帝」を彼女のものである空間的次元から、彼がその特権的教師である時間的次元にまで高めようと情熱的に尽くす。だが以前の順番では「女帝」が進んで「教皇」の弟子になろうとしていたのに対し、ここでは彼女は対等に扱われることを要求する。このことは、それぞれの人生経験の違いからすると、衝突を生み出してしまう恐れもある。しかし、もし「教皇」

が自分より未熟な弟子しか知らない永遠の教師の役割から離れられれば、それぞれの二つの能力を通して水平的次元と垂直的次元を結合するために、この関係を生かすことができるだろう。その結果、彼らの相互理解は時空の十字の中心のようになるだろう。

「教皇」と「正義」

◆ V―VIIIの順序

「教皇」は女性的な完全性を前にして深い賛嘆の念を抱く。「正義」が彼にとって聖なる教会の元型を表すほど、この出会いは「教皇」にとって途方もないものである。「教皇」はその経験にかかわらず、「正義」を前にするとき、その息子かつ下僕となる。「教皇」は「正義」を、すべてにおいて助けていこうとしている。神話でいえば、大工のヨセフと聖母マリアの関係に比較することもできるだろう。これは深い敬意に啓示を伴う愛が加えられたものだ。「正義」は人類の調和に向けて努力するという高次の目的を持っている。彼女は霊的かつ物質的真実を世に伝える。「正義」は自分を伝えていくための理想の使者として「教皇」を見る。「正義」は自分を賛美する責任感のある男性と結ばれ、完全なバランスを得て成熟した女性を意味するかもしれない。あるいは理想的なリーダーを見出した会社を意味することもあるだろう。

◆ VIII―Vの順序

「教皇」は自分を主役だとみなし、援助と落ち着きを与えてくれる完璧な女性を奥の目立たない場所へと追いやっている。男が社会的活動において自我を発揮する一方、自分の役割を家庭の主とすることで、彼女はこの状況を受けいれバランスを保とうとする。彼女は「教皇」が行動するためには、自分が必要不可欠であることも分かっているのだ。

「教皇」と「星」

◆ V―XVIIの順序

　このカップルは大きな富と偉大なる交流を獲得している。「教皇」は経験を与え、「星」は永遠の若さをもたらす。「星」は宇宙から受け取るもの全てを「教皇」に提供する。「教皇」は神から受け取るもの全てを「星」に提供する。神聖なものと自然とが素晴らしい結合を形作る。「教皇」の霊は「星」において物質的な形となり、「星」の宇宙的な物質性は「教皇」で霊的なものとなる。媒介者として「教皇」は、天と地、霊的世界と物質的世界、意識と肉体の間の交流を可能にする。彼は霊的な橋である。「教皇」が「星」の前に置かれると、世界との繋がりは保持される。川を浄化し大地に養分を与える「星」は、宇宙から受け取ったものを物質に与える。「教皇」は川の水を通して「星」の贈り物を受け取る。この贈り物は弟子を通して彼のもとに届けられ、明るい青の手袋をした手に至る。かくして「教皇」はこの贈り物

を人間の意識に伝達することができるようになる。両者は一緒になることで、素晴らしい働きを行う。「教皇」は純粋な霊的生活——そのようなものは存在しない——を実現しようとして、自分を物質的生活から遠ざけようとはしない。魂と肉体は分かちがたく結びついている。それゆえ作業は両者によって行われなければならない。精神は物質的世界との関係を深めることなしに発達させることはできない。「教皇」が弟子たちの祈りを神に伝えるとき、彼はそれを下方で受け取り上方へ送る。また上方から啓示を受け、それを下方へ伝達する。「星」は上方から受け取り、それを下方へと与える。このことは彼女が大地の世話をして実り豊かにするために、自らの知力、感情、性的能力を用いていることを意味する。だが、大地から成長した木には鳥がおり、星々に向けて飛び立とうとしているのが見える。これは邪魔な思想から解放された彼女の意識にある本質的空虚である。我々はかつて塵であった。そしてまた再び塵へと戻るだろう。しかし同時に、我々はかつて光でもあった。そしてまた、光へと戻るだろう。「星」と「教皇」がともにある時、言うだろう。「私は塵だ。しかしそれは光り輝く塵である。」と。「星」は、我々を塵ではあるが、それは星屑なのだと告げている。そして「教皇」は物質的生活の中で、その明るさにまで我々は戻らなければならないと告げている。「教皇」は十字架で聖別された両手によって結合の身振りを行う。彼は2人の侍従たちを結びつけようとしているのである。「星」は片方の壺で、四つの黄色い星を源とする黄色く光り輝く水を与えている。また、もう一方の壺で三つの濃い青の星を源とする暗く青い水を注いでいる。彼女は闇と光、直観と知性とを結びつける。最終的に「教皇」が弟子たちに教えることは、ただ母としての性質だけでなく、彼女の美、知性、生命を途絶えさせることのない創造的な性的能力ゆえに、裸の女性は神聖な存在であるということだ。

◆ XVII―Vの順序

　一緒にはいるが「星」と「教皇」は互いに背を向け合っている。各々が自分の場所、つまり彼女は自然の中、彼は寺院の中にいる。各々が自分のやり方で振る舞い、彼らの関係は内密のままになっている。「星」は裸であり「教皇」は服を着ている。彼女は１人で行動し、彼は複数の弟子たちに教えている。男は精神に関する重要人物であり、女は大地に関する重要人物である。各々にはそれぞれの働きがあり、自分自身のあり方を持っている。２人は秘められた形で協力し共に寄り添うことから大きな喜びを引き出している。彼らの間に性的関係は存在しない（あるいは少なくとも今のところは）。彼は格式ばった人物である。もし彼が断固として自由を主張する彼女を弟子にしようとすれば、争いが生じてくる可能性もある。

「教皇」と「月」

◆ V―XVIIIの順序

「教皇」は神性の女性的側面を表す女性、宇宙の母と対面している。その一方、彼自身は宇宙の父ではなく、その代理人に過ぎない。結果として、彼は「月」の忠実な従僕となる。「月」が狂気の象徴となる場合、「教皇」はセラピストとなり彼女の面倒を見ることに一生を費やすかもしれない。また、詩が作れない代わりに、詩を愛することを弟子たちに伝えようと献身する教師を意味するかもしれない。いずれにせよ彼は無限の喜びにより心を奪われる

がままとなるだろう。「月」は「教皇」との出会いを通じて平和に到達する。彼女は何においても強制されることはなくなる。ついに妨げられることなく自分自身になることができるのである。暗い夜にあっても、「教皇」はあえて松明をつけようとは決してしないだろう。

◆ XVIII―Vの順序

「教皇」は自分が宇宙の母の本能的な力と交信していることを知っている。彼女の秘密を明かし、白日の下に晒し、彼女の無意識の力を合理的なものにする。もし「月」が詩人なら、「教皇」は彼女の詩を出版し、文学賞を獲得するよう援助に努めるだろう。もし「月」が啓示を受けた女性なら、「教皇」は彼女の教えを組織化した宗教の形の中で伝えていくだろう。このことは「月」を不安がらせるかもしれない。あるいは逆に、現実の中で行動を起こすための道を彼女に提供することになる可能性もある。

「女帝」―「皇帝」のカップル

「女帝」（III）は蓄積の後に続く爆発を表す（74ページ以降、94－95ページ参照）。彼女は冬の後に訪れる春のように花開く。自分がどこに行くのかを知らず、純粋で創造的な情熱によって動かされる。彼女は青年期の熱狂が抱きがちな発想に満たされている。また理想的な愛、尽きることのない性衝動で溢れかえり、肉体は興奮状態にある。笏が恥骨に置かれていることから、彼女はなによりも自らの性の力を行使している。彼女の腕には雄の鷲が抱えられているが、これは意識が形成期間にあることを象徴している。彼女の両足の間の地面には白蛇がいて、スカートの下に入り込んでいるが、これは彼女が大地

の中心から吸収する普遍的リビドーのシンボルである。彼女の緑色の眼差しは永遠の贈り物を伝達する。

「皇帝」(IIII) は物質的で安定しているもの全てを象徴する。これは物質の究極的な力である。我々は彼の横顔しか眺めることができないが、それは正面からの眼差しが崩壊を引き起こす恐れがあるからである。彼は笏を体にもたせかけることを必要とせず、苦もなく統治する。彼が力に満ちているのは、宇宙の法則に従っているからである。「皇帝」には卵（物質に閉じ込められた叡智の卵）を抱いた雌鷲が添えられている。彼の明るい青色の髪は大きな感情的受容性を示すが、一方の「女帝」の黄色の髪は偉大な知的活動を示す。「女帝」を欠いた「皇帝」は極度に物質的で受動的になる。「皇帝」を欠いた「女帝」は極端に理想主義的で能動的になる。

◆ III—IIIIの順序

このように配置されると、2人は見つめ合い、お互いを補完し合う。「女帝」は鷲の中に「皇帝」のアニムス（能動的精神）を持ち、「皇帝」は鷲の中に「女帝」のアニマ（受容的魂）を持つと言えるだろう。彼らが対面することで能動性と受容性が補完し合う。精神（＝3）は物質（＝4）に宿り安定する。両者が一緒になることで「意識」が生み出されるのだ。

◆ IIII—IIIの順序

両者が背を向け合った状態の場合、「皇帝」は全ての理想を失い純粋な物質主義者となる。鷲の卵は孵化せずに腐ってしまう。目的を持たない「皇帝」は、ただ権力のための権力を追い求める。だが、エネルギーが欠けてしまい、無為に留まり、不毛な過去に目を向けることになる。一方、「女帝」の眼差しは未来の空虚に向けられている。彼女が「皇帝」の背に身を持たせかけることもできるが、理解はされない。彼女は辛辣になる。「皇帝」によって与えられる投げやりな安定は、彼女を失望させ、行動を起こす気持ちを失わせる。愛の眼差しが向けられないゆえ、彼女は自分自身を価値のないものと感じるようになる。この状況はカップル内部でのいさかいとなるが、ほどなく両者は失うことになるものに気付くだろう。そしてすぐさま互いに向かい合うようになる。

「女帝」と他のカップル

「女帝」と「戦車」

◆ Ⅲ―Ⅶの順序

　この出会いは極端に活発なカップルを誕生させ、行動、創造、征服、支配の可能性があふれ出す。2人はお互いをほぼ完全に理解し合うが、ただ一つの重要なことだけが例外となる。「女帝」はただ自分の領域という1点から力を発揮する。その時、彼女は自らの法秩序と生活様式を築きあげる。彼女は家ないしは土地に強く結びついた女性なのかもしれない。他方で「戦車」の王子は絶えず移動する遊牧民であり、新しい土地を征服し続ける。「女帝」を獲得するために、「戦車」は自分を犠牲にして、根付くことを受け入れなければならない。だが、新たな領土を植民地化できない「戦車」は、「女帝」が所有している領土を我が物にしようと試みるだろう。これは絶えざる権力

闘争か、あるいは大家族を作り出すかのどちらかになるだろう。

◆ VII―III の順序

　ここで人物たちは見つめ合っていない。どちらも相手の関与を求めることなしに、自分の特徴を実現している。「戦車」は絶えず新しい地平を探す。「女帝」はその根幹となる中心点から自分の帝国を築き上げ布告する。彼らのつながりは霊的であり非常に強い。だが、お互い会うことがあまりなくなっていく恐れもある。

「女帝」と「隠者」

◆ III―VIIII の順序

　このカップルには大きな年の差、あるいは経験や気質の差がある。彼らは固く結ばれている。「女帝」は「隠者」に同伴者、美や若々しい活力に満ちた情熱をもたらす。一方、「隠者」は「女帝」に知恵、経験、そして彼女の全てに対する慈愛に満ちた眼差しを与える。「隠者」を通じて「女帝」は存在することを学び、「隠者」は「女帝」を通じて生きることを学ぶ。「隠者」はこの若い女性に何ものにも囚われない境地を教え、彼女は彼に対して性の喜びを目覚めさせる。「隠者」は「女帝」にとっては素晴らしい助言者である。彼女が行動しようと望む時、彼は自らの光を彼女に投じながら、後ずさりをして静かに身を引く。「女帝」は付き添われ導かれていることを感じな

がらも自由に振る舞う。

◆ VIIII—IIIの順序

　彼らは一緒にいるが、なぜそうしているのか分からない。彼らを結びつけているのは差異である。「隠者」は世界から離れていくのに対し、「女帝」は世界に入りつつある。「女帝」は自分がどこに行くのかを知らず、「隠者」は自分がどこから来たのかを知らない。これはちぐはぐなカップルである。彼らはドラッグやアルコール、苦痛や喪失（彼女は父を失い、彼は娘を失ったのかもしれない）といったことによって結ばれているのかもしれない。「女帝」には心理的な傷があり、なんら危険がなさそうな男性とカップルになることを求めているのかもしれない。どちらも相手を放任し、互いの秘密を詮索しない。これこそが彼らを結び付けているのである。彼らは自分たちがどこに向かっているのか分かっていない。だが、ともに歩みつつお互いの同伴者に満足している。

「女帝」と「太陽」

◆ III—XVIIIIの順序

　宇宙の父の面前で、「女帝」は自分の過去の全てから離れて、新たな生き方を始めなければならないことを知っている。まるで星の模型のようにも見える笏の球体によって太陽の光が反射される。彼女は自分の創造性が自分の

ものではないことに気づいている。そして、彼女特有の熱意とともに無条件の愛に身を捧げ、熱狂的な創造物を生み出す。「太陽」はこの情熱に燃えた女祭司へと目を向け、地上の次元から霊的な次元にまで彼女を移行させるため、自らの憐れみのすべてを発揮する。「太陽」、この男は師であり、また人類のために存在している。そして彼女は自分がこの男の人生における唯一の存在でないことを喜びとともに受け入れる。

◆ XVIIII―IIIの順序

この状況での「女帝」は、自分の盾にある鷲のように「太陽」のあらゆる力を我が物にしようと望むだろう。彼女は「太陽」の生涯の中で唯一の女性となることができるだろう。しかし、彼女は彼の取り巻きからただ教師の妻としかみなされずに人生を過ごしていく危険性がある。このことは彼女に、依存関係を乗り越え、自身の価値を見出す機会を与えることになるかも知れない。そして「太陽」の熱に刺激され、自らの作品を創造するきっかけともなりえるだろう。

「皇帝」と他のカップル

「皇帝」と「正義」

◆ IIII―VIIIの順序

「地」の正方形の完成である「皇帝」が「天」の正方形の完成である「正義」に付き添われている。4が二重の4に付き従われていることになる。「皇帝」に見出される物質の力は「正義」にも等しく存在する。だが、それは霊的な力によって完全なものとなっている。このカップルでは女性は男性より成長している。そのため彼女は素晴らしい同盟者となる。「皇帝」は謙虚に「正義」の考え方を受け入れ、それをさまざまな行動へと生かしていく。彼らにはこの世界で突きつけられる障害を克服していく能力とともに、相互の完璧な理解が存在する。このカップルは愛よりも力によって結ばれている。

◆ VIII—IIIIの順序

　ここでは「皇帝」の行動が悪化していく。自分のパートナーが自分より優れていると知り、「皇帝」は世界を支配する代わりに、彼女に権勢を振るおうとする。カップルは危機に陥り、崩壊に至るか、あるいは根本的に両者の性格が変化していくだろう。「正義」を支配するためには、「皇帝」は自分に欠けている霊的要素を発達させていかなければならない。「正義」は母の役割に自分を制限しようとする誘惑にかられるかもしれない。だが、彼女は女性また個人として、自ら選択した現実原則を体現する者と理解し合えるようにならなければならない。

Le Tarot deux par deux

「皇帝」と「星」

◆ IIII―XVIIの順序

「皇帝」は「星」の際限のない活動を巧みに導く。彼は港や橋を作り、「星」の尽きることがないエネルギーの流れを有益に活用していくだろう。ただ一つの場所で孤独に活動する「星」は、「皇帝」が自分の活動を地球全体に拡げていく助けとなることに気づく。ここにおいて精神は自らを具現化可能なものとする。このカップルは互いへの愛と自分たちの仕事に対する献身で結ばれている。「星」の黒い鳥は「皇帝」の鷲と知り合い、それに飛び方を教えていると言ってもいいだろう。無意識の力は、柔軟な合理性と接触することで、日常生活で機能するようになるのである。

◆ XVII―IIIIの順序

ここで「皇帝」は「星」の活動に命令を下そうとする。彼は支配出来ないものを支配し、飼いならすことの出来ない無意識の衝動を合理化するため、源泉の存在になろうとする。「皇帝」は「星」の全てのエネルギーが世界ではなく、自分に向けられることを望むだろう。最も好ましい状態となる場合、「皇帝」は「星」が活動し続けられるよう保護する。しかし、本質的に自由で不可侵な「星」に対して、「皇帝」が自分へと献身するよう求めるならば、彼の保護は女衒の様相を呈していくことになるだろう。

「皇帝」と「月」

◆ IIII―XVIIIの順序

「皇帝」は宇宙の母を象徴する女性に支えられ、本質的に変化していく。「皇帝」の行動は、直観的、詩的、恐らくはいくぶん常軌を逸したものとなり、彼の権力はリア王のそれのように気まぐれになる。偉大な芸術家であれば、最高傑作を創造することに導かれる。一方「月」は「皇帝」の中に、現実性の根本、安定的な場所、そして自身が持つ形無く無限に広がる自己をかたどる精神的構造を見出す。これはシュルレアリストで奇抜な女性画家が、証明写真を撮る職人的な写真屋と結婚したのと似たような状況となるだろう。「月」はこの男性のおかげで、自分自身を偽ることなく、彼の優しい限界の内部で生きることができるようになるのである。

◆ XVIII―IIIIの順序

ここでカップルは、ある種の狂気へと向かっていく。直観がすべてを支配する。「皇帝」は物質的世界との接触や節度を失い気まぐれになる。彼はパートナーに15人もの子供を産ませることさえある。一方、「月」は「皇帝」を自分の無数の子供の中の1人に変えてしまうだろう。彼女こそが家庭を支配し、家族は彼女に従属する。ただし、仮に「皇帝」が男性的力を決然と示すことを決意すれば、家庭に秩序をもたらすことに貢献できるようにもなる。そして、彼は日常生活と母への崇拝のまとめ役となるだろう。

「戦車」―「星」のカップル

　VIIとXVIIは、それぞれの列で最も能動的な数である。先に検討したように、VIIは地から天に向かい、物質の霊化を表す。一方、XVIIは天から地に向かい霊の物質化を表す。それらは共に「大いなる作業」を完成させる。こうしたタロットの数秘学における関係に加え、これら2枚のアルカナがそれぞれ男性と女性を表し、さらにいくつかの点でカップルとして結ばれうることが指摘できる。「戦車」は星を散りばめた天蓋の下で旅をしているが、これは彼の行動がこの惑星全体へと及んでいることを示している。一方、開けた空の下で選ばれた地にひざまずく「星」は、宇宙空間の広がりを示唆している。「戦車」の王子には彼に協力する雄馬と雌馬がいるが、それらは何かを獲得しようと前進している。「星」には彼女に協力する二つの壺があるが、それらは何かを与えることを示している。「星」の裸体の女性は、彼女を定義することが不可能であること、また彼女の物質的豊かさへの無関心を示している。彼女の力は謙虚さに由来する力である。衣をまとい王冠を戴き、あらゆる権力の印を授けられた「戦車」には、神聖なる自尊心が表現され、彼は自らを宇宙の使者とみなしている。また、これら二者はそれぞれ豊穣の印を有する。「戦車」の緑の滴は、言うなれば不滅の胚を表し、一方「星」の腹部にある芽ないしは口型の印は、有機的な生命を凌駕する豊かな繁殖力を示している。

　これら二つのアルカナの出会いは、非常に強烈な行動を世界にもたらす。彼らの力は同等であっても、その態度は異なっている。「戦車」の王子は征服していくとはいえ、この世界に向けて運ばれるがままになる。彼は必ずしも戦士であるというわけではなく、物質的世界に精神を植えつけることを自らの使命とする場合もある。「星」はひとつの決まった領域から力を行使する。彼女は自分にとっての神聖な場所を見出し、そこで宇宙から受け取ったものを終わりなき流れとして世界へと与えていく。

◆ VII―XVIIの順序

「戦車」は「星」を冒険に連れ出すことができる。そのとき彼らはともに世界を征服するために出発する。移動することを本性とする「戦車」は、本来は定住しようとする傾向を持つ「星」を立ち上がらせる。あるいは、「星」を連れ出すことなく、「戦車」が彼女の仕事を伝達していくこともあるだろう。

◆ XVII―VIIの順序

両者は非常に似ているため、この順序になっても、すべての価値はそのまま残り続ける。前のカップルとの唯一の違いは、「戦車」の動きがパートナーの静止状態によって中断されることである。それゆえ、彼らは「星」の領域で協力し、「戦車」はそこで貢献することを表す。もはや征服ではなく、莫大な贈与のみが存在することになる。

「戦車」と他のカップル

「戦車」と「正義」

◆ VII—VIIIの順序

「戦車」は征服者としての全ての性質を保ち、世界の物質面において影響を与える。しかも今や彼は自分を完全に正当化してくれるパートナーを見つけている。それが正しいか間違っているかは関係なく、彼の行動のすべてはどんな小さなものであろうと「正義」から無条件に賛同される。この絶対的に忠実な母親的女性は共謀し、彼を全面的に支える。さらに好都合なことに「正義」は「戦車」に武器として自らの剣を与える。彼女の剣は、「戦車」が思いついたこと——それが世界にとって有益であれ破壊的であれ——を認めさせるのに必要な理論的正当化、組織体、論説として見なすこともできる。均衡の内に留まっている「正義」には、もはや発展させるべき分野はない。1人でいると彼女は倦怠感を募らせていく。「戦車」との出会いは、彼女に冒険を、行動を、均衡を崩す素晴しき過剰さを与える機会となる。彼女は生きていることを実感するのだ。

◆ VIII—VIIの順序

この状況では「戦車」のすべての行動は、「正義」によって判断され均衡が取られる。彼女は自分自身の完全性を求める欲望へと「戦車」の王子を従

属させる。そして彼の行動を抑制し、その自発性を許そうとしない。彼女は「戦車」の行動が善か悪か、有益か無益かを推し量ることに時間を費やす。また、彼女は「戦車」の行動を落ち着かせ矯正することによって、その行動の過剰さ——不手際あるいは暴力にさえなりうる恐れもある——に歯止めをかけることもできる。彼女は世界に自分の法を強制するために「戦車」を利用しようとする可能性もある。「戦車」は彼女を賛美し、また理想的母親に出会ったという思いを抱き、彼女に全面的に服従する。だが、当然のことでもあるが、彼の方が欲求不満を感じるようになってしまう可能性もある。

「戦車」と「月」

◆ VII—XVIIIの順序

「戦車」(段階7)は、それ自身が属している列の中で最も能動的である。大アルカナ全体の中で最も受容的な「月」と結びつくことで、征服すること以外の目的も自分の行動のために受け入れていくようになる。直観、感受性、謙虚さを身につけることが、これ以降、彼の目的の一部となる。「月」の影響下で、「戦車」は自分自身のためではなく、大義のために身を投じるようになる。「戦車」の馬は、自らのエネルギーを領土の獲得や前進のために用いる。だが、「月」で彼らは犬に変わり、崇拝することを発見する。王子は自分自身から離れて、他者の重要性を認めることができるようになる。「月」は「戦車」との結びつきによって、暗闇と静止した状態から抜け出て、世界へと入っていくことが可能となる。

◆ XVIII―VIIの順序

　この配置での「戦車」は、世界に対する興味を失い、宇宙の母の元型を表すこの女性を完全に征服しようと望むようになる。こうした振る舞いは危険を招く。どこまでも暗く謎めき、どこまでも内にこもって受容的な「月」には限界がない。最終的に王子は自分の本質を打ち消し、熟考する人へと自分自身を変えていこうとするかもしれないが、同時にそれは狂気へと向かう道を進んでいくことになるおそれもある。この結果として、彼が聖性を身につけることもあれば、ドラッグへの耽溺に向かう可能性もある。この場合の王子は、「月」が喜んで吸い上げるさらなる寄与、栄養、エネルギーとなる。「月」は王子に自分への陶酔をやめさせ、自分とは無関係な目標に向かっていくようにさせるべきである。もし「月」が王子に対する善意ある師となれば、この関係は有益なものとなりうる。

「星」と他のカップル

「星」と「隠者」

◆ VIIII―XVIIの順序

「隠者」はあらゆる経験を経て知恵に到達し、物質的生活との繋がりを放棄した。今や彼は「星」によって表されている自然に逃れるべく後退していく。ここで「星」は宇宙との純粋で直接的な原初のつながりを体現している。

「星」の惜しみない寛大さは、「隠者」が蓄積した叡知を与え世界へと告げ知らせることを可能にしている。彼女は自らの自然な行為に合理的あるいは超合理的な思考を補ってくれる人物として「隠者」を見ている。精神の最も崇高な状態に到達した「星」は、返礼としていわば「隠者」のランタンの油になり、そうやって彼女が与えることのできるすべてを彼に与えている。

◆ XVII―VIIIIの順序

ここでは「隠者」が行動の起点となり、「星」の本来の行為は賢者の果てしない小理屈で阻害されることになる。「隠者」の危機は「星」の贈り物に疑いを投じる。彼女の知識を広げ世界を助けるのは有益なことなのか？　むしろ彼女は自らの中に引きこもっているべきではないのか？　こうして「星」は自らの信念や自発性を失い、過剰に内省的になっていく。これは父が不在であった女性が、その代用となる元型を求めて作られるカップルを意味することもある。この関係においては疑うことをやめて、心から動かされる行為へとお互いが再び戻っていくことが重要である。

「星」と「太陽」

◆ XVII―XVIIIIの順序

宇宙の完全性を象徴する八つの星の知識を受け取っている「星」は、自分自身が見出し選んだ場所で活動を実現している。だが、彼女は高次の領域へ

の郷愁の念を持ち続けている。起源へと戻るべく今にも飛び立とうとしているかのような黒い鳥が、それを象徴している。至高の「父」の偉大さへのこの郷愁は、「太陽」との出会いによってたちまちに消え去る。8番目の黄色と赤色の星は、アルカナXVIIIIで人の顔を獲得し、彼女の心を熱で満たしながら、彼女のレベルに合った男とのカップルを作る可能性を与える。「太陽」の下を流れる生命の川は、「太陽」が抱く「星」への限りない愛を象徴する。「太陽」が「星」と出会う時、「星」によって養分を与えられるこの静かな水流は、世界中へ行き渡るとてつもない奔流に姿を変える。こうして「太陽」と「星」は人類、そして普遍的な愛のために献身するカップルとなる。

◆ XVIIII—XVIIの順序

ここで「星」は世界に自分の力を与えるのではなくその源である星々へと力を戻していく。これを黒い鳥の勝利として見ることもできるだろう。裸の女性は人類に贈与する代わりに、「太陽」を圧倒してしまうほどの非常に大きなエネルギーで彼を崇拝する。彼女は「太陽」を独占することを求め、彼を世界から切り離す。父親の役割の「太陽」は、近親相姦的な娘によって捕えられ、彼女のためだけに輝くことになり、彼の熱と種まく光は他の人々から奪われてしまうことになる。「太陽」は自分の弱点を克服し、「星」は嫉妬を退けることで、自分たちを世界に向けて開き、「他者」のために場所を開けていくことを学ばなければならない。

「正義」—「隠者」のカップル

アルカナVIIIの「正義」は8という完全性を表す数である。つまり肉体面

も精神面も均衡状態にある。彼女には加えられるべきものも、取り除かなければならないものも存在しない。彼女は自分に対するのと同じように他者に対して、受けるに値するものを与える。彼女の王冠から天に向かって昇る光は、彼女が宇宙の法則を活性化させる経路であることを示している。王冠の真ん中にある濃い黄色の円は神の眼差しを象徴し、帽子を取り巻く赤い弓状のものは、彼女が行動する神であることを示している。額にある白い帯は思想の純粋さを表している。彼女は我々を正面から眺める。すなわち、彼女は我々の鏡なのである。首の周りにある縄は、彼女が自分の使命に完全に結ばれていることを示している。後方にある高座は、彼女の足が置かれている森を思わせる大地と対照的である。この高座は、彼女が内面と外面の両方において完全であることを示している。「言葉」(ロゴス)の象徴であり、「法」の聖典をも象徴する明るい青の剣を右手で振りかざし、彼女は余分なものすべて、主観的なものすべて、個の自我の産物であるものすべてを切り捨てる。彼女の左手の指は平和と調和の形を表し、対立物の均衡をとり相互に補いあわせる天秤を持っている。側面に九つのアーミンの斑点のついた赤の服を身につけることで、彼女は王族としての出自を誇示し、正義を人間の権力の主たる特質とすべきであると告げている。彼女は罰（剣）と報酬（天秤）を結びつける。彼女の服の赤は行動を表す。また、冷たい印象を与える青いマントは、どんな場合であれ行動に先立ち熟慮する能力があることを示している。このマントの左側は根のように大地に埋まっている。自分の巣にいる蜘蛛のように、今現在じっとしながら待っている。彼女は完璧であり、変わることができない。彼女は非永続性の不動の軸であり、車輪の空虚な中心である。

　その反対に「隠者」(VIIII) は危機、通過していくこと、後ずさりによる前進を表している。その明るい青（完全なる霊性、109ページ以下参照）の頭髪と髭、彼を精神的な存在にするために肉体を暗闇の中に閉じ込めている厚みのあるフードとローブ、ランタンと赤い棒（純粋な行動となった叡智）を持った彼は、完全性を捨て去っていく。9は3で割り切れる最初の奇数である。この数は彼を過去に対して能動的、未来に対して受容的にする。彼はさらに先に進むために8から離れていくが、どこに向かうかは分かっていない。彼は完全性の円を、行動の螺旋へと変容させるために切断する。叡智の象徴で

あるランタンを持ち上げているが、それは自分の道を照らすためではなく、人々が自分の後ずさりの歩みに続くことを可能にするためである。その叡智の光は、人に見せられるようには出来ていない。むしろ彼自身が見られるために光り輝くのだ。運命によって選ばれた「隠者」は、「愚者」が最初の10枚の列を完全に旅し、すべての信仰、愛、欲望、行動を経験したような状態にある。今や彼は身を引いて、新しいサイクルの到来を待っているのである。

◆ VIII—VIIIIの順序

「正義」の後に「隠者」が続く場合、有益なことがもたらされる。「隠者」は「正義」に新しい視点をもたらす。それによって彼女は完全であろうとすることから解放され、また死から解放されるのである。「正義」の永続性は「隠者」の無常性によって均衡がとられる。「隠者」の傍らで彼女は理想の「母」となり、「正義」の傍らで「隠者」は賢く赦しを与える「父」となる。「隠者」に付き添われた「正義」は、より人間的になり、罰するよりも理解しようとするようになる。

◆ VIIII—VIIIの順序

「隠者」のあとに「正義」が続く場合、争いが生じる危険性がある。「正義」は剣で一切の同情を断ち切り、また積極的な意味での危機へ向かうために必要な力すべてを切り離してしまう。彼女は絶対主義者となり、慈悲深さを抱

くこともなくなるだろう。「正義」の規範の剣が解脱しようとする「隠者」の動きを阻んでしまうため、彼はもう後ろ向きに歩くことが出来ない。将来の希望を失った「隠者」は、孤独の中に閉じこもり、過去の中に留まり続けてしまう恐れがある。その結果として、「隠者」はアルコール中毒のような自己破壊へと至る習慣を身につける恐れもある。明るい青の手で赤い棒を握り、情熱を制御してきた「隠者」も、ここでは「正義」の否定的な影響を被ることになる。「正義」は剣を下ろし、言葉の攻撃をやめ、自分自身が乗り越えられていくことを受け入れなければならない。

「正義」と他のカップル

「太陽」と「正義」

◆ VIII―XVIIIIの順序

　裁定者が称賛や罰を与える際、間違った判断を下してしまうことや、自分でも気づかない無意識の暗い衝動に駆られてしまうことは常に起こりうる。裁くことは容易ではなく、大きな責任も伴う。「正義」が「太陽」に出会った場合、「正義」は公正で明晰な判断を下すための絶対的な保証を受け取る。しかしこのカップルにおいては、「太陽」が「正義」よりも高い意識レベルを有している。必然的に彼は彼女の導き手となるだろう。彼女は「太陽」に自分の出来ること全てを提供する。「太陽」に剣と天秤を差し出し、自分の愛ある完全な信頼を委ねる。「太陽」はこの忠実な侍女である彼女を通じて、巨大な変化と、新たな構造を生み出し、また過去を浄化することが可能となる。「正義」は「太陽」が自らを現実において受肉させるための原理となるのだ。

◆ XVIIII―VIIIの順序

　ここでは「太陽」が中心の位置を占め、「正義」を背景に押しやっている。結果として争いが起こり、「正義」は「太陽」の行動を弱め、彼を過小評価して世界から撤退していく「隠者」のレベルにまで引き下げてしまう恐れもある。「太陽」の方は、「正義」を自分に相応（ふさわ）しい女性である「月」に変えようとする。だが、この試みは無益となる。なぜなら、それによって「正義」は物質的な現実を奪われたと感じてしまうからだ。このカップルの問題は、双方ともに相手をあるがままに受け入れないことにある。「太陽」は「正義」にそうである以上のものになることを求め、「正義」は「太陽」にそうである以下のものになることを求める。お互いをあるがままに受け入れ、要求することを止めることが、その解決策である。

「隠者」と他のカップル

「隠者」と「月」

◆ VIIII―XVIIIの順序

　禅では「一塵飛而翳天（いちじんひじえいてん）」訳註5 と言うが、このカップルには逆のことが真といえる。すなわち、闇夜におけるただ一つのランプが全世界を照らすのである。「隠者」は後ずさりをして歩きながら、ただ無意識と直観の働きのみに従う存在に対して、光の宝――集中した精神であり意識の焦点――を運んで

訳註5　塵が一つでも飛べば天がかげるの意（出典は『圜悟仏果禅師語録』）。

いく。わずかな一瞬で、「隠者」は夜における光輝く中心となり、その結果、すべてのものに意味が生まれる。自分の患者と密接な関係になることを決意したセラピストを想像してみるとよいだろう。実際にこうしたことは起こりうることである。あるいは有名な女性の占星術師と親しくなる賢者、ないしは女性の詩人と結ばれる哲学者ということでもよい。この関係では、両者は共に豊かになる。

◆ XVIII―VIIIIの順序

この状況では夜が優位を占める。ここでは「隠者」のランプは不十分なものとなる。セラピストの能力では狂気に対処することができず、恋人たる賢者はスターに嫉妬をかきたてられ、哲学者にとって女詩人は理解不能な存在となり、錯乱させられてしまうか、ないしは離れていかざるをえない。どちらにとっても危険となるのは、中毒性のある物、アルコール、ドラッグへの耽溺である。唯一可能な解決策は、「隠者」が自らを光輝かせ「太陽」となり、聖性そして完全な愛の力に到達することである。

「月」―「太陽」のカップル

◆ XVIII―XVIIIIの順序

Le Tarot deux par deux

ユング心理学、アメリカインディアン神話、アフリカ神話、またヨーロッパの原始的図像学でも見られるように、月―太陽というカップルは、宇宙の父（エジプトではラーの名で神にまで高められた光と生命の与え手としての太陽）と元型としての母（夜すなわち懐胎と直観の王国の女王であり、潮の干満を操る海の女支配者である月）の出会いを具現化するものである。現代の科学に従えば、海洋は地球のすべての生命の根源的な発生源である。タロットでは、この２枚のカードに明らかな対称性が見られる。どちらのカードにも、上方に顔のある天体があり、多彩な色の水滴によって地上の生命に影響を与えている。「太陽」には、父なる星の恩恵を受けている双子の子供たちがいる。「月」には、２匹の犬あるいは狼（獣性と人間の自我の象徴）と、母胎の羊水の中の胎児のように、湖ないしは海の深みに隠されたザリガニがいる。

　これらのカードは多くの意味を持つが、リーディングの場面では、しばしば理想化された父あるいは母を示していることがある。その場合、リーディングの質問者の両親が実際に完璧であったか、あるいは質問者の人生に両親が欠けていたかのどちらかである。父親の不在を経験した女性が、自分の求めるパートナーとして「太陽」のカードを引くことはよくある。この場合、彼女と恋に落ちる男性は、彼女の子供っぽい夢想を満たすために非常に大きな努力をしなければならなくなるだろう。だが、彼がどんなに努力をしても、彼女を完全に満足させることは不可能である。同じように「自分の母親ほど上手に料理ができる女性はいない」と考える男性は、神話的で荘厳な月のような存在――決して疲れることなく、常に髪は整えられ、機嫌を害することなく、いつも崇高で神秘的な雰囲気を漂わせる女性――を自分の求めるパートナーとして思い描き続けることになるだろう。

　結局のところ、ただ「月」のみが「太陽」と対等な地位にある。そして逆もまた然りである。この神話的な女性性と男性性の痕跡、すなわち明晰性と直観、勇気と優しさ、積極性と人に合わせる能力という宝は、我々一人一人の中に存在している。これらのカードはまた、自分自身の価値が何であるかを、そしてそれを養っていく時がやってきたことを教えてくれるのである。

◆ XVIIII—XVIII の順序

「太陽」の後に「月」が続く場合、能動性と受容性の価値が逆になる。これはカップルにおいては、女性がより男性的となり男性がより女性的となることを意味する。このことは宇宙に混乱をもたらすことになるだろう。太陽が月を反射することは出来ない。そもそも「太陽」は反射する性質を持っていない。一方、月は衛星であり恒星ではない。それゆえ自分自身の光で輝くことはできない。多くの精神的な苦しみが、この根本的な置き換えによって引き起こされる可能性がある。だが、そのことに気づけば、回復への第一歩にもなる。

合計して21となるペア

✺

実現への11の道

　第1章で検討したように、合計が21となるペアとしてカードをまとめていくことは、22枚の大アルカナを体系化していくために考えられる方法の一つである（46-47ページ参照）。このやり方に従うことで11のペアが作られる。すなわち、「愚者」—XXI、I—XX、II—XVIIII、III—XVIII、IIII—XVII、V—XVI、VI—XV、VII—XIIII、VIII—XIII、VIIII—XII、X—XIである。
　中心には、「運命の輪」（X）と「力」（XI）によって形成されるペアがある

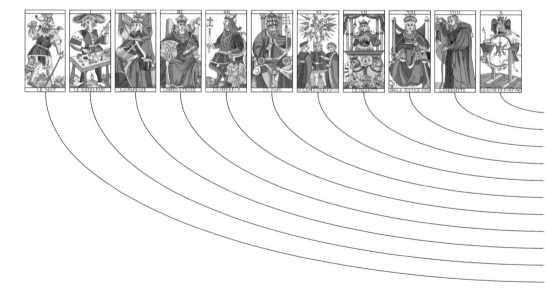

が、これらをタロットの核心部分としてみなすこともできるかもしれない。2枚のカードの人物を分析すれば、そこに「世界」を形成する全要素を指摘することもできるだろう。実際、「力」の中の女性と獅子は、「世界」の中の女性と獅子に取って代わったものと言ってもいい。他方で「運命の輪」に登場する三者は、「世界」の中の役割とそれぞれ次のように関連づけることもできるだろう。すなわち、下降する肌色の動物は「世界」の肌色の動物、翼のついたスフィンクスは「世界」の天使、上昇する黄色の動物は「世界」の鷲である。このように2枚のカードを合わせることで、アルカナXXIを再現することができる。

　こうしたことはX―XIのペアを取り巻く合計してXXIとなるすべてのペアを解釈するよう我々を促す。それによって、我々は二つのエネルギーの出会いがどのようにして実現の道を構成するかを理解していくことができる。これら11のペアによってタロットはエネルギーの11の組み合わせを示し、またそれらのエネルギーが結合することで「世界の創造」、すなわちXXIとなるのだ。

Le Tarot deux par deux

「愚者」──→　←──XXI「世界」

「愚者」と「世界」は相互補完的だが、行動の仕方は同じではない。歩いている姿の「愚者」は、タロットの最初から最後まで進んでいく。「世界」の方には、あたかも自分にふさわしい場所にいることを示すかのように片足で立っている女性がおり、一か所に固定されたものとして表されている。「愚者」を最も高次の意味に解釈するならば、信仰を持つ者からは神的と呼ばれ、そうではない者からは宇宙的とも呼ばれるであろうエネルギーである。制限も数も持たず、定義されることもなく、また純粋なエネルギーであるがゆえに、あらゆる物質を満たす「愚者」の性質は100パーセント能動的である。彼は全宇宙またすべての生命の中心の動力である。それとは反対に、「世界」の行動は受容的ではないものの、少なくとも引き寄せ吸い込むものと言えるだろう。これはある特定の場所から行使される活動である。世界全体は絶えず根源的エネルギーを吸収し、同様にたえず根源的エネルギーは世界に浸透し満ちていく。これは恒常的な愛の営みである。過去数世紀の秘教主義者たちの中には、「愚者」に22という数を割り当てた者もいる。「世界」の後に来ることを強いられるのは、「愚者」にとっては常軌を逸した状況である。このことが本質的に意味するのは、物質が神的あるいは宇宙的エネルギーを常に拒否し続け、このエネルギーが常に物質から離れていくということだ。「愚者」の根源的エネルギーは「世界」を探し求め、「世界」は生きるために「愚者」のエネルギーを必要としているのである。

Ⅰ「大道芸人」──▶　◀──ⅩⅩ「審判」

　常に高みへと向かうことを求め、高次からの魔術や諸力を探し求めている「大道芸人」は、「審判」との関係において最も高められたもの、すなわち天使によって象徴される意識の究極の発展と接触する。これは探求というより変容である。「大道芸人」の手にあるコイン（彼の存在の物質的側面、彼が宝を探し求めていることを示す）は、天使の黄色い後光、すなわち頭の後ろにある黄金の卵と対応している。これは意識の道の入門者が天使からの呼びかけや秘儀伝授を探し求めていることを示しているとも言えるだろう。また家族を作ることを目的として世間に出ていこうとしている若者を意味することもある。一方で、至高の「意識」の側は、認識の道を歩み始めようとする新参者を探し求めているのである。

Ⅱ「女教皇」──▶　◀──ⅩⅧⅠⅠ「太陽」

　修道院の内部に閉じこもり蓄積と学びへと没頭する「女教皇」が、アルカナⅩⅧⅠⅠの光を受け取り、自由な行動と世界全体に聖なる言葉を伝えていくことが可能となる。彼女は本に向かってはいるがもはや1人ではない。「言葉(ロゴス)」は受肉し熱を帯び、卵はやがて孵化(ふか)するだろう。彼女が作家、俳優または女優を表している場合、「太陽」が彼女の成功と世界への参入を示す。

「太陽」という神に対して、「女教皇」は純潔の肉体としての聖母マリアを意味する。我々に内在する全面的な愛は、その種を播くために完全に純潔の空間を必要とする。また「女教皇」はさらに祈りという行為、創造主との対話を表す。「女教皇」の修道院は、「太陽」の光を浴びた中で心地の良い影と涼しさの領域を提供する。

Ⅲ「女帝」──→ ←──ⅩⅧ「月」

「女帝」の尽き果てることのない行為と「月」の無限の受容性が出会う。これらは創造的な女性性の二つの局面をそれぞれ表している。この出会いは爆弾のようなものであり、「女帝」が導火線で「月」が爆薬となる。「女帝」の創造力は「月」の大きな広がりによって吸収され、宇宙的なスケールで波及する。「女帝」はもはや1人の女性ではなく女性性そのものになる。「女帝」とともにいることで「月」は行動することの興奮を経験する。長きにわたって太陽を待ち望んできた「月」は、「女帝」の中に自分を受け入れて自分を生んでくれる母胎を見出す──というのも、「女教皇」が処女性を表すのに対して、「女帝」は豊穣を表すからである。「女帝」は肉体、性的能力、感情、「月」の詩的直観が具現化することを可能とする健全な知性を表す。

IIII「皇帝」⟶　⟵ XVII「星」

「皇帝」は「星」の繁栄、肥沃、純粋な目的と出会う。この接触によって、「皇帝」の支配領域全体が積極的な影響を受ける。「星」はこの宇宙の寛大さを体現しているが、その法則を適用するのが「皇帝」の務めである。「皇帝」は「星」のおかげで宇宙の諸力と直接つながる方法を身につけることができる。「皇帝」の強大な支配領域は、創造への愛によって謙虚さと優しさで彩られるのである。「星」の方からすると、自分の寛大な行為が意味をなすには、それを注ぐことのできる現実を見出さなければならない。「皇帝」は「星」を保護し、彼女に自分の帝国を与える。「星」は川の流れのように、その水路を「皇帝」の具体的な力によって調整されることになる。返礼として、「星」は「皇帝」の行動の力を強めるのである。

V「教皇」⟶　⟵ XVI「神の家」

「神の家」は「教皇」へ喜び、空想、性の解放、生命の熱狂そのものをもたらし、そして師が師たるために不可欠である最上の教えを与える。それは自分の教えから弟子たちを解放し、自ら学ぶよう促すことである。「神の家」と共に「教皇」は弟子たちに言う。「私はあなたたちの最後の師となるだろう。それは私が最良の師だからでななく、あなた方に自分自身で学ぶことを

教えようとするからである。」これはまた啓示、現在への回帰の姿でもある。すなわち、「教皇」によって伝えられる神学や神秘主義は、神の直接的な経験の中で実感されるのである。だが、天からの霊感や物事を深く極めたいという欲求によって、「教皇」を現実から逃避させるべきではない。神殿としての「神の家」は自らの中に住まう者として「教皇」を見出す。そして、彼は「神の家」の喜ばしき爆発に位階や洞察、そして神の概念そのものを再び与える。「教皇」の眼差しの下では、肉体を持つこと、生きていくこと、そしてどんな領域、どんな喜び、どんな陶酔でも、神の顕現として神聖化されるのである。祝祭は意味で満ち溢れる。至高の祝祭とは「意識」との出会いである。

Ⅵ「恋人」 ⟶ ⟵ ⅩⅤ「悪魔」

　一方では光の天使が背後にある太陽から際立って見える。もう一方では闇の天使が松明を振りかざしている。結合のカードである「恋人」は、好きなことをする喜び、自由な合意に基づく愛情による結びつきを想起させる。それに対して「悪魔」の方は、人間の暗い深部から生まれてくる性的な力を表す。それは情熱、衝動、創造性、限界を破壊すること、合理的な力の支配に対する反抗である。「恋人」のカードの人物たちは、耕され畝のある大地に立っている。この地表は天上における価値とつながり、無条件にすべての人や事物を愛し中央にある「恋人」、すなわち白い太陽にまで成長していこうとしている。一方の「悪魔」は、これと正反対になっている。人物たちは原初の洞窟の中で足を暗いマグマの上に置き、神の光を否定している。「悪魔」は自分自身の松明、すなわち個人の光に火を灯している。アルカナⅥは社会的であり、アルカナⅩⅤは個人主義的である。もしⅥが自由な合意に基

づく選択を表すカードだとすれば、XVは情熱のカードであり、それに従う以外の選択肢はない。これら二つのアルカナは互いを補足し合う。一方は意識の光を示し、もう一方は無意識の闇を示す。この対立から生まれる豊かさは、情熱的な愛を生きることの実現へと向かう道となる。我々は愛によって情熱的な欲望と向き合わざるを得なくなり、自分自身の投影を識別せざるを得なくなる。反対に嗜好というものの神秘や、抗いがたく喜びを与えてくれるものの神秘は、愛を学ぶための道となる。我々が愛と情熱の領域においては神的になるだけでなく、悪魔的にもなることを思い出させる。真に喜びを与えてくれるものは我々の無意識、そして我々の深い創造性に根を下ろしているのである。

VII「戦車」→ ←XIIII「節制」

　本質的に征服者である「戦車」は、自分自身を忘れてしまう。彼は世界の動向と一体化する。「節制」は霊的価値や自分自身とのつながりを回復する。両者は相互補完的である。外的な対象へと向けられる「戦車」の純粋な行為は、「節制」の内面性や節度なくしては破壊的なものにもなってしまう可能性がある。「戦車」が戦う時、「節制」は祝福を与え、彼の攻撃性を抑え、エネルギーが極端になることから彼を守る。「戦車」の明るい青の髪が物質的な行動の原動力であるのと同様、「節制」の天使の明るい青の翼は霊的な行為の原動力となっている。「戦車」の動きは水平的で、空間の中で展開する。一方、「節制」の動きは垂直的で、時間軸に沿って展開する。「戦車」は地上で叡智を探し求め、天使は天界の叡智を運んでくる。これら2枚のカードには1枚ずつではなく、和音のように同時に注意を向ける必要がある。「戦車」を欠いた「節制」のみの行為は、閉鎖的で無意識的でためらいがちなものと

なってしまうだろう。「戦車」は世の中で行動を起こすための手段を「節制」に与え、調和を具現化する。内的なものと外的なものが一致して生じるようになる。世界は私が内面と考えているものと等しい。また、このペアは守られ導かれることを受け入れている状態を思い起こさせるものでもある。

VIII「正義」━━▶ ◀━━XIII 名無しのアルカナ

「正義」の完成は停滞に向かいがちだが、アルカナXIIIによって変容の可能性を知り、無常を意識するようになる。この結合によって「正義」は変化を押しとどめることなく、受け入れることができるようになる。「正義」の真のバランスは変容を受け入れることにある。「正義」は、自らが値するものを自分に与えるべきであると告げている。だが、そのメッセージはアルカナXIIIとの出会いによって革命を扇動する危険ともなる。この結合は、自分自身とよい関係であるための唯一の方法が、変容を受け入れることにあることを示している。我々において固定され留まっているものすべては我々に害を及ぼす。生きていることは永続的な変容の中にいるということだ。アルカナXIIIは自分の革命の意義を「正義」の中に見出す。秩序が混沌を糧にするのと同様に、混沌は形を得るために秩序を必要とする。アルカナXIIIによる浄化は、その目的や動機が均衡を保つこと、完全性や「法」に関する新しい考え方であるならば意味のあるものとなる。「トフ・ボフ」というヘブライ語は秩序の卵である「混沌」を意味する。

VIIII「隠者」──▶ ◀──XII「吊られた男」

　これら2枚のアルカナは錬金術の伝統において「乾いた道」そして「湿った道」と呼ばれてきた二つの知識の道を指している。乾いた道における探求者は、学び、繰り返し読み、祈り、そして叡智を見出すまでは務めや規律を完璧に自らに課す。湿った道では探し求める必要はない。「南北東西活路通(なんぼくとうざいかつろつうず)」という禅語で述べられているように人は受け取るだけでいい。「吊られた男」はまったく努力しない。彼は自分を明け渡し、空虚を受け入れ、あらゆる選択、あらゆる意志を捨て去る。「隠者」は果てしない努力の末に聖なる無知へと達するため、生涯を探究に費やしてきた。それが「隠者」を「吊られた男」と結びつけることになる。また、「吊られた男」が深い瞑想から見出すものを、「隠者」はランプの光にその基礎が凝縮されている求道の結果として伝達する。「隠者」の正確な言葉の根源には「吊られた男」の本質としての沈黙がある。これは弟子の瞑想を師匠が指導する関係のように、両者がお互いを必要とすることを示す場合もある。あるいは医者と病人の関係のように、一方が治療に必要な知識を持ち、一方が研究と施術のための被験者を示していることもある。より日常的な場面では、「吊られた男」を胎児、「隠者」をその成長を見守る経験豊かな父とみなしてもいいだろう。この場合、胎児は成熟した男性にとって未来において永続しつづける希望となる。

　このペアを通してタロットが告げているのは、自己の内面を真に探究するならば、生きることに伴う責任を引き受け、人に伝えることや教育することに取り組んでいかなければならないということだ。人は「吊られた男」のように独力で忘我の境地へと入っていくことは、不可能なのだ。

X「運命の輪」 ⟶ ⟵ XI「力」

　これら2枚のカードはタロットの核心とも言える。すべてのものが終わりつつあるのと同時に始まりつつある。これは永遠の終わりであり永遠の始まりである。カップルをこのように捉えるならば、その深い意味を理解することもより容易になる。

「運命の輪」では一切がすでに経験済みとなっている。上昇と下降の繰り返されるサイクルは悪循環へと変わってしまっている。「運命の輪」には、この循環を垂直の次元へと向かわせ、螺旋への転換を可能とするために必要な、繰り返しを中断させる新しい機動力が欠けてしまっているのだ。それをもたらすのが「力」である。「力」は潜在的な状態に留まっているエネルギーを表すが、「運命の輪」はそれを表現していくのにふさわしい領域となる。昔からの商売が行き詰まりから脱するべく新製品を発明するようなものだ。もし性的で創造的なエネルギーを制限することなく効率よく自らの内部で循環させるならば、「力」を通じて我々は創造的な性のエネルギーを常に自由にできる。これは不治の病を治す新たな治療法を意味する場合もあるだろう。またこれは障害に直面することで生み出され、同時にその障害を克服するあらゆる真に新しい創造的解決法でもある。ひとつの経済的状況の終わりであり、また新たな金を稼ぐための可能性でもある。経済における失敗のどんな場合においても、創意工夫を発揮できる可能性、そしてこれまでとは異なる活動を開始するための出発点がある。2枚のカードは相互に深い影響を与え合う。というのも、「運命の輪」による固定化をもたらす経験がなければ、我々は危険で恐るべきものとして深部からの力との接触に躊躇してしまうことだろう。困難や行き詰まりこそが、時としてそれまで思いもしなかった芸術的表現や治療の方法、あるいは実践へと我々を連れていく。アルカナXは、

「力」の新しい経験に入っていくことを可能にする出発点なのである。
　このペアを通じてタロットが告げているのは、何かが終わるたびに新しいものが始まると考えるべきだということ、すなわち終わりと始まりは共に歩むものということなのだ。

数字の連続と移行

2枚のカードをリーディングする鍵

大アルカナ相互の間で形成される全てのペアを検討していくことは不可能である。だがこの章を締めくくるに当たり、我々はなお幾つかの例を挙げてみたいと思う。それによって、2枚のカードからなる「音節」をリーディングしていくための二つの方法論上の本質的な要素を明らかにしておくことができる。

最初の例として検討されるのは、数の上で連続する2枚の大アルカナからなる三つのセット、すなわちXIIとXIII、XVとXVI、XXとXXIである。これらを見ていくことで、選ばれたカードの数の順序が解釈上考慮されうることを示しておきたい。選ばれたカードのカップルが、受容的な偶数のレベルから能動的な奇数のレベルへ移行している場合と逆に能動から受容へと向かう場合では、その解釈の力学は異なってくる。

さらに我々はアルカナXV「悪魔」とアルカナXVIIII「太陽」の間で起こっているシンボルの移動を検討する。この例を挙げることの目的は、リーディングにおいて両方のカードを互いに反響させることによって、どんな要素が両方の中で見つかるか、どのようにその要素が変容しているかを確認するよう読者を促すことにある。タロットのスプレッドを個々の要素の単なる連なりとしてではなく、一つの全体としてリーディングしていくためには、こうした動的なリーディングの作業が重要な鍵となる。

シンボルの転換という鍵を用いたのと同じ発想で、我々は3枚そして4枚のカードのリーディングを提示しておいた。第1の例のXVII－XVIII－

XVIIII という3枚には、共通して流れる青い川がある。第2の例は「恋人」（VI）の中の人物たちの「分離」した姿としての「大道芸人」（I）、「女教皇」（II）、「女帝」（III）である。

受容から能動へ、能動から受容へ

XII「吊られた男」・XIII 名無しのアルカナ

　これら2枚のアルカナの関係は極度に緊張した状態にある。それは張り詰めた鉄の骨組みを内側に持つコンクリートの梁に似ている。XIIは究極の停止であり、XIIIは変容をもたらす究極の爆発である。どちらにも言えるのは世界を変容させるということだ。「吊られた男」は判断を保留し、また自らを停止させつつ世界を停止させ、内面の探求に没頭する。アルカナXIIIは旧世界を破壊することで、新たな存在の誕生を準備する。これら対立する二極にある二つの行為は、古い現実を破壊するという共通の結果をもたらす。これらのカードの数の順序はXII―XIIIである。自らの中へと没入すること、真実のものだけを探し求めて再び世界に目を向け直すこと、種子のようなまだ不動の状態であることは、孵化、誕生、爆発を準備していることでもある。

◆ XII―XIII。これは創造性の爆発の輝かしい瞬間である。「吊られた男」に内包されているすべてのものが名無しのアルカナで爆発する。大きな変化――変容と革命――が起こるが、その結果がどうなるかはまだわからない。この点を明らかにするためには、別の1枚なり複数のカードを引く必要がある。

◆ XIII―XII。この配置では、大きな欲求不満に直面することになる。名無しのアルカナの変容のエネルギー全てが、「吊られた男」によって堰き止められる。この状況は自己破壊か怒りに

至る恐れもある。

XV「悪魔」・XVI「神の家」

　ここでも拘束され地下に入り込んだ人物たちを配するカードから、爆発と屋外への喜ばしき解放を表現したカードへと移行する。数の順序はXV—XVIである。この順序における「神の家」は深部からのエネルギーの最初の再上昇を象徴する。

◆ XV—XVI。ここで表されているのは地下の力の顕在化である。これまで隠されていたものすべてが口にされ、見出され、あるいは光に晒される。驚くべき秘密、あるいは恥ずべき秘密が明らかにされる。深い創造性が芸術ないしは祝祭を通して表現される。無常の喜びあるいはとてつもない恥辱を経験する瞬間ともなるが、いずれにしてもそれは浄化の時期となるだろう。

◆ XVI—XV。精神が無意識の深みへと下降し、物質と結合し、創造の松明に炎を灯す。喜びに満ちた爆発の後、深い崇拝の念がやってくる。それは大きな情熱、あるいは解きがたい関係の予告になる可能性がある。

XX「審判」・XXI「世界」

◆ XX—XXI。これは全面的な成功である。天使の与えてくれるものが実現する。抗いがたい欲望が完全に満たされる。天使を通じて人は恩寵を経験する。鷲を通じて天啓を経験する。獅子を通じて宇宙的オルガスムを経験する。肌色の動物を通じて忘我と神の平和を経験する。この

Le Tarot deux par deux

とき人間の四つの至高の希望が実現される可能性がある。物質面においては、あらゆる障害を克服し勝利を獲得することのできる戦士となる。生命力（獅子）という面では、死を打ち負かすことのできる英雄となる。知性（鷲）の面では、これまで誰も見たことのないものを発見する才能を実現する。感情的な中枢（天使）では、他者のためでないものは自分のためには存在しない聖人のようになる。

◆ XXI―XX。これは深刻な苦しい状況である。アルカナXXI（終わり）が始めに置かれていることは閉じこもり、コミュニケーションの不在、自閉症、さらには難産を示す。この出生の拒絶は非常に強力であり、「審判」の墓（錬金術の炉）から出ようとしている人物も物質の濃度に囚われ続ける。作業によっても祈りによっても、上昇を実現することは不可能である。抗いがたい欲望は満たされないままとなる。このように「世界」が捕われてしまうがゆえに、四つの至高の希望が実現することも不可能となる。人は自分のことを敗者、臆病者、平凡な人間、利己主義者と感じるようになる。ただし、この状況は絶対に取り返しがつかないわけでない。実際のリーディングでは、最低3枚のカードを用いるため、続くカードがこの苦しみに満ちた状況から抜け出す道を示すことになるだろう。

あるアルカナから別のアルカナへの一連のシンボルの移転

XV「悪魔」・XVIIII「太陽」

「悪魔」はタロットの中で最も深淵にある隠された暗い面を表しているとみなすことができる。反対に「太陽」は全ての中で最も光輝くシンボルである。アルカナXVには、根を張ったようになった男女のカップルに光を投じている、松明を左手に持った両性具有者がいる。男女のカップルは拘束され怠惰となっているが、おそらく自発的に囚われたものと思われる。女の方は脇腹に三つの点があるが、それらは彼女の霊的特質を表しているとも言える。「太陽」の方にもこの２人が見られるものの、彼らは今や自由の身となっている。また、「悪魔」の方での彼らは両手を背後に隠し与えることを拒んでいるが、「太陽」では相互扶助の関係にある。右側の人物は、左側の人物が絶えず変化していく永遠の生命のシンボルである川を渡ろうとするのを手伝っている。右側の人物はパートナーの首筋に片手を添え、意識的な発展を目的としていることを表している。左側の人物は、相手の脇腹にある三つの点、言い変えるなら聖なる理想へと両手を伸ばしている。左側の人物はアルカナXVの小悪魔（インプ）に見られた尻尾を、いまだ持っている。だが小悪魔（インプ）たちの尻尾が際限なく外側に広がっているのに対して、「太陽」の人物の尻尾は内側に戻っている。同様に「太陽」の人物たちの首回りには、「悪魔」で彼らを繋いでいたロープの赤い跡が残っている。自我の中にある動物的性質は排除されることなく、むしろ尊重され制御されているのである。

　三つの点は場所を変えている。アルカナXVでは左側の人物に、「太陽」では右側の人物にある。女性の精神こそが最初に啓示へと向かっていく。男性がゴールに到達するためには、自らのアニマを目覚めさせなければならな

い。「悪魔」の方の明るい青の川は流れを止め、停滞し死んだようになっている。自我が時間を止めようと試みるが、その結果は自分をただ固定してしまうことになる。すなわち、自分自身を罠にかけ根を張ってしまうことになる。「悪魔」の3人組は自分たちの住居を小さな台座へと変えてしまう。これは縄張りを探す動物に等しい。「太陽」では、どこまでも続く囲いのような低い塀が過去と現在を隔てていることにより、愛と贈与の中で新しい生を作り出していくことが可能である。太陽に向け昇っていく13の水滴は、変容のシンボルであるアルカナXIIIを想起させる。それらの水滴は、我々の永遠の意識、我々に生気を与える中心の炎である「太陽」へ上昇していく、惑星上の意識を持ったすべての存在の願いを表している。太陽は黄色と赤、すなわち血と光から作られている。この光り輝く生命は壁の構築を可能にする。その壁も血と光からなり、閉じ込めることも、所有しようとする意図もない。それはただ我々を過去への執着から守るためにあるのだ。

XVII「星」・XVIII「月」・XVIIII「太陽」

「月」に見られる水の広がりは境界によって限定され、結果としてザリガニは囚われたままになっているともいえる。だが、この水域を理解するには「月」を「星」と「太陽」の間に置き直してみる必要がある。そうすると、川は遥か彼方からやって来て、また遥か彼方にまで流れ続けているのが分かる。この川の起源はアルカナXVIIにある。そこではアニマ、すなわち内なる真実の象徴である裸の女性が、膝をついた赤い地表の上に自らの活動の場所を見出している。大地に触れることで、彼女はそこを聖化している。彼女は二つの壺で過去（リーディングの方向における左側）からやってくる流れを浄化している。この浄化は二つのエネルギーによってもたらされる。すなわ

ち、性的エネルギー（濃い青）と霊的エネルギー（黄色）であり、それらは天の七つの小さな星（青と黄色）にも見出される。だが、二つの壺の色は中心の星の色である赤と黄色となっている。

　女性の額にあるオレンジ色の半月は、宇宙のエネルギーに対する彼女の精神的受容性を示している。それは彼女が欲しているのではなく宇宙が彼女（そして我々）を欲していることを意味している。彼女が霊化しているのではなく、宇宙が彼女に意識を与えているのである。彼女は宇宙の大いなる作業に奉仕する立場にある。枝に止まっている黒い鳥は彼女の人間的部分（自我）のシンボルであるが、それは既に消え去ろうとしている状態、従順かつ能動的な無へと収斂されている。

　浄化された川は「月」の池へ到達する。だが、ザリガニは流れに従わず、前進しようとしない。それは「月」に象徴される理想を求めている。ザリガニと同じ色である夜の天体は、この不合理で非現実的な理想を求める生物の単なる投影であることを示している。犬たち（あるいは狼たち）は吠え、理想を求めることを自らの糧としているが、お互いに助け合うことはない。各々が自分自身のことにしか関心がない。ザリガニが前進するためには、この月という衛星を模範としなければならない。すなわち、最終的に愛の光である太陽をただ反射するだけの鏡となるまで、よりいっそう澄んだものとなっていかなければならないのだ。「星」のカードに見られる星々は、遥か彼方にある太陽たちである。理想を追い求める「月」は遠くの「太陽」を見つめている。受容の作業が完了するとき、ザリガニ（明るい青）の本質を示す「月」の顔は「太陽」の川の中で溶解する。それが行われる場所であるアルカナXVIIIIでは、アルカナXVIIの二つの壺と「月」の2匹の犬が表している二重性が統合される。2人は太陽の優しい眼差しの下で助け合う。彼らは生命の川の上を歩み、背後の壁によって過去から引き離され、新たな楽園を建造する。太陽によって送られてくる愛は彼らの心の中で芽生え、立ち上る水滴を通じて太陽に返っていく。与えるもの全てが自分に与えられる。与えることを拒むもの全てが奪い去られる。

　つまるところ「星」が成し遂げつつあるのは、二つの偉大な宇宙的元型を和解させることである。「月」は母の最も崇高な価値を表し、「太陽」は父の

最高次の価値を表す。これら二つの元型の均衡なしには、いかなる目的も完全には達せられない。

　カードを引いてこの3枚が出てくる場合、通常、「星」は相談者を表す。相談者が男性ならこのアルカナは彼の受容的、芸術的、霊媒的な女性の面（アニマ）を示すだろう。だが、タロットの本来の順序（「月」が左、「太陽」が右となる順序）と逆に出た場合は注意が必要である。それには以下のような状況が考えられる。

- XVII―XVIIII―XVIII。母が父に取って代わることで、押しつけがましくなり、無慈悲で規則ずくめになる。また、父が母に取って代わることで、脆弱で子供っぽくなり、存在感を失っていく。

- XVIII―XVIIII―XVII。「星」は「太陽」と「月」を見つめ続ける。彼女は依存状態から離れられず、未来に向かっていこうとせず、子供っぽい夢想に陥ることになる。

- XVIII―XVII―XVIIII。「星」が父に取って代わり、母を誘惑するために生きる。「星」は母の隠喩的な婚約者となり、父を目立たない場所へと追いやる。

- XVIIII―XVII―XVIII。「星」は「月」（母）の果てしない受容性を我が物とし、父の女となる。これ

は近親相姦的な関係となり、そこでは若い娘が自分の兄弟や姉妹たちに対して母親の役を演じるようになることもあるだろう。

I「大道芸人」・II「女教皇」・III「女帝」そして彼らの鏡であるVI「恋人」

　タロットは視覚的言語であると同時に、いくつかの点では音楽的言語に似たところがあることを知っておくことが必要である。一つの音には、二つないしは三つの音の和音と同様の響きはない。音楽の場合、和音は複数の音で構成されているにもかかわらず、統一されたひとつのものとして耳に入ってくる。タロットのリーディングを習得するには、複数のカードからなる「和音」を概念化できなければならない。

　例えば「大道芸人」が「女教皇」の傍らにあれば、ある秘密の知識（修道院に籠った女教皇）から自らの力を引き出しつつ世の中で活躍する人物を思い浮かべることもできるだろう。「女教皇」の卵は、ある行動が準備され人知れず温められていることを示している。ここに「女帝」を加えれば、突発

的におこる爆発、創造性の爆発が生じる（I―II―III）。これら3枚のカードの数を足すと、1＋2＋3＝6となる。VIは「恋人」のカードであり、この「和音」の調子を提示している。ここから、「恋人」のカードで見られる3人（1人の男と2人の女性）に倣って、「女教皇」と「女帝」の間に「大道芸人」を置くことができるのである。

　こうしてアルカナを分析してみると、「大道芸人」の足が「恋人」の若い男性の足と同じように対立する二方向を指していることもわかる。彼は分岐する二つの道の両方に自らを同時に置いている。また、彼は左手に極めて強力な創造性のシンボルである魔法の棒を持っている。右手の黄色い球体ないしはコインは蓄積と集中力を象徴している。彼はどの道を選択するのだろうか？　「恋人」は「大道芸人」にある二つの性質が統合されることを示唆している。実際、「恋人」の若い男性の右側には「女教皇」に対応する緑の冠を被った女性がいる。あたかも彼女は彼を制するように彼の肩と服の下をつかんでいるが、同時に彼を支援し自分の経験を与えてもいる。若者の左側（我々にとっての右側）には「女帝」に相当する花冠を頭に載せた女性がいる。彼女の片方の手はパートナーの心臓部を指し、彼の手と混じりあったもう一方の手は、あたかも「私を孕ませてくれ」と言っているかのように自分の腹部を指さしている。「女帝」の方も同様に、子供ないしは形成されつつある意識のごとく鷲を腕に抱えている。彼女が腹部に持たせかけている笏は、絶えることなく更新される創造性を示す小さな緑の葉を発芽させている。

　3人はアルカナI、II、IIIにおいては離れた状態にある。彼らは「恋人」で結合する。コイン、本、鷲、これら懐胎された作業の三段階は、昇天へと導かれる。そして愛以外のなにものでもない神的意識——あらゆる生命の奇蹟への称揚——を作り出している。この愛に満ちた結合の中で、過去、現在、未来を一つにする和音が聞こえる。このハーモニーは対立物の統合、ないしは保存、破壊、創造という一見相容れることのないように思われる概念の結合によって作られている。また、VIは最も高次の愛が、美を愛すること、他者の存在の受容であることを告げている。

　三つのアルカナを見てみよう。I―II―IIIの順で見ていくと、人物たちの間には何の交流もない。

　Ⅱ―Ⅰ―Ⅲの方向（483ページを参照）では、「大道芸人」が「女教皇」と「女帝」の間で交流をさせようと空しい試みを行っているのが分かる。結びつきが作られるためには、Ⅲ―Ⅰ―Ⅱの順でカードを見ていかなければならない。この場合、全ての人物はお互いに視線を向け合い、それぞれの力は共通のハーモニーを生み出すことへと捧げられている。

　興味深いことに、この順序はアルカナⅥで見られる人物の位置を正確に反映したものではなく、その鏡像となっている。タロットが我々に示している手がかりのもう一つがここにある。すなわち、タロットは我々の状況の投影となるのではなく、我々の鏡となるということだ。自己認識を深めるためタロットに己自身を映し出させ反射させるのは、当の本人に委ねられているのである。

Le Tarot deux par deux

第5章

タロットの
リーディング

La lecture du Tarot

序

いかにして鏡となるか

　タロット研究の最初の数年間、私はシンボルの意味を追求し、それらシンボルが自己認識の道具であると考えるようになった。錬金術、カバラ、またその他の秘儀の伝統に関する本に影響され、叡智を求める者は孤独のうちに研鑽するべきだと私は考えるようになった。胎児が母胎の闇を必要とするように、種子は発芽するために大地の奥底の闇を必要とする。十字架の聖ヨハネの『カルメル山登攀』によれば、魂が神との合一に至るためには、すべてを脱ぎ捨て浄化する信仰の暗夜を通過しなければならない。

　　恵まれし　その夜に
　　気づかるるなく　しのびゆく
　　目にふるる　ものとてもなく
　　導く光は　ただひとつ
　　心に燃ゆる　そが光[訳註1]

　こうしたことから、私はタロットをリーディングに用いることを軽視していた。また、当時人気を博していた女性占い師たちによってタロットが商売に利用されていたことも、その理由となっていた。秘儀伝授の観点からも、また科学的観点からも、未来を予言するためにカードを用いるのは恥ずべきことと思われた。聖書の一節が、当時の私の信念を強めるものとなった。「あなたの間に、［…］占い師、卜者［…］などがいてはならない。これらの

訳註1　十字架の聖ヨハネ『カルメル山登攀』より（邦訳は奥村一郎訳、ドン・ボスコ社、2012から引用）。

La lecture du Tarot

ことを行う者をすべて、主はいとわれる。」(申命記18：10-11-12)。

　だが、私はアルカナを唯一の師とする決意をし、完全に従うことを誓っていた。私は自らの神に対する考えを明らかにするため、アルカナXVI「神の家」が示す手がかりを受け入れ、「女教皇」の明白なメッセージを理解しようとしていた。大アルカナのそれぞれは、一つの動詞で要約される何らかの行為をごく明瞭に示している。「愚者」は「旅する」、「大道芸人」は「選ぶ」、「女帝」は「魅惑する」、「皇帝」は「命ずる」、「教皇」は「教える」、「恋人」は「交換する」、「戦車」は「征服する」、「正義」は「均衡をとる」、「隠者」は「照らす」、「運命の輪」は「受け入れる」、「力」は「支配する」、「吊られた男」は「犠牲として捧げる」、名無しのアルカナは「排除する」、「節制」は「静める」、「悪魔」は「そそのかす」、「神の家」は「祝う」、「星」は「与える」、「月」は「想像する」、「太陽」は「創る」、「審判」は「甦る」、「世界」は「勝利する」、そして「女教皇」は「読む」。

　修道女が手にしている肌色の本には、文字ではなく波打つ17の線がある。すなわち、このことは知性ではなく感情によるメッセージであることを示している。またそれはアルカナXVII「星」へと我々の目を向けさせる。「星」では、裸の女性が宇宙的「意識」から受け取ったものを世界に与えている。このことは「女教皇」が自分の本を読まずして、与えようとしていることを裏づけている。「女教皇」の右手の親指は1本の線の上に置かれ、その一方で左手の親指は2本の線の上に置かれ、それらを結びつけている。胸の前で交差する帯についても同じことが言える。体に近接した帯には十字が一つ、上に重なる帯にはそれが二つある。これは彼女が孤独な学習から他者に与えることへと移っていくと示しているのかもしれない。

　このことから私はタロットとはリーディングに用いるとき、すなわち相談者を助けるためにアルカナを魂の鏡へと変容させて示していくときこそ、その真の目的が達せられると確信するようになった。

　臆測にしかならない未来をリーディングすることに対して、私は完全に反対であった。古代ギリシアの演劇が伝えるような運命の観念は、私にとって嫌悪すべきものでしかなかった。この迷信によると「あらかじめ全ては書かれていて」、何者も自分の宿命から逃れられない。仮に生まれた瞬間からな

んらかの神が我々の取るすべての行動を決めてしまっているのだとしたら、何かを努力することにどんな意味があるというのか？　人生があらかじめ否応なく計画されていて、ただそれを甘んじて受け入れることしかできないなどということを人は本当に信じられるだろうか？　カードをリーディングすることに取り組んでいくために、私は未来というものに関する自分の考えを明確にしなければならなかった。相談者は人生の目的を持っている者もいれば、持っていない者もいるが、どちらにせよ計画に沿って行動し、企画を立てる。相談者が自分の未来を知ろうと欲するのは、現在の自分の行動に価値が認められず、それを疑っているからである。だが、現在はほんの束の間でしかない。むしろ相談者のこれらからの展開に重くのしかかるのは過去である。それは未来においても船の底荷のように、幼少期のトラウマ的な経験の反復を引き起こそうとする（他者が私に為したか為さなかったことを私は自分に為したり為さなかったりする。自分に為されたり為されなかったことを私は他者に為したり為さなかったりする。他者が他者たち自身に為したか為さなかったことを私は繰り返す）。あるいは過去がエネルギーの源となり、私たちを前進や変化——また最良の場合は自身の変容——へと向かわせることもある。

　だが、仮に運命として定められた未来があることを受け入れねばならないとしても、私は現在というものをそこから無数の道が扇状に伸びていく点と見なすだろう。そして意図的行動、偶発的事故、偶然によって起こることが、我々を前方へと投げ出し、無数の可能な運命の一つを生きることを強いてくる。このように考えれば、仮に「あらかじめ全てが書かれている」のだとしても、神のメニューはただ一品ではなく、幅広い選択肢があるとも言える。自由意志とは無数の刑の宣告の一つを選ぶことにあるのだ。

「未来をリーディングする」という欺瞞を取り除くことで、タロットは心理学的な助けや自己認識の道具となる。習慣、同一化、偏執、悪習、自己愛的・反社会的・分裂的・偏執的障害、誤った主観的な信念、狂気じみた考え、抑うつ的感情、未発達な感情、ゆがんだ欲望、家族や社会や文化によって押しつけられた欲求。これら人格の歪みの諸特徴に誠実に立ち向かえば、我々の真の本質、言い換えるなら後天的ではない生まれ持ってのものを認識することができるだろう。相談者が他人の望むものになろうとするのを止めるこ

とで、我々は彼を、真の彼自身へと導くことができる。

　私は相当の注意を払いながら、ジャン＝クロード・ラプラ博士が私のところに送ってきた患者たちのためのタロット・リーディングを開始した。ラプラ博士は、この患者たちの病気が心理的な問題によるものかどうかを知ろうとしていた。タロロジストとして、私は次のような四つの表現の仕方を用いることを自らに課した。「私の知るところでは」（現実は無限であり何者も全ては知りえない）、「一定のところまでは」（すべてにおいて決定的なことはなく絶対的に一般化できることはない。例外の可能性は常にある）、「私は間違っている可能性もある」（人間がいうことに無謬はありえない）、「あなたにとって本当にそれでよければ」（物事が今あるようにあるのは、これまでお互いが他者に自分の言葉を合わせてきたためである。すべての概念は集団的同意の結果である）。

　当初、私は心理テストのようにカードを読んだ。絵そのものやその相互の関係を分析する前に、私は患者のカードの置き方、すなわち隣同士に並べるか離して置くか、より近くに置くかより遠くに置くか、上に重ねて置くか、水平に置くか傾けて置くか、といったことを解釈した。経験を積むにつれて私はそうしたことから離れて、ただ絵のみを解釈することに専心した。だが、より大きな効果を求め、私は相談者を観察することにより力を注いだ。たとえば、発声の仕方、身体の動かし方、姿勢、肌質、息のにおい、年齢、職業、性的特徴、感情の状態に目を向け、さらに可能であれば曾祖父母の世代までの系統樹を遡るといったことまでも行った。年月が経つにつれて、こうした面のほとんどすべてがひと目で把握できるようになったので、私はただカードのリーディングにのみ集中するようになった。私が相談者にいつも告げていたのは、眼の前にいるのは魔術師ではなくタロロジストであるということ、またアルカナはもともとは印刷された小さなカードに過ぎず、不合理なメッセージを伝えてくることも十分にあるということだった。リーディングは三つの偶然の出会いによって生み出されていた。すなわち、相談者を私のところへ導いた偶然、私自身を相談者の前に導いた偶然、そしてカードが選ばれる瞬間の偶然である。リーディングを受け入れることも、異議を唱えることも、さらにそれをより詳しく説明するのも、相談者が持つ当然の権利だった。

　タロットはもともとゲームとして生まれたという起源に拠ることで、私は

リーディングとはゲームのように構築されるべきであると考えた。プレーヤー及びゲームを支配する規則に加えて、ゲームが行われる場所もまた重要である。サッカー場でバスケットボールは出来ないし、チェスボードとモノポリーの盤は異なる。カードの解釈は、リーディング以前にカードへと与えられた意味次第で変わってくることを私は理解した。「グラウンド」となる場所、すなわち基本となる方法に応じて、タロットは異なるものとなり、カードの解釈は肯定的にも否定的にも変化した。正確なリーディングを行うためには、何よりもまず質問そのものに適合し、かつ質問者の意識のレベルにも合う設定を採用し、アルカナが演じる役割を定義していかなければならないことが分かった。一方、ゲームの場合には常に闘いによって勝者を選ぶので、タロットの場合もプレイヤーを定義することがまた重要だった。そのプレイヤーとは相談者とリーダーである。競争を目的とするゲームは対戦相手を排除していくが、それは隠喩的には敵を殺すことを意味する。一方、タロロジーのゲームの目的は、対戦相手を癒し、その人の人生を助けることにある。

　この作業は難しいものである。現代の人間は、病んだ器に閉じ込められた素晴らしい実体ということができる。人は頑なに守る制限の中に自分を押し込めている。それが苦痛を与えるものになるとしても、人はそれと自分を同一視しているからだ。幼少期から人間の精神には狂った考えが詰め込まれる。自らの思考に治癒する能力があることを認めようとしない病人は、タロロジストの前で怒りに満ちた敵対者となる。患者は自分の心が恨みつらみに満ちていることを隠すために、自分の心が空虚であると主張する。そして、他者との関係を断って生き、気高い感情の高まりを拒絶し、愛し愛される自らの力に価値を認めず、性的能力をみくびって、それを抑圧するかまたは激化させるかしているのである。病人は自らの創造性をもはや信頼することもなく、また自らの欲望を恥ずべきものと考える。計り知れない可能性を持つ肉体の運動を、ありふれた日常でのごくわずかの身ぶりへと縮小させる。病人の硬直した生き方は、遠い昔の宗教の道徳によって埋め込まれた偏見の結果なのだ。

　相談者は自分の行為、欲望、感情、思想について罪の意識を感じている。この罪悪感から相談者は自分に起こることが正当で必要な罰なのだと主張で

La lecture du Tarot

きるようになる。あるいは、絶えず自分自身を貶（おとし）め、自分の無価値さゆえに自分は苦しみから逃れるに値しないと信じるようになる。あるいは、極端かつしばしば巧妙な言い訳を作り出すことで自らの過ちを正当化し、決して変化のための努力を行おうとしない。あるいは、愛することを求め、創造することを求め、挑戦することを求め、想像することを求め、終わることなく何かを求め、その結果、欲望することを欲望するという無活動の状態へと陥っていく。あるいは、自分の邪魔をする人物を消滅させ、自分を傷つけた人物を排除し、復讐することを熱烈にそして無益にも求め、最終的には自分自身を破滅させる。あるいは、ひたすら性行為へと自らを投じていくが、誰にも完全には満足させられない。あるいは、中毒のように有名であることを求め、その結果そうならないことに悩むか、あるいはそうであることからくる悩みに苦しむ。これはその人を心理学的な聾啞とし、自らの周囲を痛ましい姿でうろつかせることにもなる。あるいは、容赦ない批評家や絶えず人を断罪する裁判官のごとく振る舞うようになる。そして、他者の価値を認めることができないがゆえに、常に他者と自分を強迫的なまでに比較せずにはいられなくなり、自分の価値を確信するため他者の価値を貶めようとする。あるいは、変化していくことを恐れるがゆえに、新たな知識を取り入れることを拒み、自分が無知であることを良しとし、何もかもを否定する。つまりは「否」と「しかし」しか言わない人となる。

　一方、私有地という考えに基づいた生活空間の観念に、相談者は取りつかれている。相談者は直線的な壁に囲まれた極小空間、つまり立方体の中で生きることに慣れてしまっている。これは相談者の内部の無限という観念に対する抵抗感を作り出す。それによって、自分が宇宙に生きていると感じられなくなる。相談者は家と牢獄を混同しているのである。時代の要請する政治的・経済的関心から、相談者は人生が短いということを教えられてきている。中世の頃は、30歳で死ぬのが普通のことだと考えられていた。ルネサンスの時代になると、それは40歳になった。そして、19世紀には60歳になり、今日では80歳となっている。さらに22世紀には、120歳になると予測している科学者たちもいる。だが、実際には本当の人間の人生の長さを知る者はいない。仮に真の人生の長さがある種の木のように1000年以上あると述べ

たならば、その人は頭がおかしいとみなされるだろう。時間をお金のように貴重なものとして価値づけるために、社会は永遠という観念を払いのけようと機能する。産業が機能するためには、市民は短い人生を持ちそして消費者とならなければならない。だが、実際のところ、我々はそこまではかないものなのだろうか？　どうして宇宙と同じくらい長く生きる権利が我々にないことがあろうか？「君は単なる一部分に過ぎない」と言われてきた相談者は、自分が全体であるとの認識に達するのは困難である。相談者が学んできたのは、自己中心的な権力を求め、自らの「個体性」を守るために戦うことでしかない。心理的孤島に住む人は、大気というものがひとつであり、メキシコ、ボンベイあるいはパリの大気汚染が地球全体の空気を汚すことに気づかない。また、遥か彼方で行われる戦争や他者の貧困と無知が、自分自身の幸福を害することにも気づかない。世界に起こることは、自分にも起こる。別のところでの経済危機は、自らの財布の中にも影響をもたらす。他者から遠く離れれば離れるほど、人の意識の範囲は小さくなっていく。有害な思想の犠牲となった人は奇蹟に気づく（réaliser）能力を否定する（réaliserという言葉で我々は、現実が既定のモデルに沿ってではなく、むしろ論理体系に囚われた思考法では理解できないやりかたで動いていると把握することを意味している）。その結果、宇宙――「無意識」――が自分を支持してくれていると知るよしもなく、途方に暮れ、自分がたった1人で生きていると考えるようになる。自分は無価値であると考えるようになり、内なる神を見出すために深く考えてみようともしない。

　相談者は何かを意識するという行為と「意識」（本質的存在）とを混同する。「意識」の究極目的は神性に自らを捧げるため、「意識」それ自体になるということである。「意識」はその全体が所有されることはない。「意識」とは相次ぐ変容を通じて発展する種子である。最初は動物の段階であり、人はただ自らの物質的そして性的欲求を満たすためだけに生きる。自らの本能を制御することもなく、他者を尊重することもない。失うことへの恐れが人を攻撃的にする。次に幼児の段階がやって来る。人は老いと死を受け入れず、浅はかな人生を送る。熟考し自分を知ろうとせず、不必要な物を集め、気晴らし

の手段を探し、責任感を持とうともしない。その後で夢想的段階が目覚める。人は自分の感情を支配することができず、むしろそれに圧倒される。永遠の思春期の若者のように、カップルとなる相手に出会うことが人生の目的だと信じ続ける。映画、テレビ、モード雑誌などに影響されて、おとぎ話にも似た理想の恋愛を思い描く。こうして生きることはうわべを繕うものとなっていく。幾つもの厳しい失敗の後、大人の「意識」が発達していく可能性もある。この段階でようやく「他者」が存在するようになる。人は要求する代わりに何かに投資することで、自身について責任を持たなければならないことに気づくに至ると、今度は権力の渇望という利己的な過ちに陥る可能性がある。これは搾取者、暴君、無節操な実業家、あらゆる類の詐欺師を生み出していくことになる。この利己主義の正反対となるものは、自らの気高さゆえに、自分に構わず常に他者を助けることに時間を費やす人々である。これが自分自身への真の助けとなった時、社会的「意識」の段階が開かれる。このとき人は全人類の幸福のため、また植物、動物、惑星の健康のために戦うようになる。そしてこの後、宇宙的「意識」が開かれる。宇宙では運動と変容を伴わずしては何も起こらない。責任感を持った人は、人生を貶める一切の頑強な慣習や制度から離れ、宇宙と同調し、絶えざる変化へと身を委ね、自分が無限で永遠の世界に属していることを知る。世代を超え、新しい存在の到来のための領域を準備する。そして最後に、神的「意識」に到達する。ただしこの段階に辿りつく者はごくわずかである。無意識の暗い中心には、完全なる明瞭さで輝く点があり、この強力な同盟者は上手く用いるなら内なる神のように顕現し、悪く用いられると内なる悪魔のように顕現する。この段階を知るのは天才、預言者、魔術師(マギ)たちである。

　もしもタロロジストが事前の準備もなく相談者を変容へと導き、そして「意識」の段階を高めようとすれば、その人はあたかも歯を抜かれるかのような反応をするだろう。変化するためには変化を望み、変化が可能であることを知り、そして変化の結果を受け入れることができなければならない。
　リーディングの際、タロロジストは肉体と魂を診察する医者のように相談者を観察すべきである。姿勢、筋肉の緊張、身長、体重、肌の質と色、息づ

かい、声の響くポイントを考慮すること。次に相談者の性的好みを感じとる。愛しているか愛されているか、また頭の中にどんな思想があるかを考える。こうしたこと全てから相談者の「意識」のレベルを浮き彫りにする人物描写が作られていく。この人物描写を作るには細心の注意が必要である。皮相な好奇心からの診察となってしまうこともあれば、啓示ではなく何事かに伴う苦痛をなくす鎮痛剤を求めるためだけに行われることもある。与えることと受け取ることを強制するのは、まったく別のことだ。リーディングはいとも簡単に有害なものにもなる。「透視者」タイプのリーダーは、自分の主観的な判断を絶対的な真実とみなし、悲惨な予言をすることへと強く引きつけられていく。たとえそれが人を助けたいという真摯な願いからでも、相談者の精神状態に有害な影響を与える可能性がある。私は2003年1月20日月曜日の新聞で次のような記事を読んだ。「(ルーマニア東部) バカウ県在住のミルチェア・テオドラスク (51) は、自殺することが解決策には不可欠だと考えた。数日前、彼がある女性の占い師に相談をしたところ、近日中に彼自身か彼の息子のどちらかに死が訪れるとの予言を受けた。家に帰るとミルチェア・テオドラスクは、自分の息子を「救う」べく、料理用の長包丁で自分を刺した。彼は病院に緊急搬送されたが間もなく死亡した。」

タロロジストは将来を予言できるという自惚れを捨て、カードを読むときの自らの動機に自覚的でなければならない。他者の人生を支配する力を求めてはいるのではないか？ 金を稼ぐために「常連」を作り出そうとしてはいないか？ 崇拝されることを求めてはいないか？ 自分の不安を分かち合うためなのか、それともそれを性的な誘惑の手段にしてはいないか？ リーダーとしての立場が不明瞭であれば、リーディングも不明瞭なものとなるだろう。タロットは一連のシンボルからなるが、その意味が秘められたものとして覆い隠されているがゆえに、本質的に主観的な言語となる。タロロジストは、自分の無意識が心理学的にどのような種類のものをタロットを読む自分自身に投影しているのかを知っておく必要がある。自分自身を完全に知っていると自負することは誰にもできない。我々はただ内観を行う時のみ、自分自身を知る。だが、精神は宇宙と同様、絶えず拡張している。絶えざる注意と厳しい警戒を行い、我々を刺激する衝動を真摯に受け入れること、欲動を

制御し客観的解釈へと導くこと、これらによってリーディングを導いていかなければならない。相談者が自分の母親、家族の誰か、あるいは幼少期に何らかの形で自分に無理強いをさせた人物に似ていることもある。このことに気づかないと、自分に害を与えた人物への憎しみを抱きながら相談者と接することになってしまうだろう。「自分はまったく投影などしないだろう」と考えることは不可能であっても、「自分の投影を意識しよう」と考えることは十分に可能である。そのためにはタロットを読んでいく際、自分がどう感じているかを意識しておかなければならない。相談者は自分に共感を抱かせる相手なのか、反感を抱かせる相手なのか、自分を恐れさせる相手なのか、性的に魅了する相手なのか、自分を敬服させてしまう相手なのか、あるいは自分が無慈悲な裁きを下したくなる相手なのかといったことに注意を向けるべきである。リーディングの最大の危険の一つは、リーダーが相談者を道徳的な観点から裁いてしまうことだ——なぜなら「裁き手」は「偽りを言う」からだ（アルカナXX）^{訳註2}。

では、人を操ることも、命じることも、導師の役割を演じることもなく、いかにしてリーディングを行うことができるのか？

このような過ちに陥らないよう、私は誓って助言を与えないことにした。むしろ、相談者自らが解決策に気づくようなリーディングを行うことにした。そうするために、私は自分自身の夢分析の研究を基にすることにした。精神分析医は夢に現れたシンボルの意味を患者に説明してはならない。そうしてしまうと、結果的に父や母の役割を演じることになり、患者を永遠に抜けることのできない幼年時代に陥らせてしまうからだ。患者は自分の無意識が送ってくるメッセージを、自分自身で理解しなければならない。精神分析医はさまざまな解決法を提示しうる。そして、相談者は自分に適した道を自分自身で選ばなければならない。

こうした形でリーディングを行うためには、リーダーは自分自身の欲望、感情、意見を徹底的に排除し、自分自身の限界まで捧げることによって、完全な中立性を確保しなければならない。仮にタロロジストが「透明人間」になったとしたら、いったい誰がタロットをリーディングすることになるのだろうか？　隠喩を用いて言うならば、それは鏡である。相談者の意識の水準

訳註2　le Jugement「審判」とle juge ment「裁き手は偽りを言う」をかけた言葉遊び。

は、我々タロロジストの曇りなき精神の中に映しだされる。相談者自身の言語を用い（たとえば相談者が子供であれば子供のような言葉を使い）、相談者の様子に同調しながら、我々は自身の内にある空虚さ、さらに言葉や身振りを介して、彼ら自身が自らのためにタロットを読むよう促すのである。こうしたリーディングは、我々自身の世界にではなく、相談者自身の世界に対して相応しい答えをもたらすだろう。我々にとっての解決策は相談者にとっての解決策ではない。もし相談者が我々のリーディングに同意しないとしても、説得しようとすべきではない。これは相談者自身の人生に関わることであるから、正しいのは常に相談者その人でなければならない。本来、無意識は我々の同盟者である。もし無意識が秘密を明かそうとしないなら、それは我々の方にまだその準備ができていないためである。決して無意識に秘密の啓示を強要すべきではない。それを得るには最大限の慎重さが必要である。

　我々はタロロジストの言葉だけではなく身振りについても取り上げてきた。身振りを適切に用いるためには、最初に相談者の位置を決めておく必要がある。相談者を我々の正面に座らせるべきだろうか？　それとも我々の隣に座らせるべきだろうか？　相談者を我々の前に座らせて、後ろから影のようにリーディングを導くべきだろうか？　どれを選択するかは、タロロジスト次第である。正面に座らせるのは、魅惑することを意味する（この場合、相談者を支配する恐れがあり、子供のようにおとなしく従わせることにもなりえよう）。隣同士となる場合は、感情を通わせ合うことができる（この場合、近親相姦的な転移の恐れがあり、相談者は相互依存の関係に引き込もうとしてくるかもしれない）。背後に位置する場合は影のようになることになる（この場合、神格化が起こる恐れもあり、相談者はリーダーを全能の魔術師のように見るようになるかもしれない）。どの位置関係も利点と同時に危険がある。要領の得ない身振り、力の入りすぎた身振り、執拗な身振り、乱雑な身振りは、相談者のリーディングに対する理解を邪魔し、また信頼感を失わせてしまうことにもなる。

　幸運にも私は京都で、ある茶人による茶会に参加したことがある。「たった」一杯の茶を準備するための身振り、所作のすべてが非常に意識的に行われていること、かくも無駄のない動き、人間性、美によって、私は忘れるこ

とのできない強い感動を覚えた。以後、私はタロット・リーディングにおいて、禅の茶道のような完全性と謙虚さを持った所作を確立しようと誓ったのだった。

　まずカードを混ぜてもらうために、相談者から近すぎることもなく遠すぎることもない場所に、正確で穏やかな所作でデッキを置く。この段階の半分（カードを与えること）をタロロジストが行い、残りの半分（能動的受容）は相談者によって行われなければならない。相談者がカードを混ぜている間、リーダーは動かず落ち着きを保ち続けるべきである。リーダーの発する声は、頭部にではなく胸に響かせるものでなければならない。それは穏やかな声、子供に語りかけるときに用いる声、知性ではなく心に由来する声だ。この善意の声を獲得するのは非常に難しい。それに達するにはタロロジストが聖性の状態に近づかなければならない。ただし、私は宗教的な冊子に書かれているような、型通りの聖人のうわべについて言っているわけではない。それは、真に、詩的で、崇高な感覚についてである。数ある宗教はそれぞれ聖性の概念を持ち、そこに限定的な意味を与えている。そうした限定された聖性の概念の中には、性意識、生殖活動、家族を否定するものもある。また、殉教を称讃し、肉体的快楽を否定し、現実の世界を否定し神秘的な彼方の世界を求めることまでもが含まれている場合もある。しかし人々はカトリックの聖者、イスラムの聖者、仏教の聖者、ユダヤ教の聖者（義人）について語っても、一般的な市民の持つ聖性を顧みない。しかし聖なる市民は、異性とも愛を交わし、子供を持ち、家庭を作り、人生を健全に楽しみ、セクトに属さず、姿と名を有する神が告げる教義を崇めず、禁止に基づく道徳ではなく人類に有益な行為という観点に基づく道徳を実践する。タロット・リーダーは聖者ではないとしても、聖性を手本にすべきである。東洋のある文化では、オウム、猿、犬が個人の自我を表す聖なる動物とみなされている。それはこれらの動物が主人を手本として見習うことができるからだ。

　では、どうすれば聖者を見習うことができるだろうか？　聖性は先天的なものでも外部からもたらされるものでもない。それは徐々に獲得されるものだ。大きな事柄において優れた者であるためには、小さな日常の事柄において優れた者となる必要がある。感謝、代価、賞賛、服従、こうしたものを見

返りとして期待せずに、ただ与えていく訓練をしなければならない。他者と自分を比較したり、他者と競争したりせず、謙虚に他者の価値を認められることも不可欠である。自分の視点を尺度として世界を評価せず、思いやりを持って異なる価値を受け入れていかなければならない。この他にも身につけておくべきことは数多い。注意を集中させること、自分自身の思考、欲望、感情をリーディングの間は制御しておくこと、怠慢に打ち勝つこと、取り掛かったことは必ず終わらせること、相談者が「意識」を理解することを拒んでも苛立たないこと、何をするにも最善を尽くすこと、悪習や偏執を捨て去ること、人に見られていないところで寛大に振る舞うこと、自分に対して極端に批判的になることも、極端に甘やかすこともなく、余計な好奇心を排除して精神を浄化すること、すべての贈り物に意識的な感謝の気持ちを持つこと、瞑想すること、内なる神に祈ること、熟考すること、深層的な論題について自分との対話を行うこと、感覚を発達させること、自分自身を定義するのを止めること、傾聴するということを学ぶこと、他者にも自分にも嘘をつかないこと、苦痛や苦悩に浸らないこと、隣人を助けることで依存させないこと、自分を模範にするよう求めないこと、意識的に時間を有効に用いること、仕事の計画を立て成し遂げること、あまりに多くの場所を専有しないこと、浪費しないこと、無駄な騒ぎを起こさないこと、身体によくない食物を楽しみのためだけに口にしないこと、一つ一つの質問にできるだけ誠実に答えること、生死と関わる恐怖に打ち勝つこと、今ここを生きるだけではなく他所や未来にも目を向けること、子供たちを幼少期から見守り続け決して見捨てないこと、一切の人も物も自分のものにしようとしないこと、公平に分配すること、虚栄心から服や物で飾らないこと、欺かないこと、本当に必要な分だけ眠ること、流行を追わないこと、利益のために身を売らないこと、結んだ契約や約束はすべて誠実に守ること、時間を守ること、他人の成功を妬まないこと、言う必要があることだけ話すこと、もたらされる利益を考えずに仕事そのものを愛すること、決して脅したり呪ったりしないこと、他者の立場になって考えること、一瞬一瞬を学びの場とすること、子供たちに自分を上回る成功を望み認めること、自尊心を克服して品格あるものに変えていくこと、怒りを創造性へ、貪欲を叡智へ、妬みを美の称賛へ、憎しみを寛

大さへ、信仰の欠如を普遍的な愛へと変化させること、自分を賛美することも貶めることもしないこと、不平不満を言わないこと、服従させる喜びのために命令しないこと、負債を負わないこと、決して他者の悪口を言わないこと、無用な物を持ち続けないこと、そしてとりわけ大事なのは、決して自分の名において行動してはならず、内なる神の名において行動することである。

　その頃、カードによるリーディングを行っていたのは、タロットを言語としてではなく、ペンデュラムや水晶玉のような予言の道具として用いていた占い師たちだった。占い師たちはアルカナを読み解くのではなく、カードが「ひらめき」を引き起こしてくれるまで待ち、それを勝手気ままに解釈していた。
　私はパリでロバン夫人と会ったことを今でも覚えている。有名な透視者であったロバン夫人は、それぞれのカードの下の部分にごく簡単な解説を付したポケット版タロット（22の大アルカナのみ）を出版して名声を博していた。その解説は「このアルカナの意味は他ではなくこうである」といったように単一化されたものとなっていて、明らかにカードの投影力を制限してしまっていた。私の映画『ホーリー・マウンテン』に好奇心をそそられた彼女は、私の顔見知りになりたいと望んでいた。寺院でもあることを期待して彼女のアパルトマンに入ると、そこは小奇麗な化粧室だった。透視者ロバン夫人は50歳ほどで小柄で丸々としており、バラ色のガウンを着て柔らかい肘掛け椅子に座っていた。彼女の足元では庶民的な風貌の男2人がひざまずき、崇拝の眼差し(まなざ)をたたえながら彼女の足の爪を切っており、その一方で彼女自身は自分の雌猫の爪を切っていた。テーブルの上にはいくつもの料理、チーズ、サラダ、ケーキ類、果物、上質のワインがあった。別の部屋にいる彼女の顧客は、この巫女(みこ)が夕食を終えるのを辛抱強く待っていた。実際に彼女は我々3名の前でそのように夕食を取り、がつがつと信じられない量の食物を平らげた。彼女がはるかに興味を持っていたのは、私のタロットに関する思想ではなく、映画に関するゴシップの方だった。私は彼女の面談に立ち会うという光栄に浴することができた。ロバン夫人は自分が用いるカードの名前と番号しか知らず、その細部には決して注意を払うことが無かった。彼女は顧客

を感服させようという目論見のための小道具としてタロットを用い、魔術師然とした雰囲気で圧倒し、リーディングの方法論も何もないままカードを広げ、ふと頭に浮かんだことは何であれ口にしていた。面談の時間を支離滅裂な予言の数々で埋めるため、ある種の譫妄(せんもう)状態のようなものを無理やり作り出していた。面談の前に、彼女はいつも顧客から出生地と生年月日を聞いていた。そうしてから脈絡のない種々の予言を並べたが、その大半は恋愛、仕事、健康にかかわることで、これに数々の占星術的なうわごとを差し挟んでいた。事故、足の骨折、怪我、厄介な皮膚の腫瘍、法律上の面倒ごとを予言するたびに、彼女は私に目配せをして、顧客を動揺させていることを知らせてきた。こうしたちょっとしたサディズムに加えて、将来訪れるだろう数多くの成功も語られた（「楽な暮らしが待っている」、「あなたの問題は解決される」、「素晴らしい仕事の提案を受ける」、「訴訟に勝つ」、「お金持ちと結婚する」、「夢見ていた家に住むのが見える」）。これらは依存的な顧客を作り出して彼らが定期的に彼女に面談に来るように仕向けることを目的としていた。このような不埒で商業的なタロットの用い方は、ただロバン夫人のみに帰せられるべき過ちではなかった。迷信的な顧客達も、彼女にこの種の答えを求めていたのである。そうした人々は将来を知り、また手頃な値段で運命を買い取って自分が重要な人物であると思いたがっていたのだ。巫女は顧客達が無意識に捏造したいと思っていたことを与えていただけなのである。

　一方、私は自分自身と相談者それぞれの投影に配慮しながら、カードの細部にまで目を向けることを基本としたタロットによる真のリーディングを目指していた。1枚のアルカナは一つの音符であり、2枚で二重奏となり、3枚で和音、さらに多くの枚数となると音楽におけるフレーズとなる。2年の間、私は週末を病人たちのためのタロットのリーディングに費やした。その後、徐々にこの試みに興味を持ってくれた精神分析医や整骨医など様々なセラピストの患者のためのリーディングも行うようになった。患者たちと向き合っていく中で、「伝統的」な教本に引き継がれている昔からのリーディングの方法が、もはや自分にとって役に立たないものであることに気づかされた。それらは未来を予言するために考えられたものでしかなく、すでに述べ

たように、私にとってそうしたことは幼稚で不誠実だと思われた。あることが起こりうると予言することが、その出来事を起こしてしまう。というのも、脳には自動的に予言を実現しようとする傾向があるからだ。私が必要としていたのは現在を読むための方法だった。現在には、自ら離れることのできないその人の過去が病気となって現れてくる。この模索の最中、まず私はロールシャッハテストを用いた心理学的なテストのように、タロットを使ってみることを始めた。その後、患者の無意識の諸要素を明るみに出す他の方法も参考にするようになった。私はこのやり方を「タロロジー」と名付けた。たとえ相談者が未来と信ずるものについての情報を求められても、タロロジストは相談者にとってまったく知られていない現在を読む。あらゆる問題やあらゆる病気の根本には、それらが身体的な不調を示すものであっても、過去の痕跡と未来の可能性に対する意識の欠如がある。

　私はタロロジストとして講義やワークショップを始めた。そして少しずつこの教えも広まっていった――これまでの私の生徒は世界で数千人にも達している。とはいえタロロジーという用語自体が予期せぬほど普及してしまい、その結果、ここで述べてきたタロットについての考え方とはまったく関係のない実践を指すためにも使われてしまっている。私は電話によるタロットの実践も始めるようになったが、残念なことに今日では数多くのいかさま師たちがこの営みからみじめな利益を得るようになってしまっている。私がそれを始めたのは、フランスで最初に自由なラジオ放送が行われた頃のことだが、ある一つの実験を成功させようとしてのことだった。それは相談者の声以外の情報がない中でタロットを読むことができるかを試みるというものである。全人格は声に含まれるということ、そして声は私の無意識へ相談者に関する知識を与え、さらにそれらをタロットが次から次へと表面化させていく、という説を私は持っていた。私はマイクの前に座ってカードを混ぜ、質問とともに1から22の間の数を三つ言うよう相談者に求めた。電話は止まず、この回には二千から三千もの電話があり、私は朝の5時までリーディングを続けなければならなかった。これは一つの革命だった。だが不幸にも商業的にあまりにも旨味があり、また匿名でいいという利点も加わり、著しく劣化した形で広まってしまった。

私は商売人たちが、人々の無邪気さを食い物にするだけでなく、雇われた「タロロジスト」（その大部分は貧しい学生、あるいはいかなるセラピーの訓練も受けたことがなく職業資格もない人々である）を奴隷のような扱いで搾取するのを目にし、タロットの象徴学だけでなく、リーディングに関する倫理規定も深く考えていかなければならないことを実感した。

　リーディングがより真正になるため、すなわちリーディングがリーダー個人の問題、道徳観、あるいは感情や欲望に対して、常に誤りを犯してしまう知的観念といったものの投影をなるべく少なくするため、タロロジストは忘我の状態となる必要がある。この忘我の状態というのは、無意識ないしは理性を失った状態として一般的に考えられているものとは異なる。忘我は注意力の強化から始まり、観客／役者という形からなる現実を放棄する状態へと至る。忘我状態にある者は自分自身を眺めず、自分自身の内に溶解する。純粋状態にある役者とはこのようなものだ。ここで「役者」と言っているのは、舞台上の俳優ではなく、行為する者のことである。こうした理由から、忘我は自分の言葉や行為、成し遂げられたことなどを記憶に留めることはできない。同じ理由から、忘我は時間の観念の喪失を生じさせる。一般的に言って、我々が合理的な態度を取るのは、他の活力に満ちた力やエネルギーから、自分自身を引き離すためである。日常生活において、合理的なものは、孤立した島のように経験される。忘我では合理的なものが失われることなく、景色が広がっていく。そして、無意識と島をつなぐいくつもの橋が見える。忘我は高次の意識の状態の一つである。忘我では錯誤行為も事故もない。そこで人は空間を思い浮かべることができない。なぜなら人は空間そのものになるからである。そこで人は時間を考えることもない。なぜなら人は生じてくる現象そのものになるからである。こうした究極の現前状態にあるとき、すべての所作、すべての行動が完璧なものとなる。計画や意図が一切存在しないため、誤ることもない。あるのは現在における純粋な行為のみである。忘我状態では、合理的精神は本能が解放されることをもはや恐れない。それが原始的なものであろうと、統合され一つとなるのだ。そしてまた、己の性的な本性から授けられる無尽蔵の創造性とも統合されることになる。肉体は過去の概念としてではなく、現在の感情豊かな主観的現実として経験される。肉

体は合理的な力によって命じられて動くのではなく、別の次元に属する力に導かれる。言うなれば、この動きは、ある種の集合性、もしくは現実性の総体から命じられているものとも言えるだろう。檻の中の動物の動きは合理的態度に、森の中の自由な動物の動きは忘我に比較してみることができる。檻の中の動物は決められた時間に餌を与えなければならない。脳の合理的な部分が機能するためには、言葉を受け取る必要がある。野生の動物は自ら餌を採り、誤ったものを食べることがない。人は忘我常態にあるとき、どこかで学んだことではなく、自分本来の在り方によって動かされるのだ。リーディングの間、忘我の状態となることは、「すべてを見通す」ことを意味しない。タロロジストは集中し、ただ一つのことのみ、すなわち見る必要のあること、ただそれだけを「見る」。従ってこの場合の忘我とは全てを見ることではない。それとはまったく逆で、当然ながら通常の意識から隠されている、ごく細部の一つ一つへと、鋭く注意を集中させるのだ。

始めるにあたって

　この第5章の目的は、あなたがタロットのリーディングに精通していくことにある。ここでは複数のリーディングの方法をただ簡潔に紹介するというよりも、この技法を深めていくことを目的とし、数多くの実例を挙げながら様々な種類のリーディングを解説していく。我々が行おうとしているのは、各カードにただ一つの役割だけを割り当て、選ばれた複数のカードを宣告の連続の如くに解釈するようなやり方ではない。タロットを言語のように、まず2枚ずつの組み合わせとして扱い、次に3枚ずつ、さらにそれ以上の枚数のカードを組み合わせていく。それによってカード同士は、オーケストラの楽器のように響きあうものとなる。

　本書の第1章で紹介した方向付けの規則は、リーディングを構築していくのに役立つものとなるだろう。例えばタロットが、受容性（女性性）をリーダーの左側に位置づけ、能動性（男性性）をリーダーの右側に位置づけていることを覚えておくことは有益である。ラテン文字のアルファベットの順序に従って、ほとんどの場合はカードの左側が、人がやって来た場所、すなわち過去を表し、カードの右側が人が向かう場所を表す。

　まず1枚あるいは2枚のカードを用いたリーディングの実践を紹介する。これは日常生活においてアルカナに慣れ親しみ、またそれらを互いに呼応させられるようになるために、とりわけ有益なものとなるだろう。その後の長い節では、タロットの言語によって作られる基礎となる「文」とも言うべき3枚のカードのリーディングを扱っていく。

次いで3枚以上のカードをリーディングするための方法をいくつか紹介する。この方法は必要であれば22枚の大アルカナすべてのリーディングに拡張していくこともできる。

　ここで一言付け加えておきたい。提示した例の中では多種多様なレベルのリーディングを意図的に混在させている。実際、タロットは具体的な問題を見ていくこともできれば、魂の深みへと向かっていくことも、また心理学的問題を取り除いていくことにも用いることができる。理想を言えば、タロット・リーダーは、相談者の要求、言語能力、年齢に合わせ、その依頼に最も適した言い方で応えていくべきである。タロロジストとしての我々の役割は、相談者の無意識からのメッセージを翻訳して、それを日常生活に合わせるようなやり方で、また最も重要な関心事に生かしていけるようなやり方で理解してもらうことである。リーディングは相談者のレベルに応じて行われなければならない。どんな場合でも、タロロジストは相談者を見下した態度を見せてはならない。重要なのは、相談者に奉仕し、またその人物にとって有益であることだ。我々の持つ力は助ける力、それも必要とされた時にのみ助ける力である。

　加えて言えば、我々は逆向きとなったカードをリーディングに用いる例を扱っていない。これはあえてそうしている。というのも、カードの逆位置を利用することにより、リーディングの中に否定的な可能性を組み入れることになるからである。カードの逆位置を読むと、否定性に目を向けることになり、その結果、さらなる否定性を生み出すことになっていく。どのカードからでも残忍なことを読み取るのは容易である。だが、それが一体何の役に立つというのか？　これは我々の選択することではない。

　最後に、タロロジストたらんとする者がタロットで自分自身のことを読むための辿るべき道筋を数多く示しておいた。実のところ、自分自身のためにリーディングを行うのは、タロットの深い理解を得るための最良の方法の一つである。それをただ行うことはいとも容易く（自分のタロットを所有しているだけでいい）、同時に何より難しいことでもある（自分は相談者であると同時にリーダーとなるため、自分自身の抵抗する力に真っ向からぶつかることになる）。だが、これは深く理解することにも、謙虚さを学ぶことにも大いに有益であ

り、自己防衛の働き方を明確に見抜くこともできる。

　タロロジストの誰もがリーディングの実践を通じて、次第に自分が直観を発揮していくことに気づくだろう。ときとして包括的なリーディングが、ただ1枚のカードのただ一つの細部から、完全に的確な形で浮かび上がってくることもある。タロットの真の技法に触れることができるのは、まさにそのときである。本章がこの技法へのささやかな導入となるならば幸いである。

リーディングへの最初の一歩

❖

　タロット・カードの意味を覚えるための最も良い方法は、実際に我々の関わっている問題と関連づけながら、日常生活の中で活用していくことだ。他者をリーディングする前に、しばらくの間はタロットを自分自身のために用いてみた方がいいだろう。そうすればタロットに慣れていくことはもちろん

リーディングの際のタロットの扱い方

落ち着いた雰囲気が望ましい。
カードを丁寧に扱いながら容易く並べるには、
アルカナの図柄を邪魔しない無地で単色の布を使うとよい（紫は集中力を高めやすい）。
まず通常のカード・デッキと同じようにタロットの順番を変えるため混ぜる。
だが、その際カードの上下の向きを変えてしまうようなシャッフルは行わない。
次にすべてのカードを一つに集め、テーブルの上に裏にしたまま水平に置く。
根強く続く伝統とは異なり、カードをカットする必要はない。
カットした場合は、1番下にあるカードが変更されることになる（561－562ページ参照）。
カードを配置したら、あらかじめ決めておいたリーディングの方法に従って、
右手か左手のどちらかで、そこにある1枚ないしは
複数枚のカードを裏のままで取っていく。
次に上下の向きをかえないようにしながら、右側を軸にしてカードをめくる。
1枚1枚めくりながらカードを解釈していってもいいし、
全てのカードをめくって総合的に読んでもいい。

のこと、矛盾や困難、相手の無理解に立ち向かう助けともなり、自分の視野を広げることにもなるだろう。ここで我々が提案しているやり方を用いて、架空の相談者になってくれる相手と組んでリーディングの練習をしてもいい。
　自分自身のことをタロットでリーディングするためには、基本となる前提がある。それはそもそも自分が現在の自分自身のことを分かっていないということだ。それゆえ、自分の現在の状況について尋ねることが最も重要になる。

1枚のアルカナを用いた練習

その日の調子

　日常生活の中にタロットが常にあるように、毎朝、大アルカナから1枚のカードを引き、少なくとも三つの異なるやり方でそのカードを解釈してみること。たとえば、カードは具体的なレベルでも解釈できるが、心理的レベルでも、霊的レベルでも解釈可能である。また、カードを個人的なレベル、人間関係のレベル、個人を超越したレベルなどといった形でも解釈できる。その1日の中で、どのようにこれらの三つのレベルが共鳴し合っているかを注意してみること。

> **リーディング例**……
> [**引いたカード**]　「愚者」
> [**リーディング**]　**具体的レベル**：豊かなエネルギー。目的を見失わないように注意すること！　これから、旅行ないしは遠出をするかもしれない。徒歩で旅してみるのはどうだろう？
> **心理的レベル**：今日はかなり自由な気分だ。何をしようと構わない！
> **霊的レベル**：全ての道は私の道である。今日は一切制限なしだ。どうすれば超越的思考と繋がって過ごせるだろう？

同盟者

　困難や、悲しいこと、気にかけているプロジェクトのことを考えながらカードを1枚だけ引く。引いた1枚のカードが、健康、喜び、成功へと自分を導いてくれる欠くことのできない同盟者となる。メッセージの分析の後は、その助力を取り込むために、カードを持ち歩き、絵に描き、それを記憶し、眠るときには枕の下に置き、胸や額とそれをこすり合わせるなどしてもいい。

> リーディング例………………………………………………………
> 相談者：**仕事が多すぎて過労状態にある。私はどうすべきか？**
> [引いたカード]　VIII「正義」
> [リーディング]　今の状況の中で落ち着いて、余分なものを捨て、真に有用で必要なものに集中するようにと「正義」は告げている。心理的次元では母性的なものを求めていることを示す場合もある。結局のところ、完璧を求めることが過労の状態を作り出してしまっている可能性もある。「正義」はそれを手放していく必要があると告げている。
>
> 相談者：**どうすればあらゆる状況で平静を保てるだろう？**
> [引いたカード]　II「女教皇」
> [リーディング]　メッセージは以下のようなものかもしれない。身を引いて、自由に熟考できるような場所を近くに確保すること。それはあなたの根底にある穏やかさを再び見出す助けとなるだろう。知恵のある言葉を読むことも大きな助けとなるだろう。自分自身を過小評価してはならない。あなたは高い霊的価値を持っている。そしてそれにふさわしく行動すること。あなたの大事にしている計画のことを考えて（「女教皇」の卵）それに集中すること。あなたの苛立ちの原因の一部は、単に優しさを求めてのことなのかもしれない。

自分を聴診すること

　ここで引いたカードによって、自分自身をより深く知り、自分自身の霊的ないしは感情的な自画像を描き出すことができる。偶然に引いた1枚の大アルカナを体の特定の部位の上に置き、「私のこのレベルにあるものは何か？」と尋ねる。

> リーディング例………………………………………………………
> 私の心にあるのは何か？
> [引いたカード]　XVIIII「太陽」

［リーディング］　大いなる愛、喜び、新たなものの構築、自分の父親、自分の子供たち、休暇など。

私の腹にあるのは何か？
▶ 男性が「正義」（VIII）を引いた場合
［リーディング］　それは自分の母親である！　彼女は自分においしい料理を作ってくれていた。今は少し体重を減らす時かもしれない。
▶ 女性が「世界」（XXI）を引いた場合
［リーディング］　子供を持つ欲求！　自己実現のために必要なものすべてを持っている。自分の創造性や生殖器官が大いなる富であると感じ始める。自分の女性性を愛する。

大アルカナを用いた謙虚さを身につけるための訓練

　優れたタロロジストは、自分がもとより自明とみなしているすべてのことに疑問を持つ必要がある。まずは自分の人格から始め、自分の信念や日々の出来事までも疑ってみなければならない。ここで必要となるのが、謙虚さといくらかのユーモアの感覚である。

　この練習では、自分自身に関すること、また自分と関係する既知の事柄に関してカードを1枚引く。大アルカナを用いれば、最も低級な事柄から非常に高尚な事柄に至るまでのあらゆる領域に目を向けることができる。出てきたカードが矛盾しているように思われても、状況に完全に当てはまるように解釈していく。

> リーディング例……………………………………………………
> 私の感情的生活はどのようなものだろう？
> ［引いたカード］　X「運命の輪」
> ［相談者の反応］　「確かに私は一つのサイクルの終わりの段階にいます。」

今自分が最も望んでいることは何か？
［引いたカード］　XVII「星」
［相談者の反応］「はい、確かにそうです。私は自分の場所を見つけたいと思っています。多くの与えるべきものを持っていると感じています。また、これを実行するには自分自身の位置を定める必要があると思っています。」

小アルカナを用いた謙虚さを身につけるための練習

　謙虚さのための練習は、小アルカナのリーディングで行う場合でも有益である。56枚のカードを混ぜ、質問を行う。それは物質的生活、性的及び創造的生活、感情的生活、知的生活と関連した、回答可能なものでなければならない。次の段階で、謙虚さについての「ゲームを行う」。その際、タロットは常に正しいという有益な原則を順守すること。また、タロットが告げていることを肯定的に解釈するのも重要である。

　このリーディングは、すべてのカードが我々の存在のどこかのレベルといつでも一致していることを前提とする。「人間に関連する事柄で私と無関係なものは何もない」訳註3。

> リーディング例……
> 相談者：**私が今最も関心を持っていることは何か？**
> ［引いたカード］「棒」の7
> ［回答］　自分1人で構想した新しい企画という形で、私の創造的な力を世界で活用しはじめること。
>
> 女性の相談者：**自分の人生における最高の価値とは何か？**
> ［引いたカード］「金貨」の「王」
> ［回答］　事業を中心とする、夫とともに築いた幸せで豊かな世界。
>
> 女性の相談者：**私が最も恐れているものは何か？**

訳註3　テレンティウス「自虐者」より（邦訳は『ローマ喜劇集』5所収、城江良和訳、京都大学学術出版会、2002から引用）。

［引いたカード］　「剣」の5
［回答］　偽物の師匠、無情な教師、嘘をつく政治家たちの言葉による侵害と支配。

私の限界とは何か？

　カードは知的、感情的、性的＝創造的、物質的な面と関連するそれぞれの中枢で何が問題となっているかを示すのにも有効である。そのためには、まずある特定の中枢に問いかけることを決めるか、あるいはすべての中枢に対して同じ1枚のカードで順に問いかけていくかを決めて、カードを引く。このやり方に従って、ここでのリーディングの例では、すべての中枢の限界を定めるものとして、「皇帝」のカードを検討する。また、各中枢ごとに異なる別の例も取り上げておく。

>　リーディング例…………………………………………………………………
>　私の知的限界は何か？
>　［引いたカード］　IIII「皇帝」
>　［回答］　私は繊細さを欠いた合理主義に囚われている。正しい筋道がないものは一切受け入れない。
>　［引いたカード］　「愚者」
>　［回答］　私には限界がない。私は拡張していく。私が必要としているのは思考に制限を与えるために、より合理的な見解を採用することだ。
>　［引いたカード］　VIII「正義」
>　［回答］　厳格さが私を制限している。私はある一つの物の見方しか想像できない。私にとって既知のことを超える視点や考え方があることを理解していない。
>　［引いたカード］　III「女帝」
>　［回答］　私は夢想にふけっている。狂信的になっていく恐れもある。私の知性は、あまりにも空想的である。

La lecture du Tarot

私の感情的限界とは何だろうか？

［引いたカード］　IIII「皇帝」

［回答］　**女性の相談者**：自分は男性的すぎる。あるいは父親に対する愛が強すぎる。そのため、他の人を受け入れていくための余地がない。

男性の相談者：私は過度に権威を振りかざしてしまい、寛大さに欠けている。心の声がわからない。

［引いたカード］　XV「悪魔」

［回答］　私（男あるいは女）は所有欲が強すぎる。

［引いたカード］　X「運命の輪」

［回答］　新たな人間関係を想像することができない。もしかすると私に必要なのは、一つのサイクルを終らせることか、あるいはそれが終わってしまっているのを受け入れていくことなのかもしれない。

私の性的あるいは創造的な面の限界となっているものは何か？

［引いたカード］　IIII「皇帝」

［回答］　私の性的あるいは創造的な面は型にはまった繰り返しに過ぎない。私は倦怠してはいないか？

［引いたカード］　VII「戦車」

［回答］　**女性の相談者**：私は「ドンファン症候群」に苦しんでいる。潜在的なニンフォマニアなのではないか？　あるいは創造性を発揮するためには男性的でなければならないという愚かな考えを持っているのではないか？

男性の相談者：相手を求めるよりも、征服しようとする欲望が勝っている。量と質を区別できるようにならなければならない。

芸術家：創造の喜びよりも認められたいという思いが勝っている。

［引いたカード］　VIII「正義」

［回答］　私が創造性へと向かっていくことを、母親的な人物像が妨げている。子供を作ること以外に、私は性的なことを求めていないのかもしれない。

［引いたカード］　XIIII「節制」

［回答］　自分を天使のような存在とみなすことで、リビドーの力を拒否している。

私の物質的、肉体的限界とは何か？
［引いたカード］　IIII「皇帝」
［回答］　私は投資しようとせず、また成長しようとすることを拒んでいる。自分の肉体はまだ父の支配下にある。また、投資という考え方も、自分の実際上の生き方とは無関係である。
［引いたカード］　II「女教皇」
［回答］　十分に行動していない！
［引いたカード］　VIIII「隠者」
［回答］　私は自分が老いて貧しく孤独な者であるのは仕方ないことだと思っている。豊かさを想像することができない。

2枚のアルカナを用いた練習

利点―欠点、力―弱さ

　ある特定の状況、あなたの決断、あなたに疑問を投げかけていることについて、2枚のカードを引く。1枚は利点、あなたの状況や決断の強みとなる点を表し、もう1枚は欠点、弱さや待ち構えている潜在的な危険を表す。

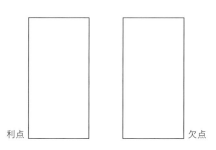

利点　　　　　　　　　　　　欠点

リーディング例……………………………
女性の相談者：自分は都会に住んでいるが、より公害の少ない田舎に移住したい。
［利点］　Ⅵ「恋人」
［リーディング］　街を離れた生活は、深い願望やあなたが愛する何かにふさわしい。それはあなたの感情的生活（カップル、家族におけるもの）にとっては、非常に大きな恩恵を得ることとなるだろう。子供たちはより平和な環境で幸せに成長していくだろう。
［欠点］　ⅩⅧ「月」
［リーディング］　あなたは孤独に襲われる可能性もある。また、仮に極端に孤立した場所に住んだ場合、暗闇に恐怖を感じることさえあるかもしれない。

女性の相談者：私はパート・タイムで働くことを考えている。

［利点］「愚者」

［リーディング］ 自由はあなたのものだ！ あなたは多くのことにエネルギーを注ぐことができるようになるだろう。その対象が何であるかはまだわからないが、自分が勢いに乗っているとあなたは感じている。

［欠点］ XII「吊られた男」

［リーディング］ 大地の上に向かってポケットが開いているのを見て、自分が仕事を減らすほどの経済的基盤があるかどうかを問い直してみてはどうか。また、怠惰にならないよう注意する必要もある。

女性の相談者：今年は祝日を家族で過ごすつもりである。

［利点］ XVI「神の家」

［リーディング］ 大きな喜びが待っている。大勢の人と過ごすことになれば、本当の意味での祝日となるだろう。

［欠点］ V「教皇」

［リーディング］ 会話のやりとりには十分に注意しなければならない。場違いの発言が夕べの集い全体を台無しにしてしまうおそれもある。家族の中に、あなたが父ないしは祖父のようにその権威を恐れている男性の人物はいるか？

対立

　これは動的なリーディングの方法である。まず1枚のカードをめくった状態で置き、その上に2枚目のカードを交差させる。最初のカードは願望と自分の置かれている状況を表す。2枚目のカードは対立するもの、障害、前進

を阻むものを表す。我々はこれを基に二つのリーディングを行うことができる。最初に行うのは、対立するものがもう一方のカードの上にある場合、すなわち前者が勝っている場合のリーディングである。この配置においては対立や障害が解決不可能なことのように見える。第2のリーディングでは、対立と障害のカードは状況と願望のカードの下に置かれる。この配置では対立と障害の克服が示される。

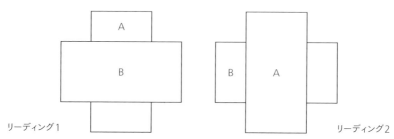

リーディング1　　　　　　　　　　　　　　　リーディング2

A：状況、願望
B：対立、障害

リーディング1

リーディング2

リーディング例……………………………………
女性の相談者：彼女はシナリオライターで、自分に任せられた課題を書き始めることができないでいる。

［状況］　XI「力」
［対立］　III「女帝」

［**リーディング1**］　XIは、あなたが自分の創造的あるいは本能的な力を用いて何かを始めようとしていることを示している。しかし、IIIのカードがあなたの邪魔をしている。あなたは自分の創造性を障害と感じているのだ。なぜなら、自分がどこに向かっていけばいいか分からず、そのことがあなたを不安にさせているからだ。3は11よりも低い数値であることから、あなたは

自分の経験不足を恐れているか、あるいは自分の着想をまったく深みがなく幼稚なものだと感じている。ここでは「女帝」がXIの獅子の口を閉じようとしている。「力」は自分が始めなければならないことを始められないのだ。ここに見られるのは自信の欠如である。若い女性が経験豊かな女性に対して心理的に優位に立っているのだ。

［**リーディング2**］「女帝」が「力」の下に置かれると、状況は変わる。「女帝」の若いエネルギーと爆発を用いて、あなたは勇敢に仕事を始める。ここでは「力」も自分本来の成熟度が示すものを取り戻す。「力」は始まりを表すが、同時に背後には最初の10枚の大アルカナがあるのだ。ここでの「女帝」は、もはや疑いを持たず、新しい課題のために用いていくことのできる創造性を象徴することになる。

リーディング1

リーディング2

女性の相談者：私は人生を変えたいと思っている。

［**願望**］　XIII 名無しのアルカナ

［**障害**］　XVIIII「太陽」

［**リーディング1**］　あなたは大きな変化を起こす動きの中にいる。あなたが求めているのは、人生に革命を起こし、大胆に一掃することで新たな出発点からやり直すことだ（XIII）。だが、「太陽」からは、あなたがこれまで作り上げてきたものに引き留められているようにも見える。あなたはカップルや家族とはこうだという考え方に執着しているのだろうか？　あるいは子供時代と関わる何かから離れられないのだろうか？　もしかすると理想の父を探そうとしているのだろうか？

［**リーディング2**］「太陽」は新たな人生の計画として、アルカナXIIIの破壊の熱意を和らげ、それを愛に満ちた目的に向けていく。

La lecture du Tarot

最も好ましく思うカードと
最も好ましくないと思うカード

　まず大アルカナの中から、自分が好きなカードと好きではないカードを選ぶ。それをよく観察し、それぞれについてあなたを引きつけるもの、あるいは不快にするものを明確化していく。この2枚のカードそれぞれに対して、さらに1枚のカードをランダムに引く。それによって、自分とそれぞれのカードとの関係をより一層深めていくことができるだろう。

> **リーディング例**……………………………………………………………
> [**最も好ましく思うカード**]　XVII「星」。裸で寛大な美女が、暖かさに満ちた楽園にいる。私はこの絵が好きだ。私は自分と彼女を同一化しやすい。彼女が私の人生の理想である。だが残念なことに、毎日、私はこのように感じているわけではない。
> [**最も好ましくないと思うカード**]　XII「吊られた男」。確かに人物の顔の表情は穏やかだが、このカードは私に拷問を想像させてしまう。カードは空虚で、人の気配もない。彼は停滞しているとする考えを、私は好まない。
> [**引いたカード**]　この女性の相談者は、「星」のカードの上にVIII「正義」のカードを交差させる。
> [**リーディング**]　今、そしてここ、あなたが肉体を伴って存在しているこの現在に、あなたの「星」は現れる。たとえ、あなたが社会的な場にいるときや仕事をしているときでも、何かを評価する役割を与えられたときでも、生々しい現実の中で検討し、判断し、行動しなければらないときでも、あなたは常に「星」と結びついている。あなたは「星」である！　疑ってはならない！　自分が受けるに値するものを自らに与えよ。
> [**引いたカード**]　この女性の相談者は、「吊られた男」のカードの上にXVIの「神の家」のカードを交差させる。
> [**リーディング**]　これらの人物が逆さまとなり、頭を下に向けている

のに注目せよ。彼らが示しているのは、あなたが非常に恐れていた停滞の状況の未来である！「吊られた男」は喜びに満ちて現れ出ること、すなわち誕生に向けて、ただ準備をしている最中なのだ。彼に起こるべく定められた結末は解放と喜びである。あなたの内側に閉じ込められたもの全てが、自らを表現することになる。あなたは「吊られた男」の態度の何があなたを不安にさせているかをよりよく理解するために、もしかすると自分が胎児だったときや誕生の際の環境についてもっと知っておく必要があるのかもしれない。あなたは自分の内側に、なんらかの抑圧された怒りを抱え込んではいないだろうか？

[**最も好ましく思うカード**] XIII 名無しのアルカナ。これが私のお気に入りのカードだが、その理由はこれが他の人々を恐れさせるものだとしても、私自身は恐れを感じないからだ。私は変化を恐れない。私は変化を好む。私は主のない家の空の部屋である。

[**最も好ましくないと思うカード**] XXI「世界」。これはすでに実現されてしまっていて、すべてが手に入ってしまっている最後のカードだ。もうなにもやるべきことがない。

[**引いたカード**] 男性の相談者は名無しのアルカナの上に VII「戦車」を交差させる。

[**リーディング**] 実のところ、あなたが経験している変化は、世界や宇宙の恒常的な変化である。「戦車」のように、あなたは時間と空間の中に身を置き、それらを受け入れて生きている。

[**引いたカード**] 男性の相談者は「世界」のカードの上に XVIII「月」を交差させる。

[**リーディング**] あなたの受容性を高めていけば、完成の段階を迎えても、なお続いていく人生の進路を見出すことになるだろう。それはすなわち、世界の美しさを観想することだ。

1枚のアルカナ、2枚のアルカナ、さらに複数枚のアルカナを用いた練習

　解釈の練習に慣れてきたら、実際のカードのリーディングへと移っていく。そのための最良の方法は、1枚のカードの解釈を別のカードとの関連によって深めていくことだ。こうすることで、リーディングの本質を形作るアルカナ同士の相互の力関係へと目を向けていくことが可能になる。

ある1枚のカードを別のカード、あるいは複数枚のカードで説明する

　より意味を深く探っていきたいカードを1枚選ぶ。当然のことだが、このリーディングは「客観的」（元のカードの諸要素の研究）でもあり、「主観的」ないしは「投影的」（自分がこのカードに何を見ているか？）でもある。

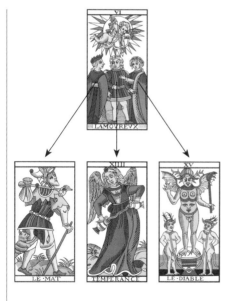

リーディング例…………
VI「恋人」
［**質問**］「恋人」はどのような種類の結びつきを表現しているのか？
［**引いたカード**］「恋人」のカードにある3人の人物それぞれに対してカードを1枚ずつ引く。「愚者」、XIIII「節制」、XV「悪魔」となる。
［**回答**］「恋人」は原初のエネルギー、天使、悪魔という相容れないもの同士の結びつきを表現している。これはユ

ダヤ―キリスト教文化によって押し付けられた道徳の転倒となる。好むものを求めること（愛したり好きなことを行うこと）によって、この革命は実現する。

VIII「正義」

[**質問**]「正義」は何を断ち切ろうとしているのか？

[**引いたカード**] 剣に対して出てきたカードはVIの「恋人」である。

[**回答**]「正義」は時間の浪費となってしまっている無益な感情的対立を断ち切る。おそらくそれは煩わしい社会的な人間関係かもしれない。

[**質問**] 彼女は何を測っているのか？

[**引いたカード**] 男性の相談者は天秤のそれぞれの皿に対して、2枚のカードを引く。ここではXI「力」とXX「審判」である。

[**回答**] 彼女が測っているのは、本能的な性のエネルギーと霊的な声が求めるものとの間のバランスである。

XIIII「節制」

このカードは異なるもの同士の調和的混合を象徴している。

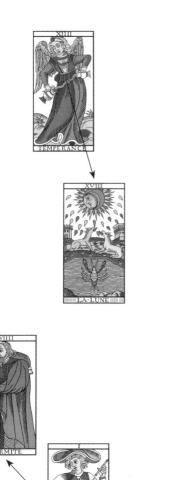

［質問］ どうすれば統合が実現するか？

［引いたカード］ 相談者は二つの壺の間の流れ、すなわち統合を象徴することになる1枚のカードを引く。出たのはXVIIIの「月」である。

［回答］ 自分自身に耳を傾けること。そうすれば直観を通じて統合が実現される。自分自身を否定するのを止め、無意識の深奥からくるメッセージ、詩的言語、受容性、広大な内なる領域を受け入れるべき時がやってきている。

I「大道芸人」

［質問］「大道芸人」の机の上には何があるのか？

［引いたカード］ VIIII「隠者」

［回答］「大道芸人」が持っているのは一見すると雑多な要素に思われるが、その下には叡智(えいち)がある。それは父、指導者、祖父などから引き継がれたものかもしれない。

　さらにアルカナについて問いかけていく手続きを継続することもできる。

［**質問**］ では、「大道芸人」は机の下に何を持っているのか？
［**引いたカード**］ VII「戦車」
［**回答**］ 「大道芸人」は大きな行動を起こす力をもっているが、そのためには「机の下にあるもの」とのつながりを確立する必要がある。それは「戦車」における2頭の馬、すなわち内的な強さ、動物的性質、創造性に相当する。

転移への導入

2枚のカードをランダムに引いて、色、形、視線の方向といった細部に目を向け、それらがそれぞれのカードで繰り返し見られるか、あるいは変化しているかに注目すること。カードの配置の順序によっても解釈には変化が生まれてくるだろう。

「戦車」の2頭の馬と
「正義」の2枚の皿。
「戦車」の冠と「正義」の冠。

リーディング例......................
［**引いたカード**］ VII「戦車」、VIII「正義」
［**転移**］ ここでの転移が示しているのは、「戦車」が2頭の馬と権力のシンボルである笏を持っているのに対して、「正義」が2枚の皿と剣という武器を持っているということだ。「正義」は自分の意志を世界に押しつけていくが、「戦車」は馬に手綱がなく、それゆえ世界に求められるがまま運ばれることを受け入れている。「戦車」の冠は上部に開かれ、受容的である。一方、「正義」の冠は投影的であり、自分が能動的な知性であることを示している。
［**リーディング**］ ごく具体的なリーデ

ィングをすれば、「戦車」が「正義」から離れていこうとしているとも言える。もしかすると、それは母親の影響から離れようとしているか、あるいは極端な完璧主義をやめようとしているのかもしれない。

[引いたカード]　I「大道芸人」、XVIIII「太陽」

[リーディング]　この順序では「大道芸人」の手にある小さな黄色い円が、「太陽」を縮小して表している可能性もある。また、若者が「「太陽」を掌握している」とも言えるだろう。彼は自分の成功を積極的に受け入れているか、あるいは父ないしは自分を支えてくれる人物の影響力を利用している。こうして彼は、「太陽」のエネルギーを吸収しより強固になっていく。

「大道芸人」の黄色い小さな円が「太陽」になる。

[リーディング]　XVIIII―Iという順序：この配置では、黄色い円が縮減したものとみなされうる。つまり、太陽が1枚のコインになってしまっているのだ。「大道芸人」は、「太陽」の力を矮小化するやり方か、ないしは不誠実なやり方で操っているとも言えるだろう。これは詐欺師、そうでなければ金の価値を知らない放蕩息子であることもある。

「太陽」の価値は縮小される。

「力」の霊的存在が
動物的存在たる獅子に
働きかける。
「太陽」の中の霊的存在
(三つの点がある右側の人物)は、
より動物的な存在(小さな尻尾のある
左側の人物)を導く。

[引いたカード]　XI「力」、XVIIII「太陽」

[転移]　これら2枚のカードでは霊的存在がより動物的な存在に影響を与えている(あるいは協力し合っている)ことが表される。「力」では、女性が獅子の口に両手を置き、飼い慣らそうとしているか、あるいはおそらくは黙らそうとしているのかもしれない。「太陽」では三つの点のついた人物(239ページ、267ページ以下参照)が自分と似ているものの、いまだ動物的な性質につながれていることを示す小さな尻尾のついた人物を導いている(267ページ以下参照)。

[リーディング]　「力」で始められた探求が、「太陽」では新しい人生を作り上げていくことへと至る。ここでは自らの創造性、深層の自己、無意識とのつながりが確立されている。だが、いまだ自分が動物的なものとみなされる存在とは区別されると感じている。「太陽」では、人間の中の二つの支配力を持った中枢が双子のように協力し合っている。そして人は自分自身との完全な調和の状態にある。新しい人生に伴う根本的変化を開始するため、自らの霊的な部分が完全に信頼できる導き手となるのである。

La lecture du Tarot

パートナーと組んで行う練習

質問と回答

　参加する2人の内の1人が、1枚のアルカナを選び、一連の質問を行う。もう1人はアルカナの名の下にこれに加わり、直観に従って答える。この練習はタロットを学ぶ者には非常に有益であり、カードの理解を広げていくことができる。

「節制」への質問……………………………………………
——なぜ足下に絡みあう2匹の蛇がいるのか？
それは私が「地」の全エネルギーを引き受けたからだ。これら2匹の蛇は性的エネルギーであり、私の内部で絡みあい、私の空色の羽にまで昇華される男性性と女性性である。私は「地」でも「天」でもあなた方を保護する。

——なぜ一方の壺の中身を別の壺に注いでいるのか？
私はエネルギー、流体を交流させている。私の行為により、もはや相反するエネルギーも対立物もなく、ただ補いあうだけのものとなる。これがバランスの秘密である。

——胸にある幾何学的記号の意味は何か？
胸にある四つの黄色い小さな三角形は人間の四つの中枢、すなわち知的中枢、感情的中枢、性的・創造的中枢、肉体を表している。これらの中枢は相互に直接的な交流はなく、並置され、それぞれには自らの法則がある。だが、それらの上には黄色い円があり、他の三

角形の間にあって、そこに第五元素を象徴する三角形が刻まれている。これはあなた方一人一人の内部に存在する本質的存在であり、四つの中枢のそれぞれと交流することで、人間における調和を作り出している。

――お前の存在は私の人生において、どのように顕現するのか？

私が到来するとき、不思議な香りが発せられる。私の頭に一輪の赤い花があるが、それは私の思想が香（かぐわ）しいものであることを示している。私の思想は言葉の形を取ることなく、芳香のように現れる。

――なぜお前の目は黄色なのか？

それは私の精神が純粋な光だからだ。私が見ているものすべてが私である。

タロロジー的会話あるいはタロット・ポーカー

　2人のパートナーがそれぞれランダムに5枚のカードを引き、それを左から右、つまり字を読む時の方向で並べる。1人目が自分の5枚のカードを1枚ずつめくりカードごとに質問を行う。2人目は自分のカードを1枚ずつめくりながら答える。その後、それぞれ束からカードを5枚引いて、役を交代する。

　質問は人生の意味全般、質問者の懸念している問題、あるいはもし2人がお互いをよく知っているなら両者を結ぶ関係についてでもよい。

　このリーディングの練習は、アルカナに関する個人的解釈を深め、対話を発展させていくことに優れた効果がある。

> リーディング例
> ―― VIIII「隠者」：今、私が経験している危機は私をどこに連れて行

くのか？
——「愚者」：お前を解放へと向かわせている！
—— VIII「正義」：私が関わっている訴訟はお金をもたらすだろうか？
—— XV「悪魔」：ああ、かなり多くの金になる！
—— XI「力」：自分はある活動を始めている。成功する力が自分にはあるだろうか？
—— X「運命の輪」：ある。ただ外部の人の助け（輪の取っ手）が必要になる。
—— I「大道芸人」：まさに今ここで、私が始められることは何か？
—— XXI「世界」：存在すること、愛すること、創造すること、生きていくことについてのあなたの能力。これら四つの次元との接触を絶やさず続けることから、まずは始めることだ。
—— XIII 名無しのアルカナ：今私は自分の人生をどのように変革するべきだろうか？
—— III「女帝」：お前の創造性、熱意、若い頃の夢へと向かっていく必要がある！

タロット・ポーカー（変形）

　経験を積んだタロロジストと相談者の間で行われる場合、タロット・ポーカーを変形させることも可能である。相談者は自分のタロットについての知識、ないしは絵から喚起されることに基づいて、5枚のカードそれぞれに気にかかっている質問を割り当てる。タロロジストは自分のカードを、最も大きな問題を示しているカードから最も素晴らしい実現を示しているカードと順番に並べていくことで、発展的な推移へと答えを導いていけるようにする。こうしてある種の「肯定的な闘牛」が行われることになる。相談者は自分の問題を説明し、マタドールたるタロロジストは相談者の助けとなる答えを提案する。ここでタロロジストが行うのは、相談者が肯定的な発展を思い描く助けとなるように、その答えとなる素材を組織化していくことである。

> リーディング例……………………………………………………………

女性の相談者：彼女は最近自分の母親を亡くした。

——VIIII「隠者」：私が手放すべきものは何か？

——XIII 名無しのアルカナ：失われていくものへの執着である。

——XII「吊られた男」：どのような新しい視点を持つべきだろう？

——XV「悪魔」：あなたの創造的情熱に身を任せることだ。

——XI「力」：どんなやり方で？

——V「教皇」：教えることを通して。

——IIII「皇帝」：それは私に安らぎをもたらすだろうか？

——XVII「星」：要求するのをやめ、与えることに専心すれば、安らぎがもたらされるだろう。

——VIII「正義」：他にどんな母が見つけられるというのか？

——XXI「世界」：宇宙である。

3枚のカードの
リーディング

✺

　カードが3枚になって初めて本当の意味でのリーディングの作業が始まると言える。これは無限と言ってもいい可能性を与えてくれる基礎的な「文」の最も単純な形となる。3枚のカードを用いたリーディングには無数のやり方がある。好みに応じて、3枚のカードがあらかじめ定められた三つの要素――過去、現在、未来――を表すという形を採用してみてもいい。だが、リーディングの技術は、次第にこうした固定的な枠組みから離れた自由なものとなっていくことだろう。我々は、カードを結びつけたり対立させたりする細部、すなわちシンボル、人物の動きや視線の方向、数価などが、我々自身を自然と導いていくことを学ぶ。3枚のカードのリーディングとは、タロット学習者がどこまでも深めていくことのできる技術である。

　3枚のカードのリーディングに立ち入る際に、選択すべき三つの方向性がある。それらを最も単純なものから最も複雑なやり方へと順に並べると次のようになる。

　――前もってリーディングの方法を選んでおく。
　――尋ねられた質問に対してリーディングの方法を合わせていく。
　――出てきたカードの絵や数価、特にカード同士で繰り返される要素（シンボルや色）や人物が見ている方向に応じてリーディングの方法を決定する。

　相談者がテーブルの上に3枚のカードを実際に置いていくやり方を考慮することもできる。カードの順序に特徴がなく、それぞれが等間隔で水平に並

べられたとしよう。その場合、相談者がバランス感覚を持っていて、ものごとを整理することのできる人物であること、また落ち着いて問題に向き合おうとしていること、あるいは状況を掌握しようとして質問を持ってきていることが示されている可能性がある。また、カードを上に向かって並べていく場合は、相談者に楽観的な傾向があるとみなせるかもしれない。一方、カードを下に向かって並べていく場合は、なにか相談者を悲観的な気分にさせているものがあるかどうかを尋ねてみてもいいだろう。最初の2枚のカードが接近しているのに3枚目が遠ざけられていたり、逆にその反対であったりした場合、違ったやり方でリーディングをしなければならない。つまり、二つの要素の間にはつながりを感じているが、三つ目の要素に対しては距離感があるということになる。

　もし各カードが真っ直ぐではなく前方に傾いている場合、これは前進していこうとする姿勢によって生み出される熱意を示している可能性がある。カードが後方に傾いている場合、相談者が前進を望んでいないか、前進していたとしても本人の意志に反しているとも考えられる。もちろんこれら全ての解釈は参考となる情報を与えてくれるに過ぎず、確実な指標と受け取るべきではない。むしろ、それらはタロロジストを対話へと促すものとみなさなければならない。

　最後に言うならば、3枚以上のカードを用いたリーディングの間のどの段階でも、状況を明確にして疑問を明らかにするために、あるいはどうすれば障害は克服されるか、またどうすれば変革を安定させられるかを見るために、1枚ないしは複数枚のカードを引いてみることもできる。タロットが何らかの困難を示唆しているように思われるならば、そこで立ち止まってしまう必要はない。その困難の原因は何か、それはどのようにすれば解決が可能であるかを尋ねてみることもできる。タロロジストは相談者に対して予言、判決、診断などを与えるのではなく、彼らの同盟者となるべきである。タロットが無意識からのメッセージをもたらすものなのだとすれば、リーダーとしての我々の仕事は、それを最善のやり方で解釈することによって、相談者が有益な方向において、葛藤を解決し、実現と進歩への道を歩み、そしてより大きな喜び、創造性、平和、豊かさを得られるようにすることにある。

あらかじめ定められた方法でのリーディング

　3枚のカードによるリーディングは、きわめて単純でありながらも、非常に豊かで実質的に無限の可能性を有している。だが、まずはあらかじめ一定の手続きが決まっているリーディング方法を用いて、相談者によって選ばれた「文」に意味を与えていくというのがいいだろう。

　タロロジストが最初に直面する問題は、タロットが未来を予言するためのものだという信念である。だが、タロロジーはカード占いとは異なり、未来の出来事を仮定的に定めるのではなく、シンボルを豊かに含んだ絵を頼りにすることで可能な限り有益な答えを質問に与えることある。そのためには、タロットのリーディングを何らかの枠組みに合わせていく必要がある。その際にリーディングの方法を設定することが役に立つ。サッカーのグラウンドやチェス盤といった場がゲームに方向性を与えるように、リーディングの方法が解釈の上での意味を形成する。リーダーはリーディングの方法を、あらかじめ決めておくか、カードを見た後で決める。その方法の数は可能性として無限に存在する。

　以下では3枚のカードのための最も単純なリーディングの方法を五つ紹介していくが、それらは事実に即したものから心理学的なものに至るまで順に分かれている。どの例でも、3枚のカードをそれぞれA、B、Cと呼ぶ。リーディングで提供される答えは、わざと平凡かつ単純にしてある。大アルカナについての解説を参照すれば、さらに深い意味を持った答えを作ることができるのは言うまでもない。だが、この場に実際の相談者がいるわけではないため、ここではリーディングのプロセスを出来るだけ分かり易い形で提示することにしたい。

［方法1］
ある状況の過去、現在、未来における局面

　A、B、Cは、それぞれ過去、現在、そして未来のために準備していることを表す。

A：状況の過去の局面
B：状況の現在の局面
C：状況の未来の局面

 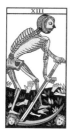 

リーディング例…………
男性の相談者：最終的に運転免許を取得できるだろうか？
［引いたカード］　A：VII「戦車」、B：XIII 名無しのアルカナ、C：XVIIII「太陽」

［リーディング］　過去に試験を受けたが成功しなかった（「戦車」は乗り物を操っている）。だが、今やすでにあなたは変化している（XIII、変化）。上手なドライバーとなるのに不可欠な危険についての意識をすでに持っているようだ。この先、あなたは試験官を敵ではなく同盟者とみなすことで、合格に向けて準備を進めていくだろう（「太陽」）。

［方法2］
始まり、展開、結果

　この時系列では、Aが始まりであり、BそしてCへと展開される。

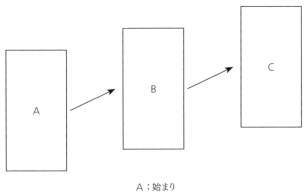

A：始まり
B：展開
C：結果

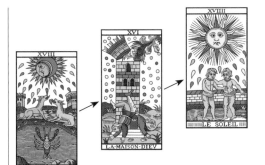

リーディング例………
女性の相談者：どうすれば困難な状況の中にいる娘を助けられるか？（彼女は内気な思春期の若者で、学業上の問題を抱えている。）

［**引いたカード**］　A：XVIII「月」、B：XVI「神の家」、C：XVIIII「太陽」

［**リーディング**］　あなたは彼女の母であり、女性としての模範であり、彼女がまずもって参考とする人物である。また、あなたの娘はちょうど自分自身の女性性を意識する年頃になっている（「月」）。彼女には喜びを味わい、社交的な集まりに出向き、新しい世界を目にすることが必要である（「神の家」）。そのためには彼女に人生の陽気な楽しみを経験させてやらなければならない。さらに父あるいは父性の元型の役割も重要である（「太陽」）。それらの眼差しこそが、娘を成長させることになる。あるいは、「太陽」のカードは、家族で休暇に出かけ

てみることを示唆している可能性もある。

［方法3］
現在の状況の原因
　Cが始まりとなり、そこへと達するために行われてきたことを見直す。

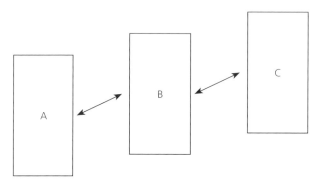

AとB：こうした状況となるためにしなければならなかったこと
あるいはこうした状況を引き起こしたもの
C：その状況

リーディング例………
男性の相談者：私は会社で同僚と対立している。何が原因なのだろうか？
［**引いたカード**］　A：IIII「皇帝」、B：VIIII「隠者」、C：I「大道芸人」

［**リーディング**］　この状況はあなたに選択を迫っている。誰かがあなたに借金をしているようだ（「大道芸人」は手の中に金貨を持っている）。いずれにしてもこの問題の解決は、あなたの手に委ねられている。事態を元通りにする端緒を作る力を自分が持っていることを疑ってはな

らない。同僚とあなたが同じ価値観ないしは同等の資力を持っていないことに対立は由来している。あなたは霊的に豊かだが金銭的にはそれほどの力を持っていない（「隠者」）。だが、あなたはずっと物質主義的（「皇帝」）な人を相手にしている。あなたと協力することは彼の目的はではない（「皇帝」は「隠者」に背を向けている）。

［方法4］
家族のトリオと相談者への影響
「審判」（XX）のカードの中の人物たちの並び順に合わせて、ここでのカードは順に母、子、父を表す。

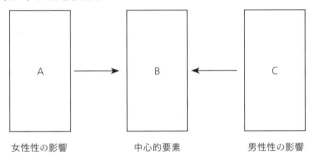

女性性の影響　　中心的要素　　男性性の影響

リーディング例……………
女性の相談者：なぜ私は全く妊娠できないのだろう？
［**引いたカード**］　A：VI「恋人」、B：X「運命の輪」、C：II「女教皇」

［**リーディング**］「運命の輪」があなた自身を象徴している。それは目下の感情的な問題（スフィンクス）と関連した障害を示している。受胎能力は問題ではなく、あなたは両親の持っていた矛盾に未だに囚われている。あなたの父親（「女教皇」）は彼自身の母親の影響を強く受けていたようだ。彼女は彼にとって理想化された存在となっていて、彼に宗教面ないしは知的

な面での理想を教え込んだのかもしれない。あなたは純粋な精神として振る舞い、肉体や子供を産むための能力を否定しがちだが、それはあなたの父親を満足させるためだ。あなたの母親（「恋人」）は感情的対立の犠牲になっているようだ。彼女の義理の母親がカップルに対して過干渉だったのではないか（その際「恋人」の人物たちはこのカップルと（左端にいる）義母を表しているのだろう）？ こうした状況があなたへともたらすことになった愛、母性、女性性に対する考え方は、いったいどのようなものなのだろうか？ そしてその考え方が、母親になりたいというあなたの願望をなんらかの形で抑制してしまっているのではないだろうか？

[方法5]
活動する力：受容―能動

同じ考え方に従いながら、カードたちがより象徴的な次元における能動的な力と受容的な力の結合を象徴し、共通の課題にエネルギーを与えているとみなすこともできる。

ケース1：これは調和のとれた結合である。AとCの結合は、結果としてBとなり、それがその人や共通の課題を向上させることになる。

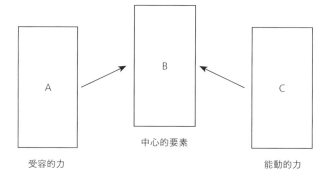

リーディング例……………
男性の相談者：どうやれば妻と協力しながら、民宿を開業し成功させることができるだろうか？
［**リーディング**］ その計画は勢いに乗っている（B：「愚者」）。あなたの妻は行動するための素晴らしい力と決断力を持っている（A：「戦車」）。あなたの方はバランス感覚と節度を備えている。それらは計画を成功に導いていくために等しく必要不可欠な要素である（C：「節制」）。

ケース2：結合は不調和さらには危険になる可能性もある。AとCは相談者をBの状態にまで追いやってしまうおそれもある。

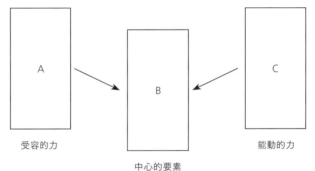

リーディング例……………
男性の相談者：どうして私は詩が書けないのだろう？
［**リーディング**］ あなたは詩に対して果てしない愛を持っている（B：「恋人」）。それはあなたにとっては天

職であり喜びの源泉である。だが、あなたの詩神はいま危機にある（C:「節制」）。あなたは孤独で愛を得られず十分に認められていないと感じているかもしれない。あるいは、ただ単に新たな創造性を爆発させる準備の最中にいるのかもしれない。というのも、A:「隠者」は積極的な危機を表していることもあるからだ。いずれにせよ行動（「節制」の積極的な面）を遅らせるのは、あなたのためにならない。たといいい発想が浮かばなくても、1日に1行でも書くべきである。待つことや何もしないことは、あなたを助けてはくれない。

一つの質問を巡る五つの方法

　ここで、これまで検討してきた五つの方法が、同じ質問に対してどのように色合いの違う回答を与えていくのかを確認する。最初に各アルカナに対して一つあるいは二つのキーワードをあてがい、A、B、Cのカードが表す力を簡潔に図式化する。その後、相談者にとって最も有益な答えに到達するために、対話を行いながら、それぞれの方法から得られた見解を微妙に変化させたり、また相互に組み合わせていく。

［**質問**］　私の念頭にある人物は私の教師となるに値するか？
［**引いたカード**］　　A:「愚者」、B:IIII「皇帝」、C:XVIIII「太陽」
［**キーワード**］「愚者」：エネルギー、熱意。「皇帝」：力、安定性、合理的精神。「太陽」：結合、実現、理想の父、新たなものの創設。

[**方法1**（過去、現在、未来）]　これまであなたは、この探求に多くのエネルギーを費やしてきた（A）。今やあなたは合理的精神を備え、自分のためになるものを判断するだけの力がある（B）。だが、この先、あなたは「太陽」の左側の人物と同様、自分の精神的領域を新たに探究していくために、合理性を超える霊性を備えた人物の助けが必要となる（C）。

[**方法2**（始まり、展開、結果）]　あなたは前に進み出て（A）、権力を持つ男に向かって行く（B）。そして、あなたは彼と霊的に結びつくこととなる（C）。

[**方法3**（状況の原因）]　あなたはすでに師を見つけて選んだ（C）。そこへ向かっていくために必要だったのは、あなたがしっかりとした決意を持ち（A）、彼の力を受け入れていくこと（B）である。

[**方法4**（家族のトリオ）]　あなたは揺るぎない人間となっている（B）。もしかすると、あなたの母はやや混乱した人物（A）で、父は理想的な模範（C）となる人物だったのかもしれない。だからこそ、あなたは母の側の無秩序を埋め合わせてくれるような師を探し求めながらも、同時にその師を及び難い存在である自分の父と比較し、疑いを抱いてしまうのである。

[**方法5**（活動する力）]　[**ケース1**]　あなたは自分が求めている力とバランスを獲得するために、「太陽」の秩序（C）と「愚者」の混沌（A）を統合することができる。師は何よりもまずあなた自身の内側にいる。外部の教師は、あなた自身が持っている価値に合わせて導いていくことになる。

[**ケース2**]　今言及したばかりの二つの力（Aの狂気とCの知恵）を衝突させないよう注意すること。そうしなければ、師と合わないという口実の下、実際には自分が認めることのできない自分自身の一部である女性性（それは「愚者」すなわち母の影響によって象徴される）と争うことにもなってしまうだろう。

相談者の行動の可能性

リーディングの方法、問題への取り組み方

　直前の例から明らかなように、3枚のカードのリーディングには複数の方法がある。ただ一つ正しい答えを求めることに囚われなければ、タロットのリーディングは癒しをもたらす会話となる。相談者の同意を得るならば、まずは既定のリーディングの方法を用いつつ、質問の投げかけ方を検討してもいいだろう。

どのようにタロットに質問をするかで、我々は人生の作り手にも役者にもなる

　相談者の質問の内容は、未来への不安に関連したものが多い。「このことは成功をもたらしてくれるだろうか？」「私の願いは実現されるだろうか？」「この人は私を愛してくれるか？」こうした質問には答えることができない。それは未来を予言することになるからだ。だが、これらの質問を言い直して、相談者がもう一度自分の運命の主となれるようにすることはできる。「このことを成功させるために、私にできることは何か？」「自分の願いを実現させるために、どういった方向性で努力すればいいのか、また私が変えるべきことは何か？」、「この人と私を結びつける関係の根底にあるものは何なのか？」。こうしたやり方で質問が行われると、相談者は全能の運命に操られるのではなく、問題に対して人生の能動的主体として関与していくことになる。

　以下、同じ3枚のカードに対して、二つのリーディングの方法を用いてみる。選ばれた方法に従って、現在の相談者に恩恵をもたらす目下の力が何であるかが判断されることになるだろう。

リーディング例...............
［**核となる質問**］　この先私の仕事で何が起こるのか？
［**引いたカード**］A：XVIIII「太陽」、B：XIII 名無しのアルカナ、C：VIII「正義」

［方法1］
ある状況の進展

「何が起こるか」を問う代わりに、進展という考え方に焦点を絞り質問を再設定することができる。ここでは「過去―現在―未来」型のリーディングを通して、相談者が最近まで仕事で経験してきたあり方（カードA）、現状における相談者の姿勢（カードB）、相談者が思い描いている近い未来における進展、そして相談者がこの進展を現実のものとすることを可能にしてくれる力（カードC）を明らかにしていく。

この方法に従って、質問を再設定してみると次のようになる。

> ［**質問**］　今の仕事でどんな展開を私は目にすることになるのか？
> ［**リーディング**］　過去（A）、あなたは仕事に喜びを感じ満足していた。だが、その仕事は男性的な分野に関することであり、また恐らくは父に吹き込まれた社会的野心とも関連していた可能性がある。現在（B）、あなたは何らかの変革を求めている。なぜなら将来（C）、あなたはあなたの女性性とより深く関連する活動を求めていく（そして見つけようとし始める）ことになるだろうから。あなたは自分に値するものを自分に与えるべきである。おそらくそれはより満足を与えてくれる仕事であり、またこれまで未開拓のままだった才能を開花させてくれるような仕事である。

[方法2]
文のように読むこと

　もう一つの方法として可能なのは文法的なリーディングである。各カードはそれぞれ主語、動詞、補語の代わりとなる。この方法の意義は、相談者に能動的主体としての立場を取り戻させることにある。カードAは文の主語を表す。カードBは動詞、すなわち行動であり、カードCは補語を表す。
　この方法に従うと、質問は以下のようになる。

> [**質問**]　仕事において、今の私が行っていることは何なのか、そして何ができるのか？
> [**リーディング**]　── A（主語）。ここでは「太陽」が相談者を象徴している。主語となる相談者は、過去からの解放、そして新たなものを創設することを可能にする移行ないしは霊的変容を求めている。
> ── B（動詞、行動）。名無しのアルカナが示しているのは、この新たな創設のための根本的な変革の必要性である。だとすると何を変革すればいいのか？
> ── C（補語、目的語）。アルカナVIIIが、その答えを与えてくれている。相談者は完璧であらねばならないといったある種の考え方を捨てなければならない。相談者の完璧主義は、母によって吹き込まれたか、あるいは家系の系統樹によって作り上げられた女性の役割のイメージによるものかもしれない。「太陽」によって象徴されている相談者は、肯定的価値を身につけていくだろう。それによって、己の真の女性性、そして自分なりのバランス（「正義」）を見出すために、相談者自身が変容（名無しのアルカナ）を経験することになるだろう。
> [**要約**]　このリーディングは、以下のように要約することができる。相談者は重要な移行期にあり、自分の真の在り方を探し求めている最中にある。具体的には、権威に従っていこうとする姿勢を変え、根底にある本来の自分自身の価値が持つ意味をもう一度発見する必要がある。

最も有益な答えを得るために、どのようにカードを再配置するか

　タロットのリーディングでは宿命的なことも、あらかじめ筋書きが決まっているなどということもない。テーブルの上に置かれたカードは印刷された長方形の紙であり、撤回不能な判決などではない。経験を積んだタロロジストは運命や予言をしようとする考えを捨てるべきである。タロロジストがそこにいるのは忠告のためではなく、その人自身が持っている可能性を示すためである。それによって、相談者は自分に何ができるかを自分自身で見つけ出すことにもなるだろう。

　質問に関連するカードを相談者が選ぶのは、その人が自らの無意識にあるものをいわばインスタントカメラで写し取るようなものであり、それが我々の取り組みの出発点となる。従って、相談者が作り上げた形で「文」を読んだ後、そのカードの順番を変えることによって、全く同じ要素を用いつつ、問題に対するより肯定的で効果的な答え、相談者の真の深い求めにより適した答えを見つけていくことが可能である。

　3枚のカードの場合、常に六通りのリーディングが可能である。すなわちA－B－C、B－C－A、B－A－C、C－A－B、C－B－A、A－C－Bである。数の順序に従った配置が、大抵の場合、実現への過程を示すことになる。というのも、そもそも大アルカナの構造自体が、数の順序に従っているからである。ただし、タロットの他のあらゆる面と同様、これも絶対的とは言いきれない。ときとしてカードの構造が、実現のための別の順序を示唆することもある。

　最初に546ページの例をもう一度取り上げ、ここではカードの順番を変えてみる。

リーディング例··

[**相談者**] 自分が興味を惹かれている分野に関する教師と出会いたい。
[**引いたカード**] 「愚者」、XVIIII「太陽」、IIII「皇帝」

1

[**リーディング1**] この順序の場合、あなたは父（XVIIII）の代わりとなる理想を探し求め、多くのエネルギーを費やしている（「愚者」）と言える。だが、現実に出会う男性（IIII）には失望してしまう可能性もある。

再配置

別の配置では次のようになる。

2

[**リーディング2**] 理想を求めて（XVIIII）普通の男に出会うが（IIII）、大急ぎでその相手から離れていく（「愚者」）。

3

[**リーディング3**] あなたは非常に大きな価値のある人間である（XVIIII）。なぜ探しに出かける必要があるのだろうか（「愚者」）？師が見つかったとしてもあ

なたより劣っているのだから（IIII）。

［リーディング4］　父の探求は成功する。あなたは合理的なもの（IIII）を離れ、太陽のような人物の寛大な教えに身を捧げる（XVIIII）。

［リーディング5］　あなたは師を見つけたとしても、すぐに離れていく。出会うだけで、あなたは自由になることができる。

［リーディング6］　大きなエネルギーに運ばれて（「愚者」）、あなたは現実の力のある師と出会う（IIII）。彼はあなたを新たなものを作り上げる段階へと向かわせることができる（XVIIII）。

　このように六つの可能な配置を読んでいくことで、相談者にとってどれが最良のものであるかを見出すことができる。ここでの例では、おそらく最後の解決（アルカナの数字の順序）が最良であるように思われる。次の例を見てみよう。

> **再配置の方法**
> 　全ての可能性の中で最も肯定的なもの、状況の中から相談者にとっ

て助けとなる局面を示すものに目を向ける。

A　　　　B　　　　C

[リーディング例]............
[相談者]　子供が欲しい男女からの質問。
[引いたカード]　III「女帝」、XX「審判」、IIII「皇帝」
[リーディング]　このカップルの願いにとって、このカードの順序は非常に好ましい配置である。というのも、「審判」の人物たちは、新たな誕生を受け入れようとしているように見えるからだ。アルカナXXは女性を象徴する左側のカードと男性を象徴する右側のカードによって囲まれている。これらの人物たちを、それぞれ相談者とその相手とみなすことも可能である。従ってこの場合は、数の順序を必ずしも絶対的なものとしてみなすことはできない。

A　　　　C　　　　B

[再配置]　A－C－Bという順序。
[リーディング]　この順序でも、リーディングは肯定的になる。「女帝」と「皇帝」の関係は、新しい意識を出現させることになる。

[再配置]　C－B－Aという順序。
[リーディング]　一方、カードがこの順序に置かれた場合、性的エネルギーがカップルにおいて逆になることが意味されるかもしれない。つまり、女性が男性的となり男性が女性的となる。確かに両者は相補的ではあるが、生まれてくる子供のためには、基準点を混乱させない

ようにすべきである。

　続く第3の例におけるリーディングの方法では、中心のカードが最も安定したカード、すなわち相談者の根底にある不変の状態とみなされる。最初のカードは、すべてのものが生まれてくる場所であり、第3のカードはすべてのものが分解していく場所となる。インドの三神格のように、それらは誕生、維持、解体を意味する。従って、カードのAとCの順序を入れ替えることで、リーディングの意味を逆にすることができる。

　|再配置の方法
　　この事例で相談者が求めているのは何かを始めることである。これはカードA（「力」）に対応している。カードの再配置は、この目的を達成するために行われる（「力」を3番目の位置に置く）。

リーディング例‥‥‥‥‥
[男性の相談者]（俳優）この映画で役者として採用されるだろうか？
[引いたカード]　A：XI「力」、B：XVIII「月」、C：XV「悪魔」

[リーディング]　中心には大きな受容性と限りない要求がある（XVIII）。この若い俳優が何よりも求めていることは、とにかく選ばれるということである。我々はそれをどうこう判断したりはしない。

La lecture du Tarot

だが、彼の消極的な行動では、この役に選ばれない可能性があるとも思われる。「月」は与えてもらうことを求める。すなわち、常に受容の状態にある。芸術や映画産業のような領域において、はたしてこうした態度で生き延びていけるだろうか？　必要なのは現実に足を踏み出すことである。「力」は行動を求めているが、彼女はただ要求し続ける「月」に変わってしまう。XVによって「力」はつながりを獲得する。XVは契約を表している可能性もある。受動的に期待しているだけの状態を乗り越えられるだけの「力」の強さがあれば、映画に出られる可能性もある。

C

B

A

[**再配置**]　C－B－A。
[**リーディング**]　契約ないしは大きな創造性という形のどちらかで、最初の一歩（XV）はすでに成し遂げられている。ここではアーティストがすでに問題を解決している。彼は望んでいた契約をかち取っている。あるいは自分の才能を発揮し、映画をプロデュースするか、自ら監督をしている。このとき「月」は状況を引き受けていこうとする状態にあり、「力」の行動へと足を踏み入れていく。

タロット・リーディングの心理学的な面

　タロットを読んでいくためには、宇宙にあるすべてのものが運動し絶えざる変化にあることを意識しておく必要がある。相談者もその例外ではない。目の前にいる人物は動的な存在だと見るべきであり、その人物を決めつけてしまう予言は慎まなければならない。むしろ、相談者が有益な方へ向かっていけるようになることを目指すべきである。

　我々の内側には過去、現在、未来という局面が同時に存在している。家族から受けた幼い頃の教育は、我々の行動の中に生き続けている。現在というものは過去に大きな影響を受けていて、未来を胚芽として含んでいる。現在の状態への見方を変えれば、我々は自分にとって重要な目的へと自分自身を向かわせることも可能となる。

　こうした自覚はタロットのリーダー自身にとっても意味のあるものだ。助力や助言を求める相談者を前にすると、リーダーにはその立場からして力が与えられることになる。このことを意識して、リーダーは自分の技術を用いつつ、より精密に自分自身の投影を見抜くよう心掛けなければならない。またそうすることで、より純粋に相談者を助けるようにならなければならない。

我々の矛盾を解決するための二つの方法

　タロットのリーダーに相談を求めてくる人の目的の多くは、矛盾する欲望によって混乱した状態にある。我々は硬い一枚岩で出来ているわけではない。あることを望みながらも、その反対のことも望んでしまう。恐れが欲望を隠蔽し、実際には自分の内部で見つけられるはずの解決策を外的な要素へと投影する。それゆえ、内的な諸力が多様であることを見据えることは有益である。我々はある同じ状況について「然(しか)り」と「否」、受諾と拒否、熱意と恐れを抱くこともある。これら対峙し合う力を意識することは、相談者が自分の目的を再定義し、自らの道を明確にする上での助けとなる。外界との衝突が自分自身内部での対立と矛盾の表現に過ぎないことはよくある。自分が行

っていることを知ることなく、自分が望むことをなすことは不可能である。

［方法1］
「然り、否……ゆえに！」

　3枚のカードを用いたここでのリーディングでは、質問は予めあってもなくてもいい。これは物質的、心理的、霊的な面での生き方へと応用できる簡潔な方法である。

　A：**然り**。これは相談者の状況、根本的な欲望、相談者にとっての有利な条件である。
　B：文中の**否**。障害、困難、想定外のこと、本人が望んでいないこと、あるいはできないこと。
　C：**ゆえに**。このカードは状況を解決し、中道を見つけるための手がかりを与えてくれる。1枚あるいは複数枚の他のカードを引いて、この**ゆえに**をさらに明確にしていくこともできる。

リーディング例…………
［**女性の相談者**］　相談者は質問をせず、ただタロットが語りかけることを望んでいる。
［**引いたカード**］　A：XIIII「節制」、B：V「教皇」、C：II「女教皇」

［**リーディング**］　——カードA：**然り**。あなたはバランスのとれた状態にある。あるがままの自分でいることに心地良さと安心を感じている。だが、「節制」の天使は性別を持たず、自分自身以外の者と関わりを持っていないことに注意するべきである。これはおそらく多かれ少なかれ意図的に孤立している状態でもある。天使は過去を見ているが、そこにはあなたを現在から引き離してしまう記憶や愛着が残って

いるのかもしれない。また、「節制」は回復が成し遂げられつつあることを示している可能性もある。あなたはかつて感情的に傷ついたことからいまだ立ち直っていく途上にあるのかもしれない。

相談者のコメント：「その通りです。私はまだ亡くなった父の喪に服しているところです。」

——**カードB**：否。あなたはこの状況に留まりたいとは望んでいない。「教皇」は新しい理想、渡っていこうとしている橋、結合を求めていることを示している。さらに言えば、「教皇」は過去ではなく未来（右側）の方を向いている。最後に「教皇」は、霊的理想や教育の使命によって突き動かされる男を表している。

相談者のコメント：「本当のところ、私は人生の伴侶となる人との出会いを求めています。」

——**カードC**：ゆえに。「教皇」とカップルになるためには、それにふさわしい伴侶である「女教皇」にならなければならない。これは霊的な点を含めて男性を受け入れ、その相手の持つ導き手、教師、指導者としての能力を認めていくことを意味する。要するに、「教皇」が亡き父親を超えることを認めることだ。あなたが引いたこのカードは、自分の求めているものを満たすために、喪の過程の一つの段階を通過していくことを受け入れるよう促しているのだ。

［方法2］
「主役、調停者、対抗者」

　争いの中に身を置いていたり、内的な葛藤を抱えているとき、3枚のカードをそれぞれ状況の主役（A）、調停者（B）、対抗者（C）とみなすことも可能である。この3枚のカードそれぞれは、プロジェクト内部での対立関係や相談者自身の内的葛藤を象徴する。調停者は対立の中心で和解を促す立場を示す。

　リーディング例……………

　［**男性の相談者**］　この相談者は離婚しようとしている。妻の子供たち

への態度は、受け入れ難く、有害だと考えている。彼は解決策を探している。

[**引いたカード**]　A：XIII 名無しのアルカナ、B：XIIII「節制」、C：IIII「皇帝」

[**リーディング**]　奇妙にもあなたはカードを「あべこべに」引いている。つまり有害と見なされている母親は、普通ならば名無しのアルカナであるXIIIに、あなた自身は「皇帝」(安定した父)となるべきである。だが、主役の位置、すなわちあなたの位置にはアルカナXIIIがあり、あなたの妻、つまり対抗者は「皇帝」によって表されている。中央にある「節制」は、意思の疎通、節度、対立物の結合を促している。

　あなたへのタロットのメッセージは微妙なものだ。それが正当であろうとなかろうと、彼女に関する否定的な見方を乗り越えるために、彼女の立場に身を置いてみることができなければならない。妻の振る舞いは、あなたの過去の怒りを再燃させている。目の前にいる対抗者は、あなたの鏡なのだということに気づくべきである。かつてあなたがこの女性を妻に選び、共に家庭を築こうとした以上、彼女はあなたの無意識に深くつなぎとめられているモデルと対応していたのである。権力争いは不毛である。また、今はどちらが正しいのかという答えを出す時ではない。アルカナXIIII「節制」が示す唯一の解決策とは、和解を求める霊的な姿勢を持つことである。それによって対話を再開することができるはずだ。ただし、そうなるためには、あなたが自分の怒りの本当の原因となっているもの――去勢しようとする母の元型ないしは敵としてみなされた姉妹――に気づかなければならない。

束の下にあるカード、あるいは無意識の色

　タロットを諸々の断片からなる一つの全体として見なしうることは第1章で確認した。それらは、たとえ個別に取り上げられたとしても、我々を統一の道へと引き戻す。カードを混ぜる時、相談者は自らの混沌を、宇宙を作り出す。この宇宙において、束の上部のカードは相談者の霊的な願いと関連し、下部のカードは相談者の最も深部の暗い無意識のものを象徴するという原則を設定してみることも可能である。

　そうするとデッキの最底部にあるカードは、いくぶんは目覚めた時にも記憶にある印象的な夢に似た、最も深遠にありながらも最も明瞭に可視的なものを表すとみなされる。多くの場合、このカードがタロットのリーディングに有益な方向性を与え、その基調を定める手がかりとなる。タロロジストは、相談者がカードを混ぜるときに、最低部のカードを一瞥し、それを念頭においてリーディングしてもいい。あるいは他の引かれたカードに対してさらなる光を当てるために、そのカードを堂々と解釈に用いるのでもいい。

リーディング例……………
［**女性の相談者**］　異なる国籍の両親を持つ25歳の若い女性の質問。「私の国はどれなのか？」
［**束の下のカード**］　VI「恋人」
［**引いたカード**］　XX「審判」、VIII「正義」、VIIII「隠者」
［**カードのリーディング**］ここでは束の底部にあるカードが、どのように相談者の質問に色をつけていくか

を見てみよう。「恋人」は矛盾する感情とともに調和を求めていることを表している。2人の間にいる人物は「私の国はどこにあるのか？」と思いを巡らしている。人物は中央に位置し、カードの中心にいる。最初の答えの一つは次のようなものとなるだろう。「あなたの国はあなたの心にある。」さらにこの中心の人物は赤い靴を履いていることが分かる。そこから以下のように解説を加えることができる。「自分のいる境遇に心地良さを感じることがあなたの国を意味する。地球はあなたのものであり、あなたは地球の市民である。居心地が良いと感じるところならば、そこで自分の国にいると考えればよい。」

[**引いたカードのリーディング**]　「恋人」によって示唆された手掛かりを念頭におきながら、3枚のカードを次のように読むことができる。「あなたがその質問をしたのは、あなたが両親（VIII と VIIII）を結びつけたいと内心で望んでいるからだ。彼らの国籍は異なっているが、互いに相手を裏切ることはない。あなたは自分をXXの中心にいる子供のように見なしている。だが、今やこの子供っぽい欲望を手放していく時がやってきている。両親の関係に対する責任はあなたにない。家庭の中心に自分を置くのではなく、「正義」（VIII）のように、自分自身の中心を見つけ、女性性を十分に完成させる時である。そうすれば、両親に国籍を求めることをやめ、自分が最も好む場所を選び、自らの意志で国籍を選ぶだろう。思い出してほしい。「恋人」の道は喜びであり、自分が好むことを選択することにある。

肯定的あるいは否定的なリーディングを選ぶこと

　リーディングの方法や質問の仕方に加えて、リーダーの態度も極めて重要である。人生と同じく、タロットのリーディングでは絶えず選択に直面する。我々は事実（アルカナたち）を肯定的にも否定的にも解釈できる。すでに見てきたように、タロットではどのカードもそれ自体として否定的なものはないため、このどちらを選択するかは自由である。

　だが、確実なこともある。それは掘り下げようと選択した方向がどんなも

のであれ、どこまでもその方向に導かれていくということだ。つまり美、喜び、信頼に限界が無いように、見苦しさ、悲しみ、呪いにも限界が無いのだ。

　タロットのリーディングを、形だけの祝福を与えるようなものにしてしまうことを勧めているのではない。夢のような予言は呪いと同じように害悪となる可能性がある。なぜなら予言によって、人はただ予告された奇蹟が実現されるのを待つだけとなり、自分で生きることをやめてしまいがちだからだ。一方、我々はリーディングの取り組み方を選択できる。つまり、たとえそこに障害や困難が現れているときでさえ、それを成長の道として受け止め、喜びを持って人生を受け入れていく道とするように選択することもできるのだ。

　後に続くリーディング例は、同じカードがどのように二つの方向で解釈可能かを例証している。

　改めて言っておくと、これらのリーディングはどちらも正当なものとなるだろう。意識的にその方向性を定め、どのような展望へ向かおうとするかはタロロジスト次第である。

　意識的にか無意識的にか、否定的なリーディングを求めようとする人もいる。これは鬱状態にある人か悲観的な考え方をしてしまう人にありがちである。この場合、最初から楽観的すぎるリーディングを押しつけようとするのはまったく意味がない。むしろ逆に最初の段階では、あえてどちらかといえば否定的なリーディングを注意深く伝えてみる方がうまくいくだろう。その後、相談者の同意の下、このリーディングを少しずつより実りある展望へと向ける。そうした展望を自分の現実と結びつけられてこそ、相談者はそこに近づいていくことができる。さらに相談者へ二つのリーディングを提示してみてもいいだろう。その結果、相談者が自分の状況として選んだ方向に沿って解明していくこともできる。

リーディング例……………………………………………………………
［**相談者**］　私の新しい仕事はどのようなものか？
［**引いたカード**］　A：X「運命の輪」、B：I「大道芸人」、C：XVI「神の家」
［**否定的リーディング**］　進展は見込めない（X）。なぜなら、あなた

は自分の精神を開こうとしていないからだ（I）。あなたは行き詰まりだけを見つめている（IがXの方を眺めている）。そのため、あなたは人生に喜びを感じられない。あなたの不安定性があなたを駄目にする。サイクルは何度も現れ繰り返される。あなたはいつまでも未熟なままであり続け、理想は目の前で崩壊していくことになる（XVI）。

［**肯定的リーディング**］　あなたの精神は開かれようとしている（XVI）。一つのサイクルが終わる（X）。あなたは根本的な変化を通して貴重な経験を得た。過去は過ぎ去り、今やあなたは行動することに必要なもの全てを備えている（「大道芸人」の机の上を見よ）。それは最も大事な計画を喜びとともに実現する（XVI）ため必要な全てだ。新しい仕事があなたの心を開かせ、エネルギーを解放させることになるだろう。そして、あなたの眼差しは地上の果実へと注がれ、遊んで踊ることの喜びをついに見出すことにもなるだろう。

既定の枠組みや質問なしに3枚のカードをリーディングする

　タロット・リーディングの真の技法は、この3枚のカードのリーディングに関する最終段階にこそある。一定の方法に基づくリーディングは、初心者にも、また時として経験を積んだタロロジストにとっても役に立つが、そこには制限もある。というのも、人間の精神は非常に柔軟であるにもかかわらず、方法は決まりきった形を取ることになるからだ。

　恋愛や仕事などのような一つのテーマをタロットに尋ねる人もいる。だが、臆病さや優柔不断から、何も質問を用意しないまま相談に来る人も少なくない。その場合でもタロロジストは、長々と曖昧なおしゃべりに堕すことなく的確な答えを与えるため、根底に隠されている問いを浮かび上がらせることができなくてはならない。そもそも質問がなければ、回答は不可能である。

　私たちはやがて3枚のカードについて、自分のよく知る言語であれば誰が何を言おうと理解できるように、リーディング可能となる必要があるだろう。さらに理解を完全なものとするために、追加の情報を求めてよい時もある。それと同じことで、新たなカードを引いて3枚のカードのリーディングを豊かにすることもできる。このやり方によって、我々はより多くの枚数のカードを用いたリーディングへと少しずつ自然な流れで移っていき、最終的には22枚の大アルカナを引いて、さらには78枚のアルカナすべてを引いてリーディングを行うこともできるようになるだろう。

［方法1］
タロットが質問をする

　質問をすることを望まずに——質問がないか、質問を口にしたくないかの理由で——相談者がタロット・リーディングを求めてくる場合、タロロジストが気をつけなければならないのは、その相談者の関心から逸れたままでリーディングを始めてしまう危険性である。たとえば、相談者が実際には物質的な事柄へ関心を持っているときに、タロロジストの方は心理学的な問題へ

逸れていってしまうこともある。あるいは、相談者が感情的な問題を抱えているのに、タロロジストの方はリーディングを霊的な方へと持って行ってしまうこともある。反対に、相談者が実際には深い自覚を必要としているのに、タロロジストの方が俗的な面へと向かってしまうこともある。そうした場合には、一定の方法を用いたリーディングこそが、引いたカードに枠組みを与え、相談者を満足させる方向に沿って答えることを可能にするだろう。

　質問なしにタロットをリーディングすることは、少なくとも3枚のカードを用いる方法では、危険性の高い試みである。その文が単純となるゆえに、あまりに多くの解釈の可能性が開かれてしまうことにもなる。また、相談者を不快な気分にさせてしまうやり方で個人的な領域に触れてしまう恐れもある。質問をしっかりと形作っていない人を受け入れ、次のように言うのが最良の方法である。「もしあなたが本当に望んでいるなら、タロットがあなたと何について語り合うことを望んでいるかを見てみよう。」次に1枚のカードを基に質問を明確化する。このとき束の下にあるカードを用いてもいいし、あるいは最初に質問を象徴するカードを相談者に引いてもらい、その後でさらにその答えとなるカードを引いてもらうのでもいい。まず「タロットによって提示された質問」の方向性に合意ができてから、他の3枚のカードを用いて回答していくというのがいいだろう。

リーディング例⋯⋯⋯⋯⋯
この例での相談者は仕事のない女優である。彼女はタロットを通して質問することを選ぶ。以下、3枚のカードからなる文が質問に応じて、どのように全く違って解釈されるかを見ていく。

[**質問1**]　相談者が引いたカードはXXI「世界」である。彼女はこのアルカナによって提示された質問を受け入れる。その質問は、何が実現への道となるかである（558−559ページを参照）。

質問1

質問2

[**質問2**]　相談者が2番目の質問を象徴するカードとして引いたのはXI「力」である。彼女はこの質問を受け入れる。すなわち、私の欲望とは何か？

[**引いたカード**]　VIIII「隠者」、II「女教皇」、XX「審判」

[**リーディング1**]　XXI「世界」。あなたは危機にあること（VIIII）を認め、それを有効に活用して自分の過去を見直していかなければならない。「女教皇」は実り多い待機の時期であることを示している。あなたはある役柄ないしは仕事のための新たな技能を身につけようとしているのかもしれない。あるいは自分が演じることのできる舞台か映画の脚本を書いている最中なのかもしれない。この穏やかで実りを予感させる状態は、あなたを新たなプロジェクト、実現への抗い難い呼びかけ（「審判」）へと導くだろう。

[**リーディング2**]　XI「力」。あなたを象徴する「女教皇」は、誰かに温められるのを待っているかのような青白い女性である。しかし、あなたの欲望の対象である「隠者」は孤独の状態にあり、今のところは情熱的な恋人とはならないだろう。とはいえ、彼は後ずさりをしながら進んでいるため、あなたに近づいてきてはいる。抗い難い欲望がこの出会いを生み出すか、あるいは新たな意識（XX）を出現させることになる可能性もある。「隠者」（VIIII）と「女教皇」（II）が合わさると11になる。XIはまさにこの質問を提示したカードである。従って、「隠者」によって表される男性は、「女教皇」によって表される女性の欲望の対象だという考え方には重きを置くべきである。

大アルカナの問いかけ

質問を決めずにタロットに相談をしたい場合、
1枚引いて出てきたアルカナが相談者の質問や関心事を象徴する。
以下は、大アルカナが提示する可能性のある質問である。
当然ながら、このリストはありうべき質問を網羅しているわけではない。

＊　＊　＊　✦　＊　＊　＊

「愚者」
私は何から自分を解放しつつあるのか（あるいはしなければならないのか）？　私の道はどれか？　どこに私のエネルギーを向けるべきか？

I「大道芸人」
私は何を始めつつあるのか？　私は何を選びつつあるのか？　私の潜在的可能性とは何か？

II「女教皇」
私は何を蓄積しているのか？　私の内部にある手つかずのものとは何か？　私は何を学ぶべきか？　私と母はどのような関係にあるのか？

III「女帝」
私は何を創造しつつあるのか？　私の内部では何が開花し、弾けつつあるのか？　私は人生の中でどんな経験をしつつあるのか？

IIII「皇帝」
私の仕事、私の物質的生活の調子はどうか？　私は何を建設しつつあるのか？　私は父とどのような関係にあるのか？　私は権力という概念に対してどのように関わっているか？

V「教皇」
伝統や法は何を告げているか？　私は何と何を交流させているのか？　私は何かを伝えつつあるか？　そしてそれは誰に？　私には理想があるか？

VI「恋人」
何が私を喜ばせているのか？　どのような人間関係に私は関わっているか？　私の感情的生活はどのような調子か？

VII「戦車」
私はどこに行くのか、そしてどこから来たのか？　私の乗り物は何か？（例えば神秘主義的な教義、数学、タロット、私の肉体、など）世界の中で私はどう行動しているか？

VIII「正義」
バランスをとったり、調和させるべきものは何か？　私にとって無益であり、捨て去るべきものは何か？　完全であるということを私はどう考えているか？　私は母性に対してどのように向き合っているか？

VIIII「隠者」
私の知恵は何を告げているのか？　何から私は遠ざかりつつあるのか？　何について私は危機にあるのか？　何を私は捨て去るべきか？　何を私は信じているのか？

X「運命の輪」

何が変わるべきか？　私の人生でどんなサイクルが締めくくられたのか？　何が私の好機になるのか？　私を助けてくれるのは誰か？　私が繰り返していることは何か？

XI「力」

私の力とは何か？　それはどこにあるのか？　私の性的能力は何を目的として用いられているか？　私の欲望とはどのようなものか？　私は何を手なずけようとしているのか？　私はどのような創造的計画を抱いているのか？

XII「吊られた男」

私は何を犠牲にするべきか？　何を私は隠しているのか？　何を私は止めるべきか？　私は何に耳を傾けるべきか（「吊られた男」はタロット中で耳を一つ持つ唯一の人間である）？　どこに私の内的探求を向けるべきか？

XIII 名無しのアルカナ

私の内側では何が死ぬべきなのか？　何を私は手放すべきなのか？　私の内で変化しつつあるものは何か？　私の怒りとは何か？

XIIII「節制」

何が私を守っているのか？　私は自分自身とどんな関係を作っていくべきなのか？　私は何を回復しつつあるのか？　私は誰を祝福するべきか？

XV「悪魔」

私は何に繋がれているのか？　私はどのような誘惑をするのか？　私の創造的能力とはどのようなものか？　私の持っている否定的な価値観とは何か？　私の衝動とは何か？　何が私を恐れさせるのか？

XVI「神の家」
誰あるいは何と私は関係を断ちつつあるのか？　私はどんな閉じこもった状態から自分を解放しつつあるのか？　私の内で解放されつつあるのは、どんなエネルギーなのか？　どんな祝祭が私を待っているのか？

XVII「星」
私の希望とは何か？　どこが私の居場所なのか？　私は何に自分のエネルギーを用いているのか？　何を、誰に、どのように私は与えることができるのか？

XVIII「月」
私の受容の能力とはどのようなものか？　私の女性性や直観はどのような状態にあるか？　私は自分の母をどのように見ているか？　私の理想のうち不可能なものは何なのか？　私の内部に懐胎されているものは何か？

XVIIII「太陽」
何が私にエネルギー、喜び、成功を与えているのか？　私は愛されているか？　私は新しいものを構築しているのか？　私は父についてどのようなイメージを持っているか？

XX「審判」
私の内部で何が目覚めつつあるのか？　私の抗いがたい欲望とは何か？　我々は共に何を作り出そうとしているのか？　家族を作ることに対して、私はどのような態度を取っているのか？

XXI「世界」
私がしたことの結果は何か？　それはどこに通じているのか？　何が私を閉じ込めているのか？　私は開花しつつあるか？　私の自己実現とは何なのか？

[方法2]
3枚のカードを数値に基づいてリーディングする

　カードを引くことと関連して、アルカナの数を加算し、それをリーディング上の新たな要素とすることもできる。つまり、数の合計が、ある1枚のアルカナの数と対応するとみなすのである。この「神智学的加算」とも言うべき技法では、カードの合計が22を超えた場合、それらの数をさらに足し合わせることで新たな数を作り出し、大アルカナの数と対応させる。この方法

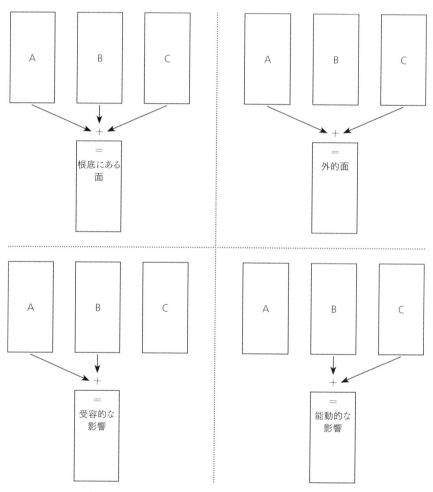

「神智学的加算」とも言うべきこの方法では、
3枚を足してもいいし、2枚ずつを足してもいい。

では数値を持たない「愚者」は、22番目の大アルカナと見なされ、それゆえ22と対応する。

このようにして文を形作る3枚のカードのそれぞれの数値を加算することができる。

・A＋B＋C＝質問の根底にある面。

さらに2枚ずつ加算することもできる。

・A＋C＝質問の外的な面。
・A＋B＝母からの影響、あるいは受容的な影響（左側）。
・B＋C＝父からの影響、あるいは能動的な影響（右側）。

リーディング例……………
[**女性の相談者**]　なぜ35歳の息子は、本人が望んでいる家庭を持つことができないのか（相談者との対話を通じて、我々は子供の父親が不在であったこと、彼女が彼を1人で育てたことを知った）。

[**引いたカード**]　A：Ⅵ「恋人」、B：Ⅴ「教皇」、C：ⅩⅧⅠ「太陽」

質問の根底にある面（A＋B＋C）

Ⅲ「女帝」（6＋5＋19＝30；3＋0＝3）

最初の要素が示しているのは、おそらく「あなたの息子が理想の女性を探している」ということなのではないだろうか。それは「女帝」で、彼女はあらゆる誘惑で魅了してくる。彼女を引きつけるには「皇帝」とならなければならない。だが、「皇帝」はスプレッドの中に出てきていない。中心にいるのは「教皇」である。「教皇」は強い霊性を備えた人物であるため、「女教皇」の方がふさわしい。

質問の外的な面（A＋C）

VII「戦車」（6＋19＝25；2＋5＝7）

一見したところ、あなたの息子は現実世界の中で活動的であり、自分に自信を持っている。問題はない。

受容的な影響あるいは母からの影響（A＋B）

XI「力」（6＋5＝11）

この若者の心の中では、母が非常に強力である。すべての女性の中に母の元型を見出してしまうことへの恐れ、そして父の元型の方へ逃避してしまいたいという欲望があるのかもしれない。

能動的影響あるいは父からの影響（B＋C）

VI「恋人」（19＋5＝24；2＋4＝6）

だが、右側を加算すると「恋人」が見えてくる。ここには男性的指標が欠けている。「恋人」の人物は2人の女性に囲まれている。あなたの息子が男性的影響を必要とするような場所でも、相変わらず母親が見出される。

総括：自分が求める女性に出会い、その女性にふさわしい男になりうるには、あなたの息子は基準となるもの、すなわち父の元型的な役割を演じ、そして男性性という欠けているものを伝えてくれる師となる存在が必要である。

［**男性の相談者**］　私は仕事を変えるべきだろうか？

［**引いたカード**］　A：VIII「正義」、B：XVI「神の家」、C：XI「力」

質問の根底にある面（A + B + C）

VIII「正義」（8 + 16 + 11 = 35；3 + 5 = 8）

このアルカナは、あなたが何かを測らなければならないこと、バランスを見出す必要があることを示している。

質問の外的な面（A + C）

XVIIII「太陽」（8 + 11 = 19）

一見したところ、あなたは新しいものを構築していくことを熱望している。

受容的な影響あるいは母からの影響（A + B）

VI「恋人」（8 + 16 = 24；2 + 4 = 6）

だが、あなたは今の職業を気に入っている。受容的な点から見ると、あなたは同じ場所に留まりたいと考えている。

能動的影響あるいは父からの影響（B + C）

VIIII「隠者」（16 + 11 = 27；2 + 7 = 9）

一方、能動的な点から見ると、あなたは危機にあると感じていて、今のところを離れていくことを望んでいる。

総括：留まろうとする思い（「恋人」）と離れていきたいという思い（「隠者」）の間のバランスを取り（「正義」）、慎重に変化へと向かっていくというのが好ましいやり方かもしれない。新たな冒険に身を委ねるには内面的な葛藤が大きすぎる。あなた自身の中の一部が変化を拒み、意に反してあなたを押しとどめてしまうかもしれない。

［方法3］
カードの視線、身振り、手がかりに従うこと

　これはタロットとの関係が発展していく過程において決定的な段階となる。ここでは人物たちの視線の方向、あるいはシンボルの示唆に従い、「この人物は何を見つめているのか？」、さらには「「大道芸人」の棒はどのような助力を要請しているのか？」「アルカナXIIIは何を変えようとしているのか？」「誰が「運命の輪」の取手を回しているのか？」といった質問に答えることになる。カード同士は互いに照らし合わせられることで、あらかじめ決められたリーディングの枠組みや質問がなくても、絵で示された物語や判じ絵を読み解いていくかのように、カードのリーディングを可能にする動的な状態を作り出す。

　まず3枚のカードを引く。もし文の中のカードAが左側へと問いかけている場合、それに答えるべく、その方向に新たなもう1枚のカードを引く。カードCが右側に向かっている場合も同様のことを行う。文が終了し、カード同士の相互関係が安定するまで、こうしたやり方でカードを追加していく。同様に、もし意味がはっきりしないカードがある場合にも、その上にもう1枚カードを引いて、そのメッセージをより明確化していくこともできる。

「正義」は自分の剣を
「運命の輪」の取手に対置させる。

リーディング例………
［女性の相談者］　40歳の女性
［引いたカード］　A：X「運命の輪」、B：VIII「正義」、C：XXI「世界」
［リーディング］　この例では文は閉じられていて、右にも左にも新たにカードを引く必要がない。実際「運命の輪」のあとには「正義」が続き、「正義」は新

しいサイクルを開始させ、実現へと向かうことができると示している。相談者は人生の一つの時期の終わりに到達し、現在の自分の立場をはっきりさせ、自分自身の価値を認識し、実現へと向かっていく。彼女の自己実現を妨げる可能性があるのは「正義」の剣だけである。というのも、カードの絵から「正義」の剣が古いサイクルから新しいサイクルへの移行の裂け目を作っていることが分かるからだ。「正義」は取手を動かす代わりに、過去に対して一線を画す。彼女は自分に助力を与えるのではなく、容赦なく自分を裁き、あるいは強引に身を振りほどこうとしていると言えるだろう。「正義」は自らの勝利を受け入れるが（天秤は「世界」の方にある）、自分への援助を受け入れない。彼女は剣を取手に対置させている。

「悪魔」が「運命の輪」の取手を回転させる。

［**引いたカード**］　仮にカードがVIII―X―XXIと数字順に置かれていたなら、それは相談者が過去と決別したこと、あるサイクルを終わらせたこと、そして自己実現に至るべく「世界」が提供する助力をすべて受け入れていくことを意味する。従ってここでは、「正義」の立場がどのようなものであるかを、より明確化することが有益である。そこで相談者が「正義」の上に引いた追加のカードはXV「悪魔」である。

［**リーディング**］　ここでの二つの解釈は一つに収束する。一方の「悪魔」は無意識の恐れや幼年期への回帰を表している可能性がある。この心理学的解釈から、相談者が母親を恐れているのではないかという大胆な推測を投げかけてみると、実際に相談者はそれを認める。彼女

の受けた教育は、妥協なき完璧さという理想に色濃く影響されている。そのせいで、彼女は絶対的に非の打ちどころがない状態でなければ（それは不可能なことだが）、成功したと考えることができない。結果として彼女は失敗することへの神経症的な傾向を持つ。だが、「悪魔」は創造性の象徴でもある。完璧主義を超え、たとえ間違いを犯したとしても最善を尽くすことの素晴らしさを認められれば、相談者は自らの深い創造性に触れることができるようになる。この時、「悪魔」が「運命の輪」の取手を回転させ、相談者は成功を獲得することになるだろう。

［**男性の相談者**］　50歳の独身男性
［**引いたカード**］　A：Ⅰ「大道芸人」、B：XIIII「節制」、C：XI「力」
［**リーディング**］　まず人物たちが見ている方向を観察することで、左を眺めている「大道芸人」と「節制」を関連づけることができる。その一方で「力」は右を見ている。さらに言えば、「節制」は2枚のカード間で作用し、二つの壺の流体を混ぜ合わせている。左側の壺が「大道芸人」、右側の壺が「力」を象徴しているともみなせるかもしれない。その意味では「節制」を通じて、二つのアルカナの間に新しい関係が作られる可能性もある。だが「節制」の天使の視線は「大道芸人」に向けられている。これは新しい何かが始まるためには治癒されるべきもの——何らかの自己像ないしは過去に起因するもの——があることを示している。従って、「大道芸人」と「力」がそれぞれどこを眺めているかを知るためには、さらにもう1枚ずつカードを引いてみる必要がある。

［引いたカード］　文はXXI「世界」、I―XIIII―XI、XX「審判」となる。

［リーディング］　最初の位置にある「世界」によって象徴される困難な誕生ないしは始まりについて、「節制」が「大道芸人」を治癒している。この治癒が一たび開始されれば、彼の力は未来へと向かう新たな行動（「力」）を始めることができるようになる。おそらくそれによって彼は、自分の家族を作ること、あるいは本当の使命を見出すことへと向かっていくだろう。象徴的な意味において「審判」は再生と抗いがたい欲望が現れてくることをを示している。

［男性の相談者］　若い男性が質問をすることなく3枚のカードを選ぶ。

［引いたカード］　A：XVI「神の家」、B：VI「恋人」、C：II「女教皇」

［リーディング］　まず注目すべきは、この文が数字の順とは逆に進んでいること、そして段階6にある2枚のアルカナ（74ページ以下参照）が含まれていることだ。これは大きな愛（XVI）からより小さな愛（VI）へと移り、最後には閉じこもってしまう（II）ことを意味しているとも言える。

［男性の相談者］　タロットは相談者の恋愛面を見ていくよう示唆しているように思われる。しかし、相談者はこのテーマに触れることを望

La lecture du Tarot

んでいない。このためらいをタロロジストは尊重すべきである。最終的に相談者は、次のような質問を尋ねることにした。「いま住んでいる家から引っ越して、自分の所有する別の家に住むべきか？」

[リーディング]　「神の家」は実際にある場所から出ていく動きを表している。従って引っ越しという方向も考えられる。だが、「恋人」そして「女教皇」からすると、相談者は母の胸中に戻ろうとしているのではないかと大胆に推測してみることもできる。このことは象徴的に間違っていない。というのも、彼が引っ越そうとしている家は子供時代を過ごした町の中にあり、またそれは母の家のごく近くにあるからだ。

[引いたカード]　ここでは文が閉じているが、家を変えたいという思いの根源にあるものを理解するために、左端にもう1枚カードを引いてみてもいい。また、さらにこの変化がどこに至るかを知るために、右端にもう1枚のカードを引いてもいい。この結果、文はXVII「星」、XVI－VI－II、XII「吊られた男」となる。

[リーディング]　引っ越しは過去の女性によって引き起こされた可能性もある（「星」は女性を表すと同時に場所を象徴し、その壺から左側に水を流している）。相談者はこのことを認める。この引っ越しは、ある恋愛関係の終わりに由来する。「吊られた男」が示しているように、この変化は一時の間、孤独へと彼を閉じ込めるようにするだろう。彼は自分を世界へと出ていく気持ちにさせてくれる新たな強い衝動となるものや、人間関係がやってくるのを受動的に待つことになる。

[**引いたカード**]「吊られた男」の後にカードを加えることで、相談者が閉じこもりの状態から脱け出るために何ができるかを見ていく。引いたカードはXVIIII「太陽」である。

[**リーディング**]　もう一度恋をすることで、相談者は新しい何かを作り上げてみたいという望みをもう一度見出すことができる。このカードは、彼が目下自分にあてがっている孤独や活動停止の状態が必要なものであることも示している。過去の関係から立ち直り、自分自身を取り戻すために、相談者は危機と喪の過程を通過することを受け入れていかなければならない。それによって相談者は、「太陽」によって象徴される愛するための力と生きることの喜びを、再び回復することになるだろう。

投影的リーディング

　すでに見てきたように、あらゆるタロットのリーディングは投影的である。相談者が選んだカードを解釈するには、それらを我々の無意識と共鳴させる以外に方法はない。自分で選んだカードによって相談者は一つの「文」を作る。タロロジストは、それを自らの精神構造、人生経験、辿ってきた道、タロットに関する知識を基にして「翻訳」する。

　良いタロロジストを育てるためには、投影についての作業が不可欠になるのはこの理由からである。この作業には終わりがない。その目的は個を超越したリーディング、理想的には非人格的なリーディングへ到達することにある。そのため、理想的なタロロジストとは宇宙全体を捉える鏡となるだろう。

そのための訓練を行うべく、一つの単純なリーディング方法を提案しておく。そのやり方というのは、客観性を装うことなく、むしろ投影的な面を隠さずに認識していくことである。これはタロロジストと相談者の関係性を豊かにしていくために用いることができる。だが、そのためにはすべてを見抜く「透視者」という立場がもたらす権力を排除しなければならない。これはタロロジストの側に自分自身についての二重の努力が要求されることになる。一つは進歩し続けるために自分の限界に直面すること、もう一つは自分が間違う可能性があると他者の前で認めることだ。

　このリーディングには二つのデッキを用いる。各々から22枚の大アルカナを取り分ける。相談者とタロロジストは同時にそれぞれのデッキのカードを混ぜ、その後で各々がカードを3枚引く。束の下にあるカードも、引いたカードの全体的な基調として考慮に入れる。

　まずタロロジストは、相談者の質問に対して自分自身が投影していることを検討する。自分で選んだ3枚のカードが、自分自身の意見ないしは回答となりうることに関しての直観を表明する。

　次に相談者が引いた3枚のカードによって、相談者自身が抱いている状況のイメージをリーディングする。この二つ目のリーディングは全く通常通りのものであり、他のどの3枚のカードのリーディングとも同じである。

　最後に3番目の段階として、2種類の引いたカードを総合する。このタロロジストの投影と相談者の投影の出会いこそが、問題の解決へと導くことになる（後述の例を参照）。

　投影的リーディングのためには、タロロジストが真の対話の感覚を発展させていくことが求められる。2種類の引いたカードが——少なくとも表面上は——対立する回答を示していることもある。

リーディング例……………………………………………………………
質問を解決するための二つの視線
［**男性の相談者**］「私はどこにいくのだろう？」
［**タロロジストが引いたカード**］　束の下のカード：Ⅵ「恋人」、A：Ⅷ「正義」、B：Ⅹ「運命の輪」、C：ⅩⅢ名無しのアルカナ

タロロジストの投影

相談者のヴィジョン

[相談者の引いたカード] 束の下のカード：V「教皇」、A：XVI「神の家」、B：XIIII「節制」、C：XI「力」

[リーディング] 混ぜた後の束の下にあるカードはリーディングの基調となる。このカードからは、タロロジストの目には、相談者が感情面での解決を求めているが、すでに自分が欲する方向（段階6）へと向かって行っていると見えていることが分かる。相談者の側では、自分がいるのがまだ理想を目指す段階であり（段階5）、実現へと向かう端緒についたばかりだと思っている（数秘学については69ページ以下を参照）。引いたカードに沿ったタロロジストの投影は、次のようなものである。相談者は長い間、母親が求める完璧さを押しつけられてきた（VIII）。だが、彼はこの過去のサイクルの終わりにいる（X）。おそらく彼は、この母の信条に対する怒りによって突き動かされ、大きな変化を

起こそうとしている（XIII）。相談者が引いたカードはショックや追放（XVI）を想起させる。これは彼の出生の際のトラウマ的な経験にまで遡るか、あるいは何らかの決裂があったことを意味しているのかもしれない。だが中心にあるのは治癒（XIIII）であり、さらに新たな創造の始まり（XI）がそれに続いている。どちらのリーディングも、真に愛するものへ向かっていくために、変容をもたらす治癒を経て、これまでの抑圧的な状況から離れていくということを示している。相談者はこのリーディングに対して次のような所感を述べている。「実を言えば、私の根底にあった質問とは、どうすれば母親から本当に離れることができるのかというものだった。現にこのプロセスが私の人生の中心にあり、それは痛みを伴うけれども必要なものであることを、このリーディングが明らかにしてくれた。」

4枚以上のカードの
リーディング

✵

　二重奏（あるいは音節）によるリーディングは、タロットの基礎となる文法すなわち3枚のカードによる「文」にとりかかるための準備となる。これら基本的事項を習得しそれに熟達すれば、たとえカードが何枚になってもリーディングは容易になる。実際にこれから見ていくように、4枚以上のカードのリーディングの方法は、3枚のカードのリーディングにおける諸々の変種よりも、ある意味ではより単純になる。

　ここで紹介する幾つかの方法では、各カードの位置が全体の内部で作用する一つの局面や力を表すことになる。一般的に3枚のカードを超えたタロットのリーディングは、個々の位置が回答の要素の一つと対応するような配置ないしは配列を用いて行われる。こうした方法を用いれば、質問も必要なくなる。また、特筆すべきなのは、それらが拡張可能であるということだ。5枚あるいは7枚のカードによる方法から始めて、各位置に1枚ではなく3枚のカードを置き、1枚でではなく二重奏あるいは文として読んでいく。つまり、リーディング対象となる引き札は次第に複雑になるが、実際は単純な組み合わせを積み重ねているのだ。

　ここでは我々が気に入っているリーディング戦略の中から、いくつかを紹介しておく。だが他の多くの方法も存在する。実際のところ、リーディングの方法はいくらでも作り出すことが可能である。このことは最後の例で見ていくとしよう。

　我々が提示するリーディングの例は、多くの場合、大アルカナに基づいて

La lecture du Tarot

いる。だが、以下の方法に用いるカードは、タロットのすべてのカードを混ぜても、小アルカナの56枚のみでも構わない。

疑いのタロット

　タロットは未来を読むために使うのではないことを受け入れられれば、それは内観のための道具にもなりえる。
　物質的、創造的、感情的、知的な面から出てきた疑いが不安を生じさせ、行動をためらわせている場合には、タロットでその問題を解きほぐし分析していくことも可能である。
　4枚のカードによるリーディングの方法では、各カードが次のような項目と関連する。
　A：相談者。
　BとC：相談者が疑っている面。
　D：相談者の疑いを解消させうる解決策や指針。

リーディング例............................
［**女性の相談者**］　非常に若い女性が形而上学的な疑問を抱き、輪廻というのがあるのかどうか知りたがっている。
［**引いたカード**］　A：III「女帝」、B：XVII「星」、C：XVIII「月」、D：VIII「正義」
［**リーディング**］
A：相談者を表しているのは「女帝」である。それは若々しい熱意に満たされた姿を示している。彼女は自分がどこに行くのかを知らない。彼女は死の空想的なヴィジョンにとらわれた若者のように、全ての回答をすぐにでも知りたいと求め、

自問自答している。

BとC：彼女の疑いは次のようなプロセスに基づいている。「星」は「高所」（星々や宇宙）から影響を受け、受け取ったものを「月」（妊娠と創造の母性的元型）に与えている。このことは二つの壺から水を注ぐという姿に隠喩的に表されている。だが「月」では、物質的なものが再び上がってきている（天体に上昇していこうとするザリガニ）。これは一つのサイクルを形作っている。つまり、上昇したものが下降し、そしてまた上昇し始める。輪廻とは、生命を循環するものとみなす考え方に基づいている。

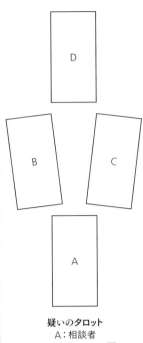

疑いのタロット
A：相談者
B−C：疑っている面
D：疑いを解消するための鍵

D：「正義」は前方をまっすぐ見ている。「正義」は完全に現在の中にあり、何が有益であり何がそうでないかを秤にかけて切り捨てようとしている。

総括：時間は循環的なリズムを含んでいる。だとすると、仮に輪廻という考えが役に立つのであれば、なぜそれを存在しないと考える必要があるのか？ ある弟子が有名な禅の師匠に「死の後には何がありますか」と尋ねたとき、師匠はこう答えた。「知らない。私はまだ死んでいないのだから。」つまり、人生を終えるまで待ち、神（あるいは宇宙）の正義を信頼せよというのが、この若い女性への助言となるだろう。

解放のタロット

五つの要素からなるこのリーディングにおける配置のことを、「愚者のタロット」と名付けてもいいだろう。なぜなら、そもそも「愚者」が自由と根

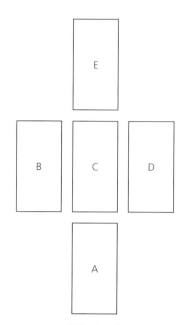

源的な熱意を象徴しているからだ。

例：

A：自分らしくなることから、私を妨げているものは何か？

B：どうすれば私は自分自身を解放できるのか？

C：どのような行動に取り掛かるべきか？

D：どのような変革に至ることになるのか？

E：実現すべき私の目的と運命とは何か？

解放のタロット
A：束縛、障害、行き詰まり
B：解放されるための方法
C：取り掛かるべき行動
D：変容
E：目的、実現すべき運命

リーディング例……………………………………………

［**女性の相談者**］　30歳前後の女性が人生を変えたいと望んでいる。
［**引いたカード**］　A：XIIII「節制」、B：III「女帝」、C：XVIIII「太陽」、D：XII「吊られた男」、E：XVII「星」
［**リーディング**］　A：あなたの自己実現を妨げているのは、あなたがあなた自身を天使のような、肉体を持たない存在と見なしているからかもしれない。そのことがあなたにあらゆる妥協を受け入れさせ、極端に決断力の欠けた状態にさせてしまっているのだ。
B：あなたを解放するためには、自らの創造的な力に立ち戻り、青年期の計画をあなた自身がもう一度受け入れなければならない。あなたに熱意を与えるものは何か？　あなたの欲望はどこに向かっているの

か？　こうした問いからあなたの自由が始まっていく。

C：そうすれば、あなたは新しく創り出していく何か——それは互いを尊重し平等であることを基本とするカップル、または協力者と組んだ職業上のプロジェクトといったこと——を思い描くことができる。

D：あなたが変容していくためには、自分自身とつながり、自分の真の本質に触れることが必要である。あなたはあなた自身との関係を深める。

E：あなたは現実世界での行動を成功させることができる。寛大さはあなたを導く価値の一つとなるだろう。

行動の拠点となる場所を定めれば、あなたはそこから光り輝くことができるようになるだろう。

[相談者のコメント]「私は自分の肉体を受け入れていくことに困難を感じています。私は女優を天職と考えていましたが、そのために励ましてもらえることはありませんでした。今こそ舞台に出ていくときだと思います。それが自分と肉体とのつながりを作り出してれるはずです。私は街にやってくるサーカス団の広報活動を担当することを打診されています。タロットは私が正しい道にあることを裏付けてくれています。」

英雄のタロット

　この5枚のカードからなる配置は、ジョゼフ・キャンベルの著書によって一般的に知られるようになった英雄の旅という大きな神話的主題から着想を得ている。その最も単純な形は、相談者が引いた5枚のカードによって形作

られる。Aは相談者の出発の状況を表し、Bは相談者の目的あるいは探究の対象に対応する。これら2枚のカードの間に、相談者が目的へ到達するために克服すべき障害を表すCとDを近づけて置く。Eは相談者が目的を実現するために有している鍵、協力者、力を表す。このカードは障害物の前と後ろの二つの位置でリーディングされる。リーディングは、指定されたA、B、C、D、Eの順番で個々のカードをめくりながら進めていく。

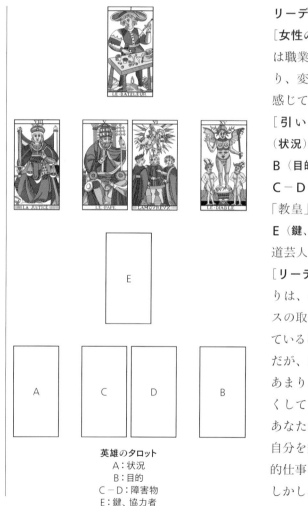

英雄のタロット
A：状況
B：目的
C−D：障害物
E：鍵、協力者

リーディング例………
［女性の相談者］　彼女は職業的な袋小路にあり、変化の必要を強く感じている。
［引いたカード］　A（状況）：VIII「正義」、B（目的）：XV「悪魔」、C−D（障害物）：V「教皇」／VI「恋人」、E（鍵、協力者）：I「大道芸人」
［リーディング］　始まりは、あなたがバランスの取れた状態で座っていることを示す(VIII)。だが、完全さを求めるあまり、自分を動けなくしてしまっている。あなたの目的（XV）は、自分を熱中させる創造的仕事に就くことだ。しかし、創造的である

ことには常に不完全さがつきまとう！　創造するためには失敗を受け入れなければならない。あなたを目標から遠ざけている障害は父の眼差しである（V）。それがあなたの内部に感情的な葛藤を作り出し、あなたが道を選ぶことを困難にしているのだ（VI）。あなたが完璧さを求めざるをえないのは、それを父によって課されたからであり、それがあなたの創造的な自己実現を妨げているのだ。問題の鍵（I）は単純である。未経験であることを恐れずに、自分の好きなことをすぐに始めること。だが、そうすることで自分の仕事をやめてしまわないことだ（「大道芸人」は手の中にコインを持っている）。「大道芸人」はジャーナリズムのようなどちらかといえば霊的あるいは知的な活動を表している。もしあなたが上手に書けないのではと不安を感じているなら、最初の記事については添削をしてくれる人に助けてもらえばいいのだ！

[**相談者のコメント**]　「自分の状況がとてもよく表されています。私は実際にジャーナリズムというキャリアへと進んでみたいと思っています。でも、それで生計をたてられるとは考えられないのです。今の仕事も並行して続けながら始め、また誰かに手伝ってもらうというのは解決策になります。それは私の不安を解消してくれます。」

それぞれの場所に追加のカードを置いて英雄のタロットをさらに豊かにすることができる。以下の例は意図的にごく単純なものとしてある。
[**引いたカード**]　A：XVI「神の家」／VIIII「隠者」、B：IIII「皇帝」／XVII「星」、C－D：V「教皇」／II「女教皇」／X「運命の輪」、E：VI「恋人」、XX「審判」
[**リーディング**]　自分の住居から追い出されて（XVI）、相談者はどこに行ったらよいのかわからない（VIIII）。彼の目的は、安定した（IIII）新しい場所（XVII）を見つけることだ。障害：これまで用いられた方法（不動産会社（V）、小広告を読むこと（II））は結果を生み出していない（X）。鍵：自分の周囲（VI）に、そのことを話してみること。なぜなら、口コミが解決策（XX）となる可能性があるからだ。

La lecture du Tarot

「世界」のタロット

　このリーディングでは質問は必要なく、大アルカナと小アルカナを混ぜることができる。アルカナXXIの図式を基にしたその基本の配置は、5枚のカードから構成される。中心にあるカードAは、相談者の本質を表す。上部右側にある鷲が位置する場所にあるカードBは、相談者の知的エネルギーの状態を表す。上部左側の天使が位置する場所にあるカードCは、相談者の感情的エネルギーの状態を表す。下部右側の獅子が位置する場所にあるカードDは、相談者の性的かつ創造的エネルギーの状態を表す。下部左側の肌色の動物が位置する場所にあるカードEは、相談者の物質的エネルギーの状態を表す。

> リーディング例……………………………………………………………
> ［**男性の相談者**］　40歳くらいの男性が大アルカナから5枚のカードを引く。
> ［**引いたカード**］　A（**本質**）：VIIII「隠者」、B（**知的な面**）：X「運命の輪」、C（**感情的な面**）：XVI「神の家」、D（**性的・創造的な面**）：XVIII「月」、E（**物質的な面**）：VII「戦車」
> ［**リーディング**］　A（**本質**）：現在のあなたは危機の時にある。四隅

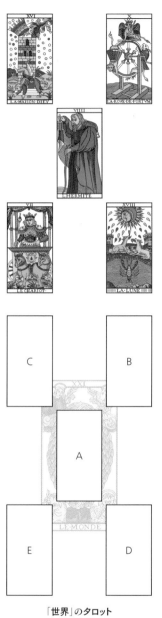

「世界」のタロット
A：本質
B：知的な面
C：感情的な面
D：性的・創造的な面
E：物質的な面

にあるカードはそれを明確化してくれるだろう。実際のところ「隠者」は受容的な側（感情的エネルギーと物質的な面）に光を向け、能動的な側（知的かつ創造的な面）に背を向けている。右側のカードは、これらの領域があなたの中にかきたてる恐れを表すだろう。なぜなら、あなたはまだ自分がどこに向かおうとしているのかを知らないからだ。

C（感情的な面）とE（物質的な面）：あなたはひょっとすると別離を経験したばかりで、それによってあなたは引っ越しを余儀なくされているのかもしれない（相談者はこれを認める。彼は最近パートナーと別れ、国外での仕事を引き受けた）。

B（知的な面）とD（性的・創造的な面）：今のところ、あなたには自分の世界観が停止地点に差し掛かっているように思われるだろう（X）。疑問が生じてくる今の状態は、最近のあなたが通過した感情面での試練と関係している可能性が高い（「運命の輪」の「スフィンクス」はしばしば感情面における謎を表す）。あなたの性的かつ創造的エネルギーは、当分の間、女性というもの（XVIII）、または理想的な母のイメージについて考えることへと費やされてしまう（相談者はこれを認める。彼

は将来の自分の子供の母となる相手を見つけたと思っていたが、この新たな状況は自分の物の見方を考え直させている)。

結論：こうしたいわば現在の状態を示すカードを引いた後で、たとえば「未活用のままでありながら、自分が自由に用いることができるのはどんなエネルギーなのか」といった質問へのリーディングを、以下のような方法で続けて行うのも興味深いことかもしれない。

　我々は次のようなやや異なった方法で同じ相談者とリーディングを行う。すべてのカードを用いながらも、それらを五つの束に分ける。相談者は大アルカナを1枚引き、それを中心に置く。これは彼が自由に用いることのできる本質的エネルギーである。次に「剣」の束からカードを1枚引き、それを右上部に置く。さらに「杯」の束からカードを1枚引き、それを左上部に置く。「棒」の束からカードを1枚引き、それを右下の隅に置く。「金貨」の束からカードを1枚引き、それを左下の隅に置く。

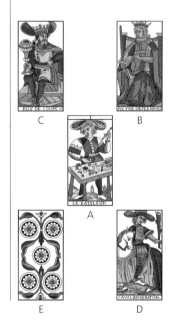

［引いたカード］　A：I「大道芸人」、B：「剣」の「王妃」、C：「杯」の「王」、D：「棒」の「騎士」、E：「金貨」の5

［リーディング］　新たな活動と関連した新たな人生の舞台に進むための可能性を、あなたは本質的に持っている（「大道芸人」）。あなたの愛する能力は、いまだ損なわれていない（「杯」の「王妃」）。そして、あなたは物質的な面での新たな理想を出現させることができる（「金貨」の5）。しかし、感情的な傷があなたに警戒心を抱かせてしまい（「剣」の「王妃」）、そのことが一時だけあなたの女性を見る目に影響を与えているかもしれない。あなたの性的か

つ創造的エネルギーは、あなたが考え方を変え、精神を再生させられるまでに、今や昇華されている（「棒」の「騎士」）。

この「世界」のタロットを始める際に、いったん各位置がどの中枢と関連するかを説明してから、相談者にカードを引く順番を選ばせてみるのも興味深いかもしれない。例えば相談者がカードをまず右側（知性と性的─創造的中枢）に置くことを選んだなら、それは相談者が受容的であるより行動を優先させることを示している可能性もある。

二つの計画のためのタロット

3枚のカードを選び、自分のユートピア的な計画、言い換えるなら自分の目標とするものの中で最も可能性が遠くにある展望が何かを知ることもできる。ここでの目的は、この計画が実現できるか、あるいは実現すべきかを知ることではなく、我々が自分自身を未来に投企することによって生きていると自覚することにある。従って最も重要となるのは、我々が自分の未来をどのように思い描いているのかを知ることだ。さらに3枚のカードを引いて、最初に引いた3枚のカードの下に置いてもいい。その場合、それらが表すのは、家族によって課されたか、または系統樹から受け継いだ課題のように外部から押しつけられた計画である。多くの場合、そうしたものは個人の成長を制限することになる。たとえば、テニス選手になりたいと夢見る相談者が「息子よ、お前は医者になるのだ！」と言われた場合などもそうである。あるいは「お前は婚期を逃すだろう」というような言い方も、呪いのような言葉となって女性の人生に重くのしかかるだろう。それに対して、ここでのリーディングは、日々の生活を形作っている未来の展望を自覚させるきっかけを与えるものとなるだろう。

> **リーディング例**……………………………………………………………
> [**ユートピア的計画**]　「愚者」、XV「悪魔」、XVIIII「太陽」
> [**外部から強制された計画**]　III「女帝」、II「女教皇」、XI「力」

ユートピア的計画

外部から強制された計画

外部から強制された計画を再編成したもの

［**リーディング**］　あなたのユートピア的な計画とは、創造性を目覚めさせまたお金を稼ぐ能力を磨くこと（「愚者」は自らのすべてのエネルギーを「悪魔」に与えている）を十分に実現し、それが完全な成功を収めることだ。だが、あなたに課された計画では、あなたは常に創造性と熱意を抑制しなければならない（「女教皇」は「女帝」の欲求を封じて冷たくする）。そのため、あなたは永遠に始まりの部分に留め置かれる（「力」はここで創造に関わる葛藤を表している。女性は動物の口を閉ざそうとしている）。これをどうすれば解決できるのか？　そのためには外部から強制された計画を再編成する必要がある。

［**再配置**］　XI「力」、II「女教皇」、III「女帝」

［**リーディング**］　ここで「力」は創造的な計画となり、「女教皇」の懐胎の作用によって成熟し、最終的に自己表現、創造性、自己実現を表す「女帝」を通じて日の目を見ることになる。あなたが捨てなければならないのは、「「女教皇」のように賢く純粋であるために、行動を控えなければならない」という愚かな考え方である。

選択のタロット

　二つの道の間で迷っているとき、この方法は非常に助けとなる。これは相談者が、どのように状況を検討しているかを可視化してくれる。当然のことではあるが、タロロジストの役割は、選択にバイアスをかけることではなく、相談者が意識的に選択できるよう、種々の可能性を明確にすることである。相談者はカードを1枚引き、中心に置く。その場所は相談者自身を象徴する。次にこのカードの左に向かう道と右に向かう道を、相談者は可視化しなければならない。さらに左右それぞれに対して引いた2枚のカードにより、それぞれの道が示す可能性を、より正確に理解することが可能となる。

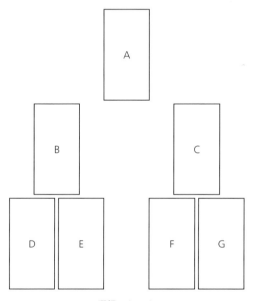

選択のタロット
A：相談者
B−D−E：可能性1
C−F−G：可能性2

リーディング例………
［**男性の相談者**］　二つの仕事の提案のどちらかを選択しなければならない。
［**引いたカード**］　A：XI「力」、B：XX「審判」、C：VII「戦車」、D：X「運命の輪」、E：XII「吊られた男」、F：XVIIII「太陽」、G：XXI「世界」
［**リーディング**］　「力」の視線は第2の道に向けられている。あなたが決めようとしているのはそちらの道のようだ。このことはカードによって確認できる。
［**可能性1**］　魅力的な誘い（XX）は遮られ（X）、待機状態で終わり（XII）、それ以上に進んでいかないように思われる。
［**可能性2**］　これは現実世界での力強い行動を想起させる。その行動は実り豊かな協同関係を通じることで（XVIIII）、成功をもたらすものとなる（XXI）。

10枚以上のカードのリーディング

✵

「世界」のタロットの展開

　ここでは大アルカナと小アルカナの両方を用いて15枚のカードから構成されるリーディングを行う。「世界」のタロットの配置はすでに学んだ（592ページ参照）。そのそれぞれの位置に対して、さらに3枚のカードからなる文を置き、より複雑にしていくこともできる。大アルカナのみでも、あるいは中心のカードに大アルカナを使い、他の四隅に56枚の小アルカナを混ぜて使うのでもいい。

　このやり方の場合、あるスートのカードが、それに対応しないエネルギーの場所に現れるという可能性もある。例えば、仮に知性と対応する右上部を「金貨」のカードが占めた場合、相談者の目下の重要な関心事が金銭にあると推測できる。反対に感情と対応する位置を「剣」のカードが占めた場合、精神が心を冷ややかにしている可能性があるとみなすことができる。

　この方法でタロットをリーディングするためには、すでにアルカナを熟知していることが望ましい。それに加えて、引いたカードから分かったことを確認ないしは否認するために対話を行うことが必要不可欠である。

La lecture du Tarot

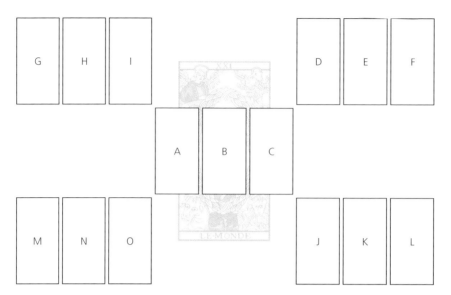

「世界」のタロットの展開
A−B−C：本質
D−E−F：知的な面
G−H−I：感情的な面
J−K−L：性的・創造的な面
M−N−O：物質的な面

リーディング例……………………………………………………………………

[**男性の相談者**] 彼は重い病に侵されているが、それを霊的成長の一段階として考えている。

[**引いたカード**] A−B−C：XIII名無しのアルカナ、XVIII「月」、XII「吊られた男」 D−E−F：「剣」の「王妃」、「剣」の「騎士」、「杯」の3 G−H−I：「杯」の「王」、「金貨」の6、「杯」の「小姓」 J−K−L：「剣」の9、「棒」の5、「棒」の「王」 M−N−O：「杯」の5、「杯」の「騎士」、「金貨」の7

[**リーディング**]
A−B−C（**本質**）：あなたは変容のための課題に全力で取り組んでいる（XIII）。あなたにとって不可欠な活動は癌（「月」の中の蟹によって表されている）と向き合いながら、瞑想を実践し病気の原因につい

て深い理解を得ることである（XII）。カードの合計（572－573ページを参照）は、13＋18＋12＝43、つまり4＋3＝7で「戦車」VIIとなる。「戦車」は、あなたが通過している試練において、あなたの健康とエネルギーの表面下の状態がどのようであるかを表している。これは精神と物質の結合のカードでもある。

D－E－F（知的な面）：「剣」の「騎士」は、あなたの知性のあり方が変化していることを表している。あなたは合理的で科学的で純粋な知的観念からなる思考（「剣」の「王妃」）から、知的エネルギーの内部で作用している愛を発見することへと向かって行きつつある（「杯」の3は、「騎士」がこの跳躍を成し遂げるよう力を与えている）。

G－H－I（感情的な面）：もしかすると「杯」の「小姓」は、家族の中の若い誰か、あなたにためらいがちに近づいてきている息子ないしは娘を表しているのかもしれない。今のあなた（「杯」の「王」）は、この人物を暖かく迎え入れる準備が出来ている。その人物は、あなたを人生の喜び（「金貨」の6）へと呼び戻しにきているのだ。

J－K－L（性的・創造的な面）：あなたが瞑想を通じて従事してきた精

神面での取り組みは、啓示（「剣」の9）を作り出した。それがあなたに創造性と関連する新たな理想（「棒」の5）を抱かせ、最終的には作品を生み出すことによってあなたは、自身の願いを果たすこと（「棒」の「王」）となる（相談者はこれに同意する。病気をきっかけとして行うことになった内的作業が、画家としての自分の使命を認識させるものとなった）。

M－N－O（**物質的な面**）：ここでもまた愛が作用している。創造性と関連する新たな理想（創造的エネルギーの「棒」の5）は、あなたが行っていることへの愛に基づいた新たな人生の理想を作り出している（「杯」の5）。この熱意に満ちた力は物質を変容させ（「杯」の「騎士」は「金貨」のエースになる）、治癒と肉体的エネルギーの回復に向かわせている。「意識」は細胞の核心にまで浸透していくのである（「金貨」の7）。

自己実現のタロット

　このリーディングでは10枚のカードを引く。我々は誰もが極めて大きな可能性を秘めている。大アルカナでは実現化が21の数値を持つカード（アルカナXXI「世界」）によって表される。それと同様に、我々は自己実現がどういったものであるのかを、自分自身に問いかけることもできる。

　それによって、通常の自分の考え方から離れ、束の間、自らの限界を度外視することを発案できる。「私には価値がない」、「私は何の役にも立たない」、「何もかもが上手くいかない」、「世界はどうしようもない状態にある」、「私は満たされていない」などといった考えを中断すれば、次のように自分自身へ尋ねることもできるはずだ。「もしすべてが良い方向に向かったとしたら、私に完成させることができるのはどのようなものだろうか？　私はどこまで到達できるだろうか？」

　これこそ、このリーディングが目指しているものだ。それは本質的に心理学的であり、目を向けるべきところは出来事ではなく魂にある。

　引いたカードの配置は以下のようになる。

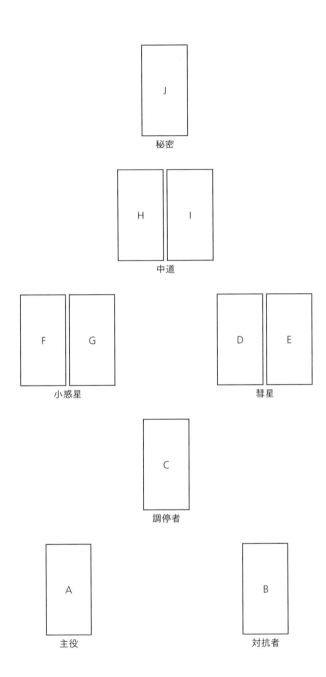

自己実現のタロット

A：我々の主役。出来事の当事者である人物が、自分自身についてどのように考えているか。

B：我々の対抗者。我々が闘っている自分自身の一部。

C：調停者。主役と対抗者の間で起こることの結果。

D−E：「彗星」。主役が有益な出会いや好ましいものをもたらす人々へと我々を導く。

F−G：「小惑星」。対抗者が好ましくない出来事をもたらす。たとえば自分をひどい目に合わせる人物への恋に陥ってしまったり、怪しげな事柄と関わりを持ったりする。我々はここで、誘惑する悪魔のように、このことが自分をどこに導いていきかねないかが分かる。

H−I：主役と対抗者は両者の結果である人格を作り出さねばならない。それは極端に楽観的にも否定的にもならず、人生が必要としていることに応じて、自分ができる限りのやり方で歩んでいくようにする。過度の楽観的な態度は怠惰や甘さに導くが、過度の厳しさは破壊的になる。必要なのは、中庸の道を見つけることだ。こうした態度こそが、両者を対立ではなく相補的にさせるのである。

J：秘密。自分自身の最も内奥の場所。

> リーディング例··
> [引いたカード]　A：XI「力」、B：VIII「正義」、C：XVII：「星」、D：VI「恋人」、E：XVIII「月」、F：XIIII「節制」、G：XXI「世界」、H：X「運命の輪」、I：XX「審判」、J：II「女教皇」
>
> [リーディング]　A（主役）：相談者は女性で、「力」によって表されている。彼女は自分の内奥にある力に根差し、新たな創造的活動を始めている最中にいる。彼女はこれを認める。彼女はあるダンス・セラピーの方法を学んでいる最中である。
>
> B（対抗者）：これは完璧さを求める母のイメージである。無意識の一部が母の立場を身につけている。相談者はこれを認める。「私は冷たい人間で自分に厳しく妥協することがありません。常にもっとうまくやれないかと自問しています。自分自身を疑うようにして、自分を低

J

H   I

F   G   D   E

C

A   B

La lecture du Tarot

く評価しています。」

C（調停者）：「力」は自分の核心部分から生じてくるエネルギーであり、「正義」は動じることのない態度である。だが一方、「星」はある場所を選び、そこから現実世界への行動を起こそうとする。「星」は「正義」から真実の探究への渇望を取り入れ、「力」からは分け与える能力を受け取る。

D－E（彗星）：「力」は愛と心が通った社会的関係を引き寄せる。また、潜在的な女性性を発達させる。

F－G（小惑星）：「正義」は閉じ込もった状態、自分自身とのつながりの欠如、高所と低所の間の断絶を生み出す。つまり、一方では開放（VIとXVIII）がありながら、他方では閉鎖（XIIIとXXI）がある。それゆえの葛藤がある。

H－I（中道）：この二つの方向性が統合される時、意識は解放され、過去の感情のサイクルに終わりがもたらされる。囚われの段階が終わり、より偉大なものからの呼びかけに心を開いていくこともできるようになる。それは意識を解放することであり、子供を産むことでもある。

J（秘密）：相談者の秘密は、彼女の霊性の中にある。霊的探求を通じて自分の内部にある断絶を意識できるようになったこと、そしていつの日か他者を導けるようになるのが自分の使命であることを、彼女は確認する。

四つの中枢に適用された英雄のタロット

　我々の四つの中枢（知的、感情的、性的・創造的、物質的）は必ずしも同じ道を辿るわけではない。心が導いても理性が思いとどまらせることもあるし、欲望が必ずしも物質的要求に一致するとは限らない。四つの中枢にリーディングの方法を適用し、その総括を通じて相談者の行動に統一感を作り出すことは有益だろう。そのために、すでに学んだ英雄のタロットの配置を、22枚の大アルカナを用いた次の方法で発展させることもできる。

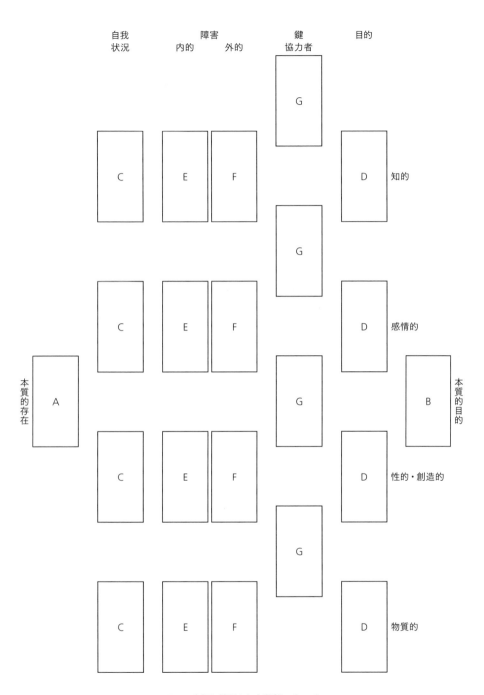

四つの中枢に適用された英雄のタロット

La lecture du Tarot

A−B：自分自身の本質的あり方(A)と本質的目的(B)。「愚者」と「世界」が他の大アルカナの枠組みとなるように、この2枚のカードが全体の枠組みを構成する(42−43ページ参照)。
個々の中枢(知的な面、感情的な面、性的・創造的な面、物質的な面)のために、以下のようにカードを引く。
C：四つの中枢における自分自身と状況。
D：四つの中枢における自分自身の目的。
E−F：各中枢における障害。カードEはその人自身の個人的で内的な障害であると見なされ、自我を表すカードの近くにある。カードFは現実の人生における制限と関連する外的障害を表す。
G：各中枢に関する鍵。
可能であれば、知性を表すカードを上に置き、下降するに従って感情的中枢を示すカード、性的・創造的中枢に関するカード、最後の1番下には物質的中枢に関するカードを置いていく。
各中枢は肉体における頭、心臓、骨盤、足に対応する。

リーディング例

[**女性の相談者**] タロットに通じた50歳の女性が夫の助手として働き続けるか、あるいはタロット・リーディングを行うという自分自身の本来の活動を進めていくべきかで迷っている。

[**引いたカード**] 次ページを参照。

[A：**本質的なあり方**] XXI「世界」。これは十分に自己実現化された完璧な女性である。

[B：**本質的目的**] V「教皇」。あなたは伝え、導き、教えたいと思っている。あなたの目的は教師になることだ。だが、この目的を達成するための困難は、まさにあなたが女性であるにもかかわらず、この役割を男性的なものとして思い描いていることにある。どうすればあなたが自分の目的を妨げている障害を解決できるかを四つの中枢において検討してみよう。

【知的中枢】

[C：**自我、状況**] XI「力」。全ては為されるべき状態にある。状況はよい。始まろうとしている状態にある。

[D：**目的**] III「女帝」。あなたの願いは、思い切って飛び出し、花開き、創造することだ。

[E：**内的障害**] IIII「皇帝」。あなたの自分自身に対する見方には、父の権威が重くのしかかっている。そして……

[F：**外的障害**] ……XII「吊られた男」。あなたは活力を奪われてい

四つの中枢に適用された英雄のタロット。引いたカードの例。

La lecture du Tarot

る。長らく行動していないため、どこから手を付けていいのか分からなくなってしまっている。
[G：鍵、協力者] XVIIII「太陽」。重要なのは、突然に全てをひっくり返してしまうのではなく、少しずつ、穏やかに自分自身の価値を認めていくことである。すべての時間を使って働くのではなく、少しずつ自分自身のための活動に移行していくというやり方でもいい。

【感情的中枢】
[C：自我、状況] 「愚者」。あなたは大きなエネルギーを持っているが、いまだ完全には方向づけられていない。自由の必要性が感じられる。
[D：目的] XIIII「節制」。あなたは他者を癒すために働きたいと望んでいる。あなたのタロロジストとしての使命は、他者を助けたいという願いを起源としている。
[E：内的障害] XX「審判」。障害の位置にあるこのカードは、使命の抑圧と解釈される。それは望んでいることの実現を妨げてしまう。また、あなたの出生に際して、両親が女の子よりも男の子を望んでいたかどうかを考えてみることも必要かもしれない。
[F：外的障害] XVI「神の家」。このカードを障害として見る場合、囚われた状態や自分自身を表現することへの恐れが想起される。
[G：鍵、協力者] II「女教皇」。重要なのは、自分に言うべきこと、書くべきこと、伝えるべきことがあると気づくことだ。「女教皇」は卓越した教師とみなされている「教皇」と対応する女性である。教師のイメージを女性的な形へと変え、女性ならではの叡智を引き受けていくことが鍵となる。

【性的・創造的中枢】
[C：自我、状況] XV「悪魔」。あなたのエネルギーは莫大である！「悪魔」は完全に自分の場所、すなわち性的・創造的領域の中にいる。「悪魔」は根本に由来する欲望を形作り、あなた自身の真の価値をあなたに気づかせようとしている。
[D：目的] XVII「星」。現実世界での行動が二面にわたっている。

なぜなら「星」は二つの壺を持っているからである。これは夫に協力し続けながらも、自分個人の活動を始めていきたいというあなたの思いを意味しているのかもしれない。

[E：内的障害]　X「運命の輪」。あなたは停止した状態にある。あなたの創造性は妨げられてしまっているが、それは従来のような自分の役割を放棄してしまうと、愛を失ってしまうのではないかという恐れゆえなのかもしれない。

[F：外的障害]　VIII「正義」。完璧でなければならないという思いが、やるべきことを実行に移すのをあなたに思いとどまらせている。そもそも創造的であることと完璧であることは両立しない。

[G：鍵、協力者]　XVIII「月」。夢見ること！　自分自身の直観を深く追求することで、創造的であることの障害となっているものを乗り越えていけるだろう。

【物質的中枢】

[C：自我、状況]　VI「恋人」。家庭環境はあなたに対して心地良さを与えてくれている。同じ波長を持った夫と協力し合っている。お互いに自分自身の領域を確保していて、相手の領域を侵すことがない。

[D：目的]　VII「戦車」。夫の仕事との関係において自分の立場をはっきりさせること。それに基づき、タロロジストとして現実世界の中での活動の仕方を見出していくこと。なぜなら、それがあなたの願いであるはずだから。

[E：内的障害]　I「大道芸人」。あなたは自分がまだ初心者でまだ生徒であり、行動を起こすには経験が足りていないと感じている。おそらく収入を得ることなどできないのではないかと思っている（「大道芸人」の小さなコイン）。

[F：外的障害]　XIII 名無しのアルカナ。あなたはこの変化が大規模になるのではないかと思っている。あなたは夫とのバランスが崩れてしまうことを恐れている。女性は幼い頃から独立心を妨げられるような教育を受けることも珍しくはない。その結果、父のイメージと夫のイメージを知らず知らずのうちに重ね合わせてしまうこともある。そ

うなると、従属することを「愛の証」と思ってしまい、物質的な面で独立していくことによって愛する人を失ってしまうのではないかという恐れも生じてくるようになる。

［**G：鍵、協力者**］　VIIII「隠者」。完璧でなければならないというVIIIの考え方を手放し、初心者の状態に留まっていることをやめることで、「隠者」は恐れること無く変化へ向かっていく。自分を信頼し、他者のためにタロットをリーディングしていくことを始める必要がある。そのためにはただ、メモを取りながら公共の場に出て、誰かが「タロットをやってくれるのですか？」と尋ねてくるのを待ってみればすむことだ。「隠者」は貧困を恐れない。最初は無料でリーディングを行ってもいいだろう。

四つの中枢に適用された選択のタロット

　我々はすべての中枢において選択しなければならないこともある。その際に、この20＋2からなるカードを、「選択のタロット」に対しても同様のやり方で応用していくことが可能である（597ページ参照）。

　四つの中枢及び人体のイメージに応用された「英雄のタロット」と同様、各中枢に対応するカードのグループを、知的中枢、感情的中枢、性的・創造的中枢、物質的中枢の順番で上から下に配置していく。

　カードの配置は次ページのようになる。

最初の2枚のカードが全体の配置の枠組みとなる。
A：私が本質的にそうであるもの。
B：私が本質的に望んでいること。
各中枢における選択は、以下のように並べられる5枚のカードによって表される。
C：この中心となるカードは、自分の知的、感情的、創造的（性的）、物質的な状態を表す。
Cの両側ではカードの二つの二重奏が、各中枢における二つの選択肢を示す。
D−E：左に位置するこの二重奏は最も受容的な可能性を示す。
F−G：右に位置するこの二重奏は最も能動的な可能性を示す。
カードをめくって読む前に、各中枢に何らかの問題あるいは可能性を割り当てることを決めておくこともできる。

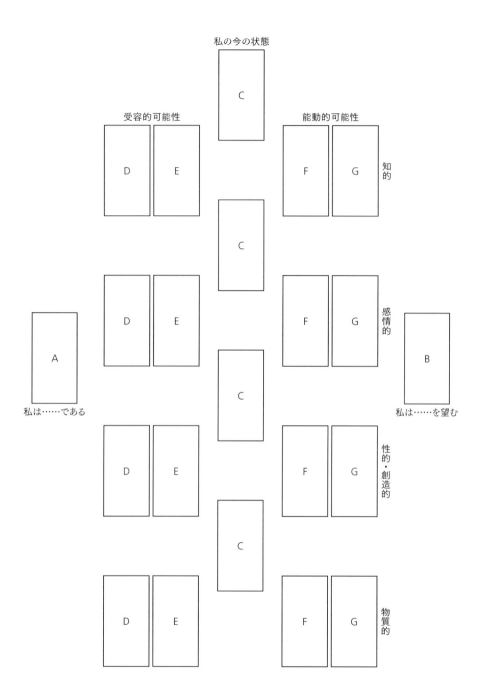

四つの中枢に適用された選択のタロット

La lecture du Tarot

芸術的リーディング

　この最後の方法では、引いたカードをいかようにも思いのままに配置することができる。これはとりわけ子供（それだけではないが）のためのリーディングに適している。ある一つの図柄に合わせて、カードを配置していくのがその方法である。すでに「「世界」のタロット」で行ったように、まずは一つのアルカナの図柄を基にした配置方法を作ることから練習し始めるのがいいだろう。例えば、「星」の図柄を基にして、次のようにタロット・リーディングを編み出すこともできる。

> リーディング例……………………………………………………………
> A：どこから私は**自分のエネルギーを受け取っているのか？**　XII「吊られた男」。それは自分の存在の奥底からである。あるいは、単に活力を得るために休息が必要なのかもしれない。
> B：**私の具体的基盤とは何か？**　XVII「星」。すなわち自分が住んでいる場所、自分が愛する風景、自分が自分の家にいると感じる場所である。あるいは、それは自分の肉体（「星」は裸体であるため）であるとも言える。その場合、自分の健康や食習慣に気をつけなければならない。
> C：**私の行動は、誰あるいは何に捧げられているのか？**　X「運命の輪」。一つの周期を完結させ、ある仕事を終わらせることに捧げられている。
> D－E：**私の行動の手段は何か？**　「愚者」、XVIIII「太陽」。私の行動の手段は大きなエネルギー、旅する能力、自由な精神（「愚者」）、寛容さ、協力のための感覚、他者への愛（「太陽」）である。
> F：**歌い始めるのは何か、現実世界での私の行動はどんな結果となるか？**　VIIII「隠者」。より偉大なる知恵、成熟、物事への新しい見方である。

「星」のカードの図柄を基にした芸術的リーディング
A：アルカナXVIIの空に輝く中心の星を表す
B：女性が膝を置く場所を表す
C：川を表す
D－E：二つの壺を表す
F：枝の上の黒い鳥を表す

La lecture du Tarot

芸術的リーディングの基本原理と拡張

　こうした配置の方法を習得すれば、真の芸術的リーディングへと移っていくことができる。

　——タロロジストは図式化可能な物あるいは生物の姿を想像するよう相談者に求める。

　——その後、相談者はカードを混ぜてタロロジストに返す。タロロジストにとってはここで己の想像力が試されることになる。必要なカードの枚数を用いて、それを伏せた形でテーブル上に配置して、相談者が想像したものを然るべき形で再現しなければならない。このとき四つの要素（知性、感情、性的・創造的エネルギー、物質）の原理を使って、四段階に配置にしていくこともできる。この形を作る際は、タロットの方向性に関する法則に従わせる必要がある。すなわち、相談者の右にある部分は能動、左にある部分は受容を表す。

　——配置の中のどの箇所が自分自身を表しているかを相談者に尋ねる。相談者は自我に物質的な表現を与えるためそれらのカードの上に何か物を置く。

　——相談者に三つの質問を小さな紙に書き、それらを四つに折ってもらい、さらに配置の中の好きな場所に置くよう求める。

　——これを解釈していく際、まず相談者が配置の中のどこに自分を位置づけたか、そして配置の中のどのレベルに質問を書いた紙を置いたかに注目する。次に質問に目を通し、関連する全てのカードあるいはカードのグループをめくる。

　——もしそうしたければ、相談者が質問の紙を置いたカードあるいはカードのグループを読むだけでなく、その周囲にあるカードを読んでもいい。それらはその答えと関連すること——その補足的な面——を表している。

　次の例は、女性の相談者が配置の形として蝶を選んだ場合である。

　| **リーディング例**……………………………………………………………………
　| [**女性の相談者**]　19歳の若い女性はバカロレアに合格したばかりで、大学で文学研究を始めようとしている。象徴的に言えば、蝶は蛹とい

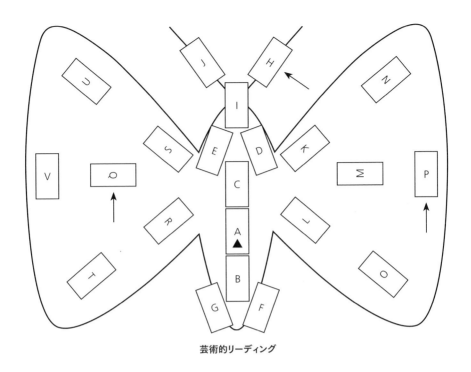

芸術的リーディング

う長い形成期の後に実現される状態を表している。これは実際のこの女性の状況と一致している。彼女は住む町を変え、家族を離れ、初めて1人暮らしをする。我々は22枚の大アルカナを用いて蝶の形を作った。三角形は相談者が選んだ自我の場所を表している。彼女の質問は三つの矢印で表されている。

【相談者の自我】
A：III「女帝」。あなたは自我を蝶の体の中心に置いた。これはあなたがしっかりと安定していて、新しい人生における自分のあり方に同意していることを意味している。また「女帝」は、あなたが十分に健康で創造的であることを示しているようだ。

　相談者が蝶の体の中心に自分自身を位置付けたことから、その周囲のカードを次のように読むことができる。すなわち、彼女の上にある

蝶の身体

カード（C）は彼女の高次の自我で、下にあるカード（B）は彼女の無意識の自我であると見なされうるかもしれない。周囲にある4枚のカードは「「世界」のタロット」の場合と同様、彼女の四つのエネルギーを示す。すなわち、Dは知的エネルギー、Eは感情的エネルギー、Fは性的・創造的エネルギー、Gは物質的エネルギーである。

A：III「女帝」。すでに解釈したように、これは創造性と熱意を表すカードである。

B：XVIII「月」。まだ完全に表現されていない大きな創造性が、あなたを文学の研究へと向かわせたのかもしれない。あなたの無意識の世界は夢や直観で満ち溢れている。

C：「愚者」。あなたには強い霊的エネルギーがあるが、まだ目的が欠けている。自分の理想や人生の中での自らの使命が何であるかをいまだ自覚していない。成熟するにつれて、あなたは自分が霊的な観点で向かって行く先を見出すことになるだろう。

D：**知的エネルギー** IIII「皇帝」。あなたは系統立ったしっかりとした精神の持ち主である。学業において成功するために必要な素養を持っている。だが、あなたの知性がやや

第5章 タロットのリーディング

618

「堅苦しい」ところは、あなたがまだ「月」のより夢幻的な世界と接触していないことを示している。あなたはまだ自分自身を合理的な人間であると見なしている。

E：感情的エネルギー XI「力」。人を惹きつける魅力に基づいた新たな恋愛関係が始まろうとしている。

F：性的・創造的エネルギー XVII「星」。あなたには大きな魅力と寛大さがある。また、非常に大きな潜在的創造力も持っている。あなたは自己実現に必要な資質を持っているが、そのためにはあなたの中にある論理的な面と詩的な面を和解させなければならない。

G：物質的エネルギー XVIII「太陽」。あなたは人生のこの新しい段階に際して、全面的な支援を受けている。それはおそらくはあなたの父からだろう（相談者は両親のおかげで自分が生活する街に小さなワンルームを借りていること、また両親が彼女の生活状態を気遣ってくれていることを認める）。

【相談者の質問】

H：質問1 私は学業で成功できるだろうか？ この質問は蝶の右側の触角の上に置かれている。つまり蝶の活動の最先端に置かれているのだ。これは彼女の未来の人生にもかかわる最も重要な目標である。

回答：VIII「正義」。完璧さを表す「正義」が出ていることからも、あなたには成功に必要なものすべてが備わっていることがわかる。だが、あなたは疑いを抱いている。その疑いの理由を理解するために、蝶の頭と左の触角にあるカードをめくってみる。

右の触角の上にあるカードHは、あなたの学業に関する質問を表す。頭部にはカードIがあり、そこでは

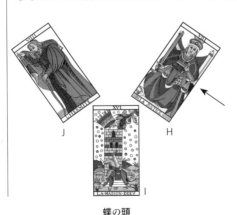

蝶の頭

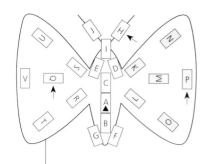

疑いの理由を見出せる。カードJでは、その疑いの過去の状況を探ってみる。

I：XVI「神の家」。このアルカナは爆発を表す。あなたは未知の世界へと向かっていくために既知の世界から離れていく。その未知の世界の面のいくつかは、以前からあなたが親しんできたものである（「神の家」のカードの中では塔から完全に姿を現している人物が、それらの面を示している）。そうした面は左の触角で表されるあなたの過去と関連している。反対に右の触角で表されている面は、「神の家」のもう1人の人物のように、建物の中に半ば閉じ込められたままとなっている。あなたは自分を待ち受けているものが何であるかが分からず、それゆえ疑いを感じている。

J：VIIII「隠者」。高校時代は終わった。過去を照らしつつ後ずさりで歩む「隠者」のように、あなたは自分が離れていこうとしているものが何か分かっている一方で、自分が向かっていく世界についてはいまだ分かっていない。大学では新たな学び方や生き方が待っている。あなたは自分がそれに適応できるかどうかがまだわからない。しかし、心配する理由などない。「正義」が示すように、あなたは十分に準備を整えているし、成功するために必要なものを持っている。

P：**質問2**　恋をするかどうか？　この質問は蝶の右の羽の端に置かれている。そこは動力が最も高まる場所である。愛が羽を与えてくれるのだ！

回答：XX「審判」。これについては何の心配もない！　出会いの可能性は十分にある。我々は未来を読むことなどしないが、どのような道があなたを出会いへと導くのかに目を向けてみよう。

　我々は出会いがPで起こることを確認した。この出会いはKとLで始まる二つの道で挟まれ、Mにおいて合流している。カードNとO

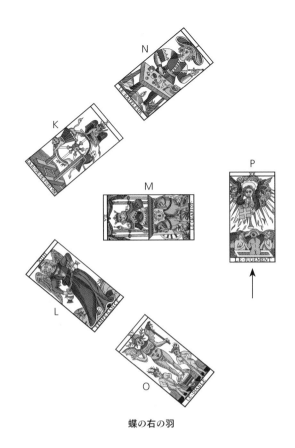

蝶の右の羽

はこの出会いを取り巻く状況を表している。

K：X「運命の輪」。一つのサイクルが終わった。ゆっくりと過去から離れていくこと。急ぐ必要はない。あなたは街や学校を変えた。それに続いて、

N：I「大道芸人」。ある若い男性との出会いが新しいサイクルを開始させることになるだろう。

L：XIIII「節制」。同じようなメッセージである。「節制」は時間をかけてその状況に均衡をあたえる。それに続いて、

O：XV「悪魔」。天使のような「節制」の後には、情熱的な愛情がやって来る！

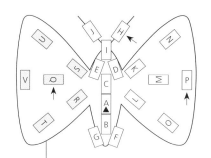

M：VII「戦車」。これは中心になるカードである。王子はあなたの人生のまさしく中央に突如として姿を現す。何ら特別なことをすることがなくとも、すべては自然な流れで起こる。

Q：**質問3**　私には才能があるか？
この質問は蝶の左の羽の中心にあるカードの上に置かれている。ここは羽の内側に包み込まれているため、この質問は最も秘められたものである。

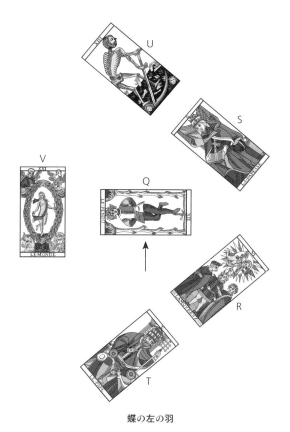

蝶の左の羽

第 5 章　タロットのリーディング

回答：XII「吊られた男」。この人物は行動を起こしていないこと、また状況が懐胎期間であることを同時に表している。相談者はこのことに同意する。彼女は書いてみたいがその決心をしていない。諺(ことわざ)が言うように「習うより慣れよ」である！　実行に移すことが才能を目覚めさせ伸ばしていくことになる。やってみる前に才能があるかどうかは分からない。このことについては、「吊られた男」の周囲のカードをリーディングすることで、より詳しく見ていくことができる。

Q：XII「吊られた男」。才能はまだ懐胎期間にあり、発揮されていない。蝶の羽は不動である。

RとS：（羽を動かすためにすべき最初の努力）　VI「恋人」。II「女教皇」。問題は「私には才能があるのか？」ではなく「私は書くこと（II）が好きなのか（VI）？」である。それを知るためには、毎日、書き続けてみなければならない。カードの合計（6＋2）は8である。VIII「正義」はなすべきことを完璧に実行する。

TとU：（この実行の結果）　V「教皇」。XIII名無しのアルカナ。自分の内側にあるものを表現し伝えていこうとすることで（V）、あなたは自らを変化させるだろう。また、「吊られた男」は次の段階であるXIIIで開花することにもなるだろう。カードの合計（5＋13）は18である。XVIII「月」は、実際に引いたカードの中では無意識的自我を表しているようだ。すなわち、あなたの内部に潜在していた詩は実際に表現されることになるだろう。

V：（相談者の才能が実際に表現された場合）XXI「世界」。これがこの美しい配置を締めくくる。あなたには語るべきことがあり、あなたにそれを表現するための素晴らしい才能が備わっていることは間違いない。

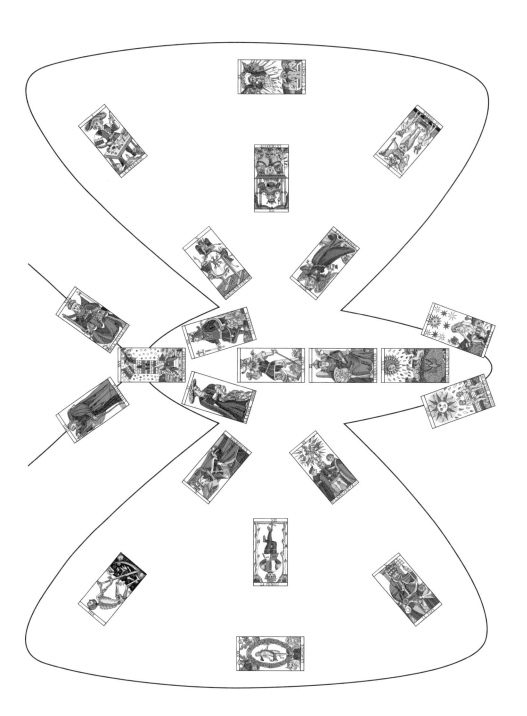

第 5 章 タロットのリーディング

おわりに　タロット的思考

　タロットと共に過ごしてきた長い年月は、私に世界や他者を理解するための新たな方法を与えてくれた。それは直観を理性とダンスさせ、私が「タロット的思考」[*1]と呼んでいるものへの統合を可能にする。タロット的思考について説明するには、その主題を扱った別の本をもう1冊書かねばならないだろう。従って、ここではそのいくつかの例を挙げるにとどめておきたい。

　アルカナには多くの意味があり、それは特殊な事柄から一般的な事柄まで、また明白な事柄から尋常でない事柄にまで及ぶ。アルカナそれぞれが複数の意味を包含するものとみなされるべきである。それらの意味の重要さは、程度の差はあれ解釈する人の文化的背景に依存してくる。

　実際のところ、すべての人間はアルカナである。生涯にわたって、ある人の傍らで過ごしたとしても、我々はその人のことを完全に知り尽くすことなど不可能である。その人の考え、感情、欲望、身振り、日常の行動に慣れ親しんでいたとしても、何か異常な出来事——病気、大災害、失敗ないしは大きな成功など——によって、その人物のこれまでとは異なる一面が現れてくることもある。そうした面が我々を驚きとともに喜ばせることもあれば、失望させることにもなる。現実の一部は、我々が現実と思い込んでいるものである。他者の人格の一部は、我々がその人物に投影しているものに過ぎない。他者に見出される短所や長所もまた、自身の中にあるものなのだ。他者や世界から驚きとともに与えられる予期せぬ振る舞いは、自らの意識のレベルに

[*1] *Les Échelle des anges : un art de penser*, Le Relié, 2001. の中で、私はそれをタロットに依拠しているとは明言せずに哲学的―詩的な形で行った。

応じた反応を引き起こす。未熟なままの意識のレベルでは、どんな変化であっても、恐れや疑いが掻きたてられてしまう。このことは人を逃げ出させるか、麻痺させるか、あるいは怒りをあおり、攻撃的な態度を作り出させることにもなる。一方、成熟した意識は、絶えざる変化を受け入れ、結果が見えなくとも楽観的に前進し、目下の人生を享受し、深淵にかける橋を少しずつ構築していく。

　癒しをもたらすリーディングに到達するために、私が最初に克服しなければならなかったのは反感と共感であった。この世界のすべての人々は、これまでには存在しない、その人ならではのまったく新しい見方を表現する。誰もが唯一無二の独特なものを表現しているので、親しい人が去っていく時、我々は世界が空虚になったかのように感じてしまう。それが誰であれ、すべての相談者はかけがえのない聖なる存在であり、この世界に未知なる恩恵の種子をもたらす可能性を持った存在として尊ばれるべきである。

　主観を持たないタロロジストは存在しない。すべてのタロロジストは時代、土地、言語、家族、社会、文化の影響を受けている。
　文学において、その話の流れから影響をうけることもなく、そこに介入することもなく、物語が展開していくにまかせる神のような視点を持った著者＝目撃者によって物語が語られることがなくなった。代わりに、物語のもう1人の役者として、出来事と密接にかかわっている登場人物が物語を語っていくのが今や一般的になってきている。私もまたタロット・リーディングにおいて同じような歩みをしなければならなかった。つまり、魔術的で非人格的な高見から相談者を観察し、別の世界の存在の声を借りるといった形で、相談者の現在と未来を見抜く予言者という立場に自分自身を位置づけておくなどということは、私にとってはありえないことだった。アルカナが投影のスクリーンである以上、カードの中に自分が見出すもののすべては自身の人格に潜在したものであることを意識せざるをえない。自身を自分から解放することができずに私は自問した。「タロットを読むときの私は一体誰なのか？ 私の思考は男性的なものなのだろうか？ 私の思考はラテン・アメリカ的なのだろうか？ それともヨーロッパ的なのか？ それは若者的な考え方なの

か、あるいは成熟した考え方なのか？　私の道徳はユダヤ―キリスト教的なのだろうか？　私は信仰ある者か、無神論者か、共産主義者か、既存の体制に仕える者か？　私は自分の時代の特徴を見抜いているのか？　リーディングを有益なものとするために、気づかなければならなかったことは、自分の人格から自分自身を切り離すことは不可能であり、私はその本質へと達するまで人格自体を磨き上げる「作業」を行わなければならないということだった。私は流行の奴隷とならないよう決心した。伝統や民間伝承の持つ罠に囚われないよう努めた。自分が世界に投げかけてしまっているイメージを注意深く観察し、できる限り男性的な精神を修正し、女性性を受け入れ、さらにその二つを融合することで両性具有的な思考へと向かっていった。私はチリに生まれメキシコとフランスで自己形成をしたが、自らの内なる部分においては国籍を持つことをやめた。心の底から宇宙市民と感じることができたと言ってもいい。こうしたことが私に人間としての自分の限界に目を向けさせることとなった。もはや私の意識は鉱物、植物、動物といったものに囚われることなく、宇宙全体の本質に向けられるようになった。そのことから私は他者のみならず、対象物にも身を置くことができるようになった。私の猫、この木、私が身につけている腕時計、太陽、私がその上を歩く舗石、私の器官、私の内臓といったものたちは、何を感じているのか？

　この離脱と精錬の作業の過程で、私は国籍のみならず年齢や名前、そして「作家」、「映画監督」、「セラピスト」、「神秘主義者」、その他多くのレッテルを引きはがしていった。私は自分を定義することを止めた。太っているわけでも痩せているわけでもなく、善でも悪でもなく、寛大でも利己的でもなく、良い父でも悪い父でもなく、これでもなければあれでもなかった。私は理想の目標を追い求めることもやめた。勝者でも、英雄でも、聖人でも、天才でもない。私は全エネルギーを用いて、私が本来そうであるべきものになろうとした。ただ一つの言語に執着することを止め、あらゆる言語に対する愛と敬意を培っていった。それと同時に、言葉というものは詩にならなければ罠になってしまうことにも気がついた。私はあらゆる心身の病気の根源には、禁制という形を作り出すように並べられた言葉があると信じている。あるヴィジョンを強制することは他のヴィジョンを禁じることでもある。宇宙に制

限はなく、それぞれの次元ごとに異なり、ときとして矛盾することもあるさまざまな一連の法則によって機能している。自分の限界を広げれば広げるほど、私は他者の限界を目にするようになった。今日私がタロットを読んでトランス状態に入る時、私の自我はほとんど**君**に変容する。相談者の前での私は、通り過ぎる雲を迎え入れる青空のように感じている。実際のところ、我々がリーディングするのは、相談者が何者であるかを告げるためではなく、相談者を理解するためである。我々が相談者を完全に理解した時は、自分自身が完全に消失する時である。私は真の相談者とは死だと思っている。死を理解しようと試みてほしい。我々が死ぬとき、つまり我々が死そのものになるとき、我々はついに「真実」の中に溶け込むのである。

いかなるタロロジストも真実を語ることはできない。語ることができるのはタロロジストによる真実の解釈でしかない。人は分からないことがあるからタロットを読む。理解するためにタロットを読む以上、タロロジストは自分が見ているものを理解していないとしても、読解を続けなければならない。あらゆる解釈は断片的であるから、数多くの解釈こそが相談者を理解へ近づけていくことになる。いかなる質問も無意味ではない。表面的な質問も深遠な質問も、知的な質問も愚鈍な質問も、等しく重要である。各アルカナの解釈は無数にあるため、質問の価値はそれ自体の質にではなくタロロジストの回答の質によって決まる。

私は、自分が見ているものに対する理解について、それが幻想であることに気づいた。本当に何かを理解するためには、宇宙とは何であるかを解明しなければならない。全体を把握することなしに、その一部分について確実に知ることは不可能である。相談者は孤立した存在ではない。相談者が誰であるかを知るためには、その人の受胎と出生から始まる人生に加えて、兄弟、両親、伯父や叔父、祖父母、もし可能であれば曽祖父母に関しても知っておくべきである。相談者がどんな教育を受けたかを知り、相談者が生きてきた社会における問題、また相談者の精神を形作ってきた文化や元型となったものを理解するべきである。

他者を全体として捉えることは不可能である以上、他者を裁くことも同じように不可能である。ある出来事に関する肯定的な面や否定的な面は、それ自体に内在するものではない。それらは主観的解釈に過ぎない。相談者に敬意を表して、常に肯定的な解釈を見つけていくことが望ましい。
　木は天に向けて枝を伸ばすと同時に根を大地に沈めていく。光には果てがなく闇にも果てがない。自らの無意識にある苦しみを掘り起こせば、自らを全人類の苦しみで溢れさせることになる。苦しみには果てがない。涙と怒りが表出されたのちには、自らの本質の中に宝のように隠された価値あるものを探したほうがいい。平和にも果てがない。

　タロロジストは相談者を肉体的に似た他の人と比較すべきではない。定義の手段として比較していくことは、一人一人の本質的な差異への敬意を欠くことである。
　相談者は自分自身のことを必ずしも分かっているわけではなく、またほとんど常に自分の系統樹から受けている影響を見落としている。もし相談者が一つの言語しか話さず、遠くの国に旅行したことがなく、他の文化を学んだことがなく、瞑想のために肉体の動きを止めたことがこれまでになく、行動すべきかどうかを迷った際に行動しないことを選び、失敗を恐れて新たな経験に挑むことを避けてきたのだとしたら、その人の無意識にあるものは、その真の姿、言い換えるなら同盟者として現れるのではなく、むしろ異様な謎や敵として姿を現すだろう。相談者は自分が考え、感じ、望み、為していることの根底にあるものが何なのかを決して知ることがないだろう。従ってタロット・リーディングの間、相談者の質問がどれほど表面的なものに見えたとしても、そこには深い心理学的な動機が隠されているのである。「私は美容院に行き、髪を染めて髪型を変えるべきか？」この質問は極めて単純で一見したところ取るにたらないものだ。しかしそれに対して深遠な回答を受け取ることもできる。仮に言葉が表現する以上のことが何もないなら、相談者は助言を受ける必要などがあるだろうか？　相談者は単に自ら決断すれば済むだけの話だ。だが、この髪を染めて髪型を変えるということの中に我々が見出しうるのは、自分の人生を変えたいという相談者の思い、もう1人では

いたくないという思い、あるいは逆に現在の交際を終わりにしたいという思い、また別の面から見ると、新しい経験を求めていることや認められたいという欲望である。つまりそこには、彼女が今の自分自身に対して満足していないこと、あるいは価値観を新たにしたことで、これまでの自分の在り方から離れざるをえなくなっていることが表明されているのである。タロットは全ての質問を尊重することを我々に教えてくれる。すべての質問が自分自身をより深く発見させてくれる機会となる。それによって我々は宝飾品の中の宝石のように今の瞬間の中に収まって生きることができるようになるのである。相談者の大多数は、自分をこれから先にあるものとみなし、今そこにあるものとは思わない。

どんな一般化も人を欺くものだ。似た出来事などない。誰かを例として挙げる時、言及する側の人物は常に自分自身の個人的な考えを提示しているに過ぎない。他者をどう見るかは、人によってそれぞれ異なる。

他者は無限の全体の一部である。そのため他者を一つの定義に押し込めることは不可能である。我々がある人物を把握し解釈したとき、その人物の姿は我々の意識のレベルに応じて制限されたものとなる。この他者の姿は、本人が我々に見せようとしている姿と、我々が自身をそこに反映させたものの混交である。我々がその人に見出す長所も短所も、我々自身の長所と短所の一部でもある。他者を裁き、評価し、良い、悪い、美しい、醜い、自己中心的、寛大、知的、愚鈍等々のレッテルを貼ることで、我々は我々自身を欺くことになる。我々が表明する全ての判断は、常に自分自身の制限されたイメージ、それゆえ人工的なイメージとの比較によって作られている。

現実はそれ自体としては良くも悪くもなく、美しくも醜くもなく、他の別の性質を有しているわけでもない。神的な統一性は属性を持つことができない。またタロロジストはその統一性を自分の中に包み込むことができないゆえに、それを理解することもできず、従って定義することもできない。「全体」は全ての部分に等しいが、部分それぞれが「全体」と等しいわけではない。

いついかなる時でも、タロロジストは相談者を審判する者という立場にいることはできない。一方で、リーディングの中で相談者が口にする家族や人に対する見解を、真実ないしは正しいものとして受け入れてしまうこともできない。

　無限の世界において、「全てはこうだ」と断言することはできない。「ほぼ全てがこうだ。」これが適切な言い方である。もし99パーセントが否定的だとみなされても、1パーセントの肯定的な可能性を排除することはできない。この1パーセントの肯定的な可能性は99パーセントの否定的な可能性以上に、ものごとの全体に対して価値ある定義の仕方となる。このわずかの肯定的な可能性が、圧倒的な否定性を償うのだ。
　世界を暴力に満ちた場所だと決めつけることが無益なのはそのためだ。確かに世界には暴力が、それもあまりに多くの暴力が存在すると認めうるとしても、この過ちによって世界を定義する必要はない。世界は宇宙と同じように完璧であり、人間もまたそうである。我々は人間が病気であると断じることはできない。生命が息づいている限り、人間の肉体は健康を授かった複雑で神秘的な有機体である。生きているということ自体が、肉体的にも精神的にも、健康であるということなのだ。我々は病気になったり、精神に異常を来すこともある。だが、それがいかに重篤であろうとも、そのこと自体が我々を「病人」や「狂人」にするわけではない。それらは我々の存在を明らかにするものではなく、ただ現在の状態を述べているに過ぎない。計り知れない人間の精神はレッテルを貼られるにはふさわしくない。タロロジストは相談者の数多くの欠点をあげつらうのではなく、むしろたとえその数がわずかであるとしても、その人が真の自分自身になっていくための助けとなる特質を理解していこうと努めるべきである。

　相談者をその行動によって定義すべきではない。むしろその人が為した行動の方を定義すべきである。相談者は「愚か」ではない。愚かなことをしてしまったのだ。相談者は「泥棒」ではない。他者のものを自分のものにしてしまったのだ。もし相談者をその行動によって定義してしまうならば、相談

者を現実から切り離してしまうことになる。

　リーディングの価値は、タロロジストの意識のレベルによって決まってくる。賢明なタロロジストであれば、相談者が選んだアルカナがどれほど困惑させるものであっても、そこから貴重なメッセージを引き出すことができる。タロロジストの意識の高さに応じてリーディングは叡智(えいち)にもなれば戯言(たわごと)にもなる。だが、アルカナそれ自体はどちらでもなく、どんな性質も持っていない。それを語る者の方にその質は属しているのだ。

　確かにリーディングは重要なものである。しかしそれは常にタロロジストの個人的な解釈となる。まさにそのことゆえに、絶対的な証明の役割を果たすものとしてみなされるべきではない。どんなリーディングであれ、何らかの事実を証明するものにはなりえない。

　正確さや精密さを求めることは、絶えず変化していく現実にあっては、理解の妨げとなる。

　完璧さ、正確さ、精密さを求めること、また自明で決まりきったことを反復しようとすることは、変化、差異、過ち、宇宙の絶えざる無常を恐れる硬直した精神の現れである。この頑固な合理主義者の態度は、詩学と似たところのあるタロット的思考と対立するものだ。我々が実際に聞いたことだが、エドモン・ジャベス[訳註1]は次のように述べている。「存在するということは、答えのない問いという迷宮に問いかけることだ。」

　アルカナの解釈は、後から修正することもできる。解釈はアルカナを構成する要素ではない。アルカナは変化しない。だが、タロロジストは変容する存在であり変わっていくことができる。決して解釈を変えないのは、ただの頑固さでしかない。カードのリーディングによって得られたメッセージのすべては、同じカードに対する二度目のリーディングによって反論されることもありえる。メッセージとはカードから引き出されるものではなく、それらのカードに対して自分が与えた解釈である。

　ある断言に対して「否」と答えるのは間違っている。どんなものであれ、完全に否定してしまうことは不可能だ。むしろこう述べるべきである。「それは可能だ。しかし別の視点から見ると、逆のことも言える。」

訳註1　エドモン・ジャベス(1912-1991)はエジプト生まれのフランス語詩人。

病気の本質とは分離である。つまり、分離されていると信じることから本質的に生じてくる。
　自己啓発本の著者たちの中には、我々自身が精神を持った肉体ではなく、肉体を持った精神とみなすよう促す者もいる。最初は私もこの見解を熱心に受け入れた。だがその後、問題の正しい解決とは勝者と敗者を作り出すのではなく、どちらも勝者にすることにあると考えるようになった。私は——錬金術の究極の目的である物質の霊化と霊の物質化に同意し——自分が肉体を持つ精神であり精神を持つ肉体であることを受け入れるようになった。ここで最初の見解を改めて考えてみよう。そもそも私は精神だったのか、すなわち全体とは異なる個別の存在だったのだろうか？　たしかに私は精神であった。しかし、私は同時に惑星、銀河、宇宙、そしてもし私が創造の原理を受け入れるなら、神であった。だとすると私は次のように言わざるをえない。私は神を自らの内に持つ肉体であり、私は肉体を自らの内に持つ神であると。であれば、私が自分の肉体を他の肉体、地球、星、宇宙の物質から分離するなどということが果たしてできるだろうか？

　健康とは神的「意識」である。そこへ至る道は情報にある。ただし、それは言葉としてではなく、ある知識の経験の結果として考えられる限りにおいてである。肉体に刻印されたその知識は、欠けているものへの欲求として自らに告げ知らせる。この欠けているものとは内なる神との合一の経験である。苦しみとは無知である。病気とは意識の不在である。相談者は関係することを必要としている。相談者は健康を手にするため、本質的な情報を受け取る必要がある。そして病に打ち克つため、内なる神とつながらなければならない。
　世界が無限であるなら、いかなる秩序も真ではない。秩序の中に収められるのは、明確な制限を持ったもののみである。秩序には一時的な有益性があるものの、真実を与えてくれるわけではない。世界は主観の表れであり、それは無限のやり方で自身を構成することができる。それゆえ、出来るだけ我々を苦しませない秩序を探し求めるべきである。
　相談者であれタロロジストであれ、現実世界を歩んでいく道筋を肯定的な

ものへと変えてくれる魔法の鍵がある。それは「私は自分の人生の中で喜びを感じているか？」というものだ。これらの人々、この仕事、この町、この国、この家、この家具は、私の人生を幸せにしてくれているだろうか？　もしそうでないなら、それらは仲間として、環境として、土地として、活動として自分に適していないことになる。かくして私はそれらに縛られることを避けるようになる。

あらゆる概念には二重性があり、語られた言葉と発せられていない逆の言葉からなる。何かを主張することは、その逆があることを主張することでもある。タロロジストはある概念とその反対の概念の間にある関係性に目を向けていくべきである。例えば（なにか美しいものとの関係における）醜い、（何か大きいものとの関係における）小さい、（長所との関係における）短所等々である。こうした関係なくして、概念は何の意味も持たない。

相談者は比較することなしに、自分という存在を知ることができない。後天的に獲得された本質ではない人格は比較に基づき形成される。比較はあらゆる問題の根源に隠れている。子供のころから我々に要求されるのは存在ではなく体裁である。両親が思い描くあるべき姿に一致しない子供は罪悪感を抱くように仕向けられる。ファッション誌は、普段の人々の現実の生活からはかけ離れた美の基準に従う女性たちを誇示する。同じことは映画やテレビでも言える。ある女性の相談者が自分を醜いと思い込んでしまっている場合、タロロジストにとって重要なのは彼女が誰と自分を比較しているかを明らかにすることだ。両親や教師たちの視線が子供の精神を形成する。あるがままの自分を誰も見てくれず、批判的な目だけを向けられ、より「望ましい」兄弟や姉妹あるいは友人と比較されたりした場合、その子供は自分が何者でもないと感じながら成長していくことになる。そして自分の潜在的な可能性を実現する権利を認めないままとなる。知の規範を定めようとする学校は、正しい考え方はただ一つしかないという考えによって、それ以外のものの持つ価値を著しく引き下げていく。タロロジストは考古学者のように相談者の記憶を掘り起こし、その人が自分と比較している「模範例」を見つけ出すことで、妬ましい思いから解放させる必要がある。自分が自分を比較している人

物、他者が所有しているものを所有したいという欲望、他者がそうであるものになりたいという欲望は、苦々しい影のように相談者につきまとう。ある種の両親たちは、子供たちに成功を要求しつつ、自分たちができなかったことを子供が実現するのを巧みに禁じ、子供たちを傷つける。失敗することへの神経症的な不安によって、多くの相談者たちは自分自身を正当に評価することができない。タロロジストがリーディングを始める前に理解しておくべきなのは、これから向き合っていくのが、家族、社会、文化が求めた姿に自分を作り上げ、本来は自分のものではない目標を自分のものだと思ってしまい、不自然な障害に囚われ蜃気楼のような解決法を追い求めている人だということである。タロットは相談者の人生のいまだ語られていない領域に目を向けさせることで、その人の性格、目標、障害、真の解決法を示す。

相談者が知らないことは、相談者が知っていることと同様にその人生の一部を形成している。相談者が為さなかったことは為したことと同様に重要である。相談者がある日為し得るだろうことはすでに為しつつあることの一部を形作っている。相談者がそうであったものとそうでなかったもの、相談者がそうであるものとそうでないもの、相談者がなるであろうものとならないであろうものは、等しく相談者の世界を構成する要素となっている。

相談者の中には、自らの個性と信じているものを失うことを恐れ、治療よりも自分に関心を持ってくれることを求めてくる人もいる。そうした人々は解決策よりも、聞いてもらうこと、同情してもらうことを望んでいる。そしてリーディングが示していることを前にして、防御反応を取る。実際には苦しんでいるにもかかわらず、家族には何の問題もなく、子供時代には愛され、これまでどんな悪習に影響されたこともなく、快適な暮らしをしていると主張する。そうした人びとは示されていることのいずれも真とは見なさない。このような態度を前にした時、タロロジストは聖人の如く忍耐強くならなければならない。与えることと受け取ることを強いるのは、まったく別のことである。相談者の防御を直接的に攻撃するのではなく、そうした態度を受け入れ、相談者にごくわずかでも自覚を入り込ませる入口を見つけるまで、その否認を迂回し続けていく必要がある。そしてその後で、この啓示を必要な

だけ熟考するよう促すべきである。新たなリーディングを通じて相談者の記憶を探っていくことへと戻るのは、相談者が啓示を十分に理解できた時だ。「千里の道も一歩から」(『道徳経』)である。しかしながら、セラピストは自分の権力への欲望から顧客を作り出そうとしてはならない。そうなると相談者は子供のような依存心を持った「顧客」となり、自分に感情的な痛み止めを与えてくれる父や母を買い求め、自分に贅沢をしようとする。タロットは治療するのではなく、先に述べた「病気」を探知するためにある。それが明らかになったら、治療を進めていくのは精神分析医、精神科医、精神魔術師[訳註2]の役割である。

　すべてのアルカナはタロットの一部である。それゆえ、2枚のカードを同時に眺めた際、それらが完全に異なる意味を持っているように見えた場合でも、そこには細部に共通する何かがある。目の前にカードがどのような形で集められていようとも、常にそれらのすべてに共通する細部をできるだけ多く探し出すことが重要である。

　あらゆる人間は共通の種に属しており、同じ土地すなわち地球という惑星に住んでいる。それゆえに、たとえ人種、文化、社会的立場、意識レベルが異なっていたとしても、人間同士の間には共通の特徴が存在する。タロロジストは優越感を求める欲望を完全に放棄し、まずはお互いの共通性を把握し、それを基に相談者と自分が一つになる経験へとリーディングの焦点を合わせていくべきである。「病人」の手当てに関しても、かつて病気を経験したことのある人以上に、うまく行える者などいない。

　信仰を思考と混同する悪しきタロロジストは、気まぐれな解釈を口にし、その後で自分の結論を裏付けることのできるシンボルをアルカナの中に探し求める。このようなタロロジストにとって、真実は最初から決まっていて、探究はそこから帰納的に行われる。

　ある結論を採用するためには、可能な限りさまざまな視点からアルカナを検討する必要がある。そして相談者の意識のレベルに最も適したいくつかの解釈を選んでいく。次に、他を切り捨てて選ばれた諸解釈を比較しながら結

訳註2　精神魔術師とはサイコマジックの施術者のこと。22ページ訳註2を参照。

論を導いていく。どんな結論であれ暫定的なものでしかなく、相談者の人生の一時期に適応するものでしかない。なぜなら、その結論はタロロジストの限られた視点による解釈から導かれたものだからだ。

　その重要性にもかかわらず、証言というものは常に事実の個人的解釈に過ぎない。まさにその理由ゆえに、我々は証言を絶対的な証拠と認めることはできない。タロロジストのどんな読解であれ、何事かの証明となることはない。

　相談者に助言を与えること──「あなたはこれをするべきである」、「あなたはそれをするべきではない」──は権力を掌握することに等しい。タロロジストは行動していく際の複数の可能性を示唆しながらも、その選択は相談者自身に委ねるべきである。また、タロロジストは「もしそうしないなら、こうなってしまうだろう」などという言い方で脅してはならない。なぜなら、命じられた義務としてなされた行動は、たとえそれが肯定的なことのように見えたとしても、呪いの言葉のような効果を持つからである。

　もしリーダーがまずなによりも「自我」が強く、他者を映し出す鏡になることができない状態にある場合、リーダー自身が自分を癒すために相談者を利用することになる。こうしたリーダーは相談者を見る代わりに自分自身を見る。相談者を理解するのではなく、自分の世界観を押しつける。相談者の価値を目覚めさせるのではなく、リーダーが大人であり相談者は子供なのだという幻惑で相談者を包み込む。タロロジストは扉ではなく呼び鈴である。道ではなく靴底の泥をぬぐうマットである。光ではなく光をつけるスイッチである。

　タロロジストは夢のような未来を約束したり、賛辞を送ったりするべきではない。「君は高貴な魂だ、君は善良だ、全ては上手くいくだろう、神が君に報いてくれるだろう」等々である。そうした言葉は無益であり、自覚を妨げることにもなる。癒されるためには、相談者は苦しみから逃げることなく、正面からそれを見つめ、それを引き受けていく必要がある。そうしてこそ、相談者は自らをそこから解放していくことができるのである。苦しみに目を向けていくことの価値は、無数の賛辞よりも大きい。

私の息子テオが突然の事故により24歳で亡くなった時、筆舌に尽くしがたい苦しみが私の精神を崩壊させた。私は重病人のごとく彼の火葬に立ち会った。どんなものも慰めになどならないと考えていたその時、私の息子ブロンティスが彼の体に近づいて、その手の中にマルセイユ版のタロットを一つ置いた。このタロットに付き添われながら彼は焼かれた。私はこの二つの聖なる生命の灰を骨壺の中に受け取った。この瞬間、アルカナは私の息子と抱きあい、私という存在の終わりまで続く私の記憶の玉座を永遠に占めることになった。我々が本当に信じていることと本当に愛しているものは、異なるものではなく同一のものである。愛する者の喪失による大きな苦しみは、自分が自分自身に抱いているイメージを破壊する。もし自分自身を再び立ち直らせる勇気があれば、人は自分自身によりいっそうの力を与えることができるだけではなく、同時に他者の悲しみをよりいっそう理解していけるようにもなるだろう。

監修者あとがき

　本書はAlexandro Jodorowsky, et Marianne Costa, *La Voie du Tarot*, Paris, Albin Michel, 2004. の全訳である。著者の1人であるアレハンドロ・ホドロフスキーは、その名を映画監督としてご存じの方もいらっしゃるだろう。本書の主題であるタロット自体は、すでに日本でも特に「占い」が好きな人々の間ではかなりポピュラーになっている。とはいえ、本書の著者が「ホドロフスキー監督」であるということから、これまでタロットには格別な関心がなかった映画ファンの方も手に取られる可能性があると思われる。従って、まずはここでタロットに関するごく基本的な事柄を紹介しておきたい。

　「タロット」とひとことで言っても、実にさまざまな種類のタロットが存在する。どれほど多種多様なデザインのカードが存在するかは、インターネットで「タロット」ないしは「Tarot」のキーワードで画像検索でもしてみるとすぐにわかる。また、タロットのレヴューの掲載数において世界最大級のサイトAecletic Tarotを試しに訪問してみていただきたい。そこには一度にすべてを閲覧する気力を失わせるほど数多くのタロット・カードの画像が掲載されていることに驚かれる方もいらっしゃるだろう。
　タロットのデザインには多様性がある一方、1セット中のカードの枚数自体は78枚というのが、今日ほぼ一般的になっている。この78枚のカードは、「大アルカナ」と呼ばれる22枚のカードと「小アルカナ」と呼ばれる56枚

のカードに分けられる。まず大アルカナの方は、それぞれに寓意的な絵が描かれた個性的なカードとなっている。だが小アルカナの方は、「クラブ」、「スペード」、「ハート」、「ダイヤモンド」の印が描かれている一般的なゲーム用のカードと非常に良く似たものとなっている。ただしタロットの小アルカナには、「クラブ」、「スペード」、「ハート」、「ダイヤモンド」ではなく、代わりに「棒」、「剣」、「杯」、「金貨」といった印が描かれている。また、それぞれの印ごとに分けられたカードは、1から10までの数を示すカードと「王」、「女王」、「騎士」、「小姓」と呼ばれる人物の描かれたカードからなる。

では、こうした今日「タロット」と呼ばれるようになっているカードのセットは、そもそもいつどこで作られたものなのだろうか？　その起源に関しては異論が提出される可能性もあるが、少なくとも現存するという点で言えば、今のところ15世紀前半にイタリアのミラノのヴィスコンティ家のために作られたタロットが最古のデッキとして知られている。だが、当時のタロットは今日とは異なり、占いに用いられるためではなく、あくまでゲーム用のカードとして作られていた。

では、タロットが占いに用いられるようになったのは、いったいいつ頃のことなのか？　まずは18世紀末のフランスのパリで、タロットを占いに使用する方法が公式の出版物として初めて世に登場する。ここで詳細を述べるゆとりはないが、その前からタロットが占いに用いられていた断片的な証拠はあるとはいえ、少なくとも一般的に大きく広まっていくのは、18世紀末以降のことだとみて間違いない。また同時にこの頃から、タロットを「古代エジプト」に起源があるとみなす説が広く流布していくことにもなる。

興味深いのは、この古代エジプト起源説が受け入れられていく中、当時新たに制作されたタロットの絵のデザインに、もともと存在しなかったエジプト風の謎めいたシンボルが付け加えられていったということだ。それによって神秘的で謎めいた姿へと変えられてしまったタロットは、古代エジプトの叡智(えいち)を絵として表現したものとみなされるようにもなっていく。そればかりか、タロットがかつてゲームに用いられていたという事実は、もはや人々の意識からほぼ完全に消え去っていくことにもなる。仮に現代の一般の人々が、「タロット＝魔術」あるいは「タロット＝オカルト」といった、どこか神秘

的で怪しげなイメージを漠然とながらも抱いているのだとするならば、その発端はこの18世紀末以降のタロットの図像の大きな改変から始まったとみて間違いない。

　もう少しだけタロットの歴史を先に進めてみよう。19世紀半ば、本書にもその名前が登場するエリファス・レヴィの『高等魔術の教理と祭儀（Dogme et Rituel de la Haute Magie）』と題した2巻本が1854年と1856年に出版される。同書の中でレヴィは、タロットを魔術の「教理と祭儀」のための図解とみなした。そして、17世紀のドイツのイエズス会士アタナシウス・キルヒャーからの影響を受けたキリスト教カバラを基に、大アルカナの絵の新たな解釈を生み出していった。レヴィによってカバラ化されたタロットからの思想的な影響は、本書でもアンドレ・ブルトンの名が出てくるように、フランスの象徴派からシュルレアリスムといった芸術運動にまで、その痕跡を辿ってみることもできる。

　一方、レヴィによる影響はフランス国内にとどまらず、イギリスにまでも波及していく。

　そして後に19世紀後半から20世紀初頭にかけての「オカルティズム」ないしは「エソテリシズム」と呼ばれるムーヴメントへと大きな影響を与えることにもなる。1886年には、イギリスの神秘主義者アーサー・エドワード・ウェイトが、『魔術の奥義（The Mysteries of Magic）』と題したレヴィの魔術論のアンソロジーを翻訳し出版する。さらに1888年にロンドンでは、レヴィの思想からの強い影響の下、「黄金の夜明け団」（正式名称はHermetic Order of the Golden Dawn）と呼ばれる秘教結社が設立される。黄金の夜明け団はレヴィのタロット論を発展させ、78枚すべてのカードとカバラの教義の中心をなす「生命の樹」と呼ばれる図の間の対応を作り出した。これが実質的に20世紀前半の間、イギリスだけでなくアメリカも含めた英語圏におけるタロットの主流の体系となっていくのである。

　こうした流れの中でタロット史にターニング・ポイントが訪れる。1909年、前述のレヴィの翻訳を行ったアーサー・エドワード・ウェイトが画家パメラ・コールマン・スミスとともに、初のイギリス産タロットをロンドンで出版する。ウェイトもスミスも前述の黄金の夜明け団のメンバーであったた

め、このタロットのデザインの随所には生命の樹とタロットの対応関係からくるシンボルが含まれていた。これは今日の日本のタロット・ファンの間でも「ウェイト版」、ないしは当時の出版社であるウィリアム・ライダー＆ソンにちなむ「ライダー版」という呼び名で親しまれ、非常に高い人気を得ているデッキである。また、日本だけでなくイギリスやアメリカでも、このタロットの絵を基にした解説書はかなりの数にのぼる。結果として、この1909年に出版されたイギリス産タロットは、実質的に20世紀を代表する最も有名なタロットとなり、21世紀の今もなお一向に衰えることなく売れ続けている。

また、ウェイト以外にも黄金の夜明け団の関係者が製作し、今日カルト的な人気を誇るもう一つのタロットがある。イギリスのアレイスター・クロウリーと画家レディ・フリーダ・ハリスによって共同制作されたトート・タロットである。実際の制作時期は1938年から1943年の間ではあるが、大量印刷されたカードとして市販されたのは製作者たちの死後の1969年で、ちょうど英語圏でカウンター・カルチャーの運動が頂点に達する最中、タロット人気も急激に高まっていった時期のことだった。

さて、これまで見てきたタロット史に照らし合わせると、改めて本書におけるホドロフスキーの主張が、非常に大胆なものであるということがわかる。というのも、今しがた見てきた18世紀末のフランスから始まり19世紀末から20世紀初頭のイギリスで開花したタロットの秘教化に対して、ホドロフスキー自身は批判的であり完全に距離を置いている。さらに今日の主流とも言うべき前述のイギリス産の二つの有名なタロットに対しても目をくれようともしない。要するに、これまでのタロットの変容の歴史を完全に無意味なものとして切り捨てているのだ。そして、そうすることでホドロフスキーが新たに指し示した方向は、いわば原点への回帰である。すなわち、彼にとって真に重要なタロットは、エジプト化ないしはカバラ化されてしまった類のタロットではなく、それ以前のフランスにおける伝統的なタロット、そう「マルセイユ・タロット」なのである。

ただし本書の「マルセイユ・タロット」は、今日リプリント版として一般に流通しているものとは大きく異なる。序章でホドロフスキー自身が詳述し

ているように、マルセイユのカード・メーカーだったカモワン家の後継者であるフィリップ・カモワンとともに細心の注意を払いながら、そのデザインを緻密に修正し、新たに息を吹き込み生まれ変わらせた唯一無二の特別な「マルセイユ・タロット」なのである（もしかすると読者の中には、本書におけるタロットの歴史についての記述が、今日の一般的なプレイング・カードの歴史家たちによる見解といくつか異なる点を含むものであることに気づかれる方もいらっしゃるかもしれない。だが、本書は歴史を検証することを意図したものではないため、その点がどうあれ、著者ホドロフスキーのタロットへの深い敬愛の念と斬新な洞察に着目して読まれることをお勧めしたい）。「カモワン・タロット」と呼ばれるこの修正版マルセイユ・タロットは、実のところ日本でもすでにかなり多くのファンが存在する。というのも、カバラに関する著作や翻訳でも知られる大沼忠弘氏が『秘伝カモワン・タロット』（学習研究社）を、すでに2001年に出版し大きな話題を呼んでおり、わたし自身の個人的な知り合いにも、大沼氏の本を読み「カモワン・タロット」に興味を持つようになった人も少なくない。そればかりか、もはや「カモワン・タロット」以外のタロットを使う気にならないというほどの熱心なファンになった人もいる。

　その人気の理由はいくつかあると思われるが、とりわけそのひとつとして、これまで一般的となっていたカバラとの関連で語られる英米のタロット本とは大きく異なるカードの解釈方法が、従来のタロット・ファンにはタロットの世界の新たな境地を開いていくように感じられたからではないだろうか。それが具体的にどういうものであるかは、ここで要約できるほど単純ではないので、実際に本書をお読みいただくしかない（あるいはすでに読んでくださっている方には明らかであろう）。またカードの解釈方法だけではなく、ホドロフスキーのタロットに対するきわめて真摯な考え方やアプローチも、従来の「タロット占い」に対する疑問を持っていた人々に大いにアピールする要因となったのではないだろうか。このことについて少し触れておきたい。

　ホドロフスキーによるタロット・リーディングは、ごく普通の日本人の感覚から見た通常の「タロット占い」とはまったく次元が異なっている。というのも、一般的な占い好きの人の多くは、とりわけ「タロット占い」が未来を予見してくれることを期待する傾向がある。あるいはタロット占い師自身

の中にも、それが可能であると主張する人もいらっしゃるかもしれない。だが、ホドロフスキーは本書の中でそれを完全に否定すべく、「将来を予言できるという自惚(うぬぼ)れを捨て」なければならないと強い口調で語る（497ページ）。しかも「そうしたことは幼稚で不誠実」（504ページ）であるとさえ言う。これは「タロット占い＝未来を予言できる」という図式を信じている人からすると衝撃的な言葉と感じられるかもしれない。しかしながら、ここで「未来を予言」するということが何を意味しているかを改めて考えてみてほしい。仮に「未来を予言」することが確実に可能だとしたならば、未来は今の時点で決まっていることが前提となる。そして未来が今の時点で決まっているとしたら、今この瞬間にわたしたちが何事かを意志してなすことは無意味となるのではないか。実際、ホドロフスキーの考えでは、「未来を予言」することは何の意味もないばかりか、むしろそれは有害ですらあるという。「予言によって、人はただ予告された奇蹟が実現されるのを待つだけとなり、自分で生きることをやめてしまいがちだからだ」（563ページ）。ではタロットが「未来を予言」するものではないとしたら、いったい何なのか？　「私が必要としていたのは現在を読むための方法だった」（504ページ）。なぜなら重要なのは、未来に起こる出来事をただ受動的に待つのではなく、今ここの時点から「問題に対して人生の能動的主体として関与していくこと」にある（548ページ）。むしろ、「「未来をリーディングする」という欺瞞(ぎまん)を取り除く」ことで、タロットは「心理学的な助けや自己認識の道具」ともなりうる（491ページ）。

　さらにホドロフスキーは「未来を予言」することだけではなく、「相談者に助言を与えること」も戒める。これもまた「タロット占い」に対する一般的な期待のひとつなのではないだろうか。つまり、相談者の方は自分が「何をすべきか」あるいは「何をしてはいけないか」などをタロット占い師に教えてもらうことを期待し、タロット占い師の方はそれを教え導く役割を演じようとする。しかしながら、これに対してもホドロフスキーは断固として異を唱える。なぜなら「相談者に助言を与えること――「あなたはこれをするべきである」、「あなたはそれをするべきではない」――は権力を掌握することに等しい」。しかもそれは「相談者を理解するのではなく、自分の世界観を押し付ける」ことになり、「相談者の価値を目覚めさせるのではなく、リ

ーダーが大人であり相談者は子供なのだという幻惑で相談者を包み込む」ことになるからだ。従って、タロット・リーディングを行う側は、「行動していく際の複数の可能性を示唆しながらも、その選択は相談者自身に委ねるべきである」(637ページ)。

　こうしたホドロフスキーの主張は、少なくともわたし自身には、しごくまっとうな意見のように思われる。だが、従来の「未来を予言」し「助言を与え、人を導く」という日本での一般的な占い観とは、まったく相容れないものであることも事実である。そういった意味で、従来の「タロット占い」を期待される方には、本書のタロットの解説はまったく役に立たないものと思われてしまうだろう。だが、むしろこれまでの「タロット占い」の在り方に対して疑問を持たれていた方であれば、ホドロフスキーの言葉の多くに強く共感できるのではないかと思う。いずれにしても本書の中の最良の部分は、タロットをこれまで述べてきたような意味での「占い」という狭い領域から解放し、まったく異なる次元へと拡張させていく可能性が明示されているところにある。本書の日本での出版によって、タロットへの認識が新たになれば幸いである。

　付け加えておくと、「カモワン・タロット」は日本でも教えている教室がいくつか存在する。カモワン・タロット・スクール公式サイトをご覧いただければ、そこで講座情報を知ることができるだろう。同スクールの講師の1人であるスワンソン・スキップ氏は、2014年にホドロフスキーが来日された際のイベントにもゲストとして参加されていた方である。

　また、ここで念のため誤解のないよう断っておくが、訳者のわたし自身もカルチャー・スクールなどでタロットの講座をしばしば行うこともあるが、わたしには「カモワン・タロット」を教える技能はなく、実際に教えているわけではない。以前にわたしが共著で書いた『リーディング・ザ・タロット』(駒草出版、2009) という本の中では確かに「マルセイユ・タロット」を扱っているが、これは「カモワン・タロット」を取り上げたものではない。なので「カモワン・タロット」を学ぶには、わたしの講座や既刊本はまったく役に立たないので、ぜひ本書を読み、認定スクールないしはそれを教えて

いる実践者のところへ足を運んでほしい。

　最後に本書が訳出されるまでの過程についても少しだけ述べておきたい。本書の監修のお話は、国書刊行会の編集者である伊藤里和さんからいただいた。実際の翻訳作業は黒岩卓氏がフランス語の原著から訳された文章を、わたしが英語版と見比べながら修正した。さらにいくつかのどうしても曖昧な個所は、黒岩氏がスペイン語に基づくドイツ語版も参照しながら、誤訳のないよう慎重に修正を加えた。校正にあたっては手嶋松陰氏による綿密なチェックと多大なるサポートをいただいている。本が出来上がるまでの共同作業は、少なくともわたし自身にとって非常に学ぶことの多い素晴らしい機会となった。改めてこの感謝の思いを、ここに記しておきたい。

　2016年11月　伊泉龍一

【解説】アレハンドロ・ホドロフスキー、タロットの旅

滝本 誠 TAKIMOTO Makoto

　アレハンドロ・ホドロフスキーの精神世界行脚は、文学、演劇、映画、漫画原作者、精神療法師の活動として、彼の人生を覆いつくし、眩暈がするほどの錯綜体である。その錯綜を解きほぐし、タロットに内容を絞り込み、さらに、「夢想とまやかしの3世紀」と断じる、タロット解釈史の錯綜もこれまたみごとに簡略化して述べたのが、本書全体の序である。加えて、タロット・リーディング各章のあたまにも短文を付して、自らの体験に即しての熱い想いを語っていく。最後に置かれた〈タロット的思考〉での存在の爆発的歓喜の流出……。この最後の流出は、まさに、ホドロフスキーという存在自体が放つ光というしかない。

　ともあれ、自身が本書において記述した内容のエッセンスは、さまざまなタロットと、どこでどう出会ったか、そのようなタロットのなかから、どのタロットを究極の選択としたか、あるいはせざるをえなかったか、そして、それにどう向き合うか、また、向き合ったか、の真剣勝負だ。

アンドレ・ブルトン、そしてタロットとの邂逅

　ホドロフスキーにとっての最初の重要なカード、〈マルセイユ・タロット〉の選択はどのようになされたか？　ここに、シュルレアリスムの厳格な教皇＝アンドレ・ブルトンが登場してくる。このブルトンという名前がもたらす馥郁も、〈ホドロフスキー酩酊〉の遠い余韻のひとつである。

　パリのカフェで、若きホドロフスキーは、メキシコ在住の女性シュルレア

リスト、レオノーラ・キャリントンから贈られたカードを、恭順の意を示すべく、ブルトンに見せたらしい。どんなねぎらいのお言葉が？　しかし、ブルトンは、そのカードを、明快で底が見えすぎる——ということは、シュルレアリスム的驚異がそのカードに潜んでいないということだろうか——ほとんど言下に否定してみせた。このときの顚末は序に書かれている。カードなら〈マルセイユ・タロット〉だよ、キミ。教皇の命には従うしかない。

　タロット選択に関して、師ともいえたブルトンに、ホドロフスキーは、とんでもない恥辱を与えることになる。最初の出会いからほぼ10年後に、訪れたブルトン家で起こした〈トイレ事件〉である。尿意をこらえきれなくなったホドロフスキーがトイレに直行。急いでドアを開け——むろん、もうほとんどパンツを下ろした状態でとびこんだのであろう。……そこに腰を下ろして使用中だった老ブルトンの大絶〜叫！

　詳細は、ホドロフスキー自伝『リアリティのダンス』（青木健史訳、文遊社、2012）をお読みいただきたいが、確かに、教皇にとって、それまで考えたこともないかたちでの恥辱であったろう。ホドロフスキーは直後、フランスを後にし、メキシコへ去る。

　メキシコで、周辺の不興をものともせず、映画製作を開始することになるが、そうした現在へとつながる運命の分岐が、〈トイレ事件〉といってもいいのではあるまいか。『ホーリー・マウンテン』（1973）における糞便の黄金への変容に、ブルトンに対してのシュルレアリスム的謝罪を読むのは間違ってはいまい。話の尾ひれは長いほうがいい。

タロットの愛撫
〈マルセイユ・タロット〉をホドロフスキーに薦めるときに、自分がインスパイアされたとして、ブルトンが挙げたのが、『ARCANE17』（1945）だった。この書は、ナチスからのパリ解放の歓喜のなかで、ブルトンが〈マルセイユ・タロット〉の「星」にインスパイアされ、亡命先で書き上げた作品だ。ホドロフスキーの〈マルセイユ・タロット〉への疑念なき信頼は、この書におけるブルトンの詩的パワーがもたらしたものだ。「書籍の購入は、知的資料を手にするといったようなことではない。それは接吻であり、抱擁であり、

愛撫だ。」このように、ホドロフスキーは『エル・トポ』公開時に、あるインタビューで語ったことがある。『ARCANE17』とホドロフスキーの関係は、まさにこのようなものであった。さらに言えば、彼のタロットとの関係は、これはもう、愛撫をはるかに超えての肉体行為へと突き進んでいる。カードを体に擦りつけ……。変態！ とつい叫んでしまうほどに、実にすばらしい！

ちなみに筆者は、田舎の高校を出て上京した1967年に、『ARCANE17』の邦訳『秘法17番』（宮川淳訳、晶文社、1967）を購入していて、よく分からないながらもひたすら魅了され、常に持ち歩いていたので、愛撫という肌触りがわからないでもない。『詩・空間・イマージュ』（宮川淳著、美術出版社、1967）の文体に憧れていた美術評論家、宮川淳の翻訳というのが、当時の購入の決め手であった。この場合、まず訳文に愛撫されたのである。

「……ひときわ輝くひとつの星が最初の七つの星たちの中央に鎮座する、その星の分岐は赤と黄の火でできている、それは狼星ないしシリウスだ、それは光をかかげるルシファーだ、そして、他のすべての星に優るその光栄において、それは暁の明星だ。ただこの星があらわれる瞬間においてのみ、風景は輝き、生はふたたび明るくなり、最初の星たちをたったいま屈服させたばかりのこの光の中心のちょうど真下に、池のほとりにひざまずいたひとりの若い女がその裸身においてあらわれる……」

若い女がその裸身においてあらわれる、こういった言い回しにたまらないものがある。

ブルトンの解釈は、いうまでもなく、〈シュルレアリスムのすべてを照らし出す私〉という、彼自身のエゴを強烈に投影したものだ。自画像として選ばれ、読解されたタロットの「星」ということである。とはいえ、ブルトンのタロット・リーディングの輝く肯定性は、ホドロフスキーの内部に同様の意識を覚醒させた、とみてまちがいない。絶対の肯定性としてのタロットの宇宙！ ブルトン絡みでは、彼の『魔術的芸術』（巖谷國士ほか訳、河出書房新社、1997）に、〈マルセイユ・タロット〉が8枚、それに〈いわゆるシャルル6世のタロット〉と呼ばれる15世紀のもっとも古い手描き彩色の美しいタロット「吊られた男」などが掲載されている。残念ながら後者のうち遺

されているのは数枚で完全版ではないことが実に惜しい。

ウェイト版、その他のタロット

　ところで、ブルトンが否定的な態度をとったカードが、A・E・ウェイト版だが、昔も今も人気は高い。1888年創立の〈黄金の夜明け（ゴールデン・ドーン）〉結社は、強烈な人材の集合体であるので（なにしろ魔術師）、当然のように内紛がお家芸となった。ウェイトはサークルの中核というより、周辺人物のようだが、ともあれ彼は、女性画家、パメラ・コールマン・スミスと組んで新作のオリジナル・タロットを発表する。当時の流行であったアール・ヌーヴォーを反映した優美な絵柄である。ウェイトは業界的には、あまり評判がよくないようで、1970年代のオカルト・ブームを牽引した一冊、コリン・ウィルソンの『オカルト』（中村保男訳、新潮社、1973）では、ウェイト本人も彼のタロット解釈も、単に受け売りとしてあまり評価されていない。本人にカリスマ性がないためか？　カードのあまりの人気故か？　どの世界も嫉妬からは逃れられない。

　A・E・ウェイト版の22枚の大アルカナ図版を、章のタイトルとして使った異色小説に、ウィリアム・リンゼイ・グレシャムの『Nightmare Alley』（1946）がある。サーカスのサイドショーで働く一人の男が、そこで学んだ透視能力のからくりを駆使してのしあがり、社交界デビューに至るが、からくりがバレて一挙に零落するストーリーが、「愚者」に始まり「吊られた男」で終わるタロットの流れとなっている。美男スター、タイロン・パワー主演の映画化作品は、フィルム・ノワールの古典として評価が定着しているが、「吊られた男」を未来予知の象徴として使った程度で、原作のようにタロットがヴィジュアルとして全面展開するわけではない。

　A・E・ウェイト版の他にも、〈黄金の夜明け〉周辺からは、かなり時を経てだが、タロットが何種類も登場してきた。同じサークルとはいえ、監修者と絵師によって、同じカードでも印象はずいぶんと異なるものである。なかでも、悪名高きアレイスター・クロウリーがフリーダ・ハリスに描かせたトート・タロットは、1960年代のウィーン幻想派の先駆のような、線のうねり、色彩の夢見、エキセントリックな構図がさすがのクロウリー・デレクシ

ョン。

2人のミューズ

　1950年代、マルセル・マルソーのパントマイムの世界巡業に同行し、ヨーロッパを中心に世界を巡ったことが、ホドロフスキーのタロット・コレクションに利すこと大であったようだ。特に、メキシコに何度か旅した意味が大きい。将来の自分の長編映画製作にふさわしい候補地として、メキシコのラテン・バロックの狂熱に触れたこと。さらに重要なのは、この地で、先述のレオノーラ・キャリントンから、タロットの解釈の方法を身近で教わったことだ。シュルレアリストたちのなかでも、もっとも才能に満ちたマックス・エルンストをストーカーのごとく追いかけ、危うい狂気も経験したアート・ミューズ、キャリントン。カードがどのような種類のものであれ、彼女の吐息、発話に接してのタロット読解とは、うらやましい理想のレッスンではあるまいか。

　彼女のそばには、もう一人のミューズ、隠秘主義に通じた女性画家、レメディオス・バロがいた。まさに、1950年代のメキシコは、ヨーロッパ各地から逃亡、亡命してきていたアーティストたちにとって、〈救急センター〉のように機能した。この地で、キャリントンとバロは、再会した双子のごとく、影響しあって、自分たちの世界を独自なものとしていたのである。バロは、ロシアの神秘家G・I・グルジェフの教えを伝える当地のサークルに出入りしていたが、1960年には、フランスのグルジェフ信奉者ルネ・ドーマルの未完の小説『類推の山』（巖谷國士訳、河出文庫、1996）を自分なりに翻案し、《類推の山への登攀》（1960）を描いている。このバロとも、ホドロフスキーは交流があった。

　キャリントンにバロ、この二人の女性との出

レメディオス・バロ
《類推の山への登攀》
1960

会いが、スピリチュアルな後押しとして、後にホドロフスキーを1973年の『ホーリー・マウンテン』に導いた、と捉えるのが、美しく素敵であろう。

『ホーリー・マウンテン』におけるタロット

ドーマルの『類推の山』の登攀を映画の後半部に仕掛けた『ホーリー・マウンテン』のタイトル・デザインは、おびただしい十字模様の白タイルの壁。読経がサウンドトラックというように、西洋×東洋の混成である。そこに第三世界（ラテン・アメリカ）の司祭のように、黒装束、黒い山高帽の、顔のみえないミステリアスな男（ホドロフスキー）が登場、二人の女性を裸にし、剃髪の儀式を行う。この儀式の最後、向き合って座り、前かがみになった二人の女性をかき抱くように男が覆いかぶさる。このとき、女性二人の肉体の白い線に囲まれ、〈黒い円〉が、スクリーンの中央に出現するのだ。アルケミーの〈黒〉ととらえれば、ここからすべてが産出される最初のカオスということになろう。裸体女性2人を、キャリントンとバロに見立てたい。自分と彼女たちの三位一体が、この映画のすべての始まりであったことを、ホドロフスキーが示した場面として。〈黒い円〉は、映画のラストに登場する白いテーブル、グルジェフの精神進化のダイアグラムが描かれた〈白い円〉へとさまざまな通過儀礼を経て、辿りつく。そして、用意されたトリッキーな世界反転、というのが『ホーリー・マウンテン』の驚くべき構造だ。三位一体ポーズが、タロットの「悪魔」と構図が似通っていることも指摘しておか

『ホーリー・マウンテン』より、二人の女性と黒い円。「悪魔」のカードを思わせる構図でもある。

解説：アレハンドロ・ホドロフスキー、タロットの旅

なくてはいけない。

　タイトル・デザインが終わり、さて、キャメラが最初に映し出すのは、あおむけに磔状態で倒れている汚物まみれの人物だ。顔はハエで覆われ、下腹部からは尿が垂れ流されている。キャメラが尿の流れを追った先に、「愚者」のカード。この男の〈エゴ〉として選ばれたのが〈カエル〉で、男のもとに駆け寄ってくる〈不具なる者〉が、男に潜む〈聖なるもの〉とされる。男は、キリストに擬せられるが、磔を支える木組みは、この場合、十字ではなくTの形なのだ。ホドロフスキーの注釈では、TはタロットのTということである。疑似キリストとして、「愚者」はタロットに磔にされなくてはならない。タロット解釈をキリスト教に寄せれば、「愚者」がキリストとなる。〈キリスト・フォア・セール〉の大安売り大量生産の人型モデルとして、男は石膏の型にとられるが、このあたりの俗化の極みが、なぜかメキシコの風景には似合うのが不思議だ。やはり、精神がバロック、表現がキャンプのお国柄だろうか？
　疑似キリスト＝「愚者」は、市内の窓のない高塔によじ登り、上階に空いた唯一の〈円い穴〉から内部に侵入、そこに広がる〈虹の間〉を抜けて、今度は白装束のホドロフスキーが待つ〈タロットの間〉に導かれる。このタロットの流れにおいては、「愚者」が登ったタワーは、「神の家」のタワーとなる。
　壁に張りめぐらされたタロットは、ホドロフスキーがデザインを手がけたオリジナルである。後年になって、〈マルセイユ・タロット〉を使うべきだった、〈カード〉にあまり変更を加えたりしてはいけなかった、などと反省しているが、『ホーリー・マウンテン』のスペクタクルには、けばけばしく大胆なタロットがインテリアとしてふさわしい。クロウリーの〈トート・タロット〉の絵柄への対抗意識が、当時はあったかもしれない。つまり、ロンドンで会ったクロウリー主義者にして映画作家のケネス・アンガーへのライバル心だ。精神世界をド派手に渉猟していく『ホーリー・マウンテン』のヴィジュアルとしては、クロウリー・タロットを超える毒々しさが必要、と感じたのかもしれない。映画のタロット的白眉（？）は、「棒」、「剣」、「杯」、

「金貨」という人間の四大要素を、この順序で小道具を使って、横たわっている男のふさわしい部位にホドロフスキーが置いていくアトラクションである。「棒」、つまりセックスが1番目というのが、フリーラブの時代の余波か？　この場面、タロット初歩講義めいていて、愉しい。

　このような、誰も思いつかないようなスタイルで、スピリチュアルな〈通過儀礼〉の数々をスペクタクルとして見せる映画作りが可能であったことに、いまさらながら驚嘆するしかないが、時代の空気というしかない。ビートルズのジョン・レノン（&ヨーコ・オノ）が、ホドロフスキーの強力な支持者であったことも大きい。レノンは、ニューヨークで、〈ミッドナイト・ムーヴィー〉という新たな上映形態、〈カルト・ムーヴィー〉という嗜好形態を生み出し、いまだにホドロフスキーの代名詞であるスピリチュアル・ウエスタン＝『エル・トポ』（1970）の上映権を買い取って、昼間の上映に拡大シフトさせた。この変更自体は失敗で、昼間の光に当たって映画が盲いた（エル・トポはモグラの意）と評されたものであった。とはいえ、レノンの意をくんだマネージャー、アラン・クラインの出資によって『ホーリー・マウンテン』の製作が可能になったわけだから、ホドロフスキーにしてみれば、実にありがたいというしかないレノンの関与であった。

　映画の製作費をいかに調達するかのビジネスの現場にあっては、タロットの「愚者」の意味するところは、ただひとつ、映画作りという博奕に手を出す、文字通りのおめでたい「愚者」でしかない。彼が担いだ袋に入っているのは、ただただ製作費なのである。そうしたビジネス・サイドでは、ホドロフスキーは「愚者」を呼び込む「大道芸人」として己を機能させるが、「愚者」が騙されず、考え直すこともある。ビートルズのもうひとりのメンバー、ジョージ・ハリスンも一時、自分の映画製作会社で『ホーリー・マウンテン』出資を考えたが、ネックは、錬金術場面での、アナル洗浄であった。ホドロフスキーは、断固、場面の削除に抵抗し、ハリスンは、袋を開くことなく、担いで去った。

メビウス、『アンカル』、アンカル・タロット

　『ホーリー・マウンテン』のあと、もはや、完全なコスモポリタンというし

かないアイコンとなったホドロフスキーは再度フランスに渡る。1975年以降、彼は1960年代にカルトな人気となったSF、フランク・ハーバートの『デューン／砂の惑星』(1965) の映画化企画に邁進するが、ダリを宇宙皇帝、プリンセスにダリの〈公式愛人〉＝アマンダ・リアといったキャスティングの破天荒だけでも、頓挫は目に見えていたというべきであろう。彼がこの申し出を直接おこなった食事会で、隣にかしこまっていたのが、ピエル・パオロ・パゾリーニ（彼も自作のポスターをダリに依頼しようとしていた）というあたり、確かにダリは宇宙皇帝にふさわしい。案の定、クランクイン前に映画の製作資金が尽きてしまったわけだが、ストーリーボードとしては、つまり、紙の上のイメージとしては、映画は完成していた。ホドロフスキーの原作をはるかに超えた壮大なヴィジョンをストーリーボード化したのが、バンド・デシネ・アーティストのメビウスだった。速い、上手い、自分が伝えたイメージ以上のものを描き出してくれる、そうした意味でメビウスと知り合えたことは幸運であった。ホドロフスキーが再び、映画の世界に帰還するきっかけを与えたフランク・パヴィッチのドキュメンタリー『ホドロフスキーのDUNE』(2013) は実に貴重な記録だが、メビウスはすでに病気が進行していてか、画面に登場しない。

　メビウスの才能をホドロフスキーが最大限に引き出し、自らのタロット思考を進化させた記念碑的作品といえるのが、これまた前人未踏のコズミックな色彩宇宙を繰り広げるバンド・デシネ『アンカル』(1981-1988　原正人訳、小学館集英社プロダクション、2010) である。天才二人の化学反応が、すさまじい高みに『アンカル』を引き上げていて感嘆するしかない。主人公の探偵の名前はジョン・ディフール、つまり、フール＝「愚者」である。『ホーリー・マウンテン』同様に、『アンカル』においても。まず「愚者」のカードが切られるのだ。

　本書のp.123では、どのようにして『アンカル』のヴィジョンを夢で得たかが語られているが、この夢の記述は貴重である。というのも、〈いかにタロットを学ぶべきか〉の啓示をホドロフスキーに与えた夢だからだ。この夢において、〈世界の絶対的肯定〉、〈絶対の幸福〉として、ホドロフスキーは

アンカル・タロット。白と黒のピラミッドを組み合わせたシンボルが使用されている。

タロットを掌握した、といえるからである。

　ホドロフスキーは、この天啓にトランス状態におちいったようで、メビウスを傍において、憑かれたように、登場人物、ストーリー、吹き出しのセリフを語った。自分が、天の声の中継点にすぎないかのように。『アンカル』の場合、In Call だから、〈天の声〉というより、〈内なる呼び声〉がふさわしいか。トランス状態のホドロフスキーの幻覚を、時々質問を挟みながらメビウスが驚異のスピードで絵にしていく。

　『アンカル』をつらぬく、ヴィジョンの中核、白と黒の二つのピラミッドが天頂を突き合わせ、互いに互いの内に貫入した形態とはどのようなものか？ これは、お遊びで作られた〈アンカル・タロット〉のシンボリックなダイアグラムともなった。

『ホドロフスキーの虹泥棒』とマルセイユ・タロット

　ホドロフスキーが自分の映画について〈マルセイユ・タロット〉を使った！ しかもタロット使いに名優ピーター・オトゥール、彼が路上に散らした「愚者」のカードを拾うホームレスにオマー・シャリフ！ 『ホドロフスキーの虹泥棒』（1990）は、ホドロフスキーにとって、初めてのメジャー資

本の作品、他人の脚本作だが、プロデューサーとぶつかって（まあ、プロデューサーにも同情の余地がありすぎるほどあるが）、映画自体もほとんどだれも観る機会があたえられない黒歴史となっていた。デレクターズ・カット版によって、ようやく日の目をみることになったわけだが、巡業サーカス団が訪れているどことも知れぬ、しかし、ラテン的な祝祭ムードにあふれた街、そこに世界終末のごとき豪雨が……、そこで起こる死と再生と書けば、もうホドロフスキー映画以外のなにものでもないではないか。さらに、オトゥールは自ら「吊られた男」を演じてみせ、彼が棲む地下水道で、輝く「世界」を獲得し、ラストではシャリフとオトゥールの愛犬が「愚者」のカードそのままに画面奥へと去るのである。一般の観客へと広くひらかれたタロット・ムーヴィー、これはタロット思考の深化と呼べるものだ。

　ホドロフスキーのタロットの旅は、『ホーリー・マウンテン』、『アンカル』、『ホドロフスキーの虹泥棒』ときて、本書『タロットの宇宙』で一応の決着をみたといえるだろう。ホドロフスキーの魅惑の聖三角形は、『タロットの宇宙』の奥義によって立体化され、底支えされる構造体＝ピラミッドとなった。この驚異のピラミッドがそびえているかぎり、筆者の残り少ない人生が、その登攀に飽きることはない。

参考文献

序

アンドレ・ブルトン『秘法17番』(宮川淳訳、晶文社、1967)
Antoine Court de Gébelin, *Le Monde primitif*, VIII., Paris, 1781.
アレイスター・クロウリー『トートの書』(榊原宗秀訳、国書刊行会、1991)
エリファス・レヴィ『高等魔術の教理と祭儀』教理篇・祭儀篇 (生田耕作訳、人文書院、1982-1992)
『易経』上・下 (高田真治・後藤基巳訳、岩波書店、1969)
René Guénon, *Symboles de la science sacrée*, Gallimard, Paris, 1962.
J. Maxwell, *Le Tarot, le symbole, les arcanes la divination*, Librairie Félix Alcan, Paris, 1933.
Paul Marteau, *Le Tarot de Marseille*, Arts et métiers graphiques, Paris, 1949.

第1章

『老子』(蜂屋邦夫訳註、岩波書店、2008)
Le Rosaire des philosophes, Librairie de Médicis, Paris, 1973.
十字架の聖ヨハネ『暗夜』(山口・女子カルメル会改訳、ドン・ボスコ社、1987)

第2章

René Adolphe Schwaller de Lubicz, *Le temple de l'homme*, Dervy, Paris, 1977.
エリファス・レヴィ『大いなる神秘の鍵』(鈴木啓司訳、人文書院、2011)
アレハンドロ・ホドロフスキー／メビウス『アンカル』(原正人訳、小学館集英社プロダクション、2010)
ライナー・マリア・リルケ『ドゥイノの悲歌』(手塚富雄訳、岩波書店、2010)
Turba philosophorum, J. Ruska, Berlin, 1931.

第3章

Papus, *Le Tarot des Bohémiens*, Hector et Henri Durville, Paris, 1911.
ウォルト・ホイットマン『草の葉』上・中・下 (酒本雅之訳、岩波書店、1998)

第4章

ルネ・ドーマル『類推の山』(巖谷國士訳、河出文庫、1996)
ホメーロス『イーリアス』(呉茂一訳、岩波書店、1964)

第5章

十字架の聖ヨハネ『カルメル山登攀』(奥村一郎訳、ドン・ボスコ社、2012)
テレンティウス「自虐者」(『ローマ喜劇集』5所収、城江良和訳、京都大学学術出版会、2002)

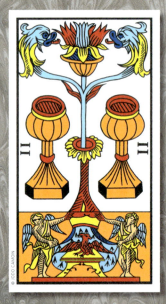

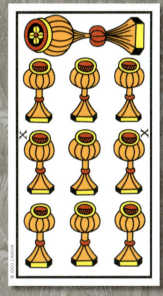

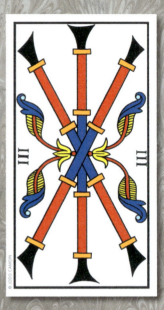

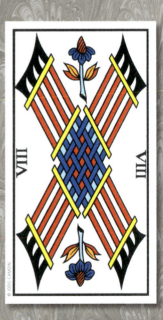

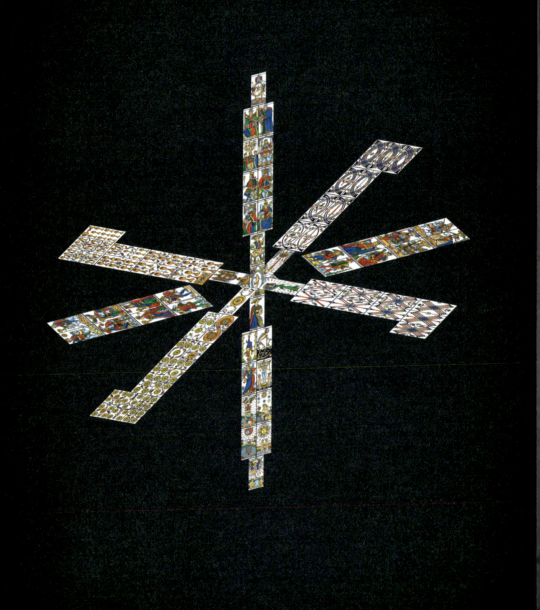

著者　**アレハンドロ・ホドロフスキー**（Alexandro Jodorowsky）
1929年、チリ生まれ。ロシア系ユダヤ人。
映画監督、映画プロデューサー、芸術家、劇作家、俳優、
詩人、作家、音楽家、漫画作家、サイコセラピスト。
『エル・トポ』(1970)、『ホーリー・マウンテン』(1973)など前衛的作風の映画が
カウンターカルチャーを代表する人々に絶賛され、カルトムービーの鬼才として名を馳せる。
日本のアートシーンにも熱狂的なファンが多く、
2013年には〈実現しなかった映画〉として知られる『DUNE』を題材とする
ドキュメンタリー映画『ホドロフスキーのDUNE』が話題を集めた。
現在も精力的に製作活動をおこなっている。
サイコセラピスト、タロット研究家としての活動も長年おこなっており、
フィリップ・カモワンとともに製作した〈カモワン・タロット〉による
リーディングセラピーで知られるほか、各国のシャーマンや精神分析家との交流を通じて
〈サイコマジック〉〈サイコシャーマニズム〉などの心理療法を独自に探究している。
現在はパリを拠点に活動。

マリアンヌ・コスタ（Marianne Costa）
詩人、作家、女優、講演家。
アレハンドロ・ホドロフスキーと共に1997年から
タロット・ワークショップや〈系統樹セラピー〉のコーチとして活動を行っている。
主な著書に*No Woman's Land*（Grasset）、
アレハンドロ・ホドロフスキーとの共著に*Métagénéalogie*（Albin Michel）などがある。

監修　**伊泉龍一**（いずみ・りゅういち）
占い・精神世界研究家。
タロット・カード、ヌメロロジー（数秘術）、占星術、手相術、ルーンなどをはじめとして
欧米の多数の占いを紹介している。
主な著書に『タロット大全 歴史から図像まで』（紀伊國屋書店）、
『数秘術の世界』（共著、駒草出版）、『西洋手相術の世界』（共著、同）、
『完全マスタータロット占術大全』（説話社）。
訳書に、マーカス・カッツ＆タリ・グッドウィン『シークレット・オブ・ザ・タロット』
（株式会社フォーテュナ）、ケヴィン・バーグ『占星術完全ガイド』（同）、
レイチェル・ポラック『タロットの書――叡智の78の段階』（同）、
ジョアン・バニング『ラーニング・ザ・タロット』（駒草出版）などがある。

訳　**黒岩 卓**（くろいわ・たく）
東北大学大学院文学研究科准教授。
専門は中世・ルネサンス期のフランス文学、15・16世紀の韻文演劇作品。

解説　**滝本 誠**（たきもと・まこと）
美術・映画評論家、編集者。
1949年、京都府生まれ。東京藝術大学卒業、専攻美学。
平凡出版（のちのマガジンハウス）に入社し、「クロワッサン」「鳩よ！」
「自由時間」「ブルータス」などの編集者をつとめながら、評論を発表する。
主な著書に『映画の乳首、絵画の脾』（ダゲレオ出版）、
『きれいな猟奇――映画のアウトサイド』（平凡社）、
『渋く、薄汚れ。フィルム・ノワールの快楽』（フィルムアート社）、
『コーヒーブレイク、デイヴィッド・リンチをいかが』（洋泉社）などがある。

タロットの宇宙

著者
アレハンドロ・ホドロフスキー
マリアンヌ・コスタ

監修者
伊泉龍一

訳者
黒岩 卓

2016年12月21日初版第1刷発行
2022年11月11日初版第3刷発行

発行者
佐藤今朝夫

発行所
株式会社 国書刊行会
〒174-0056 東京都板橋区志村1-13-15
Tel.03-5970-7421　Fax.03-5970-7427
https://www.kokusho.co.jp

印刷所
三松堂 株式会社

製本所
株式会社 ブックアート

造本・装幀
伊藤滋章

ISBN 978-4-336-06111-9
落丁・乱丁本はお取り替えします。